空间信息技术与文化遗产保护丛书

京杭大运河时空演变

毛　锋　吴　晨　吴永兴
李　强　唐剑波　李喜佳　著

科学出版社
北　京

内 容 简 介

本书是《空间信息技术与文化遗产保护丛书》之一。本书内容是基于国家科技支撑计划课题"空间信息技术在大遗址保护中的应用研究（以京杭大运河为例）"（课题编号：2006BAK30B01）的研究成果。本书从京杭大运河的历史变迁、开凿过程、古代漕运、河道及航运管理等方面进行系统性研究和分析，编制了京杭大运河全线时空演变专题图，对我国大运河的申遗、遗产保护、南水北调东线工程建设、京杭大运河沿线历史文化复兴等方面具有重要的技术支撑作用。本书的出版会对京杭大运河这一国保单位和未来的世界文化遗产的保护和可持续利用产生积极影响。

本书可为文博行业管理人员、文化遗产研究人员、水利工程技术人员提供参考，也可作为高等院校的文化遗产保护、水利、空间信息技术等专业的师生阅读使用。

图书在版编目(CIP)数据

京杭大运河时空演变 / 毛锋等著.—北京：科学出版社，2013.6
（空间信息技术与文化遗产保护丛书）
ISBN 978-7-03-037595-7

Ⅰ.①京… Ⅱ.①毛… Ⅲ.①大运河–文化史–中国 Ⅳ.①K928.42

中国版本图书馆CIP数据核字（2013）第114404号

责任编辑：彭胜潮 李秋艳 / 责任校对：韩 杨
责任印制：钱玉芬 / 封面设计：王 浩

科学出版社 出版
北京东黄城根北街16号
邮政编码：100717
http://www.sciencep.com

北京佳信达欣艺术印刷有限公司 印刷
科学出版社发行 各地新华书店经销

*

2013年6月第 一 版　开本：787×1092　1/16
2013年6月第一次印刷　印张：16 1/2　插页：3
字数：356 000

定价：**79.00元**
（如有印装质量问题，我社负责调换）

《空间信息技术与文化遗产保护丛书》
编 委 会

主　　编　毛　锋

副主编　孟宪民　聂跃平　谭徐明

编　委　（按姓氏笔画排序）

丁见祥　于　冰　毛　锋　邓　飚　李　强

杨　林　吴永兴　张金池　范湘涛　孟宪民

聂跃平　唐剑波　谭徐明

本书出版由以下课题资助

- "十一五"国家科技支撑课题"空间信息技术在大遗址保护中的应用研究（以京杭大运河为例）"（编号：2006BAK30B01）

- "十一五"国家科技支撑课题"GIS技术与VR技术在中华文明探源中的应用研究"（编号：2010BAK67B08）

- "十二五"国家科技支撑课题"GIS技术与VR技术在中华文明探源中的应用研究"（编号：2013BAK08B01）

- 国家自然科学基金课题"土地利用变化对碳源碳汇的影响机制及低碳城乡空间规划"（编号：51178235）

总 序 一

当前，全球化的浪潮席卷全球，人类在创造新文明的同时不能遗忘或抛弃过去的文明。如何在城镇化加速进程中进行历史文化遗产的保护和历史文化资源的可持续利用，是全世界各个国家、民族和地区所面临的一道难题，人类在这方面已经做了长期的、积极的探索，并逐渐认识到为完成历史文化遗产保护的使命，要利用一切现代科学技术的全部潜力，保护、保全、评价、尊重、利用悠久历史文明形成的知识。为此，各国采用了许多方法，其中空间信息技术(spatial information technology)是落实历史文化遗产保护政策的有效方法之一。

空间信息技术是 20 世纪 60 年代兴起的一门新兴技术，70 年代中期以后在我国得到迅速发展，它是以全球定位系统(GPS)、地理信息系统(GIS)、遥感(RS)等现代科学技术为主要内容，并以计算机技术和通信技术为主要技术支撑，用于采集、量测、分析、存储、管理、显示、传播、应用与地球和空间分布有关信息的一门综合和集成的信息技术。空间信息技术在广义上也被称为"地球空间信息科学"，在国外被称为 Geo-Informatics。它的技术内容和覆盖面都非常广泛，遥感、地理信息系统、卫星定位系统技术是空间信息技术的主线，已经成为新一轮信息化建设的新亮点，显现出其独特的技术优势与广阔的应用前景，目前已经广泛应用于国土资源、城市规划与管理、国防、灾害预警、农业、林业、水利、通信、交通、商业等诸多领域。研究表明，人类生产、生活等各类活动的信息有 80% 与空间信息有关，因此，空间信息技术的应用可谓无处不在。

2003 年 11 月，在以"人类文化遗产信息的空间认识"为主题的香山科学会议上，陈述彭院士指出："空间技术可使我们从空间角度来研究和了解中华文明的时空演变过程；数字技术的发展，能够应用虚拟技术重建古环境和历史原貌，还可以利用其强大的管理能力，对古遗存进行科学的保护、管理，以及对大型遗址的监测等"。空间信息技术正成为文化遗产科学保护的重要手段。

当今的遥感技术可以快速提供多源 10 米级、米级、分米级空间分辨率的航天或航空遥感影像，为文化遗产的调查、评估、规划、考古研究、管理和监测提供了前所未有的空间和属性数据；地理信息系统技术为文化遗产海量空间数据或非空间数据的网络环境下的获取、输入、处理、分析、制图与输出提供了强大的技术手段；全球定位系统技术为文化遗产的田野调查、测绘、定位提供了全天候、快捷的量测工具，特别是 GPS 的 RTK 技术可以在几分钟内提供厘米级定位服务，而 PDA 型 GPS 实现了实时米级定位服务，为文化遗产的测绘与定位带来了根本性变革；虚拟现实（VR）技术为文化遗产的计算机三维乃至四维（三维空间加时间维）展示提供了强大的功能。以 RS、GIS、GPS、VR 为代表的空间信息技术将开辟历史文化遗产保护技术革命的新篇章，将在文化遗产的调查评估、考古发掘、保护规划、管理监测、宣传展示等各个环节发挥越来越重要的作用。

我国是世界四大文明古国之一，幅员辽阔、历史源远流长，从旧石器时代到文明社会，各时代的文化连续发展，是世界上唯一一个拥有五千年文明长河而不曾中断的国家。悠久的历史赋予了中华民族浩瀚如海且弥足珍贵的物质历史文化遗产，以及极具特色的各种民族、民间文化等非物质文化遗产，其蕴藏之丰富、品种之繁多、门类之齐全，在世界上是独一无二的。但在当前快速城市化的背景下，我国历史文化遗产保护却面临着前所未有的重视和前所未有的冲击，存在着遗产调查手段落后、遗产规划滞后或可操作性差、遗产管理手段落后、考古发掘手段落后、遗产监测手段落后或完全没有文化遗产监测措施、文化遗产展示手段单一难以满足亿万人民群众的需求等诸多问题。这些问题导致了历史文化遗产保护的困难，限制了历史文化遗产的充分利用，也不利于弘扬我国灿烂文化和启发亿万人民的自主创新能力。

2006 年国家科技支撑项目支持了"空间信息技术在大遗址保护中的应用研究（以京杭大运河为例）"课题的研究，该项目是国内首次系统研究空间信息技术在文化遗产保护领域中应用的课题，是建设中国特色文化遗产保护科技创新体系战略任务中的重要项目，对大遗址保护规划的制定、保护管理水平的提高、遗址环境变化的动态监控、人民大众享受文化遗产保护的成果等方面均能起到科技支撑和引领的作用。课题将空间信息技术与传统方法有机结合，对京杭大运河沿线不同时空尺度的遗址现状、沿线文物分布、河道变迁、湖泊湿地演变及城镇土地利用变化等进行了系统、详细、科学、高效的调研与分析，初步验证了空间信息技术在大遗址保护中的应用领域并建立了实用技术支撑体系。

总　序　一

  为全面提高我国文化遗产保护水平，充分利用空间信息技术提供的有效技术手段，课题组将课题研究成果进行了凝练和总结，编写出版了这套《空间信息技术与文化遗产保护丛书》。该丛书最大特点是实现了自然科学与人文科学的结合，将现代科学技术应用到传统的文化遗产保护工作中，内容涵盖了文化遗产保护的相关理论与实践、空间信息技术的相关理论及其在文化遗产保护中的应用实践等内容。该丛书对目前空间信息技术在文化遗产保护中的应用具有很实际的指导作用，是文博系统管理、研究人员所迫切需要的参考书籍。

  该丛书的作者在文化遗产保护领域或空间信息领域从事了多年的研究，在文化遗产保护理论与方法、空间信息技术的原理和应用方法等方面积累了丰富的经验。丛书的出版为空间信息技术和文化遗产两个学科的交叉应用研究提供了从需求、设计到应用的基础知识、技术方法、应用体系和系统建设示范，为文化遗产领域、空间信息技术领域及相关领域的机关事业单位、科研院所、高等院校工作和研究人员提供了实用参考。

  希望该丛书的出版能够对我国历史文化遗产保护工作起到积极的推动作用。

2009 年 4 月 19 日

总 序 二

　　文化遗产是人类文明的见证者,是国家和民族乃至全人类的财富。把文化遗产真实、完整地传承给子孙后代是我们义不容辞的责任。

　　5000年不曾中断的中华文明,所淀积的文化遗产数量众多且分布广泛。社会经济的飞速发展,以及快速城市化进程,使我国文化遗产保护事业面临着严峻的考验。既有的保护理念、保护手段已不能适应新情况,要求我们在保护理念、技术、方法等各个方面都要有相应的进步,如何充分利用当今先进科学技术成果,进行科学的文化遗产保护,是摆在我们面前的重大课题。

　　如大运河这一历史文化遗产的保护,存在着时空跨度大、部分活态在用、跨多个行政区域等特点。做好保护和申报世界文化遗产工作,都迫切需要在摸清大运河家底现状、价值评估、保护规划编制、监测管理等方面开展大量工作,问题复杂,困难很大,对各种科学技术需求十分强烈。

　　而以地理信息系统(GIS)、遥感(RS)、全球定位系统(GPS)、虚拟现实(VR)为代表的现代空间信息技术,不仅对做好如大运河、长城、丝绸之路、茶马古道等线性文化遗产保护大有可为,而且对大遗址等空间认知具有重大现实意义。GIS、RS、GPS等现代科学技术,并辅以计算机技术和通信技术,在文化遗产数据采集、现场量测、关联分析、动态存储、高效管理、三维显示、宣传展示都有广阔的应用前景,其在空间信息获取、处理、管理和分析上的优势,必将成为考古学家和文化遗产保护专家的"第三只眼",从而有力地推动文化遗产保护向纵深和广度发展。

　　为了促进空间信息技术在文化遗产保护领域的深入应用,国家科技支撑计划"大遗址保护关键技术研究"项目设置了"空间信息技术在大遗址保护中的应用研究(以京杭大运河为例)"课题。课题主要任务是建立空间信息技术在大遗址保护中应用的框架体系和标准规范,研究空间数据在历史文化遗产保护中的应用方法,研究大遗址保护地理信息系统、保护规划辅助支持系统、虚拟现实系统等的建设技术方法,课题以大运河为示范区,研究了大运河的河道演变、生态环境演变等,建立了大运河沿线文物数据采集系统、大运河保护规划辅助支持系统、南水北调东线工程文物抢救保护辅助支持系统、大运河虚拟现实系统等。

丛书作者以"空间信息技术在大遗址保护中的应用研究(以京杭大运河为例)"课题的研究成果为基础,编写了《空间信息技术与文化遗产保护丛书》。该丛书包括《大遗址保护理论与实践》、《京杭大运河沿线生态环境变迁》、《京杭大运河时空演变》、《中国大运河文化遗产保护技术基础》、《空间信息技术在京杭大运河文化遗产保护中的应用》等专著。

我衷心期望空间信息技术能在文化遗产调查、遥感考古、保护规划、遗产监测、遗产展示等方面更好地满足当前的文化遗产保护事业的需求。希望该丛书的出版为空间信息技术和文化遗产保护两个领域的学科交叉提供研究成果和应用案例,为文化遗产保护领域的管理人员和研究人员提供参考,提高空间信息技术在文化遗产保护中的应用水平,提升我国文化遗产的保护水平。

单霁翔
2009 年 4 月

总 前 言

迄今为止，我们已知的宇宙尚没有证明除地球之外的其他星球有生命存在，生命对地球上的每一种生物来说都是极大的幸运。人类作为今天地球的主宰，在还没有弄清恐龙灭绝等几次生物大灭绝的奥秘时，却迎来了全球变暖等生态环境迅速恶化有可能带来的又一次生物大灭绝的挑战。由于全球变暖、海平面上升、臭氧层破裂、自然灾害频繁、恐怖袭击等，地球村的生态安全及生物安全风险受到的威胁越来越大。基于现在预测未来的科学方法和技术无疑是急迫而重要的，反演人类历史演变过程，乃至虚拟地球的演变发展历程，从而基于历史来分析现在和预测未来同样也是急需而重要的。建立地球及人类发展的时空图谱和时空构架不仅可以使我们更清楚的了解地球及人类的历史，更重要的是可以认识地球及人类演化的动态过程和未来的可能趋势，正所谓温故而知新。利用空间信息技术在地球空间下和整个人类历史背景下探索文化遗产保护及人类历史演变进程方面的问题，不仅对人类文化遗产的挖掘与保护具有重要意义，而且对监测分析全球变化和预测全球未来同样具有重要意义。

中国是世界上唯一经历五千多年文明不曾间断的国家，建立我国文明进程的空间框架不仅是对我国文化遗产挖掘与保护的贡献，也将是对世界文化遗产挖掘与保护的贡献。自明朝我国封海闭关的近四百年来，西方文化逐渐成为引领世界的主流。西方文化引领带来了科学技术的进步，今天我们已进入了信息化和"地球村"时代。但冷静下来仔细思考一下，发现西方文化主导的科技进步也同时带来了地球资源快速消耗、生态环境迅速恶化、同一流感可以数天传遍全球、沉睡千万年的南北极冰雪加速融化等始料不及的恶果，世界上大部分城市正面临着缺少淡水、能源不继、生态恶化等威胁。五千多年中华文明的时空演变轨迹所蕴含的丰富信息，不仅可以证明伟大的中华文明，而且还可从中华文明的历史时空挖掘出中国的人类文明观和世界未来发展观。五千年中华文明已经对世界作出过贡献，五千年文明史的挖掘和利用将继续对世界的未来作出更大的贡献。

中国正处在快速城市化进程中，5000多年文明的证据绝大多数还沉睡在数米乃至十几米的地下的文化层中，我国文化遗产的挖掘与保护受到了前所未有的重视，同时也受到了前所未有的冲击。国家大型基础设施建设和大规模城市建设虽然使许多文物得以被发掘和进入博物馆得以保护，但许多无比珍贵的饱含极丰富历史信息的、不可再生的历史文化层被永远地破坏了。快速城市化进程是一把双刃剑，城乡建设的同时也在加速着文化遗存的破坏。空间信息技术不仅对我国快速城市化背景下的文化遗产考古发掘、现场信息采集、文化遗产保护规划、文化遗产监测与管理、文化遗产展示与宣传具有重大的应用价值，而且对中国文明时空框架下整合利用所有考古发掘成果，从而进行时空分析、虚拟古环境、模拟中华文明演变过程、进一步推进中华文明探源也有重大现实意义。

我们借参与国家科技支撑项目"空间信息技术在大遗址保护中的应用研究（以京杭大运河为例）"之机，有幸探索以空间信息技术为代表的自然科学与人文科学交叉的问题，又得助于国家文物局及有关文博行业领导、专家的支持和指导，进行了空间信息技术、城市规划、水利工程等自然科学与历史学、考古学、文献学、社会学等人文科学交叉联合攻关，我们幸逢这样难得的机遇，将有关成果编成丛书，抱着抛砖引玉的心态，旨在推进自然科学特别是空间信息技术在文化遗产保护中的应用，并期望能为中国文化遗产保护、中华文明的探源与复兴，从人类历史演变看全球变化及预测未来趋势有所贡献。《空间信息技术与文化遗产保护丛书》就是在这样的背景、需求、机遇下自然科学人文应用的成果之一，虽然各书的作者都曾经进行了空间信息技术与文化遗产保护的长期研究，但学无止境，今天各书的出版问世仍然存在不全面、不深入的地方，不当之处深切希望各界专家、朋友指正。

本丛书的出版要特别感谢已故的陈述彭院士、已故的徐苹芳教授的指导和帮助，特别感谢徐冠华院士和国家文物局单霁翔局长在百忙中为丛书写序，特别感谢科技部科技支撑课题"空间信息技术在大遗址保护中的应用研究（以京杭大运河为例）"（课题编号：2006BAK30B01）和课题组织单位国家文物局对丛书的赞助和支持。

毛　锋

2009年5月6日于清华园

前　　言

如果说万里长城是镶嵌在华夏大地上的人类文化遗产，那么京杭大运河就是流淌在中国大地上的仍在使用中的人类伟大生态文明奇迹！

中国地貌的总格局为西高东低，中华大地上的自然河流都是自西向东归于大海，无论是隋代的京杭大运河（南北大运河），还是元代的京杭大运河，都是南北穿越海河、黄河、淮河、长江、钱塘江五大流域的南北大动脉。

京杭大运河肇始于公元前1000年左右的太伯渎，春秋战国时期的运输和战争需求带来了开凿区间运河、沟通自然水系的高潮，隋代在若干区间运河基础上开通了以洛阳为中心、南起杭州、北通北京的京杭大运河（南北大运河），主要包括江南运河、山阳渎（邗沟）、通济渠和永济渠，隋代京杭大运河（南北大运河）将我国的南方北方紧紧联系在一起，民族往来、社会文化交流空前活跃，运河沿线经济发展迅速，京杭大运河（南北大运河）对唐帝国的繁荣和强大功不可没，甚至形成了"扬一益二"的社会经济格局。隋代开通的京杭大运河（南北大运河）也为宋代的社会经济发展作出了重大贡献。

元朝定都北京，更视大运河为其政权统治之生命线，运河的服务中心为大都北京，元代为使运河不再绕道中原地区的洛阳决定截弯取直，开会通河、济州河、通惠河，重定江南河段，将北京与杭州连接，形成京杭大运河。京杭大运河不但创下了我国封建社会的漕运辉煌，也在我国的政治、军事、经济和文化交流等方面发挥了重要作用。时至今日，济宁以南900多公里不仅仍在通航，而且一直是我国北煤南运、南粮北调的大通道。

2006年京杭大运河被批准为国家重点文物保护单位，并被列入申请世界文化遗产的预备名录；2014年，我国拟以隋代京杭大运河和元代京杭大运河构成的中国大运河申请世界文化遗产；党和政府计划于2016年使南水北调东线在京杭大运河基础上全线通航。京杭大运河即将成为具有3000年历史的世界文化遗产，同时又是永葆青春、活着的、在用的国家大型水利设施。

京杭大运河空间范围广，时间跨度大，无论从国家重点文物保护单位的遗产认定、评估、规划保护角度，还是从申请世界文化遗产角度，或从南水北调东线工程及京杭大运河的利用与沿线文化复兴角度，疏理京杭大运河3000多年来的时空演变都是必需的。

本书是《空间信息技术与文化遗产保护丛书》之一，是由清华大学、中国文化遗产研究院（原中国文物研究所）、中国科学院遥感应用研究所、中国水利水电科学研究院联合组成的课题组承担的国家科技支撑计划资助项目"空间信息技术在大遗址保护中的应用研究（以京杭大运河为例）"（2006BAK30B01）的成果之一。

本书由毛锋、吴晨、吴永兴、李强、唐剑波、李喜佳集体完成，最后由丛书主编毛锋定稿，全书共分十章。各章具体执笔人如下。

第1章由毛锋执笔，主要对京杭大运河的历史变迁进行了概述介绍。

第2章由毛锋执笔，主要介绍了我国在隋朝以前的区间运河开凿状况，时间跨度从商周开始，经历春秋战国、秦代、汉代直至魏晋南北朝。

第3章由毛锋执笔，介绍隋代运河的开凿，特别介绍了隋炀帝开通的南北大运河及大运河的历史贡献。

第4章由吴晨执笔，主要介绍了唐代、五代和宋代时期对南北大运河的治理以及新开凿的区间运河。

第5章由吴晨执笔，主要介绍元代京杭大运河的开通。

第6章由吴永兴执笔，主要介绍明代对京杭大运河的治理。

第7章由李喜佳执笔，主要介绍清朝中前期对京杭大运河的治理以及晚清时期京杭大运河的衰落。

第8章由李强执笔，介绍近现代对京杭大运河的整治工作，主要对从新中国成立到20世纪末这段时间，有关大运河各段的整治工作进行较为详细的介绍。

第9章由唐剑波、李喜佳执笔，主要介绍京杭大运河的时空演变各阶段、成因、文化遗产和历史贡献。

第10章文字部分由毛锋、李强、李喜佳执笔，对元代京杭大运河和隋代南北大运河时空演变过程作了归纳性阐述。毛锋、吴晨、吴永兴、李强、唐剑波、李喜佳等共同合作绘制了京杭大运河时空演变示意图。

本书在整理和编写过程中，得到了老专家、老领导的关怀和多方面的支持。在本书制图方面，赵晶晶参与了本书的插图绘制，清华大学在站博士后杨丙丰提供了技术指导，盛华女士也参与了部分图件清绘工作，在此一并表示感谢。

本书力求做到图文并茂地阐述京杭大运河的时空演变，但因京杭大运河的跨时空性和复杂性，一定有很多不足之处，恳请广大读者批评指正。

目　　录

总序一

总序二

总前言

前言

第1章　京杭大运河历史变迁 (1)

　1.1　从区间运河到南北大运河 (1)

　　　1. 区域自然河流与湖泊 (2)

　　　2. 沟通自然河流、湖泊的区间运河 (3)

　　　3. 从区间运河到南北大运河 (5)

　1.2　从南北大运河到京杭大运河 (9)

　　　1. 元定都北京后对大运河的新需求 (9)

　　　2. 元代京杭大运河的形成 (10)

　1.3　京杭大运河时空特征 (12)

　　　1. 世界各国的人工运河 (12)

　　　2. 京杭大运河的时空特征 (16)

第2章　隋代以前的运河 (20)

　2.1　商、周时代的运河 (20)

　　　1. 太伯渎 (20)

　　　2. 陈蔡运河 (21)

　2.2　春秋时代的运河 (22)

　　　1. 江汉运河 (22)

　　　2. 巢肥运河 (24)

　　　3. 章华台运渎 (25)

　　　4. 胥渎（堰渎）和胥浦 (25)

　　　5. 百尺渎 (26)

　　　6. 古江南运河 (26)

　　　7. 邗沟 (28)

　　　8. 菏水 (30)

　2.3　战国时代的运河 (31)

　　　1. 引漳十二渠 (31)

  2. 鸿沟 ………………………………………………………（31）

  3. 淄济运河 …………………………………………………（33）

  4. 白起渠 ……………………………………………………（34）

  5. 燕下都运粮河 ……………………………………………（34）

  6. 都江堰 ……………………………………………………（36）

  7. 郑国渠 ……………………………………………………（37）

2.4 秦汉时代的运河 ………………………………………………（38）

  1. 灵渠 ………………………………………………………（38）

  2. 徒阳水道 …………………………………………………（39）

  3. 茱萸沟 ……………………………………………………（40）

  4. 漕渠 ………………………………………………………（41）

  5. 褒斜水道 …………………………………………………（43）

  6. 龙首渠 ……………………………………………………（44）

  7. 六辅渠 ……………………………………………………（46）

  8. 白渠 ………………………………………………………（46）

  9. 邯郸白渠运河 ……………………………………………（46）

  10. 大白渠运河 ……………………………………………（47）

  11. 阳渠运河 ………………………………………………（48）

  12. 漯水运道 ………………………………………………（49）

  13. 石臼、滹沱河运道 ……………………………………（51）

  14. 治河（黄河）理汴（汴渠）……………………………（51）

  15. 鉴湖工程 ………………………………………………（53）

  16. 邗沟西道 ………………………………………………（54）

2.5 魏晋南北朝时代的运河 ………………………………………（54）

  1. 睢阳渠 ……………………………………………………（56）

  2. 白沟 ………………………………………………………（56）

  3. 平虏渠 ……………………………………………………（56）

  4. 泉州渠 ……………………………………………………（57）

  5. 新河运河 …………………………………………………（57）

  6. 利漕渠 ……………………………………………………（58）

  7. 白马渠 ……………………………………………………（58）

  8. 鲁口渠 ……………………………………………………（60）

  9. 车箱渠 ……………………………………………………（60）

  10. 贾侯渠 …………………………………………………（61）

11. 讨虏渠 ……………………………………………………（62）
　　12. 破冈渎 ……………………………………………………（63）
　　13. 陕县运河 …………………………………………………（64）
　　14. 扬夏水道 …………………………………………………（65）
　　15. 浙东运河 …………………………………………………（66）
　　16. 邗沟改道 …………………………………………………（67）
　　17. 荻塘运河 …………………………………………………（68）
　　18. 洸汶运河 …………………………………………………（70）
　　19. 杨仪水道 …………………………………………………（71）
　　20. 桓公沟 ……………………………………………………（73）
　　21. 泗水运道 …………………………………………………（74）
　　22. 永丰渠 ……………………………………………………（75）

第3章　隋代南北大运河的开通 ………………………………………（77）
　3.1　隋代开凿的运河 …………………………………………………（77）
　　1. 丰兖渠 ……………………………………………………（77）
　　2. 广通渠 ……………………………………………………（78）
　　3. 山阳渎 ……………………………………………………（79）
　　4. 通济渠 ……………………………………………………（80）
　　5. 重开邗沟（山阳渎）………………………………………（81）
　　6. 永济渠 ……………………………………………………（83）
　　7. 江南运河 …………………………………………………（83）
　3.2　南北大运河的开通 ………………………………………………（86）
　　1. 隋代的漕运和隋朝的灭亡 ………………………………（86）
　　2. 南北大运河的历史贡献 …………………………………（86）

第4章　唐宋时期的运河 ………………………………………………（89）
　4.1　唐朝的运河 ………………………………………………………（89）
　　1. 升原渠 ……………………………………………………（89）
　　2. 韦坚开漕渠 ………………………………………………（90）
　　3. 永济渠的治理 ……………………………………………（90）
　　4. 涟水新漕渠 ………………………………………………（91）
　　5. 湛渠 ………………………………………………………（92）
　　6. 相思埭运河 ………………………………………………（93）
　　7. 通济渠（汴渠）的治理 …………………………………（94）
　　8. 伊娄河 ……………………………………………………（95）

  9. 开元新河 ...... （96）
  10. 邗沟的治理 ...... （97）
  11. 江南河的整治 ...... （98）
  12. 天威遥运河 ...... （100）
 4.2 五代时期的运河 ...... （101）
  1. 疏浚索水 ...... （101）
  2. 东南河 ...... （101）
  3. 治理汴河 ...... （101）
  4. 另开邗沟入淮通道 ...... （102）
  5. 整治永济渠 ...... （102）
 4.3 宋朝的运河 ...... （103）
  1. 汴河的治理 ...... （103）
  2. 惠民河 ...... （106）
  3. 广济河 ...... （108）
  4. 金水河 ...... （109）
  5. 方城运河（白河运河） ...... （109）
  6. 楚扬运河 ...... （111）
  7. 江南运河的治理 ...... （113）

第 5 章　元代京杭大运河的开通 ...... （117）
 5.1 重开金口运河 ...... （117）
 5.2 坝河 ...... （118）
 5.3 胶莱运河 ...... （119）
 5.4 开通济州河 ...... （120）
 5.5 开通会通河 ...... （122）
 5.6 通惠河 ...... （122）
 5.7 贾鲁河 ...... （125）
 5.8 重定江南运河南段 ...... （128）

第 6 章　明朝的运河 ...... （130）
 6.1 胭脂河 ...... （130）
 6.2 胥溪河的治理 ...... （131）
 6.3 京杭大运河的治理 ...... （132）
  1. 重开会通河 ...... （132）
  2. 治理淮扬运河 ...... （135）
  3. 开白塔河 ...... （137）

4. 开凿南阳新河 ……………………………………………………（137）
　　5. 开凿泇运河 ………………………………………………………（138）
第7章　清朝的运河 ……………………………………………………………（141）
　7.1　清朝京杭运河的治理 …………………………………………………（141）
　　1. 开中运河 …………………………………………………………（143）
　　2. 治理黄淮运河交汇处（清口）…………………………………（144）
　　3. 淮扬运河改道 ……………………………………………………（148）
　7.2　运河的衰落 ……………………………………………………………（150）
第8章　近代京杭大运河 ………………………………………………………（152）
　8.1　民国时期的京杭大运河 ………………………………………………（152）
　8.2　现代京杭大运河 ………………………………………………………（152）
　　1. 通惠河的整治 ……………………………………………………（153）
　　2. 北运河的整治 ……………………………………………………（154）
　　3. 南运河的整治 ……………………………………………………（154）
　　4. 山东段运河的整治 ………………………………………………（156）
　　5. 江苏段运河的整治 ………………………………………………（158）
　　6. 浙江段运河的整治 ………………………………………………（160）
第9章　京杭大运河时空演变特点与成因 ……………………………………（162）
　9.1　京杭大运河时空演变的五个阶段 ……………………………………（162）
　9.2　京杭大运河的时空演变成因 …………………………………………（164）
　　1. 京杭大运河时空演变特点 ………………………………………（164）
　　2. 京杭大运河时空演变成因分析 …………………………………（165）
　9.3　京杭大运河文化遗产 …………………………………………………（166）
　　1. 通惠河文化遗产 …………………………………………………（166）
　　2. 北运河文化遗产 …………………………………………………（167）
　　3. 南运河文化遗产 …………………………………………………（168）
　　4. 会通河文化遗产 …………………………………………………（168）
　　5. 中运河文化遗产 …………………………………………………（171）
　　6. 淮扬运河文化遗产 ………………………………………………（172）
　　7. 江南运河文化遗产 ………………………………………………（175）
　9.4　京杭大运河的历史贡献 ………………………………………………（178）
　　1. 京杭大运河的政治贡献 …………………………………………（178）
　　2. 京杭大运河的经济贡献 …………………………………………（178）
　　3. 京杭大运河的文化贡献 …………………………………………（179）

4. 京杭大运河的科技贡献 …………………………………………………（180）
　　5. 京杭大运河的文明贡献 …………………………………………………（180）
第 10 章　京杭大运河时空演变 ……………………………………………（182）
　10.1　元代京杭大运河时空演变 ……………………………………………（183）
　　1. 通惠河的时空演变 ………………………………………………………（185）
　　2. 北运河的时空演变 ………………………………………………………（192）
　　3. 南运河的时空演变 ………………………………………………………（196）
　　4. 鲁运河的时空演变 ………………………………………………………（201）
　　5. 中运河的时空演变 ………………………………………………………（212）
　　6. 淮扬运河（里运河）的时空演变 ………………………………………（216）
　　7. 江南运河的时空演变 ……………………………………………………（221）
　　8. 京杭大运河的时空演变 …………………………………………………（229）
　10.2　隋代京杭大运河（南北大运河）时空演变 …………………………（229）
　　1. 永济渠的时空演变 ………………………………………………………（230）
　　2. 通济渠的时空演变 ………………………………………………………（233）
　　3. 隋代京杭大运河演变示意图 ……………………………………………（235）
　10.3　浙东运河时空演变 ……………………………………………………（236）
　　1. 浙东运河的雏形 …………………………………………………………（236）
　　2. 浙东运河的形成 …………………………………………………………（237）
　　3. 浙东运河的维护与发展 …………………………………………………（237）
　　4. 浙东运河时空示意图 ……………………………………………………（238）
主要参考文献 ………………………………………………………………（240）
附图

第 1 章　京杭大运河历史变迁

　　水是地球上生物的生命之源,是人类赖以生存和发展、不可或缺的自然资源。

　　地球的表面面积为5.1亿平方公里,其中海洋覆盖面积约占71%,陆地面积约占29%。地球上的总水量约为13.86亿立方公里,其中海洋水约为13.38亿立方公里,约占地球总水量的96.54%,折合水深3 700m。陆地上的冰川约为2 406万立方公里,约占全球总水量的1.74%,为地球上最多的淡水资源,但主要分布在地球两极,难以开发利用。陆地上湖泊、河流、沼泽中的总水量约为19.00万立方公里,占地球总水量的0.014%,是与人类最为密切的淡水资源。

　　全球水循环服从质量守恒定律,水循环是闭合系统,即全球总水量不变。但局部水循环是开放系统,即对陆地上某一特定地区、某个水体而言,水有时多、有时少,是一个动态变化的开放系统。

　　占全球总水量0.014%的陆地上湖泊、河流、沼泽中的水的动态变化,自古以来就是人类发展历史的主要影响因素之一。

　　4 000年前的公元前21世纪,地球的东方爆发的一场大洪水,迫使在这里生存的先民们走出深山、丛林、沼泽,在大禹的带领下,兴沟修渠,疏江通河,开展了艰苦卓绝、划时代的治水行动,具有国家性质的夏王朝诞生了,中华民族从这场治水运动中麇聚在一起,中华民族也从这场洪水的波涛汹涌中壮大形成。

　　包括人类在内的所有生物都处于水循环环境之中,水环境的演变如何影响人类的发展历程,或许是探索中华文明起源乃至探索世界文明起源的钥匙;同时,人类活动又影响着陆地水循环,大禹治水诠释了4 000年前人类影响水循环的故事,今天地球变化中水循环时空格局与CO_2排放问题一样是搞清人类活动导致全球气候变化的关键之一。

　　京杭大运河穿越我国钱塘江、长江、淮河、黄河、海河五大流域,空间跨度1 000多公里,时间跨度近3 000年,京杭大运河的时空演变不仅反映了我国东部沿海地区3 000年来的社会发展历史,而且从一个侧面见证了我国整个国家3 000年来的政治、军事、经济发展历程。

1.1　从区间运河到南北大运河

　　京杭大运河在近3 000年的历史中,从沟通自然河流、湖泊的区间运河到隋代形成以洛阳为中枢的南北大运河,元代定都北京后又在南北大运河基础上开凿,形成了沿用至今的京杭大运河。本节介绍从第一条区间运河太伯渎到隋代形成南北大运河的演变过程。

1. 区域自然河流与湖泊

大运河是古代人民在自然能河流、湖泊基础上，通过人工疏浚将其沟通而形成的。北京与杭州纬度之间主要的自然河流、湖泊如图1-1所示。

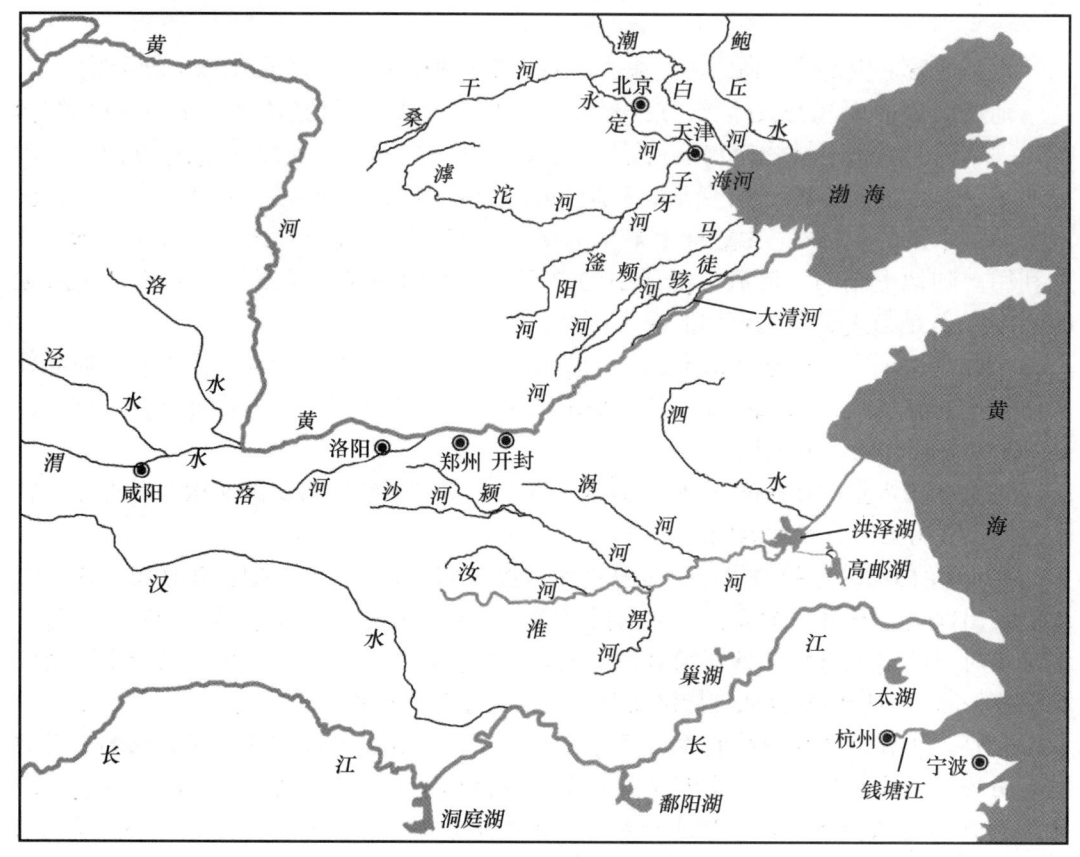

图1-1 区域自然河流、湖泊示意图

如图1-1所示，在人类开凿人工运河前，不仅有海河、黄河、淮河、长江、钱塘江五大水系，还有洋河、展水、滹沱河、子牙河、滏阳河、清凉江、浛水、沙水、石水、鬲水、劳水、济水、食水、洛河、伊河、师水、涡河、北汝河、漯河、黄水等自然河流，另外还有高邮湖、太湖、武广湖、陆阳湖、樊梁湖、博芝湖、射阳湖等自然湖泊。

远古人类总是选择靠近自然河流或湖泊地区作为生存和活动的区域，一方面是因为获得饮水的方便，也因为河流、湖泊周围地区土壤比较肥沃；且水中鱼虾可以食用；另一方面就是因为利用水道便利运输。

水道运输经济而省力，因此，随着生产力的发展，古人除利用自然水系外，为突破自然水系封闭的制约，人们开始设法开凿运河，沟通原本各成封闭系统的水道，以达到其经济、军事或政治目的。

由于人工运河的开凿需要大量人力物力，因此一般来说，在列国对抗攻伐时期，国富兵强的国家往往为在攻战中占据优势而开挖运河；在国家统一后，国力雄厚时开挖运河较多且运河畅通，国家衰败时期开挖运河较少且运河时常埋塞。运河的兴衰也体现了国家的兴衰，运河的演变也是历史演变的一个侧面。

2. 沟通自然河流、湖泊的区间运河

人类自古以来习惯于临水而居、依水而生，随着人类生产力的逐步提高，对水性的认识和对水的利用不断获得突破。早在战国原始社会末期，我们的祖先开始突破借助于自然河流、湖泊的水道运输方式，进一步开凿人工运河，使自然河流、湖泊之间相连通，以更大程度地利用水利运输。于是，一批人工运河在历史的时空被开凿并演变至今。

历史记载公元前2000前，坐落于地球东方的中国遭到一次空前的大洪水，"浩浩怀山襄陵，下民其忧"（《史记·夏本纪》）。为制止洪水泛滥，尧召集部落首领，讨论制洪计策，会议推举鲧负责平息洪水灾害。"鲧障洪水"（《国语·鲁语下》），鲧采用土围堤挡水的方法，治了九年，没有成功，受到惩处。舜继尧位后，又推举鲧的儿子禹继承父业。禹改过去"障水"为"疏导"，联合伯益、后稷等部族，"居外十三年，过家门而不入"（《史记·夏本纪》），专心治水，终于把"浸山灭陵"的洪水，分疏九河，导流入渤海，平息了水患。

公元前2000年大禹治水是中华民族祖先人工整治河流的开始，这就是后世所称的"禹河"。禹"导河积石（今甘肃省），至于龙门，南至于华阴，东至于砥柱（今三门峡），又东至于孟津。东过洛汭（今河南巩县洛水入河处），至于大伾（今河南成皋或浚县大伾山），北过降水（今漳河），至于大陆（今河北省大陆泽），又北播为九河（古九河为：徒骇、太史、马颊、覆釜、胡苏、简、絜、钩盘、鬲津），同为逆河（以海水逆潮而得名），入于海"（《禹贡》）。

大禹治水之后，夏、商、周均有因治洪或防河患的人工运河开凿。如夏少康帝时商侯冥主持治河；商因河患而数次迁都和建设防洪工事；周幽王二年，因地震导致黄河三条支流泾、洛、渭因山崩导致河源阻塞枯竭后所进行的人工疏通。

夏、商、周时的人工运河主要是以泄洪、治河患和城池防护为目的。春秋战国时期，因列国为各国运输、灌溉、防洪所需或列国之间的征伐战事，使大运河开凿进入第一次高峰期。与今天京杭大运河相关的主要区间运河情况如图1-2所示。

约公元前11世纪西周朝古公亶父时期，周朝王子太伯携弟弟仲雍来到当时的荒蛮之地梅里（今江苏省无锡市梅村），后赢得当地土著居民的拥戴被推举为君长，建立最初的吴国。吴太伯于公元前1122年带领人们筑吴城，开凿中国历史上第一条人工运河，后人称为太伯渎。

约公元前1000年，西周时期徐国君主徐偃王开凿了沟通古沙水河汝水的陈蔡运河。陈蔡运河是中原地区最早的一条运河，为后来该地区开凿鸿沟起了先导作用。

约公元前470年，越国开凿了都城会稽（今浙江省绍兴市）向东至曹娥江的山阴古水道，此古水道是晋代以后开凿的浙东运河中山阴至曹娥江一段的前身。

公元前506年，吴王阖闾令伍子胥开凿了打通太湖与长江的运河胥溪（又称堰渎）

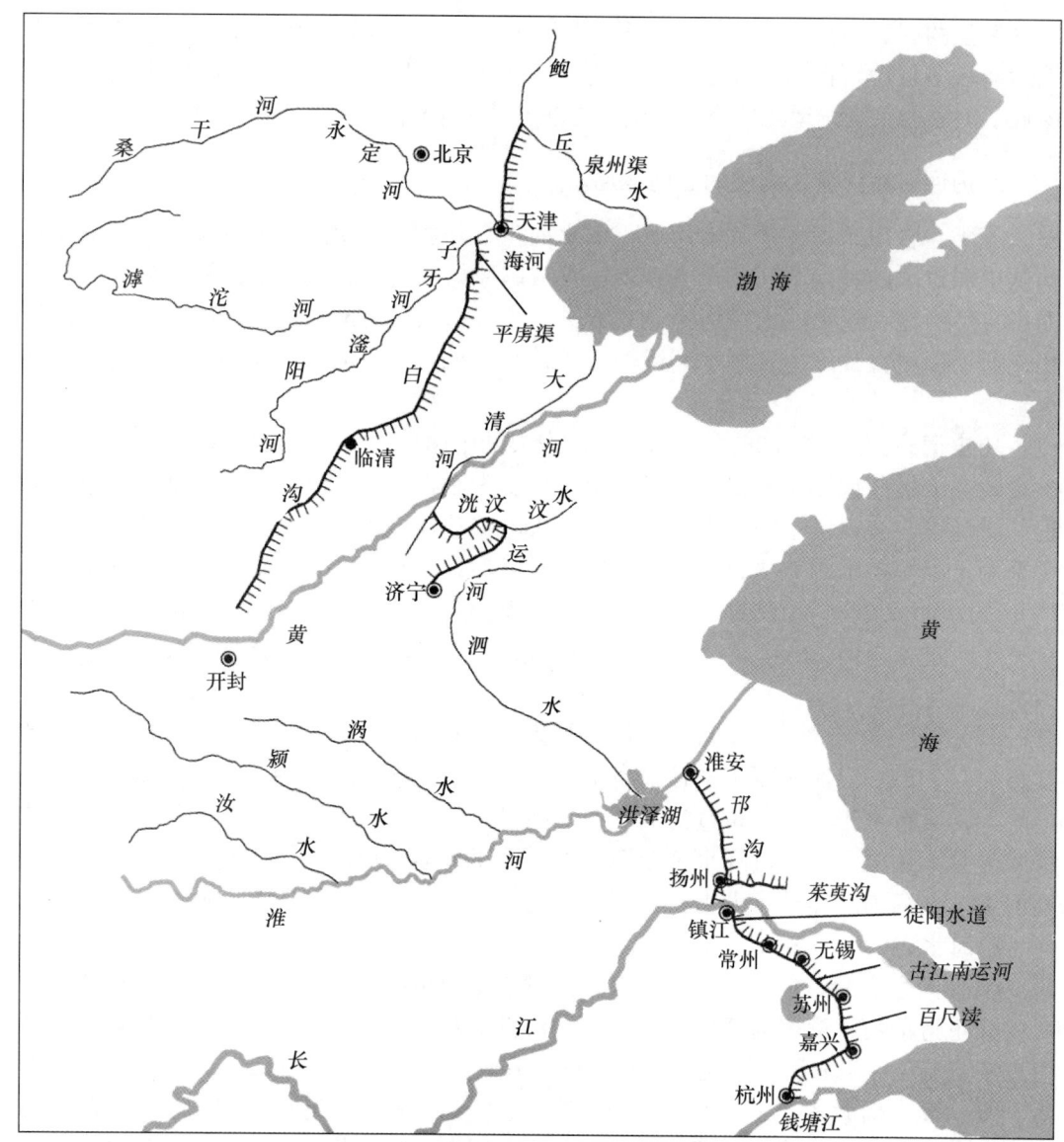

图1-2 与京杭运河相关的区间运河示意图

和连通太湖与东海的运河胥浦。

公元前496年,吴王夫差下令开凿了自吴城向南、穿过越国到钱塘江北岸,然后东折到今天浙江省海宁县境内的百尺渎。

公元前491年,吴王夫差下令开凿了自吴城北门向西北,穿越射渎、蠡湖,然后过梅村、常州之间的阳湖,从江阴西侧过长江到达广陵(今扬州)的古江南运河。

公元前486年,吴王夫差命伍子胥开凿了自邗城(今扬州市)西北蜀岗南沿开始,经武广、陆阳二湖(今江苏高邮南)之间,北经樊梁湖(今江苏高邮北),向东北穿过博芝(今江苏宝应东南)、射阳(今江苏、淮安两县东)二湖,再向北至末口(今江苏怀安县东北)入淮,史称邗沟。

公元前482年，吴王夫差为北向与晋国争霸，开凿荷水运河以从山东菏泽引济水东流到山东鱼台与泗水相连。

秦始皇统一中国后，于公元前215年命驻会稽部队在春秋吴国江南运河和百尺渎基础上，开凿了从檇李到钱塘江的陵水道。

公元前210年，秦始皇命三千犯人开凿了从江苏丹阳至镇江谏壁的丹徒水道。

公元前179到公元前157年，西汉吴王刘濞在吴地（今江苏省邗沟县湾头乡）开凿了西自扬州北茱萸湾东至邗沟的茱萸沟运河。

公元前6年，汉朝在公元前129年徐伯主持开挖的沟通西安与黄河的漕渠基础上，又开凿了荥阳漕渠。

公元29年，河南尹王梁主持开凿了引榖水至洛阳城北东接巩川的阳渠；公元57年，张纯穿阳渠引洛水，自洛阳城南，东至偃师城南注入洛水，南接江淮。

公元69年，王景和王吴主持开凿了汴渠。

公元197年至200年，广陵太守陈登开凿了从樊良湖（今江苏省高邮县城西北）经津湖（今江苏省宝应县南）、白马湖（即马濑，今江苏宝应县西），至山阳（今淮安）末口入淮的邗沟西道（此后原邗沟运河称邗沟东道）。

公元204年，曹操自今汲县筑堰使原流入黄河的淇水从西南流入白沟，从而使白沟获得淇水和宛水的水源，便于航运和灌溉。白沟也称卫河，为后来永济渠的前身。

公元208年，曹魏为北征乌桓开凿了平房渠，平房渠有三条河道。

公元214年，曹魏开凿了沟通漳河与白沟（今卫河）的利漕渠。

公元220年，豫州刺史贾逵在今河南淮阳县西北竭汝水开凿了贾侯渠。

公元250年，曹魏开凿了连通遏水与高粱河的车箱渠（在今北京西北，与以后的北运河、通惠河相接）。

公元243年，曹魏大将邓艾开凿了使颍水与汝水相连的淮阳渠。

公元241年，曹魏在淮阳附近开广漕渠。

公元245年，东吴孙权政权开凿了从丹徒县宝埝镇出发，与江南运河相接的破岗渎。

公元240年，东吴郗俭开凿了从建业城西南秦淮河通仓城的运渎。

公元364年，东晋开凿了使邗沟与长江连接的仪真运河。

公元369年，东晋大将桓温在原野泽之东开渠，开凿了引汶水通于洛川的桓公沟。

公元384年，东晋谢玄为改良泗水的通航条件治理吕梁洪开凿了泗水运道。

公元505年，北魏宣武帝时期，北魏朝廷为解决池盐的运输问题，开凿了永丰渠。

3. 从区间运河到南北大运河

自东汉灭亡的公元2世纪至公元6世纪，中华民族进入一个大分裂时期，四海之内战乱纷争，山河破碎，民不聊生。公元581年，北周外戚杨坚建立了300多年分裂争战后的又一个统一的王朝——隋朝。

开皇元年（公元581年），隋文帝杨坚命大将郭衍对汉武帝开凿从长安到潼关的漕渠。开皇四年（公元584年）又命宇文恺疏浚漕渠，竣工通航后定名为"广通渠"。公元587年，杨坚命郭衍、宇文恺疏浚邗沟，并定名为"山阳渎"。

公元605年，扬州总督杨广登上隋皇帝位，改年号大业，从长安迁都洛阳。

隋炀帝杨广征百万余民工开凿通济渠并疏浚山阳渎。通济渠自都城洛阳城西起，经洛阳城南到偃师，循洛水入黄河，然后自荥阳西北黄河边上的板渚（今河南荥阳汜水镇东北）引黄河水东行汴渠，再向东注入淮水，全长400公里。

大业四年（公元608年），隋炀帝在河北诸郡征百万役丁开凿了近1000公里的永济渠。永济渠南接通济渠北端，疏浚曹操当年开凿的白沟，经河南内黄，山东定陶、临清、清河、德州，河北东光、青县到达独流镇再折向西北，过永清县与桑干水相接直达涿郡治所蓟县（今北京）。

大业六年（公元610年），隋炀帝将江苏镇江至杭州段区间六朝以前的运河按照统一的标准进行拓宽、挖深，使得全线贯通，连通江苏镇江至杭州的运河，成为南北大运河体系的一部分。

至此形成了以沟通洛河、黄河、淮河、长江、钱塘江五大水系和一系列湖泊的南北大运河，如图1-3所示。

南北大运河贯穿今河北、河南、安徽、江苏、浙江五省，成为世界上开凿最早、航程最长、最为雄伟的人工运河。

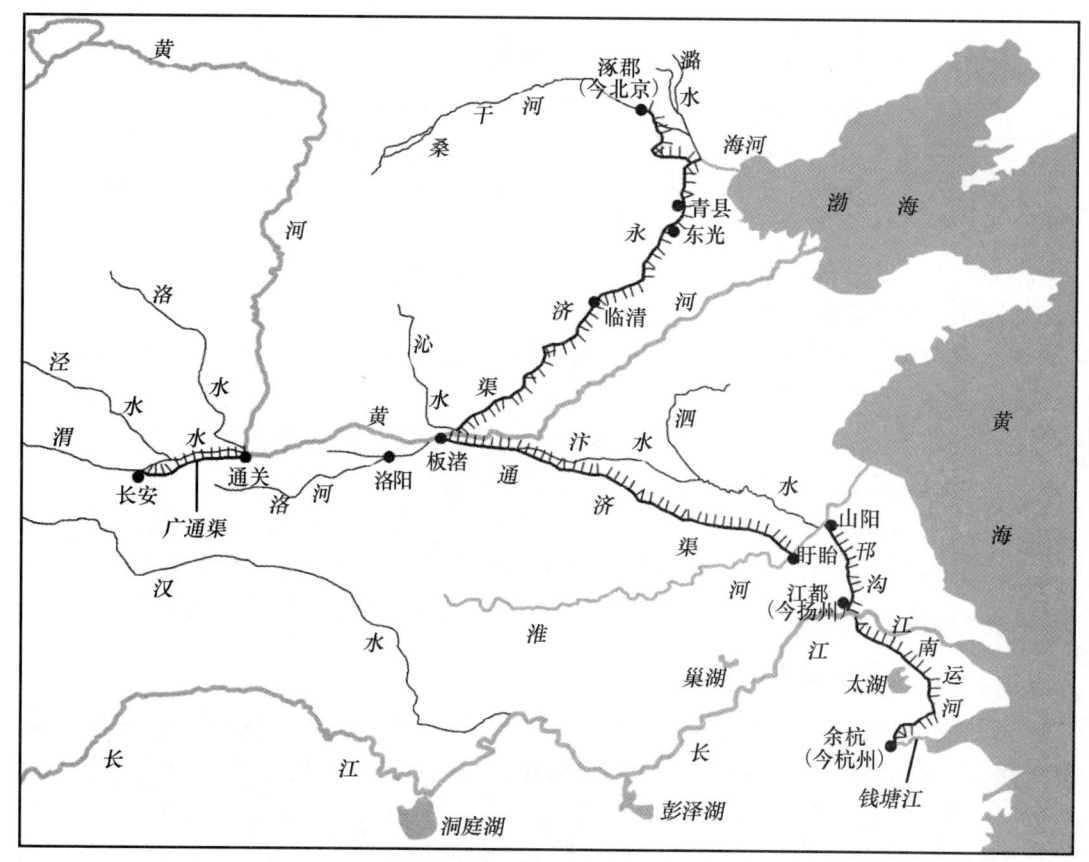

图1-3　隋代南北大运河示意图

南北大运河全长2700多公里，是在上述约1700年间开凿的一系列区间运河基础上，于隋炀帝时期大业四年（公元608年）完成的。尽管隋王朝如昙花一现，消逝在历史长河中，但南北大运河却为后来唐宋的繁荣奠定了基础，为我国的政治、军事、经济和文明进程作出了巨大贡献。

隋朝的统一和南北大运河的开通，为隋朝社会稳定和经济发展创造了极其优越的条件。在隋初的十余年间，由于四海统一政治稳定，经济发展非常迅速。《贞观政要·辩兴亡》记载，隋文帝末年，"天下储积，得供五六十年"。及至大运河开通以后，"公家运漕，私行商旅，舳舻相继"（《元和郡县志》卷5《河南道》），使大量的江淮物资源源不断地运至关中，出现了经济繁荣的景象。如果隋炀帝杨广及其政权能充分利用这一条件，轻徭薄赋，停止征伐，与民休息，减少贪奢，发展生产，必然会成为一个长期、稳定、强大的帝国。

然而大运河开通除了成为隋朝统治者大肆搜刮民脂民膏的通道之外，也成为了隋炀帝巡幸出游、炫耀武力和贪奢纵欲的重要工具。最终导致农民起义频发，官逼民反，隋炀帝杨广于大业十四年（公元618年）三月被叛军杀死在扬州时，年仅38岁。

关陇贵族集团首领李渊在隋炀帝死后两个月，受"禅让"继位，国号唐，年号武德，定都长安。

唐朝的统治者继承前朝所修南北大运河的丰厚遗产，并接受隋朝二世而亡的教训，认识到了"先存百姓、去奢省费、轻徭薄赋、与民休息"的重要性。尤其是江淮地方社会经济的发展，使唐朝后期出现了"扬一益二"的大好局面，大运河为维系唐王朝的政治统治作出了贡献。

在唐朝近300年的统治期间，主要是利用隋朝开凿的大运河，作为补充开凿了不太长的新运河，唐朝对运河的主要工作是对旧有河道的疏浚、整治，以保证正常的漕运。

由于均田制的破坏和统治集团的日趋腐败，加之边境屯兵，使下层劳动人民的负担日益沉重，天宝十四年（公元755年）爆发了"安史之乱"。随着兵战，使唐中期蓬勃发展的漕运事业迅速衰落，昔日繁荣大运河景象也变为兵匪控制或荒芜隔绝的颓败景象。

唐朝灭亡后，中国进入了持续半个多世纪的分裂割据时期，即"五代十国"。由于受到这种藩镇割据的影响，运河的治理也演变为沿线政权的分区域割据，漕运处于时续时断状态。总的来说，在五代时期（公元907～960年）南北大运河沿线的几个政权，对运河大都进行过疏浚和治理，南方还出现了经济繁荣的景象。但贯通南北的水上运输已不可能，更不可能再把江南大量粮食再像唐朝中期那样源源不断地运往中原。也由于运河不能重新把政治、军事中心和经济重心连接起来，政权也就无法稳固。五代十国的情形再一次证明，在过去没有铁路、公路、航空运输的时代，大运河的兴衰关系到国家的兴衰，大运河的时空演变也体现了国家政治、军事、经济的历史演变。

后周时期，周世宗柴荣在"区区五六年间，取秦陇，平淮右，复三关（瓦桥、孟津及高阳关）"（《新五代史》卷12《周本纪》），削平了主要的藩镇割据政权，重新打通了中原与江南的运河水道并大规模整治运河，基本恢复了南北大运河功能，重新把政治、军事中心与经济重心紧密相连，从而为北宋一统帝国的建立奠定了基础。

北宋和南宋时期的南北大运河线路基本因袭隋唐，但运输重心却发生了重大变化。

北宋定都汴京（今河南省开封市），运河运输系统便以汴京为中心，呈放射状向外分布，如图1-4所示。

北宋时期南北大运河运输网络是汴河向东南连接淮河，通过楚扬运河、江南运河和浙东运河将长江、吴淞江、钱塘江沟通，广济河向东北沟通济水（今北清河），向西通惠民河、蔡河与颍水、涡水等淮河上游支流相连接，往西北则通过汴河与黄河相接，通过御河和渭水分别向北、向西延伸。

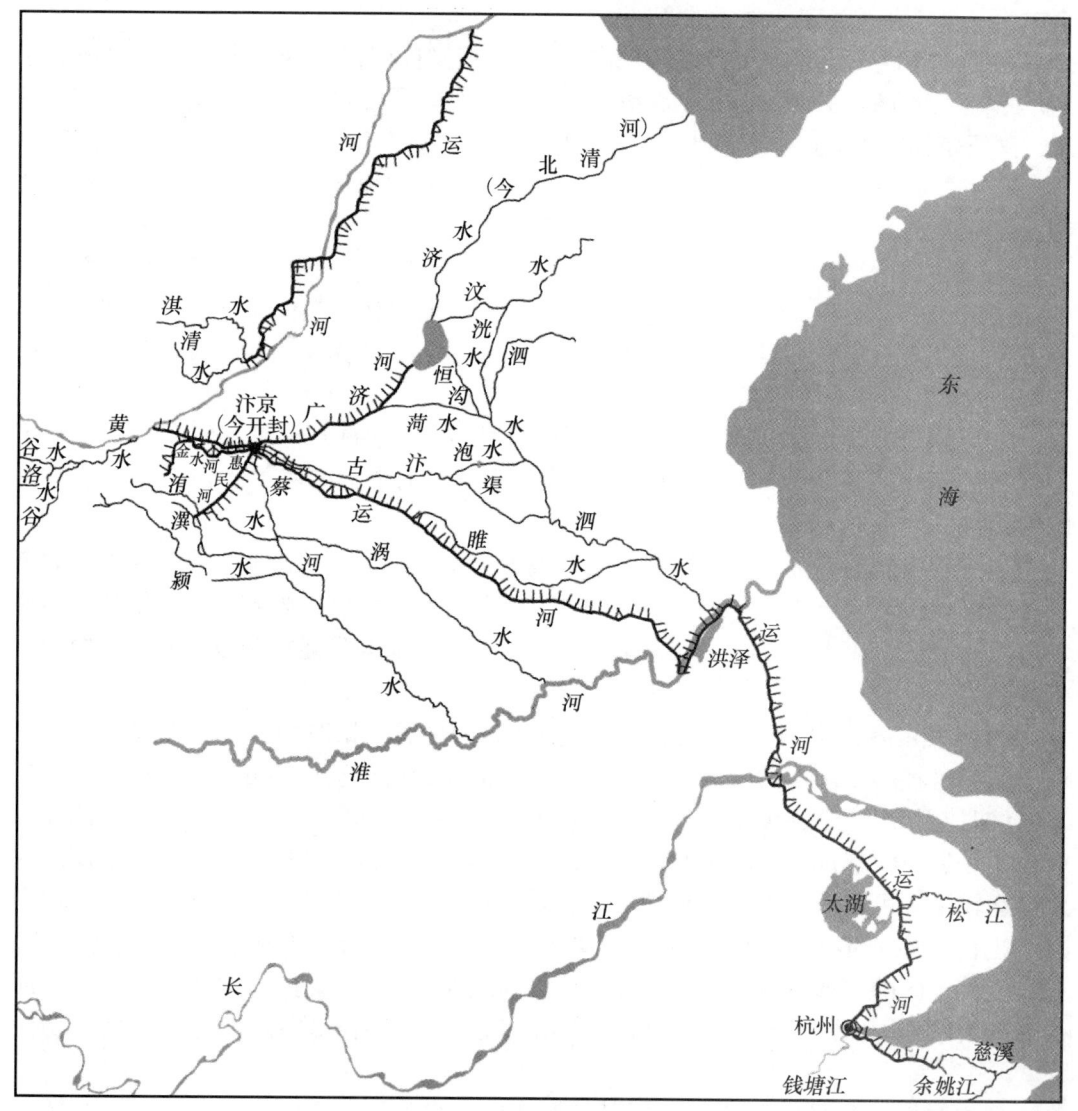

图1-4 北宋时期的南北大运河示意图

南宋运河系统以临安（今浙江省杭州市）为中心，通过江南运河连接长江，沟通川峡，通过浙东运河和钱塘江连接大海和两浙水系，沟通两浙、福建、广东地区的水道，如图1-5所示。

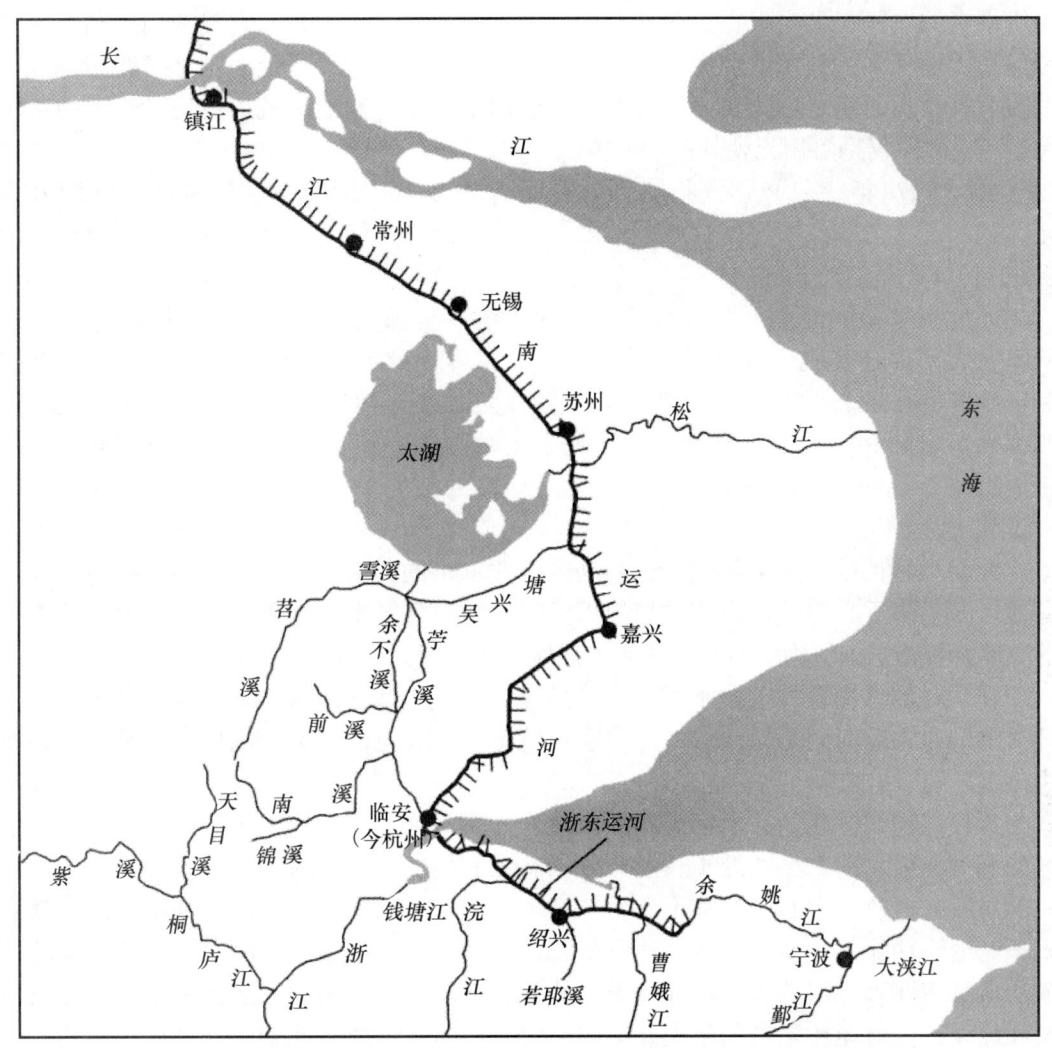

图1-5　南宋时期的南北大运河（以杭州为中心）示意图

由于运河中心的变动，两宋300余年间不断对南北大运河进行疏浚、整修和改造，两宋时期南北大运河的面貌从一个侧面反映了当时政治、军事、经济的变迁。

1.2　从南北大运河到京杭大运河

1. 元定都北京后对大运河的新需求

隋代在之前区间运河基础上开凿通济渠、永济渠形成了南北大运河，隋代是从区间运河到南北大运河的历史转折点。而元朝政府对大运河通过整体调整，形成了京杭大运河，则是中国大运河史上另一个主要转折点。

隋朝南北大运河的开凿，出于统治者炫耀武功和巡游享乐的目的，动辄征丁上百万，遭到人民大众的普遍反对，困难重重。南北大运河全线开通数年后，隋朝也在纷纷举旗的农民起义中灭亡。而元代的京杭大运河开凿工程则是召集利用水利专家的参与和实地考察，利用地理水系自然条件，因势利导，较科学地确定开凿线路，取得了很大成功。元朝之后的明清两朝基本上沿用了元朝开凿的京杭大运河，今天的京杭大运河很多段仍是沿用元朝开凿的河段。

公元1271年，忽必烈获得大汗之位后，仿效以往中原王朝的做法，立国号为元，建年号为至元，定官制，兴礼乐，一个强大的元朝诞生了（《元史》卷4《世祖纪》）。

元世祖忽必烈建立元朝政权后，加快了统一全国的步伐。他将全国的政治中心从漠北大草原迁移到大都城（今北京市），这样南北大运河的强大运输功能就能够保证政府的巨额日常开支。元朝军队攻破江防要塞襄阳后，元世祖忽必烈命大将伯颜率大军水陆并进，沿长江而下，在芜湖击败南宋宰相贾似道组织的南宋最后一次正面抵抗，元朝军队沿南北大运河直达最南端的临安（今浙江省杭州市）城下，南宋王朝灭亡。

元朝尽管把政治中心从漠北迁移到今天北京市的元大都城，但政治中心与江淮江南地区的经济重心仍严重脱节。如何尽可能快地、持续不断地把江淮、江南经济重心的丰厚物资输送到作为政治中心的元大都城，成为了元朝政权必须解决的问题。

在当时的历史条件下，水利运输是最经济、最便捷的运输方式，充分利用历史上开凿的南北大运河则是最佳选择。在这种情况下，大运河作为全国经济命脉的重要作用再次显现了出来。

唐代以前，全国的政治中心在西京长安和东都洛阳，从唐末至元朝，尽管有北宋时的统一，但总起来全国处于长期分裂状态，元朝消灭南宋后，又一次形成了全国统一的局面，但政治中心已北移至元大都城。隋代开凿的南北大运河，其中枢是东都洛阳，其运输功能的主要目的地是西京长安，南北大运河的最北端涿郡（今北京）的运输功能是南北大运河的次要目标。唐、北宋、南宋尽管对南北大运河做过一些补充开凿和疏浚，但整体还是沿用隋朝开凿的南北大运河主干线。元朝建立之初，南北大运河因连年战争已整体处于割裂、衰落状态，西京长安、东都洛阳、汴京开封、南宋临安都已不再是运输功能的主要目标，南北大运河水利运输工程必须进行大规模调整改造，才能满足以元大都城为运输功能主要目标的战略目标。

2. 元代京杭大运河的形成

元朝政府调整的大运河线路，江南地区大致没有变动，临清以北的河道也没有大的改变，主要是在中间的大运河河段。由于供应目标不再是西京长安或东都洛阳，供应目标已成为元朝大都城，为减少损耗，提高运输效率，就不必从江南绕大弯到洛阳再到涿郡，"弃弓走弦"缩短运河线路成为元朝大运河路线调整的首要原则。对于中间这段从淮河直达临清的新开凿河道，元世祖忽必烈命名为会通河。调整后的大运河，可以从杭州一路北上，直抵大都路下属的通州，这就是我们通常所称的京杭大运河。全部运输工作都可以由船只漕运来完成。元朝开通的京杭大运河如图1-6所示。

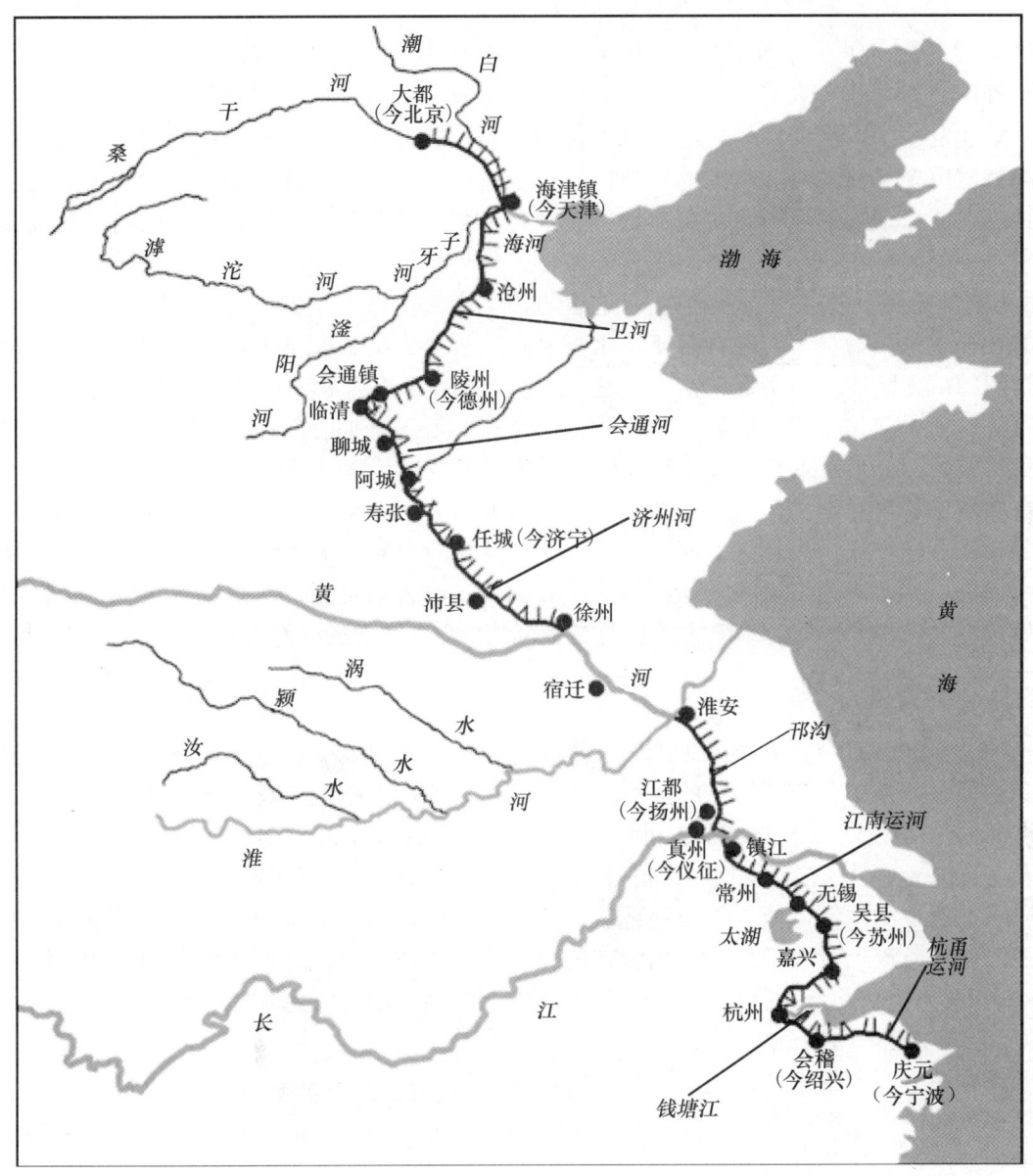

图1-6　元朝开通的京杭大运河示意图

元朝至元二十六年（公元1289年）到泰定二年（公元1325年），用役工250多万人次，历时35年开凿会通河。会通河尽管只有约130公里，但由于存在水源、水脊、水闸等水利工程难题，会通河的开凿和京杭大运河的贯通凝聚了郭守敬等古代水利工程建设者和广大劳动人民的聪明才智。

1.3 京杭大运河时空特征

衣、食、住、行是人类自古以来为更好生存的基本追求。行的追求就是追求更快更好的交通方式。水道运输是人类利用最早、效率最高、最为环保的交通方式。人类很早就发明了以舟楫作为交通工具。大约在公元前6000年，埃及的尼罗河和地中海东部就已出现了独木舟。中国的华夏祖先很早就已懂得利用水道运输和使用水上交通工具。在浙江余姚的河姆渡文化遗址中发现有木桨，萧山跨湖遗址出土了相当完整的独木舟，说明早在七八千年前的新石器时代，华夏祖先就已在使用舟楫。这就是古籍上所说的"刳木为舟，剡木为楫"。这也与传说中黄帝做舟车的年代基本相符。约公元前2000年大禹治水时"路行载车，水行载舟"（《史记·河渠书》），说明4000年前我们的祖先已掌握了系统性治水和利用水利的技术。公元前3000年人类已使用划桨和风帆；公元前2000年腓尼基人已运用龙骨建造船舶，并拥有船队，远航到了不列颠群岛和非洲；公元前800年古希腊人建造的船舶长达45米，有3层划桨，水手多达200人。自然河道和自然湖泊是人类最早利用的运输航道。但在全球范围内自然河流、湖泊的分布是不均匀的，而且许多河流、湖泊不适合航行。随着人类生产力水平的发展和技术的进步，开凿人工运河沟通自然河流和湖泊，改善航行条件，提高水运效率，以满足人类生存和发展日益增长的需要，成为人类文明进程中的必然选择。

1. 世界各国的人工运河

公元前19世纪，埃及中王国时代第十二王朝的谢努塞尔特三世为了向南扩张，下令挖掘了一条"东西方向"的运河，将红海与尼罗河连接起来。一些证据显示，这条运河的存在至少持续到公元前13世纪。公元前5世纪初，波斯帝国的大流士一世征服埃及，再次开凿了连接尼罗河与红海的运河，船舶可以从埃及直达波斯。

在西亚的两河流域，据史料记载，公元前24世纪，苏美尔城邦国家开凿了两条人工河，一条流入宁娜城，一条流入吉尔苏。公元前18世纪，古巴比伦组织大量奴隶开凿运河，并设有专门的负责官员——河渠史，第六代国王汉姆拉比兴修了自幼发拉底河到波斯湾的纳尔-汉姆拉比河。

在东方，不仅中国，朝鲜、日本、印度、泰国、缅甸等国都曾开凿过运河。泰国从暹罗到产稻地区修有多条运河，用来把剩余大米运输到首都。14世纪，缅甸的阿瓦王朝开挖了顶兑运河。

18世纪后期至19世纪中期是世界运河发展史的高潮。随着工业革命的兴起，运输需求的迅速增长，在火车、汽车还没有发明前，水运是最先进的运输方式，一时间欧美等国纷纷开凿运河，出现了风靡一时的"运河热"。

法国是欧洲开凿运河较早的国家。1642年法国的布里亚尔运河竣工，这条运河从卢万河的布里亚尔到塞纳河的莫雷，长达56公里。1667~1694年又兴建了米迪运河，这条长360公里的运河从图卢兹到托湖，把地中海和大西洋连接起来了，船只免去了绕道西班牙的直布罗陀海峡之苦。米迪运河通航后的两个世纪中，它一直是最繁忙的水运河道，为法国的工业革命和经济发展作出了巨大贡献。此后，法国还开凿了一系列运河，如1784～1833年开凿了罗讷-莱茵运河，全长247公里；1775～1834年兴建了勃艮第运河；等等。形成了遍布全国的运河网网络，目前法国8 500公里的内河通航水道中，2/3是运河。

1761年，英国著名的布里奇沃特运河通航，这条仅17公里长的运河把华莱斯煤矿区和曼彻斯特连接起来，大大降低了运输成本，使得煤价降低了一半。开凿这条运河的投资者布里奇沃特公爵三世弗朗西斯·埃格顿也获得了丰厚的利润，被称为英国的"运河之父"。利润的"示范效应"带来了大量投资，开凿运河的私人公司相继成立，从1760～1774年间英国议会至少通过28项运河法案，运河兴建遍及全国。1805年开通的长达148.8公里的大联运运河，使伦敦与利物浦之间的路程几乎缩短了一半，成为伦敦与中部地区一条重要的交通通道。1830年，英国的内陆运河建设已基本成形，全国运河的总长度达到7 506公里，形成了全国性的水路运输网。

德国于1841～1852年兴建了马恩-莱茵运河，把马恩河与莱茵河接连起来，全长312公里，主要运输铁矿石、煤和建筑材料等。荷兰在17世纪兴建了许多城市运河，阿姆斯特丹的市内运河总长达75公里；1822～1826年荷兰又开凿了连通比利时的威康斯运河，长约122公里。

在北欧，瑞典开凿了著名的约塔运河。这条连接波罗的海和大西洋的运河巧妙地利用了一系列天然河道和湖泊，全长580公里，人工开凿部分为87公里，1800年兴建，1832年竣工，开挖土石800万立方米。约塔运河不仅为斯德哥尔摩与哥德堡两大城市之间提供了一条便捷的水上通道，而且使得瑞典东西海岸之间的运输距离缩短了370公里，对促进瑞典国内贸易的发展起了巨大作用。现在，这条运河的两岸风景如画，旅游业发达，被誉为"漂浮在瑞典国土上的蓝色缎带"。

19世纪上半期是美国运河大发展时期。1818～1825年纽约州率先开凿伊利运河，这条长581公里的运河从伊利湖岸的布法罗到哈得逊河岸的奥尔巴尼，沟通了密西西比河、伊利湖与哈得逊河，对美国中西部地区的开发和纽约市的发展起到了十分重要的作用。1826～1834年美国又建成了由费城直通匹兹堡的宾夕法尼亚运河，全长630公里，使萨斯奎汉纳河和俄亥俄河接通，成为又一条东西向的水上大通道。从1825～1837年短短的12年间，美国的运河总里程从不到600公里增加到4 800公里。

加拿大在1832年兴建了里多运河，该运河从渥太华到金斯顿，全长202公里，由河流、湖泊、人工运河将安大略省东部的城镇连接起来。这条运河最初是作为一条军事供应线路，后来成为往来于渥太华和安大略湖之间的主要水上航线。

19世纪下半期至20世纪初，随着工业革命的完成和世界市场的逐步形成，世界贸易空前发展，工业发达国家为了向外扩张纷纷寻求更加便捷的远洋航道，世界运河建设，掀起了以沟通大洋、缩短环球航线为特点的新一轮高潮。沟通太平洋与大西洋的巴拿马运河、沟通地中海与红海的苏伊士运河以及沟通波罗的海与北海的基尔运河等著名国际航道，都建于这一时期。

苏伊士运河位于埃及东北部，连接地中海与红海，为亚非两洲的分界线。这条运河没有开通前，从欧洲的大西洋、地中海沿岸前往印度洋和东亚各国的航船，必须绕道非洲南端的好望角,路途远、时间长、费用高、风险大。苏伊士运河开通后,从大西洋沿岸各国到印度洋之间的航程比绕道好望角缩短了5 500～8 000公里;从地中海沿岸各国经苏伊士运河、红海进入印度洋,航程可以缩短8 000～10 000公里。1859年苏伊士运河正式动工兴建,1869年建成通航。运河北起地中海边上的塞德港,南至红海苏伊士湾的陶菲克港,全长195公里(包括两端深入海中的航道)。1976～1983年进行了大规模的扩建工程,海面平均宽度由135米拓宽到365米,平均深度由13米加深到19.5米,可通航满载15万吨、空载37万吨的油轮。其中1/3河段可双向行驶。现在每年有1.5万艘来自世界各地的船舶经过这条运河。

巴拿马地处北美洲与南美洲的交界处,左临太平洋,右临大西洋,最宽的陆域宽度只有80多千米,是开凿运河沟通两大洋的理想之地。1880年法国正式开挖巴拿马运河,1889年因财政困难而停顿。1903年美国在法国原先开凿的基础上,投资3.87亿美元,雇了数十万人挖掘运河。1914年竣工,1915年通航,1920年起运河成为国际通航水道。巴拿马运河全长81.3公里,1971年扩建后河宽152～304米,水深14.3米,两端各有水闸3座,升降调节水位26米,可通航4万～4.5万吨的海轮。由于巴拿马运河的开通,太平洋与大西洋之间的航程比原来缩短了5 000～10 000公里。

德国北部的基尔运河,始凿于1887年,通航于1895年,1907～1914年进行了拓宽浚深,全长98.7公里,水面宽162米,底宽90米,水深11米。运河东连波罗的海岸边的港城基尔,西达德国北部最大城市汉堡并直通北海。基尔运河的开通,使德国北部沿海地区的货物交流不再需要远航上千公里,并绕越丹麦半岛。基尔运河的通航具有重大的军事、战略与经济价值,在20世纪发生的两次世界大战中,基尔运河都是战争双方拼死争夺的战略要点。

第二次世界大战后,尽管铁路、高速公路、航空等现代交通方式有了很大发展,但一些国家仍然开凿了新的运河。

1952年荷兰兴建了阿姆斯特丹运河,把首都阿姆斯特丹与莱克河及瓦尔河连接了起来,全长72公里,有4道水闸,可通航4 300吨船舶,现在是西欧最繁忙的运河之一。

1954年土库曼斯坦开工建设米卡拉库姆运河,全长1 400余公里,1981年竣工通航。该运河位于土库曼斯坦的北部,引阿姆河水源,穿行于沙漠和绿洲之间,具有通航和灌溉之利。

1962～1971年,哈萨克斯坦兴建了额尔齐斯-卡拉干达运河,从额尔齐斯河至卡拉干达市,全长458公里,水面宽20～40米,深5～7米。这条运河的开通,不仅为哈萨克斯坦中部地区提供了一条水上运输通道,而且缓解了这一地区的用水困难。

1985年德国兴建了全长171公里的莱茵河-多瑙河运河,把欧洲两大主要河流莱茵河与多瑙河连通起来,使德国多瑙河沿线的船只进入地中海,不再绕经漫长的黑海、爱琴海航道。

开凿人工运河工程浩大,技术复杂,不仅涉及地理、地质、水利、测绘、建筑、环境等众多学科领域,还需要先进的工程技术,还涉及政治、社会、经济、军事、管理、运营维护等各个方面。与世界其他运河相比,京杭大运河具有历史最悠久、空间跨度最大的突出时空特征。

世界主要人工运河见表1-1。

表1-1 世界人工运河一览表

序号	运河名称	国家	开凿起始时间	长度/公里	具体情况
1	"东西方向"的运河	埃及、波斯	公元前19世纪		公元前19世纪由埃及挖掘,将红海与尼罗河连接起来,至少持续存在到公元前13世纪;公元前5世纪初波斯帝国再次开凿,船舶可以从埃及直达波斯
2	宁娜城运河	苏美尔城邦	公元前24世纪		
3	吉尔苏运河	苏美尔城邦	公元前24世纪		
4	纳尔-汉姆拉比河	古巴比伦	公元前18世纪		
5	顶兑运河	缅甸	公元14世纪		
6	布里亚尔运河	法国	1642年	56	从卢万河的布里亚尔到塞纳河的莫雷
7	米迪运河	法国	1667年	360	从图卢兹到托湖,把地中海和大西洋连接起来了;通航后的两个世纪中一直是最繁忙的水运河道
8	罗讷-莱茵运河	法国	1784年	247	把华莱斯煤矿区和曼彻斯特连接起来
9	勃艮第运河	法国	1775年		连接塞纳河的支流约讷河和罗讷河上游的索恩河,起自约讷河上的拉罗什,到索恩河上的圣让-德洛讷
10	布里奇沃特运河	英国	1761年	17	从沃斯利至利物浦
11	大联运河	英国	1805年	148.8	使伦敦与利物浦之间的路程几乎缩短了一半,成为伦敦与中部地区一条重要的交通通道
12	马恩-莱茵运河	德国	1841年	312	把马恩河与莱茵河连接起来,主要运输铁矿石、煤和建筑材料等
13	阿姆斯特丹的市内运河	荷兰	公元17世纪	75	
14	威康斯运河	荷兰	1822年	122	从荷兰的斯海尔托亨博斯到比利时的马斯特里赫特附近,连接迪厄泽河(马斯河支流)和阿尔伯特运河
15	约塔运河	瑞典	1800年	580	连接波罗的海和大西洋,对促进瑞典国内贸易的发展起了巨大作用;运河两岸现在旅游业发达
16	伊利运河	美国	1818年	581	从伊利湖岸的布法罗到哈得逊河岸的奥尔巴尼,沟通了密西西比河、伊利湖与哈得逊河,对美国中西部地区的开发和纽约市的发展起到了十分重要的作用
17	宾夕法尼亚运河	美国	1826年	630	由费城直通匹兹堡,使萨斯奎汉纳河和俄亥俄河接通,成为又一条东西向的水上大通道
18	里多运河	加拿大	1832年	202	从渥太华到金斯顿,最初作为一条军事供应线路,后来成为往来于渥太华和安大略湖之间的主要水上航线

续表

序号	运河名称		国家	开凿起始时间	长度/公里	具体情况
19	苏伊士运河		埃及	1859年	195	连接地中海与红海，为亚非两洲的分界线，北起地中海边上的塞德港，南至红海苏伊士湾的陶菲克港；现在每年有1.5万艘来自世界各地的船舶经过这条运河
20	巴拿马运河		法国美国	1880年	81.3	1914年竣工，1915年通航，1920年起运河成为国际通航水道
21	基尔运河		德国	1887年	98.7	东连波罗的海岸边的港城基尔，西达德国北部最大城市汉堡并直通北海，具有重大的军事、战略与经济价值，在20世纪发生的两次世界大战中都是战争双方拼死争夺的战略要点
22	阿姆斯特丹运河		荷兰	1952年	72	把首都阿姆斯特丹与莱克河及瓦尔河连接了起来，现在是西欧最繁忙的运河之一
23	卡拉库姆运河		土库曼斯坦	1954年	1400余	位于土库曼斯坦的北部，引阿姆河水源，穿行于沙漠和绿洲之间，具有通航和灌溉之利
24	额尔齐斯-卡拉干达运河		哈萨克斯坦	1962年	458	从额尔齐斯河至卡拉干达市，不仅为哈萨克斯坦中部地区提供了一条水上运输通道，而且缓解了这一地区的用水困难
25	莱茵河-多瑙河运河		德国	1985年	171	把欧洲两大主要河流莱茵河与多瑙河连通起来
26	京杭大运河	隋南北大运河	中国	608年	2700多	沟通洛河、黄河、淮河、长江、钱塘江五大水系和一系列湖泊，贯穿今河北、河南、安徽、江苏、浙江五省，成为世界上开凿最早、航程最长、最为雄伟的人工运河，为后世的繁荣奠定了基础，为我国的政治、军事、经济和文明进程作出了巨大贡献
		元京杭大运河	中国	1281年	1794	是世界上里程最长、工程最大、最古老的运河之一。北起北京，南到杭州，经今北京、天津两市及河北、山东、江苏、浙江四省，贯通海河、黄河、淮河、长江、钱塘江五大水系，为中国经济发展、国家统一、社会进步和文化繁荣作出了重要贡献，至今仍在发挥着巨大作用
		现京杭大运河	中国		1794	济宁以北因水源不足基本已断航，济宁以南仍然通航，季节性的通航里程达1100多公里

2. 京杭大运河的时空特征

京杭大运河跨地域南北，北至北京，南抵杭州，东达宁波，西到临清。流经北京市、天津市、河北省、山东省、江苏省和浙江省，具体为北京市西城区、朝阳区、通州区，天津市武清区、红桥区、西青区、静海县，河北省沧州市、衡水市、邢台市，山东省德州市、泰安市、聊城市、济宁市、枣庄市，江苏省徐州市、宿迁市、淮安市、扬州市、镇江市、常州市、无锡市、苏州市，浙江省嘉兴市、杭州市25个市区，主河道全长1 734公里。与海河、黄河、淮河、长江、钱塘江五大水系相交汇。从华北平原直达长江三角洲,地形平坦,河湖交织,沃野千里,自古是中国主要粮、棉、油、蚕桑、麻产区。人口稠密,农业集约化程度高,生产潜力大。迨至近代,京津、津浦、沪宁和沪杭铁路及公路网相继修建,与运河息息相通;沿线各地工业先后兴起,城镇密集,是中国经济最为繁荣的区域。京杭大运河常常被分为7段,各段名称因开凿时间和地域不同而又不同,自北而南分别为通惠河、北运河、南运河、会通河、中运河、淮扬运河、江南运河(图1-7)。至今,京杭大运河山东济宁以南段仍有近900公里在正常通航,发挥着重要的交通、运输、行洪、灌溉、输水等功能。

京杭大运河深深镌刻于中华大地上,是我国古代水利工程的杰作。从时空上看,它具有鲜明的特点。京杭大运河总体为南北走向,局部蜿蜒回折,各段水流方向各不相同。总的来看,京杭大运河的时空分布具有以下特点。

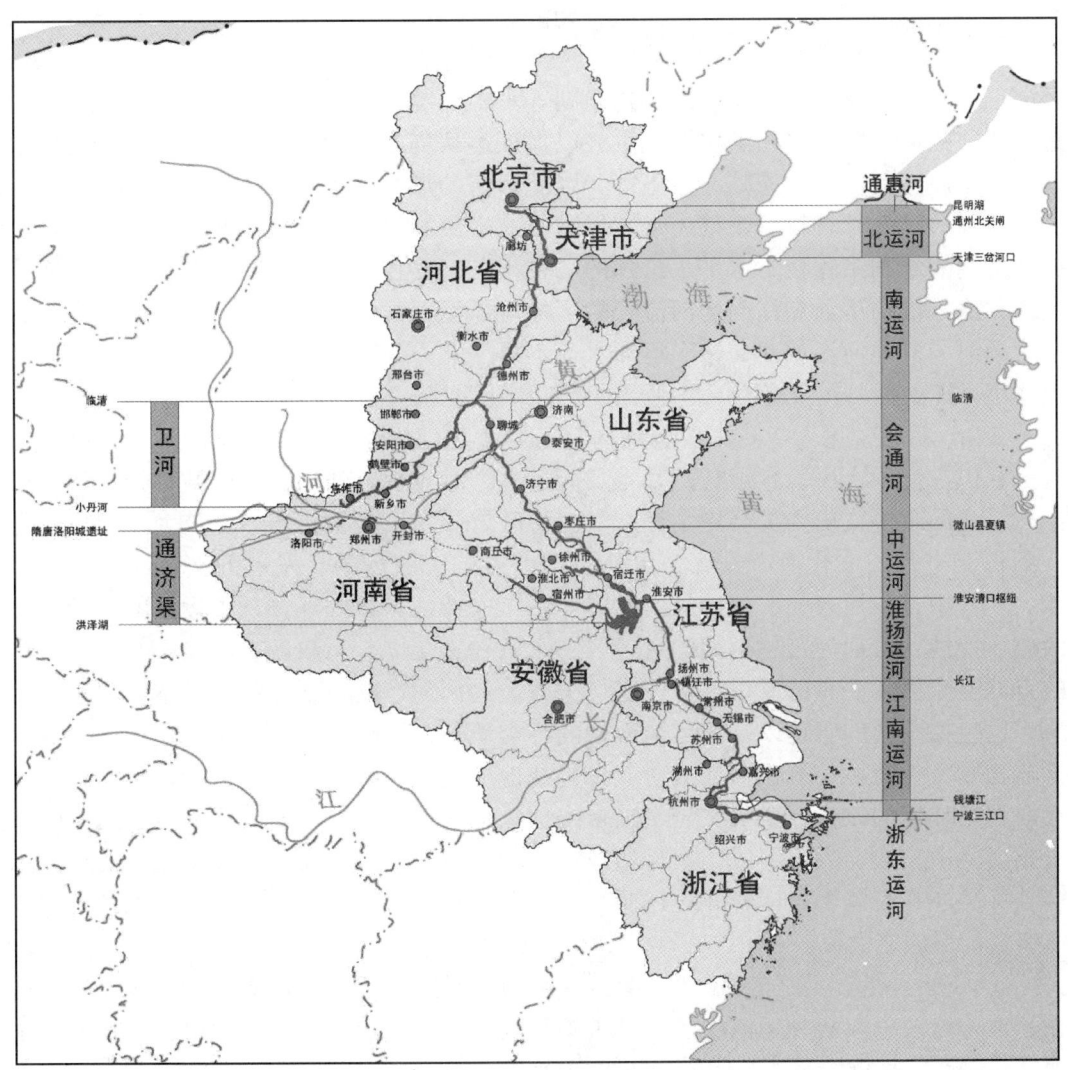

图1-7 南北大运河与京杭大运河

(1)时空跨度大。京杭大运河自公元前486年开凿邗沟算起,至公元1293年全线通航,前后共持续了1 779年,时间跨越18个世纪,在2 400多年的时间里,经过不断地开凿、完善和维护,先后形成了两个全国统一性的水上交通体系,即隋唐宋时期的南北大运河与元明清时期的京杭大运河,随着国家政治中心的转移,遗留了完整的京杭大运河格局。按清代运河统计,京杭大运河最东端位于山东临清,最西端位于浙江嘉兴,经度介于东经115°40′~120°45′,跨两个经度带(以3°带分带计)。京杭大运河最南端位于杭州市东河(龙山河)入钱塘江口,最北端位于北京市大通桥,纬度介于北纬30°09′~39°58′,南北相差约10个纬度。

(2)总体线性带状并带有"枝杈",局部呈现网络。京杭大运河宛如一条玉带,横亘在中国东部,纵贯南北。它由河道、堤岸及周围的绿地、田野、街道等构成。京杭运河除了自身的河道之外,还有与之配套用以济运、泄洪、蓄水的河流、湖泊、水坝等。济运的河道一般高程较运河高,如济运会通河的小汶河,先在泗水县导诸泉入大汶河,再在东平县戴村筑坝,截断大汶河水通过小汶河在南旺分水济运,为了保证运河正常运行,还兴建了南旺湖、蜀山湖等水柜,综合调控运河水位,形成了南旺分水枢纽。减河一般用以在洪水期泄洪,以保证运河堤岸的稳定,其高程一般较运河要低,如马厂减河、青龙湾减河,等等,因此运河的形态应该是总体线性带状,但带有"枝杈"。这些"枝杈"正是为了"保漕"这个最高目的而兴建的水利工程,体现了那个时期的水利工程技术水平。这样的"枝杈"主要在京杭大运河的北部地区,而在南方,比如淮扬运河和江南运河流经的区域,那里气候湿润,水网密布,河道纵横相接,运河与其他河流相互交错,运河水道不再像北方只有一条运道通航,而是多条运道并用,江南运河在余杭段就呈现出网状结构(见图1-7),多条运河可达杭州。

(3)动态变化、空间开放、结构复杂。大运河区别于一般遗产的一个典型特征就是它仍在使用当中,它最初的基本功能还在继续发挥着作用,因此被称为"活态遗产"。全国政协文史委员会副主任、浙江省政协原主席刘枫指出"京杭大运河不仅是一条积淀丰富的文化遗产长廊,更是一条活着的、流动的、发展的文化经济黄金通道。"其中,"活着的、流动的、发展的"三大特征,很好地体现了运河的"动态和活态"特性。大运河跨越不同的自然区、水系和文化区、行政区,沿途又与大大小小的自然河流以及原有的城市、村镇密切关联。运河遗产既包括运河河道本体及水工建筑,也包括附属的管理以及因运河而兴的各类事务;既包括运河物质文化遗存,也包括非物质文化遗存;既包括地上遗产也包括地下遗存;既包括人文遗产也包括开凿运河对自然环境的改变。罗哲文先生也指出了大运河遗产的复杂性特征:"大运河的本身躯体就由自然与人工组成,集自然与文化于一体,物质与非物质文化遗产的交融结合,又是还在流淌着、活着并且还要继续活着发挥其本身功能的遗产,可以说集现在所有遗产形式之大成。

(4)运河遗产类别丰富、数量庞大。京杭大运河在元明清时期作为国家漕粮的运输通道,沿线广布各种运河维护管理机构和仓储、码头等设施,因而留下了丰富的运河文化遗产。京杭大运河主要遗产如表1-2所示。

表1-2 京杭大运河遗产类别

运河水工遗存	河道（主运道、支线运河、引河等）	现状河流
		河道遗迹
	湖泊/水库、泉等其他水体遗存	现状湖泊\水库、泉等
		湖泊\水库、泉等遗迹
	水工设施遗存（水运、水利工程设施：闸、坝、堤防、桥、纤道、码头等）	在用水工设施
		废弃水工设施及遗址
运河附属遗存	运河配套设施遗存（仓库、驿站、驿亭等）	
	运河管理设施遗存（河道管理、漕运/盐运管理设施遗存等）	
	其他附属遗存（水文监测设施设备、沉船遗址等）	
运河相关遗产	相关遗产点（水运/水利祭祀遗存、记录运河历史的碑刻以及其他历史相关古建筑、古遗址、古墓葬、近现代建筑与史迹等）	
	相关历史街区、村镇	

第 2 章 隋代以前的运河

2.1 商、周时代的运河

夏朝（约公元前21世纪~前16世纪）为治水有功的大禹所建，传到最后一个帝王履癸（桀）时，荒淫暴虐，因此反抗四起。夏朝时一个世居于商（今河南东部商丘市一带）的地方部落领袖成汤，率领部落人民并积聚联合其他部落力量，经过多次征战，终于攻灭夏朝，建立了我国历史第二个朝代——商朝（公元前16世纪~前11世纪）。商朝建都于亳（今河南商丘市，亦说今山东曹县），其子孙曾多次迁都，至中期的盘庚时，又迁都于殷（今河南安阳市西北小屯村），其后没有再迁都，直至传至帝王纣时，纣与桀类似的荒淫无道，为商朝部落首领周文王之子周武王姬发所灭。

周朝800年，按我国历史划分为西周（约公元前11世纪~前771年）、春秋（公元前770年~前476年）和战国（公元前475~前221年）三个阶段。

自建立夏朝的大禹开始，4000多年来的华夏民族就从来没有间断过治水和利用水道作为运输工具。

商汤元年建都于亳，后因河患数迁其都，这期间也一定有许多的治水工程。但由于没有文献记载，目前也还没有更多的考古发现证明和叙述数迁其都背景下的先民与水相处相争的历史故事。

《诗经·大明》记载，周文王"亲迎于水，造舟为梁"。《尔雅·释水》记载于"天造舟，诸侯维舟，大夫方舟，士特舟，庶人乘泭"。周天子乘坐的是许多船并连而成的造舟，诸侯乘坐的船是四条船并联的维舟，大夫乘坐的船是由两条船并在一起的方舟（舫），士乘坐的是单只的舟，而庶人乘坐的是筏（泭）。

到春秋战国时期，当时的吴、越、楚、齐都有强大的水师，拥有各种类型的战船，可见当时不仅水道运输已经很发达，而且水道已用于战争。

1. 太伯渎

商朝末年的公元前1122年，商朝的部落周传至第十二代古公亶父。周王古公亶父有三个儿子：长子太伯，次子仲雍，三子季历。

《史记·吴太伯世家》记载："吴太伯，太伯弟仲雍，皆周太王之子，而王季力之兄也。季历贤，而有圣子昌，太王欲立季历以及昌，于是太伯、仲雍二有乃奔荆蛮，文身断发，示不可用，以避季历。季历果立，是为王季，而昌为文王。太伯之奔荆蛮，自号勾吴。荆蛮义之，从而归之千余家，立为吴太伯。"

太伯到来时的梅里，居住的是古越族的一支。他们赤身裸体，以巢为居，以洞为室，处在没有开化的原始状态。太伯、仲雍不仅入乡随俗与古越人打成一片，而且将黄河流域先进的中原文化在古越人中传播，发展生产，建设家园。太伯和仲雍组织越人筑城，建立的吴城是当时吴越最早的城邑。太伯和仲雍赢得了梅里古越人的信任，太伯被推举为君长，就这样吴国（勾吴）在当时的具区泽（今太湖）之滨诞生了。

梅里地势低洼，遇雨成灾，如果能开通一条人工运河，使梅里与数十里以外具区泽（今太湖）相通，则既可以灌溉又可以防洪，还可以去湖里打捞鱼虾并实现从湖到梅里的运输。太伯想到了父亲古父亶父，沿着水边到岐山，带着他的妃子姜女勘察地形，选址建屋筑城的事迹（《诗经·绵》："古公亶父，来朝走马。率西水浒，至于岐下。爰及姜女，聿来胥宇。"）。正是古公亶父沿水而行，选址岐山，带来了周王室的富强。吴太伯带领当时的吴人用四年时间开凿了一条连通太湖的人工运河，后人为歌颂太伯，命名为太伯渎，也作泰伯渎。太伯渎如图2-1所示。

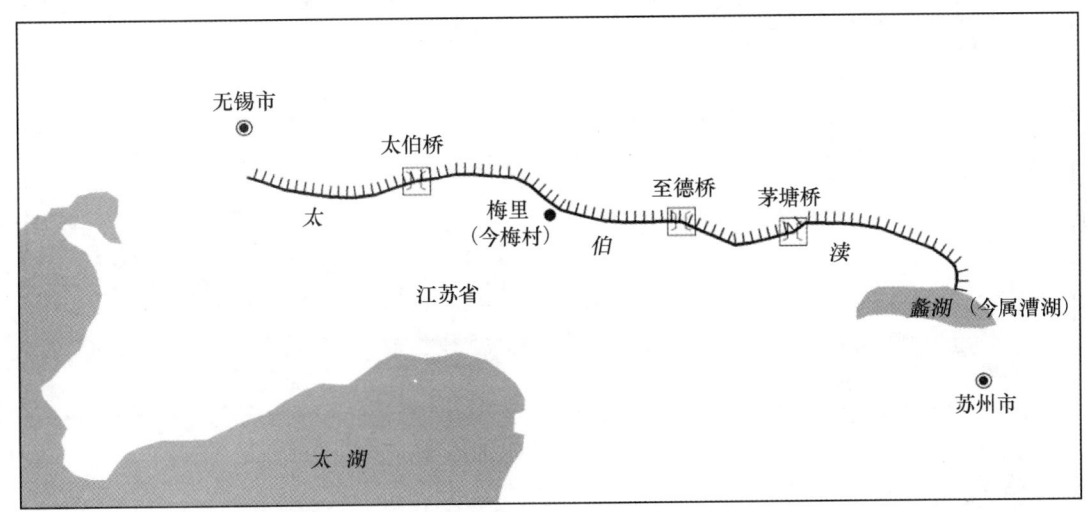

图2-1　太伯渎示意图

在《新唐书》卷四十一《地方志·江南道·常州》有记载："无锡南五里有太伯渎，东连蠡湖。太伯渎，西带官河，东连蠡渎，入苏州界，淀塞年深，粗分崖岸。元和八年，刺史孟简大开漕运，长八十七里，水旱无虞，百姓利之。"

江苏省地方志也有记载：太伯渎相传是太伯率领无锡先民开凿的一条人工运河，唐元和年间拓浚。西起无锡南郊，与江南古运河相通，向东经坊前、梅村、茅塘桥，入漕湖。1958年，南延至望虞河，全长25.5公里，宽22米。现称伯渎港，是无锡县东郊的通航河道。

据记载，太伯任勾吴首领时42岁，任首领共49年，享寿91岁。由于他未婚无后代，死后由仲雍及其后代继承己位，直到周文王之子武王姬发灭殷商后，勾吴国被周朝正式封为吴国。从此，泰伯被迫认为吴国的创始人，史称吴太伯，同时也成为我国吴姓氏族的始祖。

2. 陈蔡运河

西周周穆王时期，由于军事和经济上的需要，需要沟通陈国的沙水和蔡国的汝水，徐国的君主徐偃王主持开凿了陈蔡人工运河，史称陈蔡运河。

据《水经注·济水》记载："偃王治国，仁义著闻，欲舟行上国，乃通沟陈蔡之间"。陈国的国都在今河南省淮阳县，紧临古沙水；蔡国的国都在今河南省上蔡县，位于古汝水东岸。徐偃王为了沟通陈蔡，在沙、汝水之间开挖了陈蔡人工运河。尽管这条运河很短，不深也不宽，并且很快就湮废了，鲜为人知，然而，它却是我中原地区最早的一条运河，并且为后来在该地区开凿鸿沟运河奠定了基础。陈蔡运河如图2-2所示。

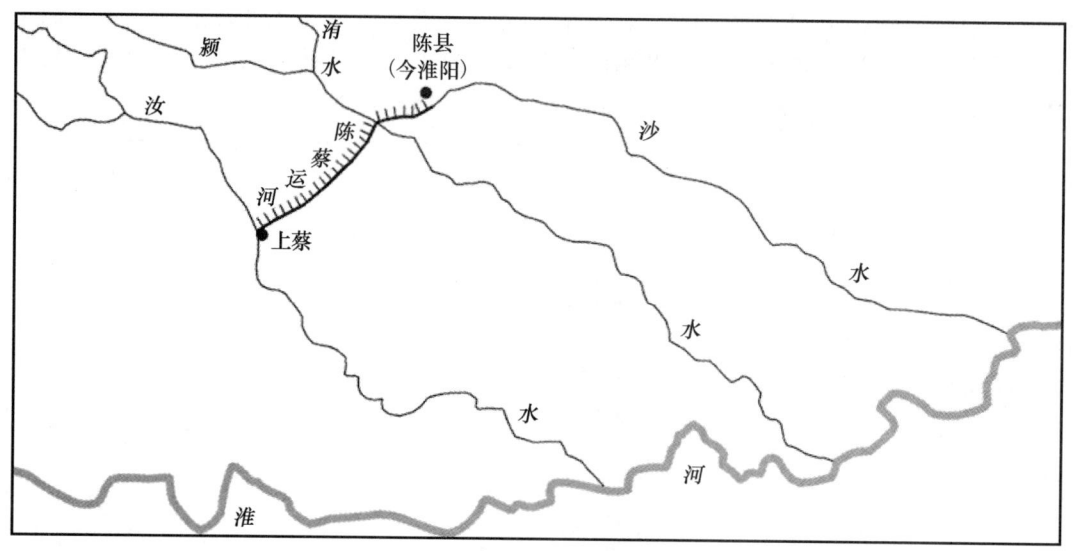

图2-2　陈蔡运河示意图

2.2　春秋时代的运河

春秋时代一般是指周平王元年（公元前770年）至周敬王四十三年（公元前477年）的这一历史时期。春秋时代是战国历史上大动荡、大变革、大发展时期。春秋时代的特征是，有着近千年历史的商西周奴隶制度社会解体，封建社会开始萌芽。全国分裂成大小不同的许多诸侯国，国与国之间以强凌弱，以大欺小，相互争伐，战争频繁；在社会经济方面，土地开始向私有化过渡，农业生产开始使用铁制工具、水利灌溉及牛耕技术，农作物产量显著提高，同时手工业如制陶、纺织、冶铸等也随之得到发展，这些都极有力地实现了社会财富的增长，为某些地区的诸侯国在开凿运河、改善交通运输条件方面准备了物资基础。

在这种政治军事背景下掀起了人工运河开凿高潮，特别是当时吴、越、楚、齐等较富强的国家更是如此。

1. 江汉运河

《史记·河渠书》记载："于楚，西方则通渠汉水、云梦之野，东方则通鸿沟江淮之间"，这里所说的通汉水、云梦之野的沟渠便是指江汉运河，也有称其为荆汉运河或扬水运河，也有记载它为胥溦。

楚国位于长江流域中、下游地区，心腹地带处于由长江和长江的最大支流汉水共同冲积而成的江汉平原上，楚国境内河川纵横交错，大小湖泊星罗棋布，并呈现出特有的地貌景观，即史书上所讲的"古云梦泽"。长江和汉水两条黄金水道为楚国发展水路交通提供了优越的自然条件，水路也自然成为楚国的主要交通渠道。

楚国从楚文王迁都到郢开始，就不断向北和东扩张，吞并周围小国。到楚庄王时，国力达到顶峰。为能与北方的晋国争霸中原，楚国需要不断地从郢都调遣大批的军队以及大量的粮食和作战物资等到襄阳一带（汉水旁边）。然而，楚国的都城郢（今湖北江陵县）与汉水之间并无水路直接相通，若一定要走水路，只能绕道千里而行，十分不便。于是，楚庄王命孙叔敖在郢都附近开辟一条连接江、汉之间的直通水道，江汉运河就在这样的背景下开通了。江汉运河示意图见图2-3。

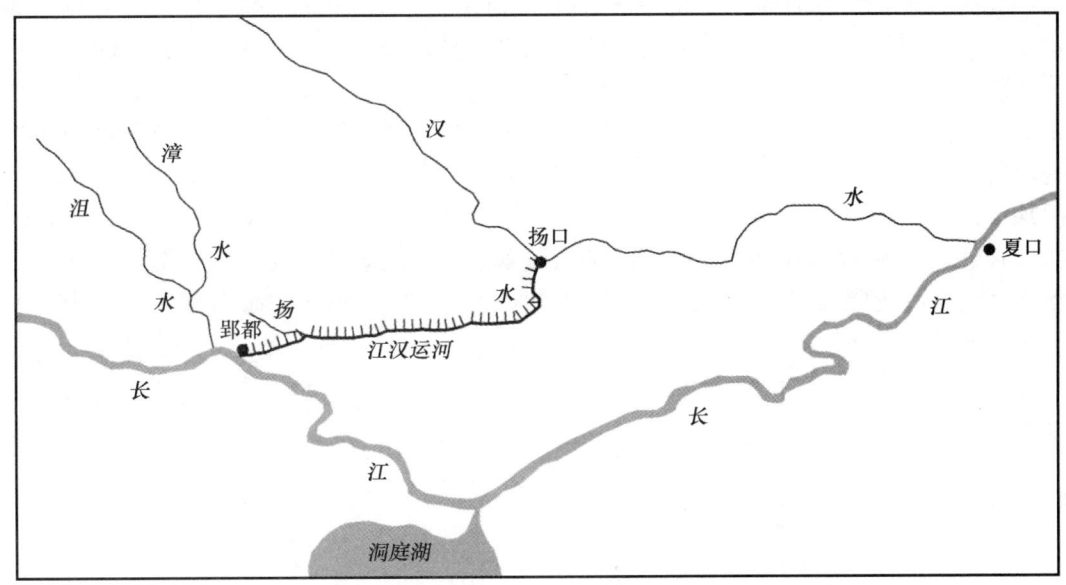

图2-3　江汉运河示意图

孙叔敖当时任楚相，是一位政绩卓著的政治家，也是一位水利工程专家，承担了许多农业和航运水利工程，造福百姓。在开凿江汉运河时，孙叔敖亲自勘察郢都周围的地形与附近河流的分布及流向，他发现郢都周边地势为北部和西部高，东部和南部低，这样的地势特点恰好可以使境内的三条河流都得到有效地利用。这三条河流，一条是沮水（古称睢水），发源于景山（今湖北保康县西南处）向东南流，到郢都西南后注入长江；第二条是位于沮水的东侧，发源于荆山（今湖北漳县西南处）的漳水，它与沮水几近平行地先向东南流，流到现在的当阳市东南时再注入沮水，使沮水水量大增；第三条是扬水，它是古汉水支流之一，发源于郢都城北，向东北流经古云梦泽地区，到扬口（今湖北潜江市西北）入汉水。由于扬水的源头在郢都北面不远的地方，离沮水也较近，加上沮水的水量又大，于是，孙叔敖想到利用郢都北边的低洼地形作"云梦大泽之地"的工程措施。这就是史书记载的"孙叔敖激沮水作云梦大泽之地"，"激沮水"就是指在沮水上修筑水坝，阻截全部或部分沮水，不让它流入长江；"作云梦大泽之地"就是在郢都北面的低洼地区周围建筑堤坝形成人工湖，在湖的西部通沮水处设置进水口，便于沮水流入人工湖，在湖的东部通扬水处再设置出水口，这样人工湖中的水先进入扬水再流入汉水。于是，一条直接沟通长江与汉水的江汉运河在孙叔敖的精心设计下诞生了。

2. 巢肥运河

上一节提到《史记·河渠书》中记载："于楚，西方则通渠汉水、云梦之野，东方则通鸿沟江淮之间"，上半句指的是江汉运河（荆汉运河），而下半句的"鸿沟江淮"指的便是巢肥运河。

肥水是古淮河的支流，《方舆胜览》卷四八，淮西路·庐州载：其源"出鸡鸣山，北流二十里，分而为二：其一东南流入巢湖；其一西北流二百里出寿春而投于淮水。二水皆曰肥"。鸡鸣山是横亘于江、淮之间分水岭淮阳山脉的北支，由此同源异流的两水，南流又名"施水"，流入巢湖后，再由巢湖经濡须水入长江；北流的肥水则北经芍陂由寿春（今安徽寿县）入淮河。这两条水皆称肥水，既然两条肥水同在鸡鸣山附近分别向东南、向西北流向长江和淮河，那么，在二水分流的地方开凿一条运河加以沟通，便可使肥水沟通长江和淮河。由于向东南流去的一支肥水要流经巢湖，所以称连接二水的运河为巢肥运河，又因向东南流入巢湖的这支水也称施水，因此，这条运河又称施肥运河。《左传》记载过，昭公二十四年（公元前578年），楚子（平王）为舟师，以略吴疆，即走此道。施肥水道示意图见图2-4。

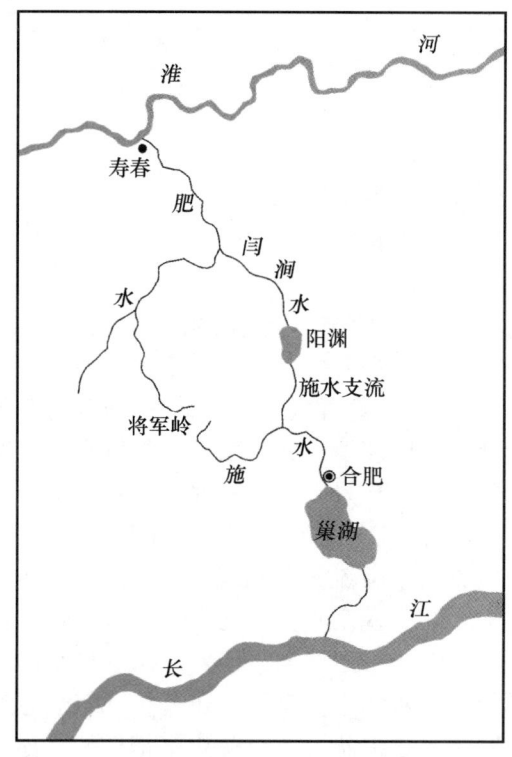

图2-4 施肥水道示意图

3. 章华台运渎

继楚国开通江汉运河之后，云梦地还出现了一些小的运河，章华台运渎就是其中之一。章华台是楚灵王六年（公元前535年）在云梦泽中的离湖畔（今湖北省潜江市西南）修建的以高台为主体建筑的豪华离宫。据《左传·昭公七年》和杜预注记载，离宫内不但筑有高台和宫殿，还开挖了运渎。《水经注·沔水》记载："湖畔有章华台，……言此渎灵王立台之日漕运所由也，其水北流注于扬水。"从这里可以知道，这条运渎的作用是为章华台离宫运输食物和日常用品。运渎从离宫开始向北流，流到扬水（江汉运河）后，顺沿扬水西到郢都，通往王宫，再顺沿扬水从东面通入汉水。由运渎的路线可以推断，在开挖这条运渎时，应该对扬水也进行了改造，使得自然河流扬水成为名至所归的江汉运河。

然而，章华台的修建乃是楚灵王的一意孤行，据史书《国语·吴语》记载："昔楚灵王不君，其臣箴谏以不入。乃筑台于章华之上，阙为石郭，陂汉，以象帝舜。"章华台的修建占用了许多农田，也消耗了大量的钱财和资源，引起楚国百姓和一些官员的不满，章华台修建之初，楚灵王邀请大夫伍举（伍子胥的祖父）登台观赏，曾遭到伍举的指责，这就是《国语·吴语》中记载的"伍举论台美而楚殆"一事。几年过后，楚灵王终因他的骄侈暴虐，在臣民的交怨中，在一次宫廷政变中自杀。章华台也随之败落，这条运渎也随之消失了。

4. 胥渎（堰渎）和胥浦

胥渎（堰渎）和胥浦都是由吴国的伍子胥主持开凿的。在清《四库全书》中多处提及此事，如清《四库全书卷六禹贡锥指》记载："胥阜春秋时，吴王阖庐伐楚，用伍员计，开渠以运粮。今尚名胥溪及傍有伍牙山"。在清《四库全书卷二三吴水考》还记载着："胥溪，固城湖在丹阳湖东，广四十里，界高淳。当涂宣城三县银林河在高淳县东三十里，西通固城湖，东通溧阳之升平湖，长五十余里。即伍子胥所开运河以通伐楚饷道者，又名胥溪。"清《四库全书卷十三江南通志》说："胥溪，在溧阳县西八十里。春秋吴伍员开运道于此，故名。其后五代杨吴作五堰。"

周敬王十四年（公元前506年），吴王阖闾伐楚，命伍子胥开凿堰渎运粮。因为楚都在江北，吴都在江南，伐楚要过长江，作为长江支流的水阳江，在江苏省高淳县与东坝之间有一高埠相隔，水阳江与荆溪不通。要想使江溪相通，就必须凿通这个高埠，用一条人工河道东连太湖，西入水阳江，从水阳江直接进入长江，过江可经江北濡须口入淮，这样吴国军队便可以从姑苏沿堰渎到长江，过江伐楚。据明代韩邦宪考证，堰渎即凿通今江苏高淳县东长江支流水阳江和太湖分水岭的东坝，使西面穿过固城、石臼、丹阳、南漪等湖入长江的水阳江与东面穿过三塔荡、长荡等湖入太湖的荆溪连接起来，成为东连太湖西入长江的第一条运河。从此，吴国舟师可从姑苏以下，循运河截江进濡须口入淮，避过江上风涛之险。而且伍子胥还利用河水进行灌城造福百姓，百姓为了表达对他的怀念，将他在伐楚过程中利用的河道也称为子胥渎。

周敬王二十五年（公元前495年），吴王夫差为了对付越国，下令开凿一条通向钱塘江的运河，以便为大兴舟师伐越做准备。伍子胥主持开凿该运河的工程，这条运河也被称为胥浦。

胥浦自太湖长泖，接界泾，向东开挖，纳惠高、彭港、处士、沥渎等主要河流，约在今上海金山与浙江嘉善间，经过淀山湖、泖湖东流出海，是利用天然河流的基础上开挖而成的，是一条斜向的河道。堰渎及胥浦示意图见图2-5。

5. 百尺渎

百尺渎又称百尺浦，也是一条沟通吴越的渠道。《越绝书》卷二《越绝外传记·吴地传》记载："百尺渎，奏江，吴以达粮"，此处"江"是指钱塘江，"奏江"意为到达钱塘江。百尺渎起自吴越交界处（今嘉兴），向南到钱塘江畔。据南宋咸淳年间《临安志》的"盐官县"条中记载"百尺浦在县西四十里"，而盐官县在今浙江海宁市西南盐官镇南，可知，百尺渎的终点在盐官镇西南四十里的钱塘江北岸。百尺渎更确切的定位是在今浙江杭州萧山东北河庄山侧（原钱塘江北岸，宋元以后钱塘江渐徙而北，其山遂隔在江南），由吴城（苏州）通向古钱塘江北岸，到达今浙江海宁县境内。

百尺渎大约开凿于吴越争霸前期，公元前496年越王勾践伐吴，吴师败于檇李（在今浙江省嘉兴南江南运河侧畔）。第三年（公元前494年）越国反为吴王夫差在夫椒（在今绍兴西北，钱塘江南岸）打败，这次越王勾践北伐吴国所循路线当由百尺渎北上至今崇德，然后循江南运河一线北上，进入松江和太湖。

6. 古江南运河

吴王夫差一心想称霸中原，不可一世，他根本看不到连年征战给吴国子民带来的沉重赋税和兵役负担，也听不进去伍子胥的忠谏，执意要举全国之力，远征当时的中原大国之一——齐国。吴王夫差下令在长江南北分别开凿古江南运河和邗沟两条运河，为舟师北上中原做准备。

《越绝书·吴地传》记载："吴古故水道，出平门（吴都苏州的北门），上郭池（指吴城外廓的护城河），入渎（指吴城西下通长荡的射渎），出巢湖（当即漕湖，今苏州西北蠡湖），上历地（即蠡地），过梅亭（古梅里，今无锡东南梅村），入杨湖，出渔浦（今江阴西利港），入大江，奏广陵。"吴国国都在今江苏苏州，平门为吴都北门，郭池应该指吴都护城河之类，渎即太伯渎，巢湖即漕湖，历地指历山山麓之地，《汉书》卷二八《地理志》记载："无锡，有历山"，《咸淳毗陵志》卷十五云：无锡"历山，俗名舜山"，历山在今无锡西南，杨湖即无锡和常州之间的阳湖，渔浦即今江阴市的西利港，大江指长江，广陵即长江以北扬州。按此，吴古故水道应自今苏州西北行，穿过漕湖，顺太伯渎与江南运河而北，再经过阳湖，在江阴利港出长江，到达扬州，见图2-7。

该河全程长约为170里[①]，位于江南地区的运河，在史书上没有留下名字，为了区别于后来的江南运河，故名之古江南河。这是一条最早的江南运河，其开凿时间大约

---

① 1里=0.5公里，下同

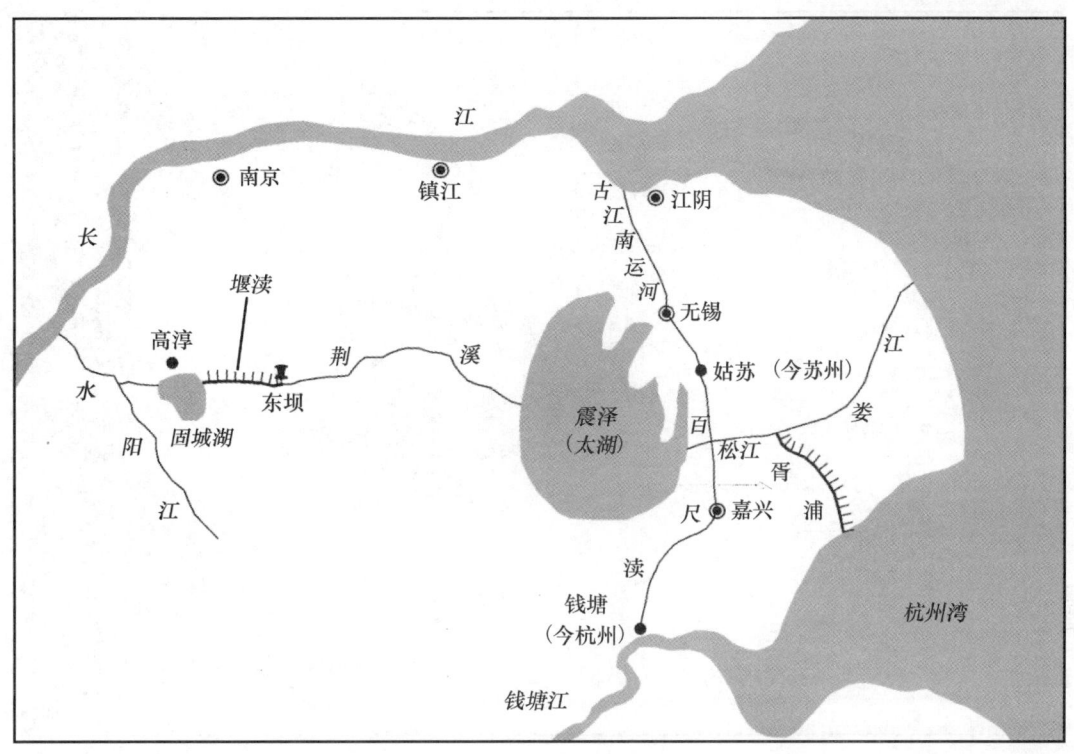

图2-5 堰渎及胥浦示意图

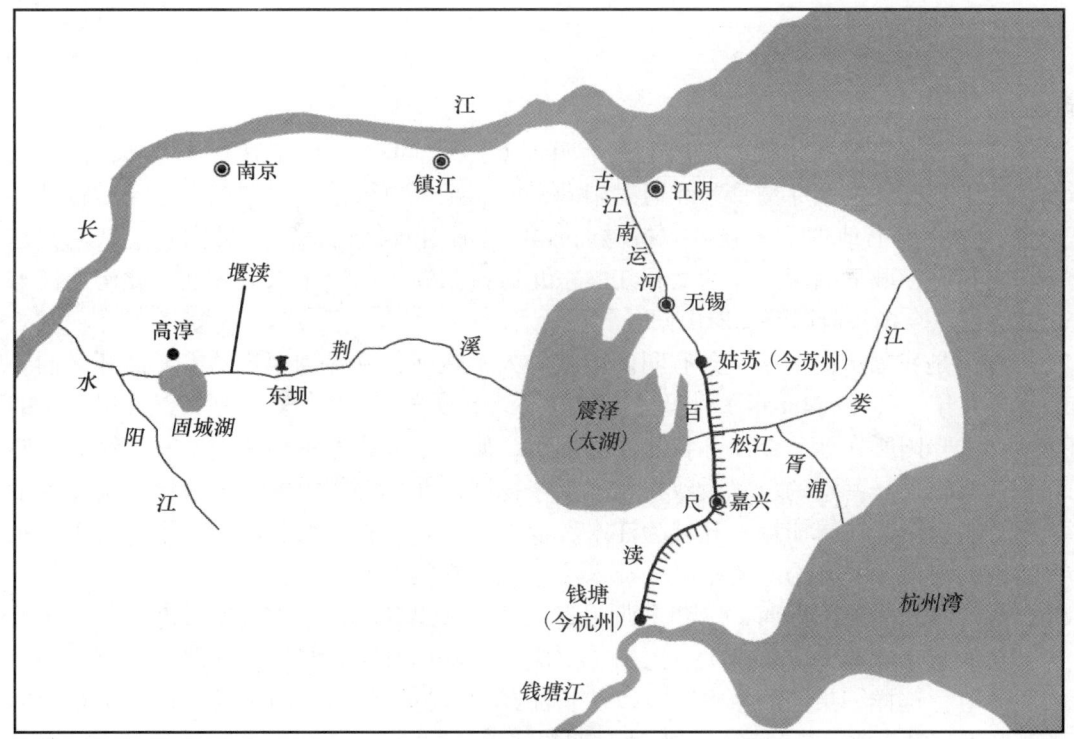

图2-6 百尺渎示意图

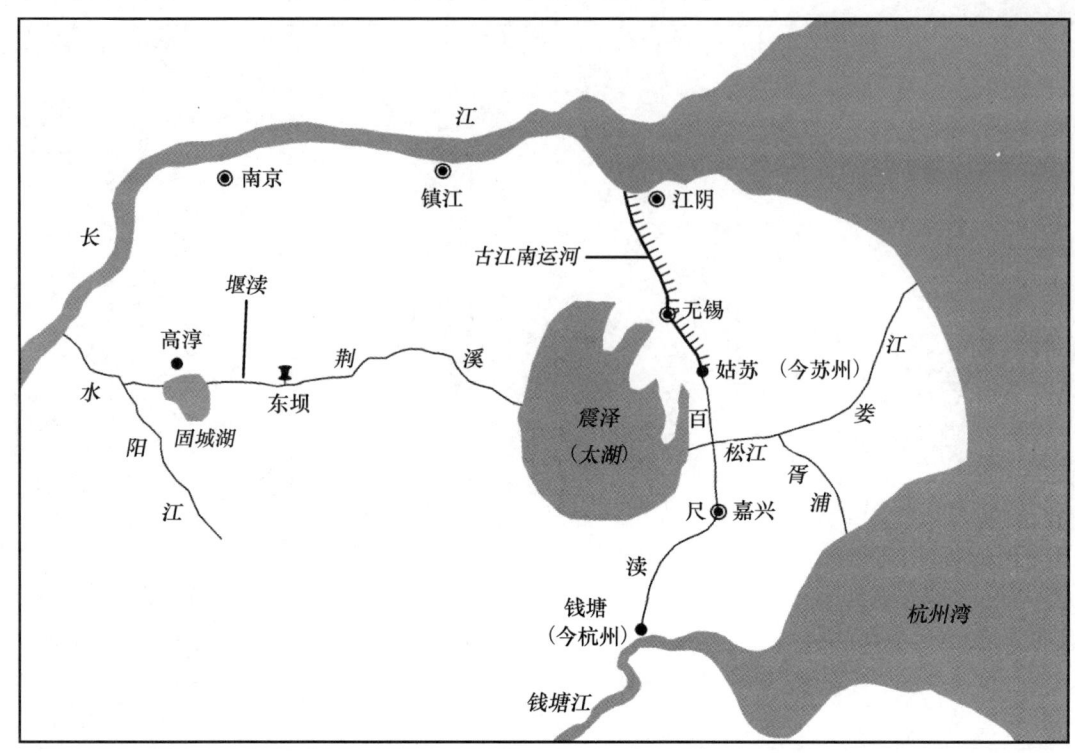

图2-7 古江南运河示意图

是在邗沟以前或同期。

7. 邗沟

《左传》哀公九年载,周敬王三十四年(公元前486年):"秋,吴城邗,沟通江淮。注于刊江。筑城穿沟,东北通射阳湖,西北至末口入淮,通粮道也。今广陵邗江是也。"《尚书地理》记载:"按禹时江淮本不相通,自春秋时吴伐齐于广陵城东南,筑邗城,城下掘深沟,谓之邗江。东北通射阳湖,而北至末口入淮。此沟通江淮之故道也。今扬州府属淮安府山阳县。"

邗沟是我国历史上第一条有明确记载的人工运河,它是为军事的需要而开凿的。鲁哀公九年(公元前486年),吴王夫差为了北上攻齐,便组织人力在长江北岸吴国的属地,古邗国所在地(今江苏省邗江县境),修筑了一座军事桥头堡——邗城。这座邗城,滨临长江,它的位置大致在相当于今扬州市北郊蜀岗上的唐朝故城西南(到了宋朝时期,由于江岸崩塌,邗城为江水吞没)。夫差又自邗城起向北开了一条用于军事运输的河道——邗沟。《水经·淮水注》记载它的线路是"自广陵(今江苏扬州)北出武广湖东、陆阳湖西,二湖东西相直五里,水出其间,下注樊城梁湖,旧道东北出,至博芝(江苏宝应东南)、射阳(宝应、淮安两县东)二湖,西北出夹邪,乃至山阴矣",这样,吴国的水军就可以从长江经邗沟进入淮水,再由淮河进入山东境内的泗、沂、济三水,抵达齐国。春秋时期的邗沟示意图见图2-8。

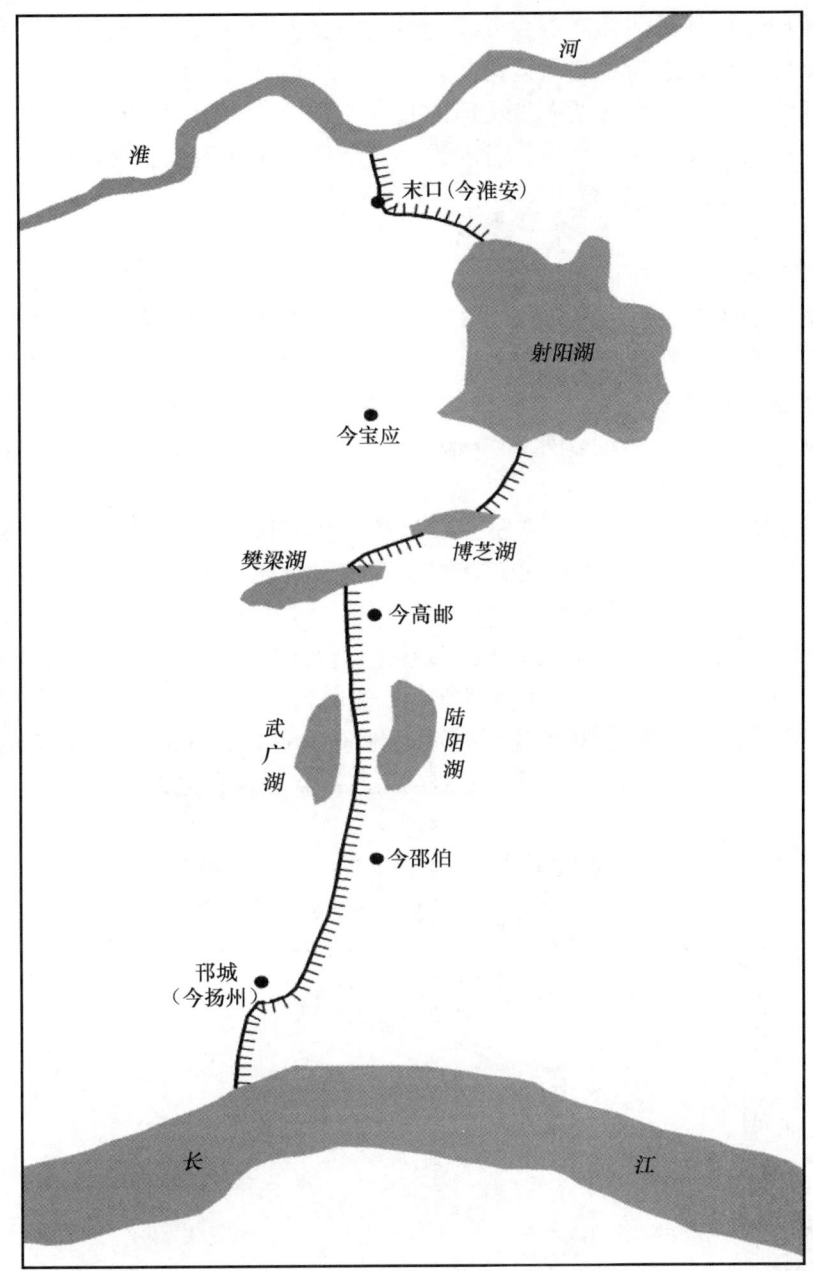

图2-8 春秋时期的邗沟示意图

邗沟全长370里，沟通了长江和淮河。邗沟主要为军用，它便利了吴国北上攻打齐国、吴国通过邗沟运输军队和粮草。我国最早有关海军的记载"徐承帅舟师将自海入齐"就发生在这里，讲的是公元前485年，吴王夫差命大夫徐承率领水师从海上北伐齐国的事。

在不同的史书中，邗沟的称法不一，例如《汉书·地理志》称其为"渠水"，

《左传》杜预注称其为"韩江",《水经注》中又称"渎水",隋唐时代称其为"山阳渎",宋元时代称之为"楚州运河",明清时代称其为"淮扬运河",至近代称其为"里运河"。后世根据这条人工运河的起点在邗城下,故叫之邗沟。它连通了原来互不连通的长江和淮河两大水系,有着重要的交通作用和历史意义,并经历代的不断改线与扩建,已成为现今京杭大运河的一条重要河段。

8. 菏水

周敬王三十四年(公元前486年),吴王夫差为攻打齐国,开通了由长江直通淮水的运河——邗沟。战胜齐国之后,吴国打算继续起师北征,攻打晋国。而当时的实际地理形势是晋国位于黄河的支津济水北岸,吴国只能借道邗沟进入淮水,沿淮水的支流泗水北上,但由于当时泗水和济水并不直接相通,所以仍然不能直接抵达济水北岸。

为了满足同晋人会盟的军事需要,周敬王三十八年(公元前482年),吴王夫差利用开凿邗沟的老办法,在今鱼台和定陶之间开挖了沟通济水和泗水的人工运河。运河水源来自菏泽,因此,后世称之为"菏水"。据《水经注》记载,菏水在定陶(今山东定陶)东北的古菏泽引济水东流,至湖陵县(鱼台县北)西60里谷庭城(今山东鱼台)下注入泗水。由此可知,菏水运河呈东西走向,流向为自西向东。菏水示意图见2-9。

由图2-9可以大致确定菏水运河故道的地理位置是位于现在的山东境内的西南部,由定陶县西北处起始,向东延伸,经成武和金乡两县之北,到鱼台县东北南阳湖为止。

菏水开凿于公元前483年秋至公元前482年夏,是有明确历史记载的山东境内最早开凿的人工运河。它是应春秋战国时期诸侯争霸的军事需要而产生的,解决了当时泗

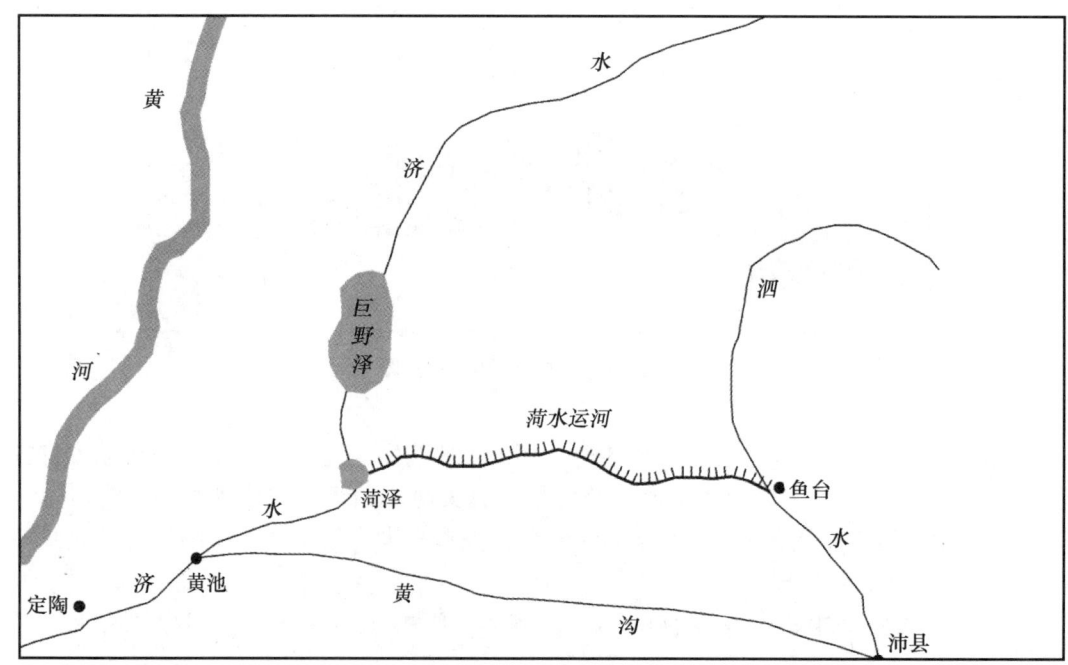

图2-9 菏水示意图

水与济水的交通问题,并首次将江淮流域与中原地区联系起来,为两地区经济和文化的交流与发展起到了重要作用。至此,建都于今苏州的吴国以太湖为中心,西溯堰渎达于长江,由濡须口入巢湖,经施、肥二水以入淮;东下胥浦以通于海;南沿百尺渎而入钱塘;北沿古江南河越江而达于邗沟,更越淮沿泗、菏、济水以通于河,使江、淮、河、济四渎得以贯通,大大便利了南北的交通。

2.3 战国时代的运河

春秋时代之后的战国时代是各诸侯国之间相互征伐频仍的时期。《史记·六国年表》中以周元王元年(公元前476年)为战国时代的开始,以秦始皇二十六年(公元前221年)作为结束。战国时代在社会经济方面已与春秋时代有了较大不同:普遍实行了土地私有制,大大调动了农民的积极性;发明并使用铁器,加快了农业和手工业的迅速发展。农业和手工业的发展也带动了商业的发展,商业的发展又离不开交通运输的发展,而水路运输既经济又省力,战国时代的水上交通比春秋时代有了更进一步的发展,并主要用于发展经济,增强国力,如魏国开凿的鸿沟运河、关中地区的郑国渠等。另外,在开河技术方面也有了明显进步,如使用铁制工具、利用热胀冷缩原理爆破山体岩石,李冰修建的都江堰工程就运用到热胀冷缩原理。

1. 引漳十二渠

战国时期魏文侯将邺城作为都城,魏文侯二十五年(公元前421年),西门豹为邺地(今河北省磁县、临漳一带)县令,西门豹是一个具有朴素唯物主义思想的人,他曾果断勇敢地破除了"河伯娶妻"的恶俗。

漳水属于黄河流域,西门豹在漳水两岸开凿了十二条灌溉水渠以用农田灌溉,《史记·滑稽列传》记载:"发民凿十二渠,引河水灌民田,田皆溉"。而在《吕氏春秋·乐成》和《汉书·沟洫志》中记载,漳水十二渠为史起所开,但史起是在魏襄王时任邺令,晚于西门豹一百年左右。之后又有人认为"西门溉其前,史起灌其后"(左太冲《魏都赋》),就是说两人都主持过开渠工作。十二渠通水后,大大提高了粮食产量,《论衡·率性》记"亩收一钟",按照今天每亩田地计算为125公斤。引漳十二渠的开通使邺城一带土地肥沃、物产丰富,成为农业经济发达的地区。

2. 鸿沟

鸿沟开凿于战国中期,由魏国所开。魏国是战国七雄之一,占据今河南大部和山西南部,它为了进攻宋、卫、韩、赵等国进而控制中原,魏惠王九年(公元前361年)从安邑(今山西夏邑)迁都至大梁(今河南开封),并于次年(公元前360年)开凿了鸿沟,沟通了淮河与黄河。

魏惠王三十一年(公元前339年),惠王又"为大沟于北郛,以行圃田之水",即将大沟运河延伸到大梁城(今开封市)北,并绕过城东,折而南下,注入沙水,至于陈(今河南淮阳县)北,再向南凿至项县(今河南沈丘县)东北,注入颖水,这就是历史上有名的鸿沟。

鸿沟主水道大约从今原阳县北引河水或荥泽南行，穿过济水，注入圃田泽（今河南中牟县西），再由圃田泽开大沟引水至大梁（今河南开封），再于大梁城北继续东开，折而南行，循沙水河至于陈（今河南淮阳县）北，注于颍水。后来人们把从大梁南流的这段水道称为浪荡渠，也有的称为渠水、浚仪渠或者沙水。

鸿沟引黄河水，分别与济、汝、淮、泗几条主要河流沟通，范围包括荥阳之东、泗水之西、淮水之北、济水之南。鸿沟的开浚是继菏水之后，第二次沟通黄、淮两条水系的人工运渠。这样以鸿沟为基干的运河系统的基本形成，将钱塘江、太湖、长江、淮水、黄河水道由水运紧密地联系在一起。这对战国时期魏国的政治、军事、经济的稳定有着不容忽视的贡献，对黄淮流域社会经济的发展起着举足轻重的作用。鸿沟示意图见图2-10。

鸿沟西汉时称为狼汤渠或蒗荡渠，《汉书·地理志》荥阳县："有狼汤渠，首受济，东南至陈入颍"，说明其主要水源已来自荥阳分河的济水，并改称为狼汤渠。

春秋时代，运河分散在僻远的楚、吴二国境内，只能算是运河的萌芽时期。到了战国时代，鸿沟凿成后，它北通黄河、济水，南临淮水，并通过巢肥运河、邗沟、堰渎、胥浦、古江南河和百尺渎，向南直达长江、太湖、东海及钱塘江；沿济水东下经淄济运河可通齐都临淄；由济北上通过濮水可以入卫（濮阳）；由济入河，由河入洛；向西又可以远及洛阳。所以《史记·河渠书》中有"荥阳下引河东南为鸿沟，以通宋、郑、陈、蔡、曹、卫；与济、汝、淮、泗会"的说法。这时鸿沟作为中原航运

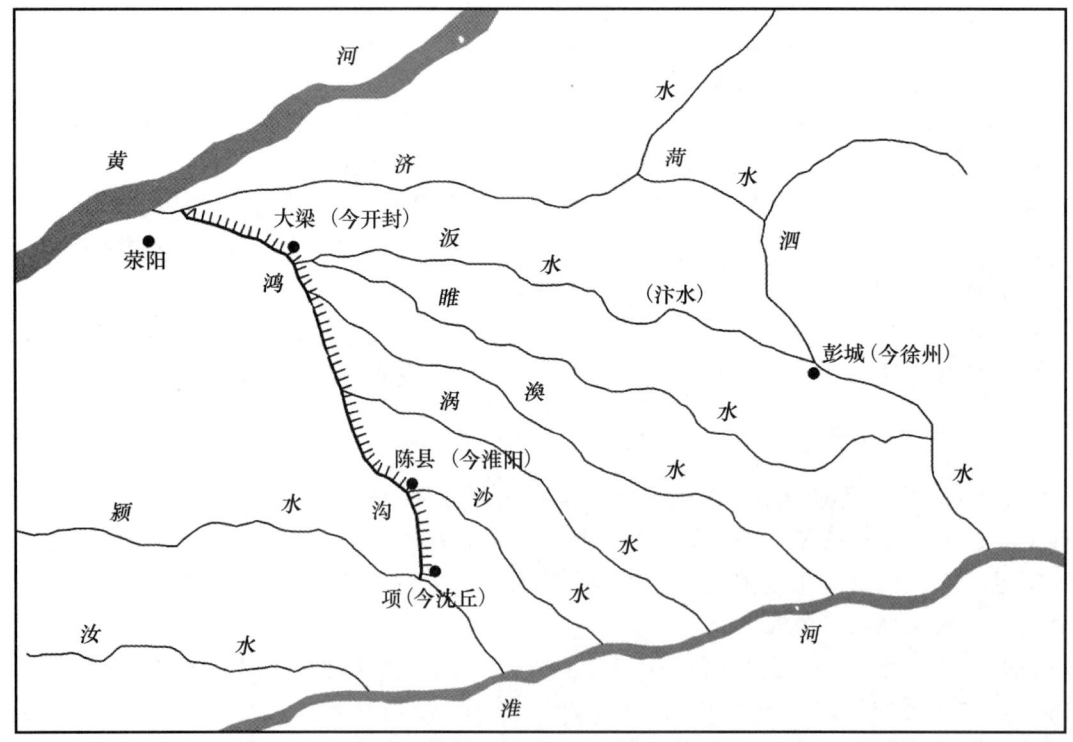

图2-10　鸿沟示意图

的重要纽带，使我国历史上的运河开始进入了有体系的时代。到后来，鸿沟水系被塞，隋朝统治者利用其原有的沟道，修筑了通济渠。

3. 淄济运河

齐国在春秋时代就已是东方的一个大国，齐桓公首先称霸中原，战国时仍位列七雄。齐国位于今山东中、北部和山东半岛，都城临淄（今山东淄博市临淄区）在滨海平原的淄水边，是当时最繁华的都市。

齐国为了发展与中原地区的水运交通，于是便利用其首都临淄城下的淄水与济水都与之邻近的有利地理条件，在淄水和济水之间开了一条运河，此运河被称为"淄济运河"。《史记·河渠书》所说："于齐，则通菑、济之间"，就是指这条运河。

关于淄济运河确定的地理位置在《史记·河渠书》中还没有明确的说明，嵇果煌先生根据《水经注·淄水》的描述推测淄济运河所在位置极有可能是在临淄以北的博昌县境内。《汉书》卷二十八上《地理志》第八上载："莱芜，原山，淄水所出，东至博昌入泲，幽州浸。"泲水即济水，博昌（今山东博兴东南）位于淄水支流时水近旁，其运道由临淄附近开渠北上，借时水运道至博昌，再引渠入济。淄济运河示意图见图2-11。

淄济运河很可能是在齐威王时期（公元前356～前320年）开通的，齐威王是一位很有作为的国君，他致力于变法改革并大兴土木扩建齐长城等工程以达到强国富民的目的。淄济运河的开通，实现淄水与济水二水沟通，济水是横贯魏国、卫国和齐国的一条大河，这样齐国的船只就可由淄水进入济水，也就可以直接通往中原各地，运河的开凿使临淄经济更加繁荣。

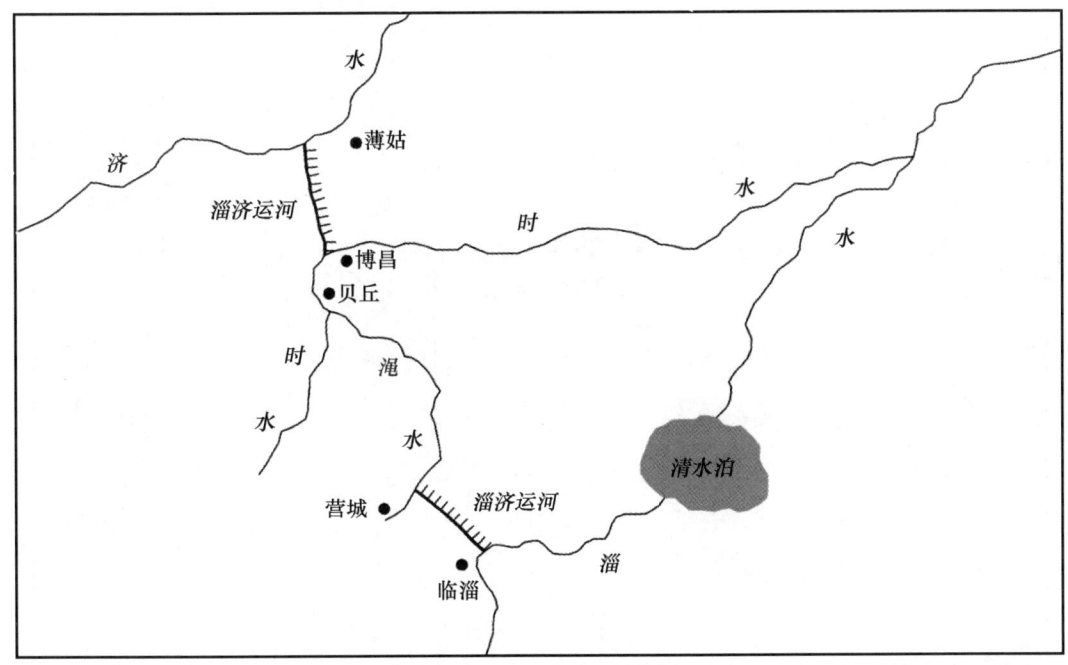

图2-11　淄济运河示意图

4. 白起渠

白起渠是战国时期的军事水利工程，为秦国大将白起所修建，修建时间早于四川都江堰。秦昭襄王期间白起率兵攻打楚国，以水代兵，为堵拦蛮河水灌楚鄢郢而开凿建渠，他在陕西凤翔县屯兵期间亲自监督修建该渠，故称白起渠。

中唐时期《元和郡县图志》记载："长渠在县南二十六里。昔秦使白起攻楚，引西山谷水两道，争灌鄢城。"在《长渠志》也有记载，公元前279年，白起率兵进逼鄢城，久攻不下之时，于距鄢城百里之遥的武安镇蛮河上垒石筑坝，开沟挖渠，以水代兵，引水破鄢。北魏《水经注》描述了这场残酷的战争："水溃城东北角，百姓随水流，死于城东者数十万……"。因为白起伐楚有功，秦昭襄王封他为武安君，武安镇也因此而得名，因此，白起渠也称为"武镇百里长渠"。白起渠示意图见图2-12。

战后，当地百姓用该渠进行农田灌溉，白起渠而变为灌渠，它的位置在今凤翔县城以北1公里处，现在的白起河就是昔时的白起渠遗址，河段多分为小溪，用来做为行洪水道。

5. 燕下都运粮河

战国七雄之一燕国位于现在的河北北部和辽宁西部，国都设于蓟城（今北京市）。战国后期，燕国发生内乱，齐国乘虚而入，公元前314年，齐军攻破燕都，并占领燕国。燕昭王即位时，以武阳（今河北省易县东南2.5公里处）作为陪都，燕昭王励精图治，在他的治理下，陪都武阳已发展成为国都蓟城之外的另一个燕国政治、经济、军事和交通中心。人们习惯称蓟城为燕上都，而称武阳为燕下都。

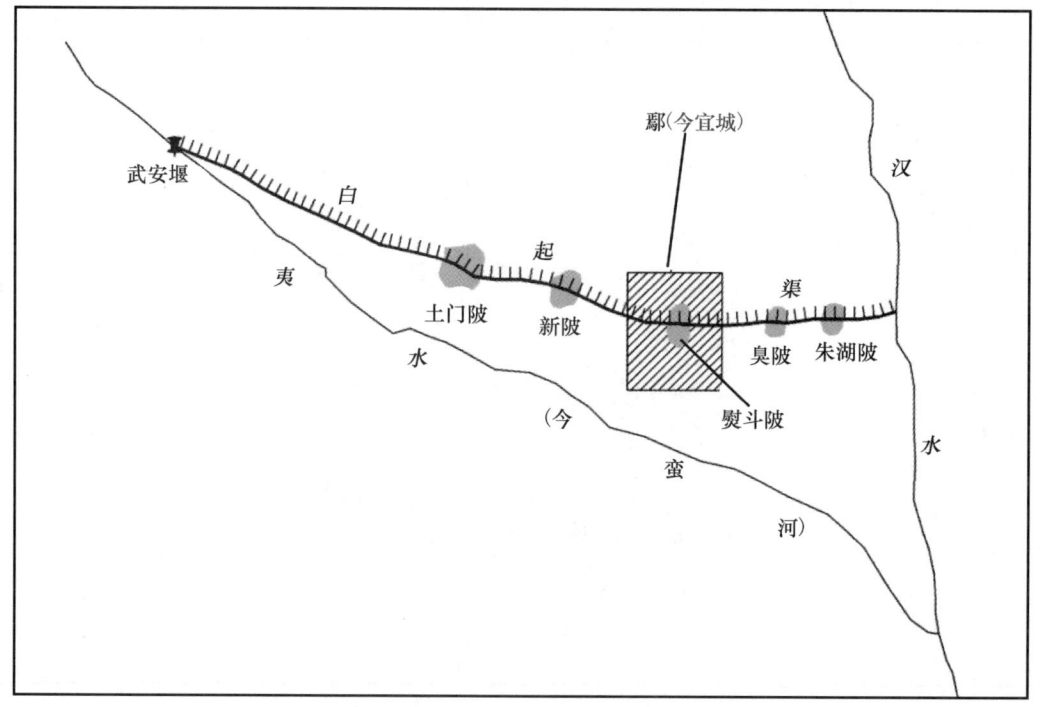

图2-12 白起渠示意图

燕下都武阳位于涞水（今拒马河）支流易水的北岸，经过考古界的多次发掘证明在燕下都的古河道中有三条运粮河，见图2-13。

其中是一条纵向运河，北引易水，南入中易水，将燕国下都分为东西两城，河长4700米，河道的北段宽约40米，中段约80米，南段约90米。这条纵向运河主要用于对外运输，沿着中易水、北易水以及涞水顺流而下可到达黄河，继而转达中原各地。

另外两条是横向运粮河，一条在城北，西接纵向运粮河，东通一个小湖泊，水流途中有两处直角拐弯处，全长5 700米，宽约60～80米；另一条在城区中部，西起城北那条的第一个直角拐弯处，全长4 200米，河宽不一，最大处宽约40米，最窄处仅为10米宽，主要用于城区内部的运输，如冶炼所需的原料、兵器、农具、粮食等。

易水运粮河的开凿应该是燕昭王在位（公元前311年～前280年）时期进行的，三条易水运粮河深入下都城区，这种布局使燕下都呈南北有易水、东西有运河环绕的形势，对燕国的物资交流和经济发展起了重要作用，它们也是我国历史上黄河以北地区最早出现的几条运河。

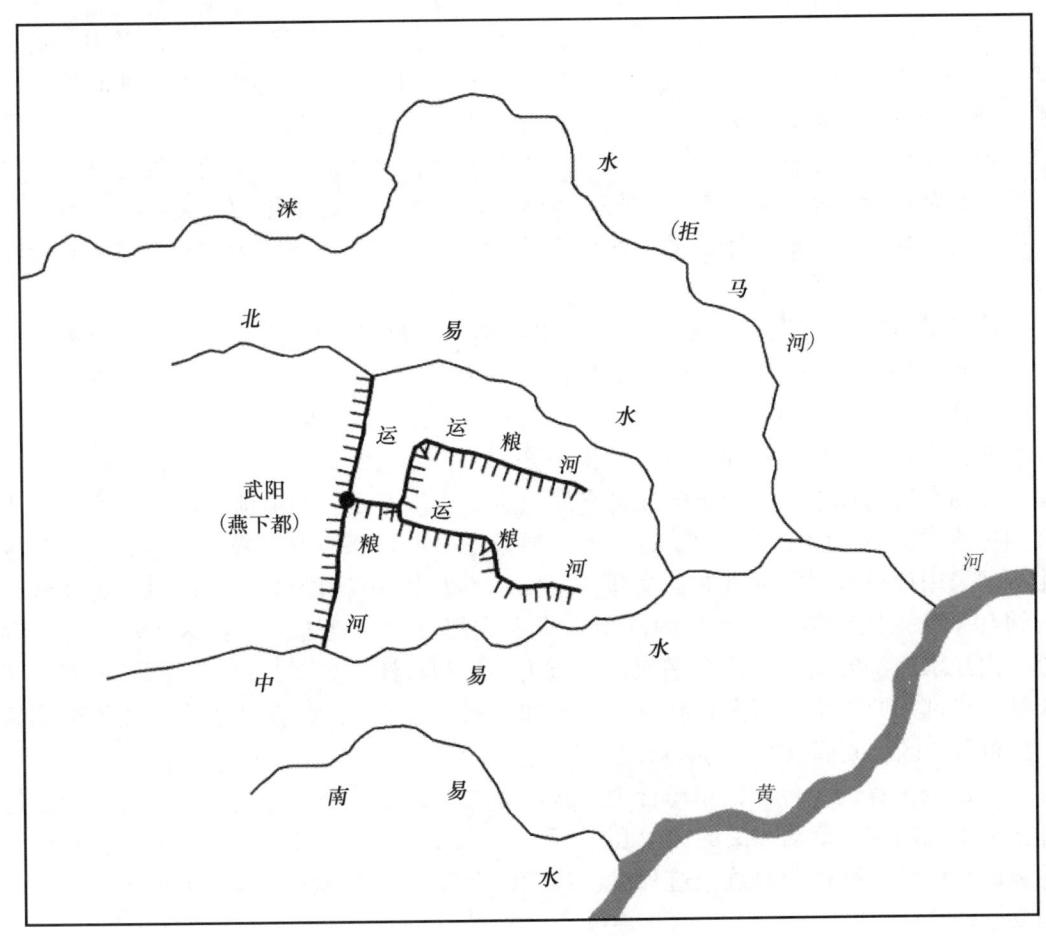

图2-13　燕下都运粮河示意图

6. 都江堰

战国时代，在秦楚相争中，两国都非常重视长江和汉水的水运交通。秦国为了能在对楚战争中占据有利位置，抢先战机，采纳了大将司马错的建议，即先占领长江上游的蜀国，然后再顺流而下攻打长江、汉水中下游地区的楚国。

公元前316年，秦惠王派遣大将张仪和司马错征战蜀国，取得成功，接下来又乘胜东进，一举攻灭了巴国（今重庆一带）和苴国（今川北一带）。至此，秦国的版图范围扩大到包括渭水流域的关中地区、汉水流域的汉中地区和长江流域的巴蜀地区，领土面积倍增。

秦国攻下巴蜀之地后，开始了对它的治理和建设，并在这时创造了历史上著名的由李冰主持建设的都江堰水利工程。

李冰生卒年不详，是有名的水利专家。秦孝文王任命他为蜀守。李冰办了许多造福百姓的水利工程，最有名的就是记载于《史记·河渠书》中的"凿离碓，辟沫水之害"和"穿二江成都之中"两项工程。

最早见于史书上有关都江堰工程的记载是在《史书·河渠书》中，书中写道："凿离碓，穿二江成都之中"，描述十分简略，不得其名。在魏晋南北朝时称为湔堋、湔堰或都安大堰，直到宋代才有了都江堰这个名称。今都江堰市一带是岷江的流经之地，岷江发源于四川西北高山地区，水流湍急，致使此处广阔的平原地区（成都平原）经常遭受洪水灾害。李冰到任后，为根除水患，他实地勘察，最终决定在山地与平原的交接地区，岷江干流的冲积扇点修建水利工程，化水害为水利，造福百姓惠及后代。

李冰修建的都江堰工程主要包括分水鱼嘴、飞沙堰和宝瓶口引水渠三大主体设施。《华阳国志·蜀志》记载："壅江作堋，穿郫江、检江，别支流，双过郡下"，"壅江作堋"就是岷江中流筑堰堤，"堋"就是分水鱼嘴，是修建在岷江中流的一个分水堰，它将岷江从上游冲下来的激流一分为二，分到西边的称为外江，是岷江的主流，分到东边的称内江，用于向成都平原引水。飞沙堰是一座溢流堰坝，主要用于泄洪和排沙，宝瓶口位于飞沙堰下方，此处原是玉垒山尾部的虎头岩。李冰利用热胀冷缩原理采用火烧水浇方法将虎头凿开，凿成一条进水口宽约20米，出水口宽约30米和长约40米的人工渠道，它是从内江引水进入成都平原的要道，可吞纳江水、控制洪流。内江水流经宝瓶口后流向平原，分流为郫江和检江，见图2-14。"郡下"即是指成都，成都平原的水资源得到有效的开发和利用，水稻的产量迅速提高，成为秦国的主要粮食产区，成都也被誉为天府之国。

都江堰工程选址科学，布局合理，各部分之间有效结合发挥作用，从设计到修建都体现了我国古代劳动人民的勇敢和智慧。历经2000多年的考验，经久不衰，取得了显著的经济效益和社会效益，造福世世代代的百姓，这项伟大的水利工程，是每一个华夏子孙的自豪！

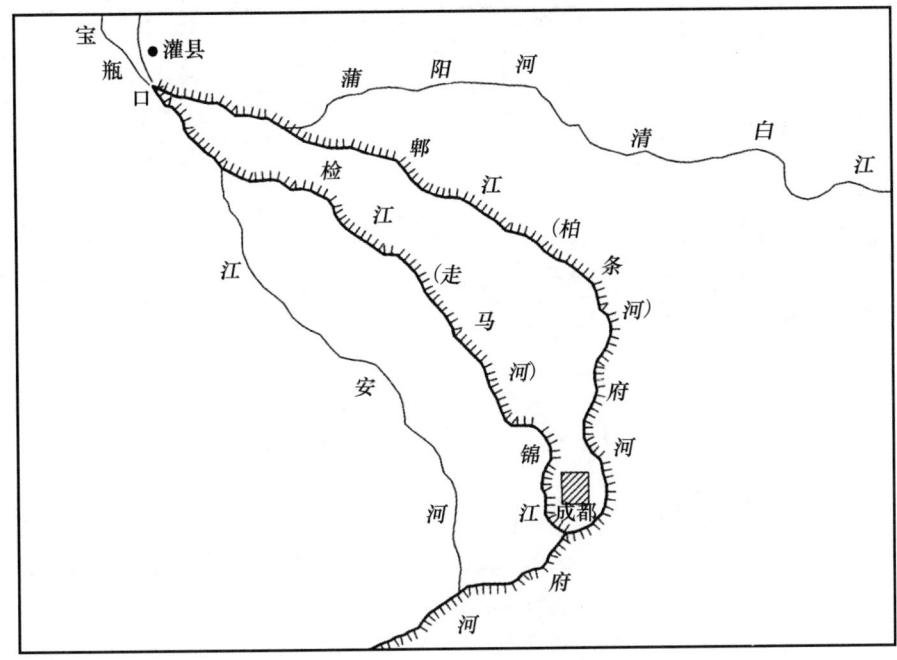

图2-14 郫、检二江通成都示意图

7. 郑国渠

战国末期，秦国的势力日益强大，这让它的邻国——韩国倍感不安，因为韩国的国力是远不能与之抗衡的，随时都有被吞并的危险。公元前246年，韩桓公采用"疲秦"策略，派出韩国的水工郑国到秦国去游说，力谏秦王在泾水和洛水之间穿凿水渠灌溉，以发展秦国农业，其实是想借此工程削弱秦国的力量。然而郑国提出的发展农业的策略正好迎合了当时秦国的需要，因为秦国的基地在关中，秦国为了增强自己的经济力量，很需要发展关中的农田水利，提高国家的粮食产量，很自然秦王采纳了郑国的建议。

郑国主持修建的大型灌溉渠在《史记·河渠书》记载："令凿泾水自中山西邸瓠口为渠，并北山东注洛三百馀里，欲以溉田"，它东起中山（后称仲山），西到瓠口（后称谷口），西引泾水注入洛水，长达300余里。在建渠过程中，秦王发觉了韩国的阴谋，想杀掉郑国。《史记·河渠书第七》写道："中作而觉，秦欲杀郑国。郑国曰：始臣为间，然渠成变秦之利也"，郑国解释说："虽然，我作为间谍来修渠，但修渠这件事情对秦国是有利的。"秦王认为说的有道理并且考虑到秦国在水利工程方面落后的现状，也需要郑国的技术支持，于是不再追究此事，继续任用郑国修渠，经过十年的努力，终于竣工。该渠命为郑国渠，它是最早在关中建设的大型水利工程，示意图如图2-15所示。

在《史记·河渠书》这样写道"渠就，用注填阏之水，溉泽卤之地四万馀顷，收皆亩一钟"，渠成之后，利用泾河浑水放於，灌溉了盐碱地四成多顷，每亩产量都有一钟（按今天的计算有125千克）。这样，关中的土地变得肥沃，粮食产量大大增加，秦国也得以更加富强。

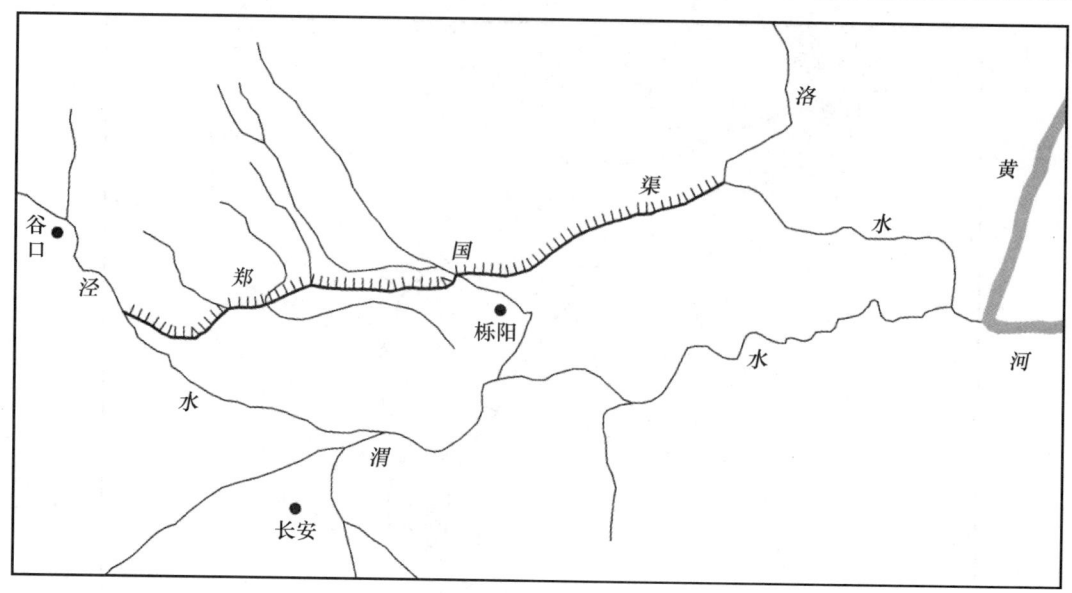

图2-15 郑国渠示意图

2.4 秦汉时代的运河

公元前221年秦始皇统一六国，建立了我国第一个中央集权封建王朝。虽然秦王朝存在的时间并不长，仅15年，有如"昙花一现"，但它却奠定了我国2000多年封建统治的政治、经济、文化等基础。秦王朝规定对土地私有者征收田租和口赋，土地私有制成为封建统治的经济基础，秦始皇还统一了钱币、文字和度量衡，并修筑长城，开通运河等，建设国家。

秦始皇统一中国后非常重视水上与陆地的运输建设，在人工运河方面，他开凿了灵渠，将长江水系与珠江水系连接起来，又改建太湖流域，开凿人工水道，为后世江南运河的形成奠定了基础。

秦灭后，汉王刘邦称帝，建立汉朝。汉朝可分为西汉和东汉。公元前202年，刘邦建立政权，建都于关中长安，国号为汉，史称西汉。西汉在历史上是一个流光溢彩的朝代，在运河工程和水运交通方面有了较新的拓展，是我国运河建设和水运史上一个重要的时期，西汉期间开掘了秦岭南北的褒、斜二水，在关中地区开通了漕渠等等。

西汉末年，王莽篡位，改国号新，仅十五年便被农民起义军推翻。公元25年，西汉皇族刘秀称帝复汉，建都洛阳，史称东汉。东汉时期，主要表现在疏浚河道方面，如王景有效地治理了黄河水患，东汉同时也开凿了一些地区性运河。

1. 灵渠

公元前221年，秦始皇统一北方六国之后，为了安定边境，同时扩大疆域版图，紧接着对位于南方的岭南地区发起了进攻，岭南地区的民族主要为百越人。秦始皇主要攻击目标为南越（在今广东境内，道府番映）和西瓯（在今广西一带），他发兵50

万，分五路进攻。攻打南越进展顺利，而攻打西瓯时，却遭遇顽强抵抗，伤亡惨重。

秦始皇第二次巡游时，他临时决定去湘江上游一带视察，因遇风雨没有去成，但他始终记挂着前线匮乏粮草的战况。西瓯山路崎岖，从岭北运粮食到岭南十分艰难，战争何时停止又杳杳无期。这时秦始皇果断任命监禄（也有称他为史禄，从一开始就负责进军岭南的粮草运输工作）凿渠运粮。《史记》卷一百一十二卷《平津侯主父偃列传》记载，公元前219年，秦王"使监（史）禄凿渠运粮"。此渠便是灵渠，凿渠工程很艰巨，花费了几年时间才完成，大约是在秦始皇三十三年（公元前214年）以前完成。灵渠建成后，援兵和粮草补给源源不断地运往前线，推动了战事的发展，扭转了战争局面，最终把岭南的广大地区正式划入了中原王朝的版图，为秦始皇进一步统一中国起了重要作用。

灵渠又名洚渠、零渠、秦凿渠，明清时期称为陡河。民国年间，又称为湘桂运河。灵渠的选址非常科学，它位于广西兴安县附近，正是湘江上游和漓江上游分水岭处，可以使海洋河的部分水量流入灵河，沟通湘、漓两江。灵渠全长37公里，一共由6部分组成，分别是：①南渠和北渠，是运河的主体部分，全长34公里。②大小天平，是一个呈人字形的堤坝，具有拦河坝和滚水坝的双重作用。③铧嘴，建筑在湘江中的分水设施。④陡门，在秦代时并没有该项设施，是在唐代时加的，主要用于调节河道水位，作用与现代的船闸类似。⑤泄水天平，用于宣泄洪水的溢流堰埭。⑥秦堤，南渠东岸的一段堤。

灵渠分湘水一支向西流，经今兴安溶江注入大溶江，沟通湘水、漓水两水，使长江、珠江两大水系接通，从此黄河、淮河、长江、珠江四大水系都有运河相连，黄河流域的船只就可以由水路通到岭南地区，这是中国水运史上的一个大发展。灵渠示意图见图2-16。

其后，汉代马援，唐代李渤、鱼孟威又继续主持修筑灵渠。灵渠南渠岸边的四贤祠内，至今还供奉着他们和史禄的塑像。灵渠在向世人展示着中华民族不畏艰险、刻苦耐劳精神的同时，也展示着中华民族丰富的智慧和无穷的创造力。

2. 徒阳水道

秦始皇统一六国之后，十年的时间里一共出巡过5次，每次出巡沿途歌功颂德，刻立石碑。巡游间隔时间都很短，但是在最后一次出巡与前一次出巡却间隔了几年时间，他最后一次出游地为原楚国的东部地区和吴越地区，并祭祀大禹。但因前些年听说东南有"王气"的传言，据《史记·高祖本纪》记载"秦始皇帝常曰：'东南有天子气'，于是东游以厌之"，这样秦始皇在最后一次巡游之前，派遣赭衣（囚徒）三千开凿丹徒到丹阳之间的冈陇以破除"王气"，之后才起程到吴越地区巡游。

清光绪年间的《丹阳县志·山水》写道"北冈在县北十八里练湖上，即秦时所凿处。大夹冈在县北二十五里，下临运河"，说明秦开凿的冈陇是与运渠有关的，在《江苏航运史》也明确表明春秋战国时期并没有开通丹徒到丹阳河段，而是在秦始皇开凿的丹徒到丹阳的大小夹冈，使得初具轮廓，成为京口通舟的先河。这些都说明秦代在开凿丹徒到丹阳间冈陇时，就使之成为水道，简称徒阳水道，它成为后世江南运河的一部分，如图2-17所示。

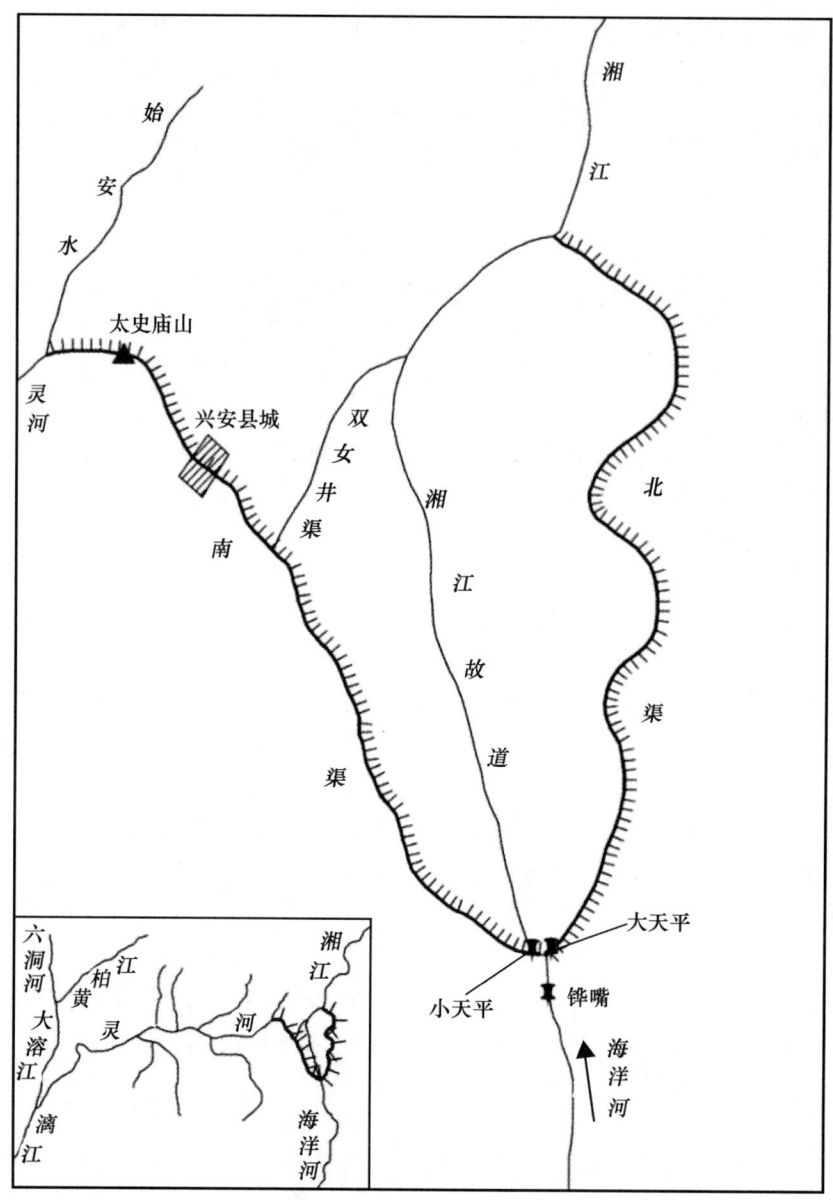

图2-16 灵渠示意图

3. 茱萸沟

汉高祖刘邦封他的侄子刘濞为吴王。吴王居于沛县（原为山东，今属江苏省），设都于广陵城。他利用当地丰富的自然资源，开矿铸钱，煮海水为盐，使吴地富裕起来。

刘濞曾对运河作出过巨大贡献，汉文帝前元元年到后元七年（约公元前179~前157年）间，他开凿了"茱萸沟"运道，这条运道乃是对春秋时代吴国夫差时所拓凿的邗沟（见2.2.7节）的发展和延伸。西汉早期吴王刘濞建都广陵（今扬州），茱萸湾在今扬州东北十五里，海陵仓在今江苏泰州，这是一条盐运水道，所以也称茱萸沟为运盐

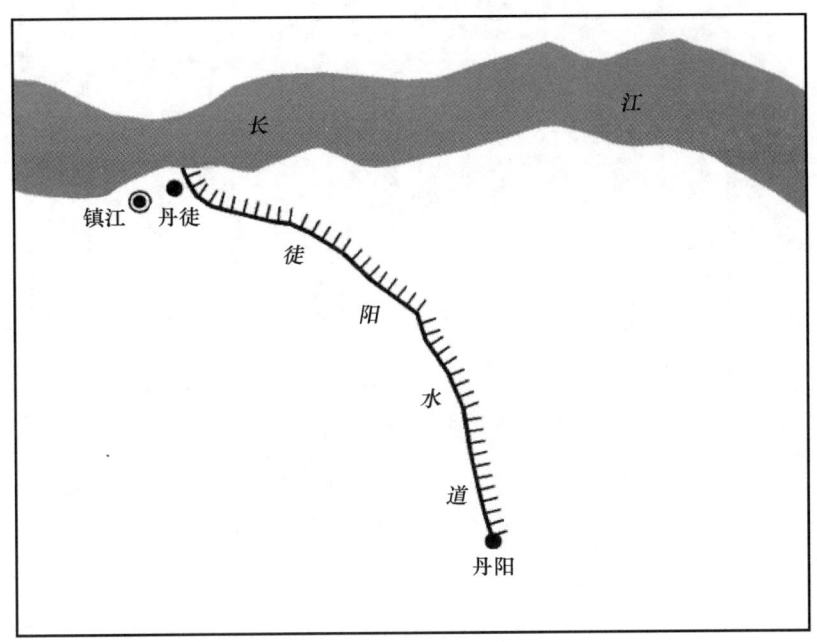

图2-17 徒阳水道示意图

河,也有称它为邗沟。

陈璧显在《中国大运河史》中提过:"这条运河西起扬州北茱萸湾与邗沟相接,东通海陵仓(今江苏泰州)及如皋蟠溪,使江淮水道与东边的产品盐连结起来。"茱萸沟在运盐和物资运输方面发挥了重要作用,它是后来通扬运河的前身,大体为今天老通扬运河西部的河段,茱萸沟示意图如图2-18所示。

4. 漕渠

《说文解字》对"漕"的解释是"水转谷也",在《史记·索隐》记为:"水运曰漕",漕本意即为水运,后经演变漕运变成古代利用水道运输官粮的专用名词,我国真正开始漕运是在秦朝。

秦朝和西汉初期,关东的粮食产区主要分布在中原、江淮和沿海一带。从关东地区运送粮食到关中,水路主要依靠渭水和黄河。渭水发源于今甘肃渭源县的鸟鼠山,流经今甘肃东部和陕西中部的丘陵地区,进入陕西后沿着秦岭北侧,自西向东流经整个关中平原,在潼关附近注入黄河,全长800多公里,是我国古代重要的水道之一。然而渭水运道也有着先天的不足,因关中地区气候干旱,降雨少且分布不均,渭水补给不足。另外,渭水沙滩多、弯道多,也给载重的漕船带来麻烦,而黄河三门峡险阻也是在当时的技术条件下无法解决的问题。

秦朝和西汉初期,从关东到关中京师的漕运量并不多,压力不大,所以这些矛盾并没有凸现出来。到了汉武帝时期,连年的征战加上宫廷奢侈的生活,朝廷对粮食的需求越来越多,对粮食的运输要求量多且速度快,这时通过渭水运道运输粮食(大约需要6个月)已远远不能满足要求。当时的大司农郑当时提出了一个建议,即从长安向

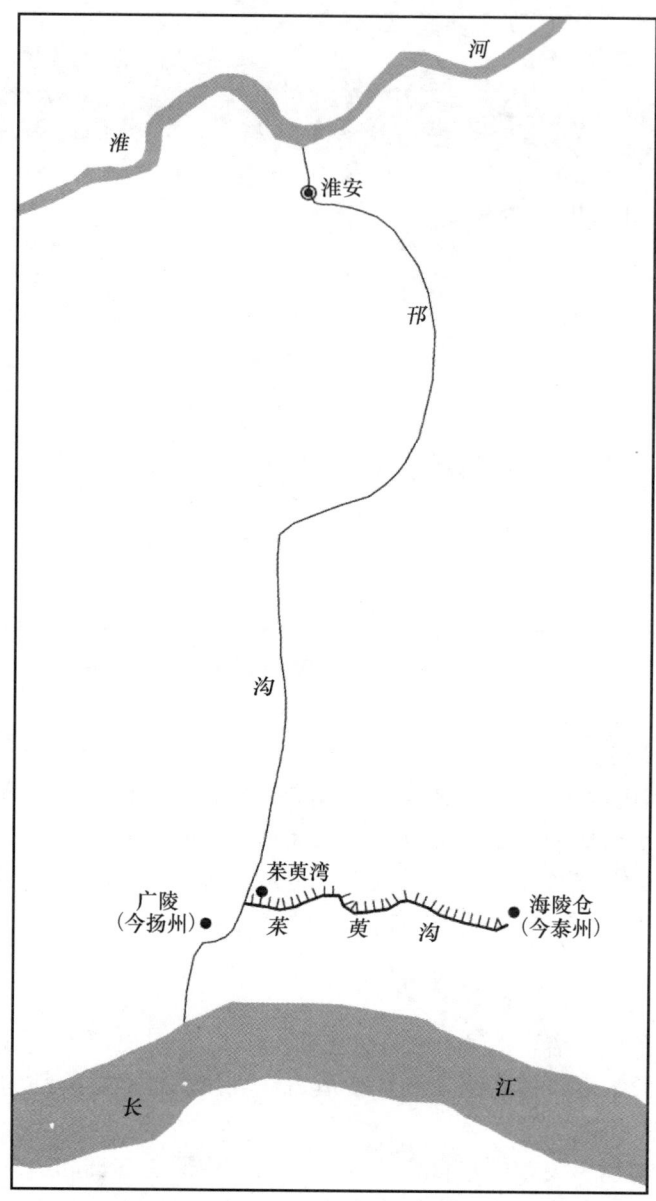

图2-18 茱萸沟示意图

东开凿一条人工运河直达黄河,走向大致沿着秦岭,引水进入漕渠,这样可以节省人力和财力,又可以灌溉农田,增加关中的农田产量。这项建议被汉武帝采纳。

公元前219年,汉武帝聘用齐人水利专家徐伯负责设计新的漕运路线。《史记·河渠书》记载:"令齐人水工徐伯表,悉发卒数万人穿漕渠,三岁而通",其中的"表"就是现代工程建设中的选路线、立标记,定高低等勘测设计,"穿"即是挖土施工,这也是该水利工程在施工中值得赞扬的地方,它显示了徐伯高超的科学技术水平。该工程历经三年完成,漕渠示意图见图2-19。

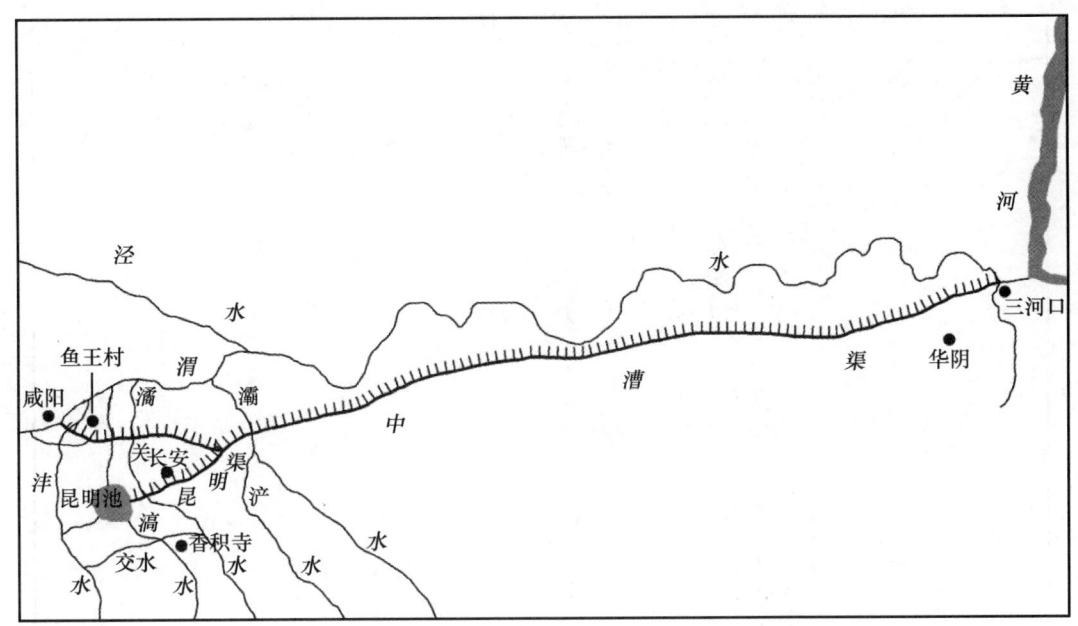

图2-19 漕渠示意图

班固的《西都赋》记载："东郊则有通漕大沟，溃渭洞河，舟山东，控引淮湖，与海通波"，其中"漕大沟"就是指关中漕渠。漕渠起自渭水，沿南侧向东延伸，经今西安东北部、临潼县东北、华县到华阴市东北的渭水，全长三百余里，并在沿途吸纳潏水、浐水、灞水和戏水等，保证了漕渠的水量，并且水流缓慢，航行安全，行程时间缩短了一半，只要三个月，大大提高了漕运的工作效率，不仅满足了京师对粮食的需求，也促进了关中地区与黄河中下游地区的经济发展和文化交流。

5. 褒斜水道

漕渠的开通基本克服了渭水运输的困难，然而黄河运道受三门峡险阻的困扰仍然存在，在当时的技术条件下这是极难解决的。为此事，朝中大臣也都各抒己见，纷纷献言献策，以求另寻途径。

这时有人上书提议开凿褒斜水道来沟通汉水和渭水，避开黄河运道。褒斜水道示意图见2-20。褒水和斜水都发源于秦岭的太白县境内，源头相距100多里。褒水是汉水上游的一条支流，全长198公里，位于秦岭南坡，向南流至褒谷口（今褒城县北十里处）注入沔水（今汉水）。斜水是渭水中游的一条支流（今名石头河），全长70公里，位于秦岭北坡，向北斜流至斜谷口（今眉县西南30里处）注入渭水。褒水的中、下游和斜水的下游是可以行船的，在先秦秦惠王时沿着两水的河谷筑有栈道，这样一来，只需要将它们各自中、上游河谷拓宽，河床加深，疏浚水道，再开辟跨越分水岭的陆路运道，使褒水和斜水的水路相衔接，通过水陆联运就将汉水和渭水相连，可以不走黄河运道，避开三门峡之险，这无疑是个绝好的想法。

御史大夫张汤将此建议奏报给了汉武帝，汉武帝采纳此建议并任命张汤的儿子张

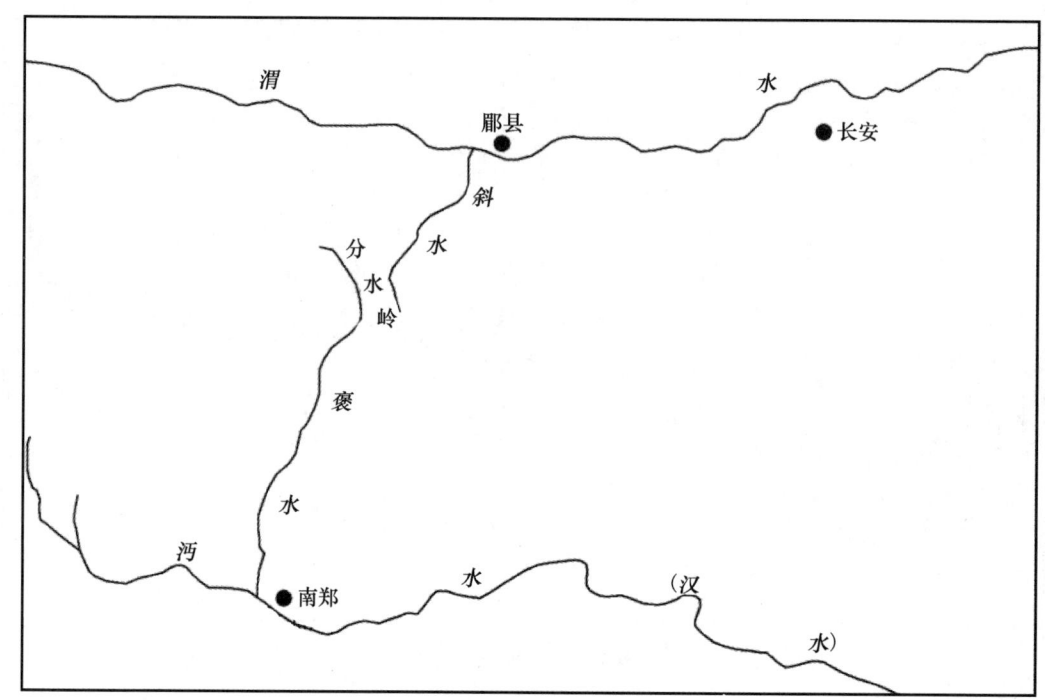

图2-20 褒斜水道示意图

卬为汉中太守主持该项工程,调派数万军队从事施工,该工程从元狩二年至六年(公元前121年~前117年)历时四年完成,一共开辟水、陆运道五百多里。但结果却事与愿违,水道还是无法通行漕船,因为河谷太陡峻,水道坡度大,只凭当时人力和简单的工具,许多大礁石无法铲除,如果再遇到山洪暴发,还会发生泥石流,非常危险。但是也有令人可喜的一面,穿越秦岭的陆道开辟成功了,它成为沟通汉中地区和关中平原的交通要道,促进了川陕之间的经济、文化和军事交流。三国时诸葛亮北伐曹魏走的正是褒斜道。

6. 龙首渠

龙首渠是一条引洛水的渠道,是中国历史上第一条地下水渠,在开发洛河水利的历史上是首创工程,它是今洛惠渠的前身。

汉武帝元狩三年至元鼎六年(公元前120年~前111年),庄熊罴(注:《汉书·沟洫志》写作"严熊",因避汉明帝刘庄的名讳,改庄为严,又省去"罴"字。)向皇帝上书,建议开渠引洛水灌田。《史记·河渠书》中记载:"庄熊罴言:'临晋民愿穿洛以溉重泉以东万馀顷故卤地。诚得水可令亩十石'"。庄熊罴说临晋(今大荔县)的百姓愿意开挖一条引洛水的渠道以灌溉重泉(今蒲城县东南)以东的土地。如果渠道修成了,就可以使一万多顷的盐碱地得以灌溉,收到亩产十石的效益。

武帝采纳了这一建议,征调一万多人开渠,《史记·河渠书》记载:"于是为卒万馀人穿渠,自征引洛水至商颜山下"。引洛水灌溉临晋平原,需要在临晋上游的征县

（今澄城县）境内开渠，可是在临晋与征县间却横亘着一座东西狭长的商颜山（即今铁镰山），渠道要穿越商颜山，给施工带来了新的困难。最初渠道穿山曾采用明挖的办法，但由于山高四十余丈，均为黄土覆盖，开挖深渠容易塌方，于是改明渠为用隧道，《史记·河渠书》称为井渠，记载当时井渠施工法的技术要领为："凿井，深者四十余丈。往往为井，井下相通行水，水颓以绝商颜，东至山岭十余里间。井渠之生自此始"，凿洞长十余里，开凿时先挖若干竖井，它开创了后代隧洞竖井施工法的先河，井渠施工法的工程布置大致如图2-21所示。据《史记·河渠书》记载："穿渠得龙骨，故名曰龙首渠"，其中"龙骨"就是恐龙化石，在施工中掘出恐龙化石，因而渠道叫作龙首渠。

渠道要穿越十余里的商颜山，如果只从两端相向开挖，施工面较少、洞内通风、照明也有困难。若在渠线中途多打几个竖井，这样既可增加施工工作面，又能加快施工进度，同时也改善了洞内通风和采光的条件，井渠法无疑是隧洞施工方法的一个新创。同时，龙首渠的施工还表现出了高水平的测量技术，它在两端不通视的情况下，准确地确定渠线方位和竖井位置，这也是难能可贵的。

经十余年的施工，龙首渠建成，可惜并未实现原定的设想。司马迁称此渠"作之十余岁，渠颇通，犹未得其饶"，渠开通了，但是还没达到预期的效益。

龙首渠长达5公里多，是中国历史上第一条地下渠，在世界水利史上也是一个伟大

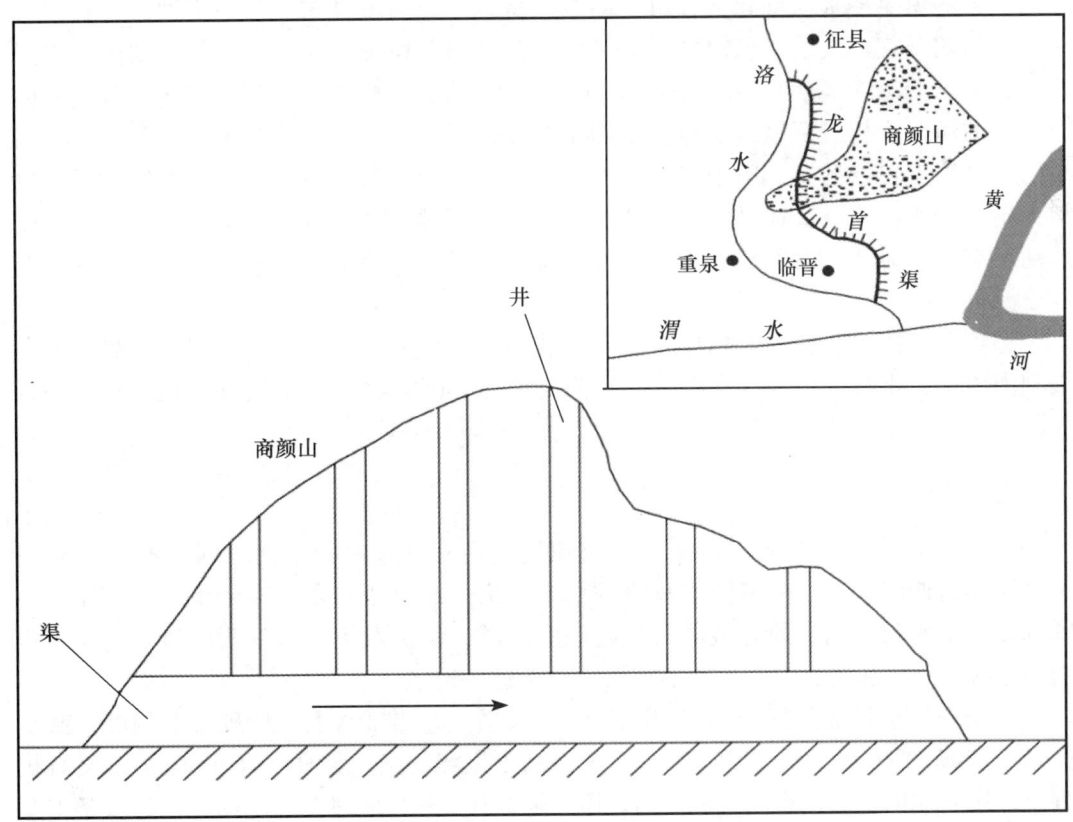

图2-21 龙首渠井渠施工法工程布置示意图

创造，在当时井渠法就通过丝绸之路传到了西域，直到今天，新疆人民在沙漠地区仍然用这种井渠结合的办法修建灌溉渠道，叫做"坎儿井"。西汉龙首渠的井渠法是中国古代劳动人民高度智慧的结晶，它为世界水利事业提供了宝贵经验。

7. 六辅渠

六辅渠是古关中地区六条人工灌溉渠道的总称，在泾河下游。汉武帝元鼎六年（公元前111年），左内史儿宽在郑国渠上游南岸开凿六小渠，以辅助灌溉郑国渠所不能达到的高地。据《汉书·儿宽传》颜师古注：六辅渠在郑国渠上游南岸，开六道小渠，以辅助灌溉。修六条辅渠主要是为了扩大郑国渠旁边高地的灌溉面积。渠修好之后，为了扩大灌溉效益，儿宽还制定了灌溉用水的法规"水令"。在民间也将六辅渠称为六渠。

8. 白渠

白渠是中国古代陕西关中地区一项著名的水利工程。白渠开凿于西汉武帝太始二年（公元前95年），是采纳赵中大夫白公的建议而修建的，也因此称之为白渠，它也常与原先的郑国渠合称郑白渠。

《汉书·沟洫志》中记载："在赵中大夫（中大夫汉代为掌管议论的官员）白公建议下，穿渠引泾水，首起自谷口，向东入栎阳（今高陵县东），南入渭水，长二百里，溉田四千五百余顷，名曰白公渠，民得其利。"白渠西起自池阳谷口郑国渠南岸（水经注："水出郑渠南"），引出泾河水流向东南，经池阳、栎阳向东到下邽后折向南注入渭河，全长二百里，受益农田四千五百余顷（合今30余万亩），效益很大，当时留下这样一首歌谣："田于何所？池阳谷口。郑国在前，白渠在后。举锸为云，决渠为雨。泾水一石，其泥数斗。且溉且粪，长我长黍。衣食京师，亿万之口"。由于泾河含有较多泥沙，白渠也为关中平原农田带来了肥沃的沉积土壤。白渠示意图如图2-22所示。

白渠和郑国渠统称为郑白渠，到了唐代时，白渠分为三条支渠，即太白渠、中白渠和南白渠，也称三白渠，在唐永徽年间（公元650年～655年）灌溉面积曾超过一万多顷。

9. 邯郸白渠运河

上一节介绍了关中地区白渠，在冀州境内也有一条白渠运河。西汉时期的冀州（今河北省西南部）境内有漳水和滹沱水，一南一北自西向东横穿全境。漳水流域的邯郸（今邯郸市西南）原是战国时代赵国的都城，经济发达，直到西汉时期仍是冀州南部地区的经济和交通中心，白渠运河就位于这一地区。

这条白渠很可能开凿于西汉时期，在《汉书》卷二十八上《地理志》魏郡·武安县条下记载："钦火口，白渠水所出，东至列人入漳。又，武始县条下记载：'又有拘涧水，东北至邯郸入白渠'。又，《汉书》卷二十八下《地理志》赵国·邯郸县条下记载：'堵山，牛首水所出，东入白渠'"。堵山和钦口山分别在邯郸的西北和西南，牛首

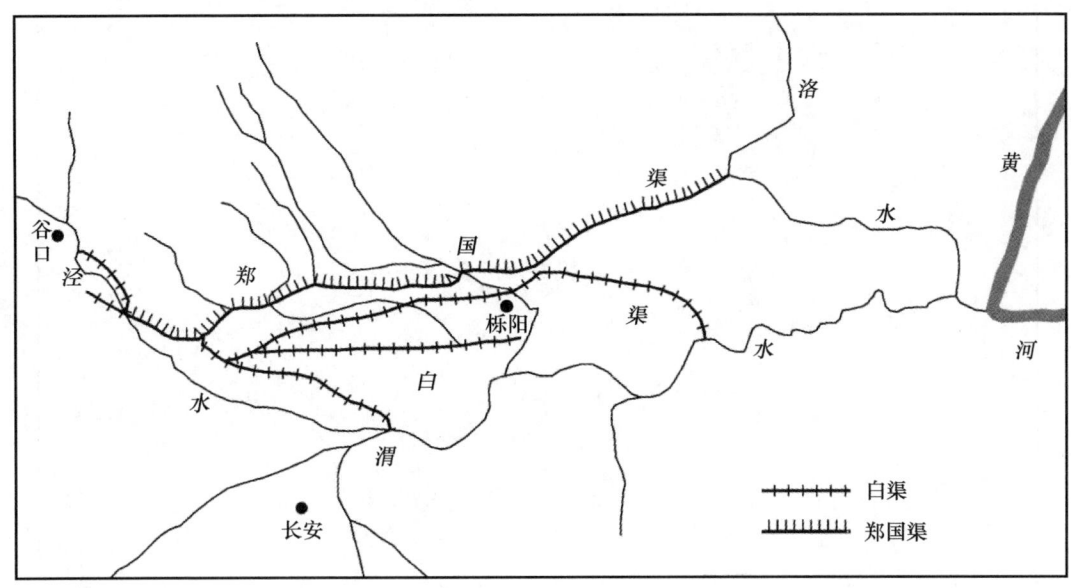

图2-22 白渠示意图

水、拘涧水和白渠这三条地区性小河都发源于这两座山，在邯郸城南相会合后流到列人县境内注入漳水。

邯郸的周边并没有可以航行的江河，离它最近的就是漳水，因此在当时为加强邯郸与外界的商业往来，便将拘涧水、牛首水和白渠水三条小河在邯郸城南会合后至漳水这一段不足百里的自然河道改造成为可航行的运河，白渠运河是由自然河道改建而成的，指邯郸城南至列人县境内漳水之间的一段，它的水源来自拘涧水、牛首水和白渠水的上游。

河北平原河道众多，合流、混流或是改道的情况经常发生，北魏时，漳水改道变迁，白渠后来也干涸了。

10. 大白渠运河

河北省石家庄市附近在西汉历史上曾有一条名为大白渠的运河，《汉书·地理志》常山郡·蒲吾县条记载"大白渠首受绵蔓水，东南至下曲阳入斯洨水"。"绵蔓水"自今阳泉市西北向东流，经娘子关，穿越太行山，至河北井陉县西后转向北流，到平山县西北后注入滹沱河。大白渠首次接纳绵蔓水的地方是在绵蔓县（其故城在今石家庄西北）境内，之后流向东南，流经现在河北正定县、藁城市西南和晋县最后注入斯洨水，斯洨水是大白渠在绵蔓县境内分流出来的支流，与大白渠的流向基本平行，斯洨水与大白渠汇合后继续东流进入漳水。这样将滹沱河与漳水连接起来，生活在河北平原的人们得到了水运交通和农田灌溉之利。冀州境内的白渠运河与大白渠运河示意图见图2-23。

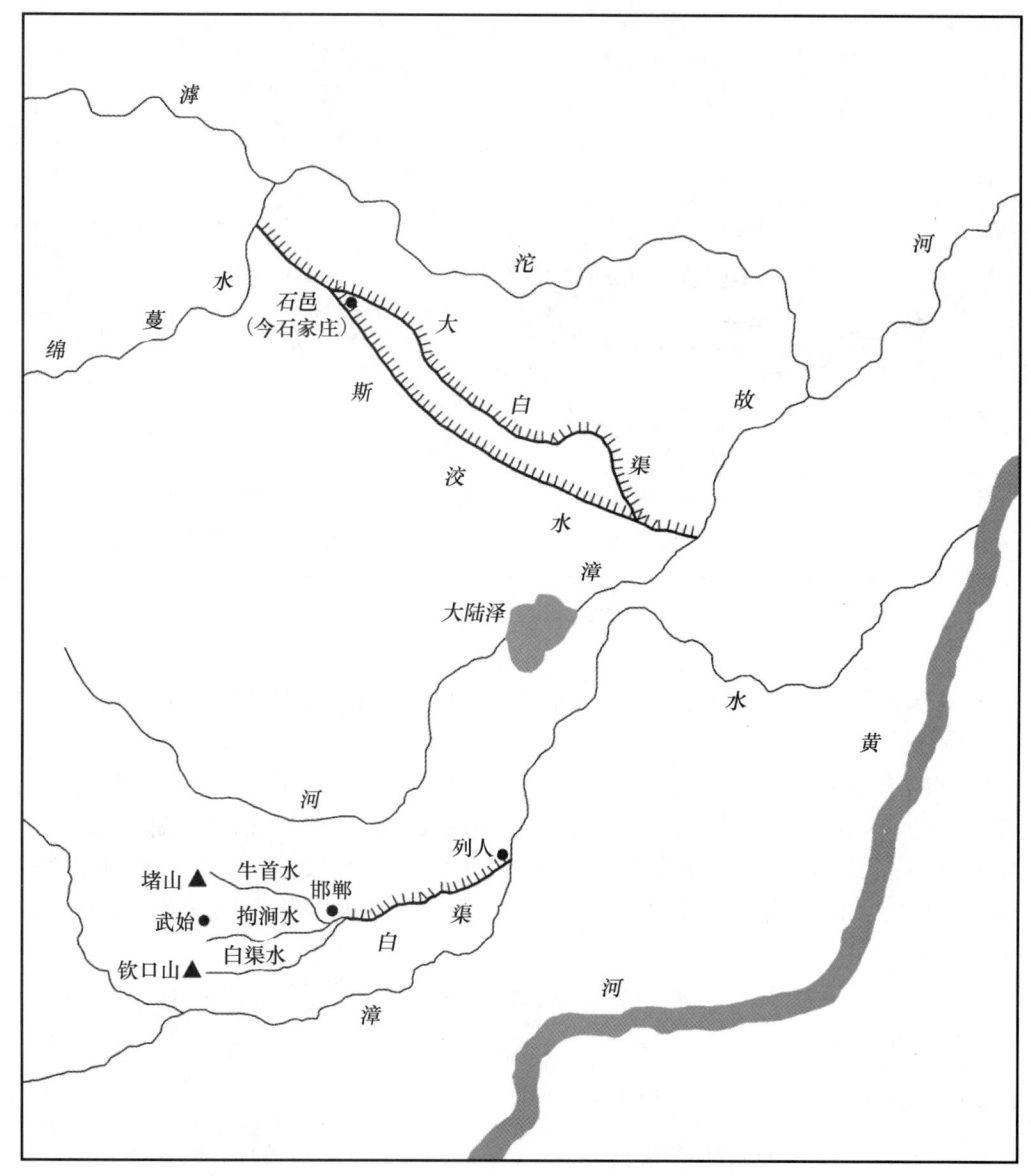

图2-23 西汉冀州境内的白渠、大白渠运河示意图

11. 阳渠运河

东汉定都洛阳，洛阳的地理位置比较优越，洛阳位居天下之中，经济发达，水陆交通四通八达，而且又在黄河三门峡之东，这样来自关东地区的粮食和物资则可以绕过三门峡，洛阳是定为国都的理想之地。洛阳城南有洛水流过，各地粮食和物资都是通过洛水和黄河运输到洛阳的。洛水，古称雒水，全长467公里，发源于今陕西境内的华山南麓，向东流经洛南、卢氏、洛宁、宜都和洛阳等城市，在今巩义市东北注入黄河，途经黄土丘陵地区时水中含沙量较多，河床淤浅，流至洛阳附近时，河道浅而水少，不便于漕运。

东汉建武五年（公元29年），河南尹王梁建议另开漕渠，在洛阳城南开一条运河，引洛水支流谷水为水源，结果出乎意料"渠成而水不流"，开河失败。可能有两方面原因：一是谷水河流太小，水量有限，致使水源无法流向渠道；二是地势因素，在施工前对地势没有进行勘测或勘测不准，难以引水入渠。尽管王梁的初衷是好的，但是两年的时间以及人力、财力和物力白白浪费掉，他还是受到"有司劾奏"及百姓的抱怨，光武皇帝念他昔日有功，没有重罚他，将他改任济南太守。

19年后，建武二十四年（公元48年），张纯任大司空（掌管工程事务的最高职位，相当于工部尚书）在洛阳重新主持开挖运河并取得成功，该运河被称为阳渠。阳渠运河示意图见图2-24。

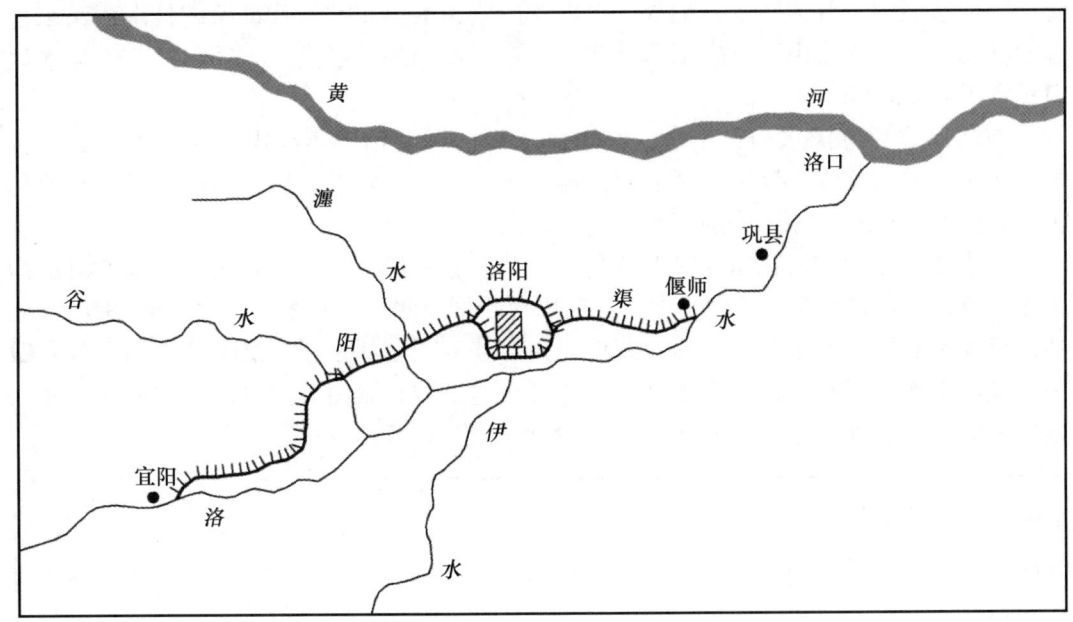

图2-24　阳渠运河示意图

阳渠位于洛水北岸，洛阳城南，西起宜阳以东的洛水北岸，向东北延伸，流经洛阳城南时沿着城的西、南、东三面绕了半个圈之后再向东流，流到偃师之南，回注入洛水。张纯吸取了王梁的教训，阳渠的水源不引自支流谷水，而直接引自水量较大的主流洛水，沿途先后接纳了洛水的几条南流的支流如涧水、谷水等，阳渠运河的水量比较丰富，可以满足当时漕运行船的要求，同时还解决了洛阳城人民的用水问题，使百姓得其利。

12. 㶟水运道

东汉政权建立之初，面临着边境外族侵犯的危险，形势所迫不得不在平城（今山西大同市东北）、雁门（今山西朔州市东南）等边境一带重兵驻防，并在附近的代郡（治所在今河北蔚县东北）、上谷郡（治所在今河北怀来县东南）等地屯粮，当时也急需修筑一条便捷的运输通道以方便运输粮食。

当时有一位跟随光武帝多年的大将,叫王霸,他深得光武帝的信任。建武九年王霸被任命为上谷太守,主要负责边境地区屯粮与前线给养事务。他曾修筑的飞狐道是当时从河北平原通向晋北高原的陆上交通要道,但是在承担运送粮和物资时需用大量车马运输,承重有限、运输成本也高,运输人员途中奔波十分辛苦。因此,王霸上书光武帝,建议改从水道向前线运送粮食和物资。

《后汉书·王霸传》续记载:"颇识边事,数上书言宜与匈奴结和亲。又陈委输可从温水漕,以省陆道传输之劳。事皆施行",其中"可从温水漕"是指可以利用温水进行漕运粮食。嵇果煌先生认为"王霸所说的温水指的就是㶟水,㶟水在《汉书·地理志》称为治水,在雁门郡阴馆县下说:'累头山治水所出,东至泉州入海'。《水经注》称为㶟水,记载:'出雁门阴馆县,东北过代郡桑乾县南,又东过涿鹿县北,又东南出山,过广阳蓟县北,又东至渔阳雍奴县南,入笥沟'",㶟水运道示意图见图2-25。

在隋唐之后称㶟水为桑干水,它发源于雁门郡阴馆县累头山(今山西宁武县管涔山区),向东北流,流经平城之南,再向东流,经上谷郡,转向东南,经广阳蓟县(今北京)北,进入沽河下游的潞河。

㶟水就是今永定河在东汉时期的名称,又因它易淤,易改道在历史上被形象地称为无定河,而且它的含沙量也非常高,年均含沙量为60.9公斤/米^3,年均输沙量为1.6亿吨,仅次于黄河,有小黄河之称。可想而知,若要利用㶟水进行漕运,免不了事先做一番疏浚工作。㶟水流程远,水量大,并可直达平城、雁门等当时的边防战地,㶟水运道为保证东汉边防前线粮食和物资的运送供给作出了重要贡献。

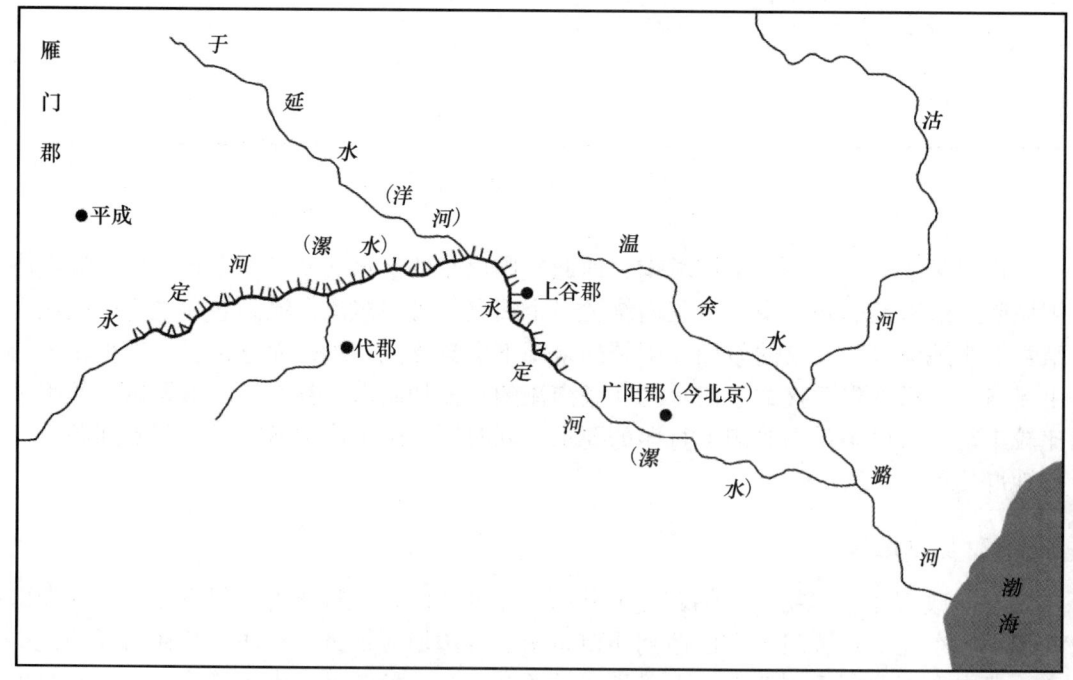

图2-25　㶟水运道示意图

13. 石臼、滹沱河运道

为加强对匈奴人的监视和防御，东汉朝廷调遣了大批军队驻屯在今山西、陕西北部和内蒙古南部一带，这些部队对粮食和其他物资的需求量都很大，只靠当地的军屯生产是远不能满足的，最好是从距驻军区较近的滹沱河流域的常山国和中山国的屯田区调运粮食和物资，因此，迫切需要开通从太行山以东到太行山以西的漕水运道。滹沱河横穿太行山，要对滹沱河进行疏导很有难度，然而东汉还是开始了对滹沱河大规模的疏浚工程，并试图开凿运河，将滹沱河与汾河连接起来。滹沱河属海河水系，汾河属黄河水系，若能将两大水系沟通，对改变晋冀地区河流的格局具有重大的意义。

永平十年（公元67年），东汉明帝试图开通大白渠、绵蔓水转汾水到羊肠仓的蒲吾渠运道，结果失败。羊肠仓为东汉设置在边境前方的战备粮仓，位临太原郡汾阳故县（今山西静乐县内）境内的汾水。这次失败后，明帝并没有灰心。几年后，他又选择在蒲吾渠的北面，开辟石臼、滹沱河转汾水至羊肠仓的运道。

关于石臼河的位置，嵇果煌先生经过多方面查阅，他认为石臼河是从滋水分流出来的一条支流，这是比较准确的。从都虑（地名，石臼河旁）到羊肠仓的漕路除了东端一小段利用石臼河外，大部分运道是利用滹沱河。滹沱河为子牙河支流，发源于现在的山西繁峙县泰戏山，向西南流经恒山与五台山之间，至原平市以南的忻口附近折向东流，先穿越舟山和太行山；东流至河北献县，与子牙河另一支流滏阳河相会后向东北流至今天津市附近入海河，再东流至渤海。滹沱河上、中游河段流经太行山区到下游平原地区，河流落差大，每遇多雨时期，常导致平原地区漫流泛滥，河流经常徙移改道，若遇少雨年份，水量又不足，所以利用滹沱河行船必须经过合理的人工改造。石臼、滹沱河运道示意图参见图2-26。

石臼、滹沱河运道工程主要部分包括：一是在蒲吾县（今河北平山县）境内对石臼河上游河段进行疏浚和拓宽，以沟通滋水和滹沱河并可通航；二是整治和疏浚浦吾县以上的滹沱河段；三是在滹沱河与汾水之间分水岭处开凿了一段运河以沟通滹沱河与汾水两个不同的水系。

然而，这条运河还是同蒲吾渠运道一样的命运，最终未能开通。主要原因是地形太复杂，又限于当时的技术条件，难以实现。但是经过后人的探索及实践证明东汉时期开辟的这两条漕路，选线勘察设计都是非常科学合理的，说明当时工程勘测技术已经很发达。

14. 治河（黄河）理汴（汴渠）

黄河发源于青海巴颜喀拉山北麓，流经青、陇、宁、内蒙古、秦、晋、豫、鲁，最后注入渤海，是华夏文明的发祥地。黄河既是我国北方地区农业灌溉的生命线，也是水运交通的大动脉。然而，黄河经常泛滥成灾，黄河水患早在战国时期就已存在，到汉朝时期，则是更加严重，王莽和光武帝对黄河决堤泛滥成灾一事并不重视，致使黄河灾害持续50多年之久，直到汉明帝即位才出现转机。从上一节介绍的明帝修漕路，可以看出明帝是一位很想做实事的君主，明帝对黄河水患深感不安，并下大决心

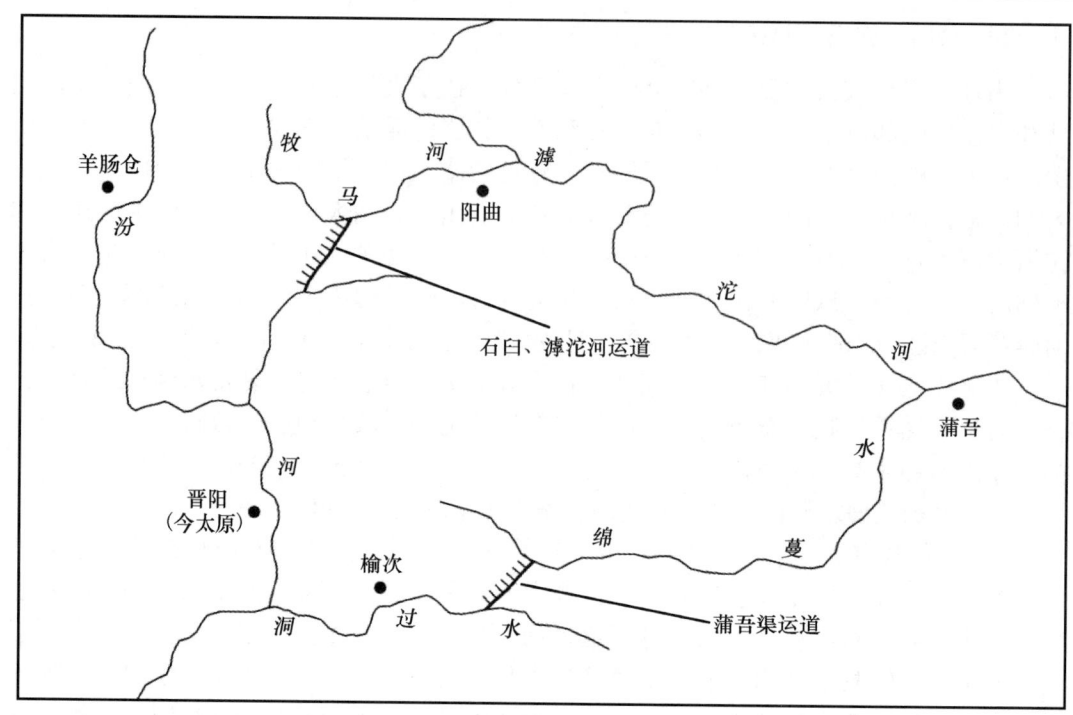

图2-26 蒲吾渠运道和石臼、滹沱河运道示意图

对其治理,在国内寻找治水能人。

永平十二年(公元69年),有人举荐王景,王景字仲通,祖籍琅玡县,在今山东即墨县,《后汉书·王景传》写他:"少学易,广窥众书,又好天文术数之事,沈深多技艺,……,还能治水",可知王景不仅多才多艺而且擅长治水。他曾协助王吴治理浚仪渠,并建议采用堰流法进行疏治取得成功。汉明帝对王景也早有耳闻,现有人举荐他,便立即召见,并命他治理黄河和汴渠。对于汉明帝的重用和信任,王景也深受鼓舞。

汴渠即是战国以来通称的汳水,是鸿沟水系最北面的一条河流,从荥阳附近引黄河水东流,经浚仪(今开封)、蒙县(今商丘)到彭城(今徐州)注入泗水,贯穿于中原地区与江淮沿海之间,是联系京城洛阳与江淮富庶地区之间的一条漕运频繁的重要水道。东汉汴渠示意图如图2-27所示。

东汉对汴渠非常重视,但当时已被泛滥的黄河水吞没。王景提出"治汴先治黄、治黄同时治汴"的治理方针。王吴也参加到了王景的治水队伍中,协助治水。治河(黄河)理汴(汴渠)工程于永平十二年(公元69年)夏天开始,工程主要包括两部分:一是治理黄河,开山凿石,排除行洪障碍,拓深河道,开掘排洪渠道,修建有利于行洪的黄河新河道,并修建千里堤防,防止日后黄河泛滥和改道;二是疏理汴渠,首先将淹没的河水疏导出去,清除淤泥,疏通航道,整修两岸堤防,在地势低处加高加固堤防,增建水门,每隔十里就有一座水门,调节渠水流量和水位,使漕运船只来往畅通。工程仅用了一年时间,在次年夏季洪水到来之前就胜利竣工,并经得起了洪

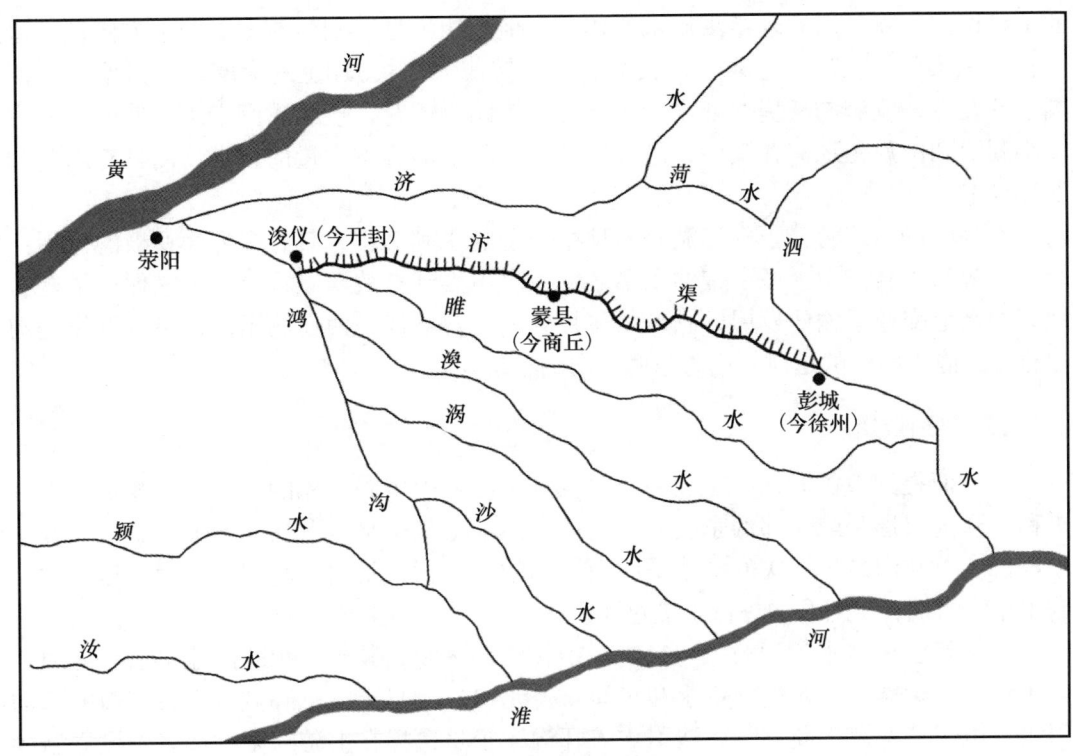

图2-27 东汉汴梁示意图

水的考验。

王景主持的治河理汴工程是我国水利史上的一次壮举,该工程规模大,任务艰巨,工作效率高,业绩显著,实现了河、汴分流,有效地治理了黄河水患,直到唐末的800年间,黄河没有发生改道现象,千年来也流传着"王景治河,千年无患"的说法。

15. 鉴湖工程

鉴湖位于会稽山北麓,原写作"镜湖",因镜、鉴读音、意义相近,后通写作"鉴湖",其水清可照人。鉴湖是我国历史上著名的水利工程,会稽(今浙江省绍兴市)太守马臻主持修建,修成于东汉顺帝永和五年(公元140年)。

早先会稽山虽不高也不险,但是山间溪涧非常多,从曹娥江到浦阳江虽然只有一百三十里的间距,但是来自于会稽山北坡就有二三十条溪涧,它们到山麓处或因地形阻碍或因潮水倒灌,聚积成许多小湖泊,每有洪汛来临,山洪流入各个小湖泊继而溢至平原,淹没农田,人畜受损;若遇干旱年份,湖泊干涸,平原的农田则苦受旱灾。早从春秋战国时代开始,人们就采取各种防洪抗旱的措施,但都不能有效地摆脱这一困扰,直到马臻修缮了鉴湖。

马臻是会稽郡山阴县人,对于家乡的长年水旱之灾感触极深,他经过深入实地勘察,想到把会稽山北麓的小湖泊群改造成一个可以容纳更多水的大湖泊再加以必要的工程设施，就可以实现蓄洪储水的作用。他利用地形之利，在湖泊群下方修筑一道一百二三十里的长堤，这样通过长堤和山坡转成一周长310里的大圈，即是鉴湖的范围。并在每条溪涧与长堤交处设置了阀门，关闭阀门时，接纳溪涧来水，使原有的许多小湖泊和山麓土地淹在其中，形成鉴湖。它不仅能容纳大量的山洪，而且有灌溉和泄洪设施。

在当时的时代背景下，鉴湖是一项很先进的水利工程，具有多方面积极的作用：第一，解除了会稽山平原一带的水旱之灾，农田得到有效灌溉；第二，它促进了这一地区的水上交通运输的发展，它形状狭长，东通曹娥江，西通浦阳江，可以看作是沟通曹娥、浦阳两江的运河，成为东西方向的水运要道。

16. 邗沟西道

在前面提到战国时期吴王夫差为北伐齐国与晋国争霸中原的需要，曾修筑邗沟，史称"邗沟旧道"或"邗沟东线"，它最大的不足就是半途东拐，增加了水道长度，不经济。对邗沟最早一次的扩建是前面提到的茱萸湾，是西汉时期刘濞为盐运所建。到了东汉时期，也对邗沟进行了扩建和改建。

《水经注·淮水》记载："自永和中，江都水断，其水上承欧阳埭，引江入埭，六十里至广陵城。"东汉顺帝永和年间（公元136~141年），邗城以南长江边的邗沟引水口由于"都江水断"，无法引水入邗沟，于是选择在上游欧阳（地名）设立新的引水口，开凿了长约六十里的新引水渠道，又在引水口上增建堰埭，以便江水的引入及水量的控制，称为欧阳埭。这条新的引水渠道实质是邗沟的延伸段，史称为"真州运河"，是仪扬运河的前身。

《水经注·淮水》中还提到："中渎水自广陵北出武广湖东、陆阳湖西，二湖东西相直五里，北出其间，下注樊梁湖。旧道东北出，至博兰、射阳二湖，西北出夹邪，乃至山阳矣"，"渎水"就是指邗沟，这段话描述的就是邗沟西道，邗沟西道示意图见图2-28。

在这次改建中，将邗沟取直，向北穿越樊梁湖、津湖，向北开挖运河，穿越白马湖，再向东北开挖运河，通至山阳。因为它在旧道的西边，故称为"邗沟西道"。经过这次改道，拉直了路线，使邗沟成为南北走向的运河，缩短了路程，提高了效率，并避开射阳湖，保证船舶行运安全，这次改道是很成功的一次邗沟改建。

2.5 魏晋南北朝时代的运河

三国时代，曹魏、蜀汉和孙吴三大政权彼此对峙，战乱频繁，许多运河遭到破坏或者荒废，各个政权都会为军事和经济政治上的需要在自己的势力范围内开凿一些地区性运河。其中，开凿运河最多的是魏国，吴国次之，蜀国则没有关于此的记载。曹操为了彻底消灭袁氏集团的势力，先后开通了睢阳渠、白沟、平虏渠、泉州渠和新河运河，使运河向黄河以北延伸。曹操受封为魏公后，为了提高都城邺城对外的辐射作用，开通了利漕渠。曹丕即位之后，在对付吴国的过程中开凿了贾侯渠和讨虏渠。吴

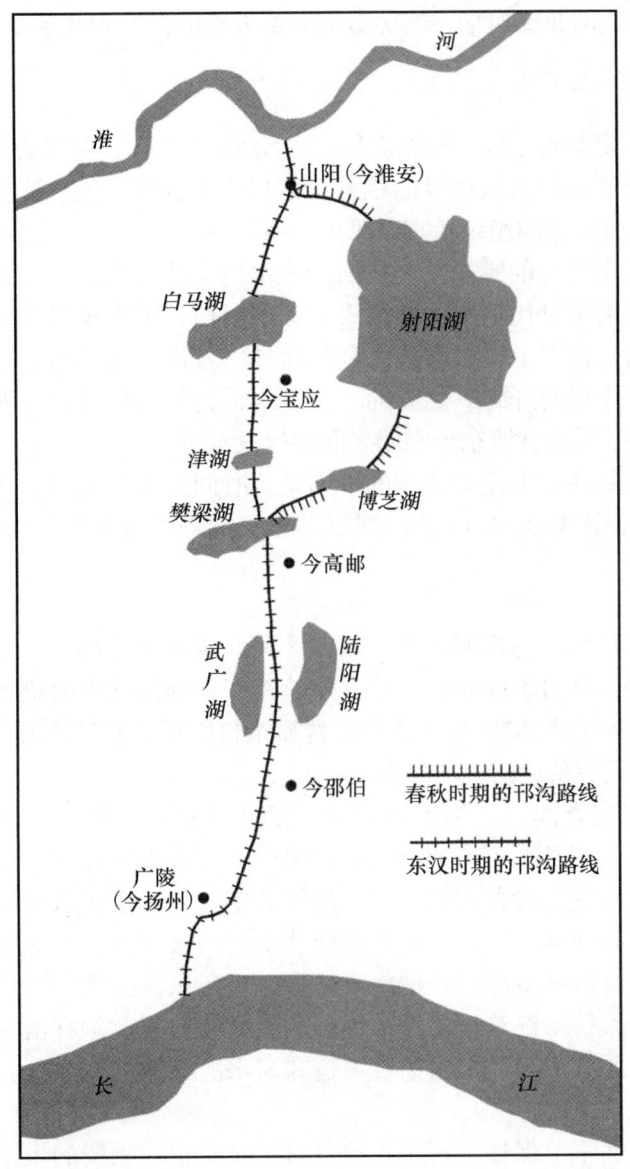

图2-28　东汉邗沟西道示意图

国地处水量丰富之地，修建的运河数目并不多，其中为较著名的就是破冈渎运河，这条运河促进了南京和长江三角洲地区的经济和文化发展。

曹魏政权末期，军政大权落入司马家人手中，公元265年，司马炎代魏称帝，国号晋，建都于洛阳，历时52年，史称西晋。公元317年司马上睿在江南重建晋朝，定都于建康，史称东晋，历时104年。在"两晋"时期，修建的运河并不多，屈指可数。西晋时期，为了改善都城洛阳的漕运条件，开凿了陕县运河。之后为了沟通南北水运，缩短零桂地区到京师洛阳的水运距离，开凿了扬夏水道。东晋时期主要是开通浙东水道和邗沟改道等工程，之后还开通了荻塘运河、洮汋运河、杨仪水道、桓公沟、泗水运道和永丰渠等。而在南北朝时期，有关运河开凿方面的记载则几乎是空白的。

1. 睢阳渠

曹操与袁绍官渡大战之后，建安七年（公元202年）春，曹操为彻底打垮袁绍，再次进军官渡，为能将淮河流域地区的粮食运输到前线官渡，他从家乡谯县出发到达浚仪（今河南开封）后，立即组织治理睢阳渠。

睢阳渠因在睢水岸边的睢阳县而得名。睢水位于汴渠南，涡水北，是古鸿沟水系中的支流之一，到隋唐时代消失。在两汉和三国时期，睢阳渠是中原通往东面沿海地区的重要水道，也是曹军运输粮食最有利的途径。曹操当时整治的睢阳渠主要是东起睢阳、西至浚仪（今河南开封）之间的一段睢水，另外包括浚仪以西至官渡之间的一段官渡水，睢阳渠是西起官渡东至睢阳之间的这段水道。

由于当年曹军是在进军途中治理的睢阳渠，时间上并不宽裕，所以当时的工程主要是为满足运粮之需而对运河进行的一些疏浚、拓宽等整治工作。

2. 白沟

袁绍自官渡兵败后，逃退回老家邺城（今河北省临漳县邺镇），积郁成疾，建安七年五月病逝，袁氏兄弟争权夺位，相互残杀，曹操利用这个时机率军直进袁军的根据地邺城。建安九年（公元204年）正月，曹操亲自率军队渡过黄河，为了运输军粮，下令在黄河以北修建一条运河，即白沟运河。

白沟，又叫"宿胥渎"，为黄河南迁后留下的故道，南起宿胥口，向东北延伸至今河北威县，水量不足，不能航行，曹操采取了"遏淇入白沟"的措施以解决白沟的水源问题。《水经注》卷九记载："汉建安九年，魏武王于水口下大枋木以成堰，遏淇水东入白沟，以通漕运"。淇水是黄河北岸的一条支流，发源于豫晋交界的太行山，向东流至今河南淇县境后，转向南流，在卫贤镇东注入黄河。曹军在淇水入黄河处的淇口北侧，用大枋木修筑拦河坝，称为枋堰，并在其北侧开凿一条渠道，西端通淇水，东端通清水的故道，使淇水通过渠道和清水故道流入白沟，并疏浚白沟，以达到运送军粮的目的。

白沟渠道的开通不但保证了曹军在攻打袁绍时军粮和物资的供给，也为战后曹操治理河北地区创造了有利条件，曹操依靠白沟将积屯在淮和颍等地的粮食运到河北地区，满足了当地百姓生活所需，而且免征当地田租税赋，收揽民心，这些都为曹操成为中原地区霸主奠定了良好的基础。

3. 平虏渠

曹操攻下邺城，杀得袁氏兄弟四处逃命，袁谭在建安十年被曹操擒斩，盘踞在幽州的袁尚和袁熙也被迫逃往辽西，依附乌桓王，乌桓王蹋顿试图派兵帮助袁氏兄弟夺回幽州，结果失败。曹操为彻底消灭袁残余势力，决定远征乌桓。乌桓占据辽东、辽西和右北平三郡，远离中土，如果出兵攻打，运输军粮是首先要解决的问题。

建安十一年（公元206年），曹操命董昭去河北沿海一带开凿运河，以备运粮之需。董昭原是袁绍部下，谙熟河北一带地理环境，所以曹操派他担此大任。《三国志》卷一《魏志武帝纪》云："建安十一年……辽西单于蹋顿尤强，为绍所厚，公将征之（袁绍），凿渠，自呼沲入泒水，名平虏渠。"平虏渠自平虏城（今河北青县西南木门店），向南接呼沲水，向北接通泒水而进入潞河。当时的舟船可以由邺城北的漳水出发，入呼沲水，再通过平虏渠入于泒水。泒水发源于雁门山，东北流向渤海，平虏渠入泒水处在今天津市境内。因开凿平虏渠的目的是为了北征乌桓，所以取名为平虏。

平虏渠成为中原通向河北地区的水上交通要道，也是后来朝代中运河的重要组成部分，发挥着重要的交通作用。

4. 泉州渠

平虏渠入泒水之后，离塞上依然有一段距离，于是曹操又在平虏渠与泒水交汇口的附近，选择适当地点继续向北开凿运河。所以，董昭完成平虏渠后，紧接着在平虏渠的北面开凿了泉州渠。

泉州渠起点在泉州县（今河北省武清县东南）境内的潞河（古代沽河下游的别称）。泉州渠的河道流向大致是过泉州再向北延伸，经雍奴县东部，北上入鲍丘水，在两者会合处取名"泉州口"。泉州口上游的鲍丘水上，就是沟河口，就是沟河与鲍丘水的会合处。沟水是今天蓟运河上游源头之一的沟河，鲍丘水是一条古河流，已不存在。泉州渠开通之后，将沟河与潞河连通起来，这两条河流又成为泉州渠的水源。

平虏渠的北口和泉州渠的南口都在现在的海河上，相互连通，它们在河北境内纵贯南北，是沟通黄河、海河和蓟运河之间的水上运道。曹操北伐乌桓所需军粮可由许昌或邺城经漳水、白沟、滹沱河、平虏渠、泒水入泉州渠，北达塞上。

然而，泉州渠存在的时间并不长，《水经注·鲍丘水》记载："故渎不承滹沱水于泉州县，故以泉州为名。……今无水。"，"故渎"即为泉州渠，说"无水"，则表明在北魏时代就已经干涸成为了遗迹。

5. 新河运河

东汉建安十一年（公元206年），基本与开凿泉州渠同时，曹操开凿了"新河"运河。

北征乌桓势力范围的扩大是曹操开凿新河的直接原因，平虏渠和泉州渠的开凿后，为曹操继续扩大征讨乌桓势力范围创造了条件，但此时还需要绕道渤海边由辽西郡才能出塞。因此，曹操由泉州渠向东沿海边开挖运河，通向濡水（今滦河），是为新河。该运河自鲍丘水向东通濡水（今滦河），出盐关口（今天津宝坻林亭口一带），穿过今州河、还乡河，再经昌城县北转东过溯河、小清河和阳孤淀河后注入达濡水（今滦河），使曹魏势力可直达辽西地区。新河运河示意图见图2-29。

新河与平虏渠、泉州渠的南北走向不同，它是东西走向的。这样，从邺城经漳水、滹沱河、平虏渠、泉州渠、新河，漕运可直达今滦河，三条渠形成一条由南而北又转向东的弧形，与当时的渤海湾海岸线平行，既可以代替海运，避海上风涛巨浪之险，又可以与海运相接，浮海入辽东半岛，紧逼乌桓腹地。第二年，建安十二年（公元207年）五月，曹操率军北征，到达鲍丘水畔后，遇到大雨，沿海一带道路泥泞，无法行军，于是大军由无终（今河北蓟县）北出卢龙塞（今喜峰口附近），向蹋顿的根据地柳城（今辽宁朝阳）进发。蹋顿、袁尚率数万骑兵迎战，在白狼山下（今辽宁平泉），曹操大破蹋顿和袁氏联军，斩蹋顿，降服乌桓汉人20余万口。至此，曹操已经稳占中原，统一了大半个北方。

6. 利漕渠

建安十八年（公元213年）曹操受封为魏公，不久成为魏王，选邺城为王都，邺城的地理位置优势在于北可控制河北平原，南可控制中原地区，是政治和军事要地。邺城成为魏都之后，漕运更加繁忙，九年前开通的白沟运河，引入淇水而注入漳水，水量有限，不能满足需要，为提高邺城对外的辐射作用，曹操决定开凿一条运河，将白沟与邺城依傍的漳水联系起来，这条运河即是利漕运河。

《水经注·浊漳水》写道："汉献帝建安十八年（公元213年），魏太祖凿渠，引漳水东入清、洹以通河漕，名曰漕渠。"，"清"指清水，"洹"是指洹水，都是白沟的上源，与白沟会合后，互相通称，实际即是白沟，引漳水进入白沟的运河就是利漕渠，位于当时邺城的东北方。利漕渠引漳水注入白沟，极大地改善了邺城同四周的水运联系，《魏书崔光传》赞曰："邺城平原千里，漕运四通。"至此，整个河北省内可以借着水道而南北相通了，利漕渠对以后邺城的经济和文化发展起到了不小的促进作用。

至此曹操所开的六条运河睢阳渠、白沟、平虏渠、泉州渠、新河运河和利漕渠全部开通，为三国魏政权统治北方打下了基础，曹操所开六条运河示意图（如图2-29所示）。

7. 白马渠

《太平寰宇记》卷六十三《深州·饶阳县》条记载："枯白马渠在县南，一名黄河，今名白马沟，上承滹沱河，东流入下博界，故《水经注》云：滹沱又东，白马渠出。李公渚《赵记》云：此白马渠魏白马王彪所凿，俗谓之黄河。"

魏文帝黄初七年（公元226年），楚王曹彪从寿春迁至白马县（故址在今河南滑县东），人们称他为白马王，这里提到的白马汇渠就是曹彪在冀州的饶阳、武邑地区开凿的一条运河，沟通滹沱河与漳水的运河。据《水经注》卷十《浊漳水》"又东过阜城县北，又东北至昌亭，与滹沱河会"中注释：漳水又东北经武邑郡南，又东经武强县北，又东北经武隧县故城南。……白马河注之，水上承滹沱，东经乐乡县北，饶阳县南，又东南经武邑郡北，而东入衡漳，谓之交津口。

滹沱河与漳水是当时河北地区东西流向的大河，虽相邻但不相通，白马渠大致呈南北向、连接滹沱河与漳水的小运河，它的南口称为交津口，在武邑郡境内北部的漳水上，它所在位置大约在今河北武强县境西南部，白马渠北口在饶阳县西南的滹沱河上。白马渠恰好将漳水与滹沱河相连，起到了较好的交通作用。白马渠还对滹沱河进行

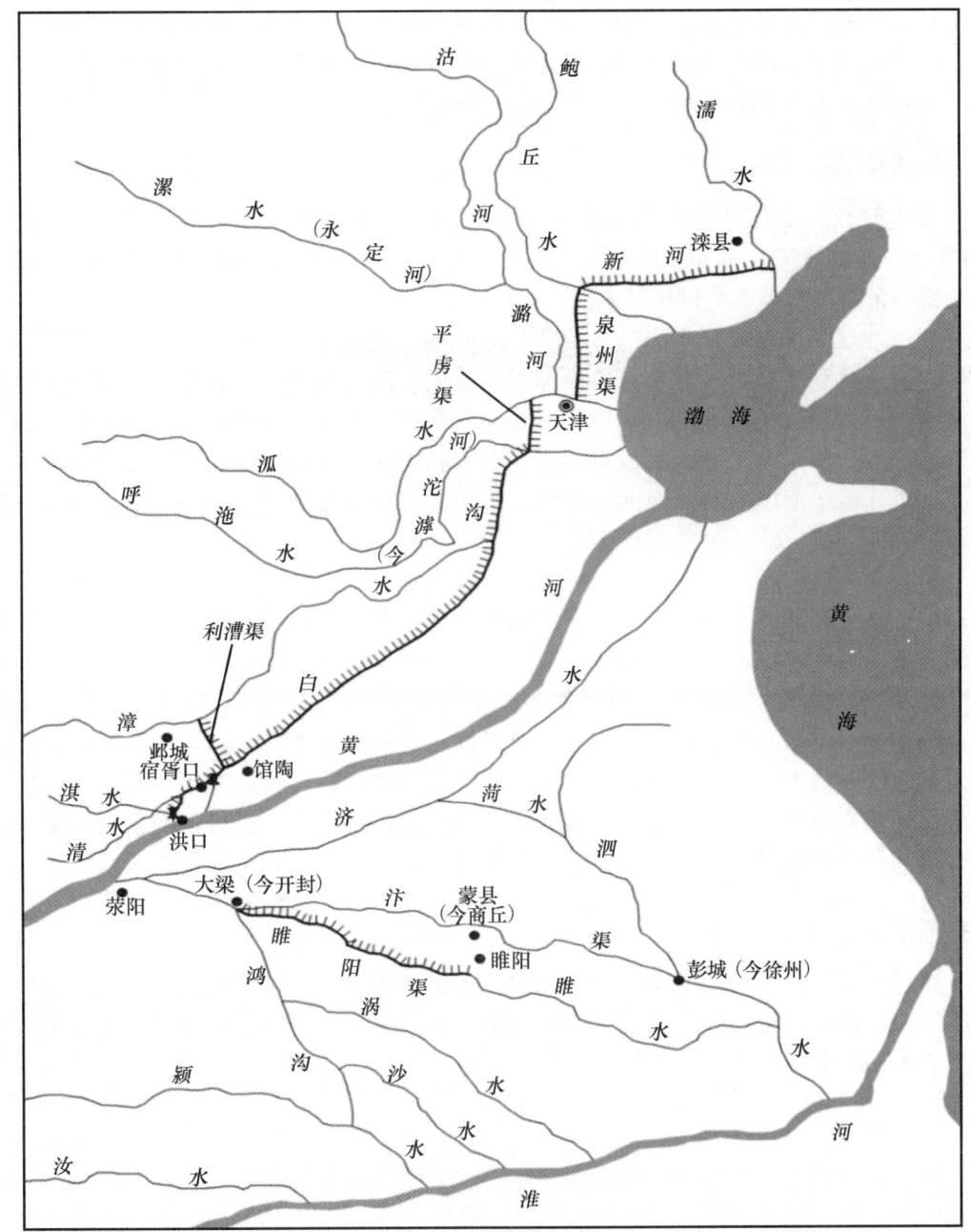

图2-29 曹操所开运河示意图

分流,削弱了它在河北平原的乱流和泛滥,久而久之,白马渠变为滹沱河的一个支流。

白马渠在历史上存在的时间并不长,相关的历史文献记载较少,有人曾疑问曹彪是否开凿过此渠,除《太平寰宇记》《水经注》外,据《读史方舆纪要》卷十四《直隶·深州·白马沟》条也有记述:"在州东三十里,三国魏主曹丕之弟白马王曹彪牧冀州,引滹沱河入于清漳,以溉高昂之田,境内利之,名曰白马河。《水经注》

所云：白马河经乐乡县北、饶阳县南，而东入衡漳者也。今废。"，曹彪在冀州上任时，出于改善治理区内灌溉和水运的需求，而开凿了白马渠也是合情合理的。白马渠是后来京杭大运河中南运河流域内早期的一条运河。

8. 鲁口渠

曹魏政权时期还开凿了鲁口渠，主要是出于军事目的。魏明帝景初二年（公元238年），辽东太守公孙渊发生政变，自立为燕王，设百官，改元绍汉，与吴孙权相勾结。魏明帝召司马懿率兵讨伐辽东。

远征地辽东郡在今辽东半岛，比曹操当年的远征地辽西乌桓还要远，司马懿率军取道白沟通过利漕渠进入漳水，再沿漳水顺流而下到达交津口，通过白马渠到达滹沱中游饶阳地区。滹沱河下游沿海地区有曹操开凿的平虏渠，将滹沱河与位于北面的泒水连通，但在滹沱河中游区域没有水道与泒水相通，出于运送军粮的需要，司马懿下令在这里开凿运河以沟通滹沱河与泒水，运河大致呈南北走向，河道较短，因位于滹沱河畔的鲁口城，所以称为"鲁口渠"。

唐代李吉甫的《元和郡县志》卷十七《河北道二·饶阳》中有记载："州里城，晋鲁口城也。公孙渊叛，司马宣王征之，凿滹沱河入泒水以运粮，因筑此城。盖滹沱有鲁沱之名，因号鲁口。"

开凿鲁口渠的初始目的是司马懿为了运送军粮以征辽东，不过更值一提的是鲁口渠也在交通方面发挥了重要的作用。曹操开通的利漕渠连接了白沟和漳水，白马王曹彪开通的白马渠将漳水和滹沱河相通，现在鲁口渠开通又将滹沱河与泒水相连后，从中原到北方边陲的水上交通便连通起来。从中原黄河出发，经过白沟由利漕渠进漳水，再经白马渠到滹沱河，由鲁口渠进入泒水，沿泒水顺流到泒河尾（今天津市）一方面可以溯笥沟，潞河就可以到达蓟城；另一方面还可以沿曹操所开的泉州渠，新河运河到达辽西郡。

鲁口渠的开通为一条纵贯冀中平原的水上运道添加了不可或缺的一笔，这条从中原到河北的水上运道的成功贯通，为中原地区和河北地区之间的经济发展和文化交流发挥了重要的作用。

9. 车箱渠

郦道元所写的《水经注》卷十四《鲍丘水》中"又南过潞县西"条下记载："鲍丘水入潞，通得潞河之称矣。高梁水注之，水首受㶟水于戾陵堰，水北有梁山，山有燕刺王旦之陵，故以戾陵名堰。水自堰枝分，东经梁山南，又东北经刘靖碑北。其碑词云：魏使持节、都督河北道诸军事、征北将军刘靖，字文恭，登梁山以观源流，相㶟水以度形势。……乃使帐下丁鸿，督军士千人，于嘉平二年（公元250年）立遏于水，导高梁河，造戾陵遏，开车箱渠。"

文中"㶟水"的下游就是现在的永定河，"梁山"是今北京西郊的石景山，"燕刺王旦之陵"是戾陵，是汉武帝儿子刘旦的陵墓，刘旦生前封于北京一带为燕王，因争夺皇位未遂自杀，葬于梁山，为贬责他生前的罪戾，所以其陵墓称为戾陵。

魏使持节、都督河北道诸军事、征北将军刘靖在魏帝曹芳嘉平二年（公元250年）出镇蓟城，他曾在北京市周围一带大兴水利工程，用于灌溉和运输，《三国志·刘馥传附刘靖事绩》记载："……靖以为经常之大法，莫善于守防，使民、夷有别，遂开拓边守，屯据险要。又修戾陵渠于大碣水，溉灌蓟城南北，三更种稻，边民利之"。刘靖兴修水利不仅满足了边境前沿蓟城（今北京市）屯田的需要，同时他推广种植水稻，大幅度提高农业产量，当地百姓也得到了实惠。

刘靖修建的水利工程堰坝和车箱渠渠首位于梁山戾陵下，所以称为戾陵堰。刘靖在规划设计这项水利工程时，还亲自"登梁山观源流，相漯水以度形势"，通过对当地地形的实地勘察，摸清水源的分布情况，调用千名军士进行施工。该工程主要包括三部分：筑戾陵堰、开车箱渠、导高粱河。

戾陵堰跨漯水而建，采用战国李冰修都江堰时发明的竹笼，或者用木笼装石块沉入水底所筑成，长三十丈，高一丈，厚七十余步。

车箱渠是一条灌溉和运输的人工水道，它曾西东走向，西起漯水上的戾陵堰，东到潞河（今北运河），全长约200～250公里。根据开凿时间先后又分为西、东两段，西段开凿于魏齐王曹芳嘉平二年（公元250年），渠道起自漯水上的戾陵堰，向东延伸，迄于高粱河上源处（今北京市海淀区紫竹院一带）；东段开凿于魏元帝景元二年（公元262年），渠道起自高粱河上游某处，迄于潞县（今通县）境内的潞河。西、东两段之间利用了一小段高粱河河道而相连接。西段车箱渠的渠首处立有水门（闸门），门宽四丈，有以调节水量，控制山洪。三国曹魏时期所开凿的这条车箱渠主要是为了发展农业生产，使两侧的农田得到灌溉，同时，也使漯水和潞河在蓟城（今北京市）以北得到沟通相连，方便漕运。

高粱河原是蓟城郊外的一条小河流，是漯水的支流，发源于今北京市海淀区紫竹院，流向东南，注入漯水。这条河流程较短，水量有限，然而，高粱河上游一段正处于漯水冲积扇背脊上，自西向东顺着地势的自然坡度而潺潺畅流。刘靖发现了高粱河在地理位置上的优势，在开车箱渠时，充分利用了这个优点，车箱渠借用高粱河一段河道作为渠道，既减少了挖掘工程量，又达到了助渠水畅流的效果，这也是车箱渠与戾陵堰水利工程在我国水利史上一项较突出的成绩。

戾陵堰与车箱渠西段建成后，每年可灌溉农田二千顷。12年后，在魏元帝景元三年（公元262年）时又对该水利工程进行一次规模较大的扩建，不仅更制水门，而且还将车箱渠从高粱河向东延伸至潞河，这样，车箱渠横贯于蓟城之北，并将漯水与潞河连通，农田灌溉面积扩大到万有余顷，对交通运输起到便捷的作用。

车箱渠是京津地区较古老的一条运河，在当时也得到了当地人们的重视，晋元康四年（公元294年），漯水在汛期泛滥，戾陵堰被冲，车箱渠受到水漫溢，刘靖的儿子刘宏临危受命，修复戾陵堰和车箱渠，并得到其他王侯以及百姓的支持。

10. 贾侯渠

东汉建安二十五年（公元220年）春，曹操去逝，曹丕继承父位，同年10月，篡汉称帝，建国号魏，定都洛阳。这时，北方基本统一，曹魏政权的注意力转移到对付南方吴和蜀两大势力，在淮河南北一带兴修了大量陂塘灌溉设施。

曹丕任命贾逵为豫州刺使，贾逵勤政，备战观念也强，他考虑到豫州南边与吴国接壤，不仅要建造瞭望哨所还应该修建水利设施，于是他主持开凿了一条二百多里长的运河，得到曹丕的赞赏。《三国志》卷十五《贾逵传》记载："逵，缮甲兵为守战之备，贼不敢犯。外修养军旅，内治民事。遏鄢、汝，造新陂，又断山溜长溪水，造小弋阳陂，又通运渠二百余里，所谓贾侯渠者也。"

之所以称这条运河为贾侯渠是因为贾逵生前受封为关内侯和阳里亭侯，死后又谥曰肃侯，于是后人将它开凿的运河称为贾侯渠。贾侯渠的地理位置大至西起今河南西华县，东至今河南淮阳县，由东向西流的运河，贾侯渠长超过二百里，在古代来看是一项较大的工程。贾侯渠示意图见图2-30。

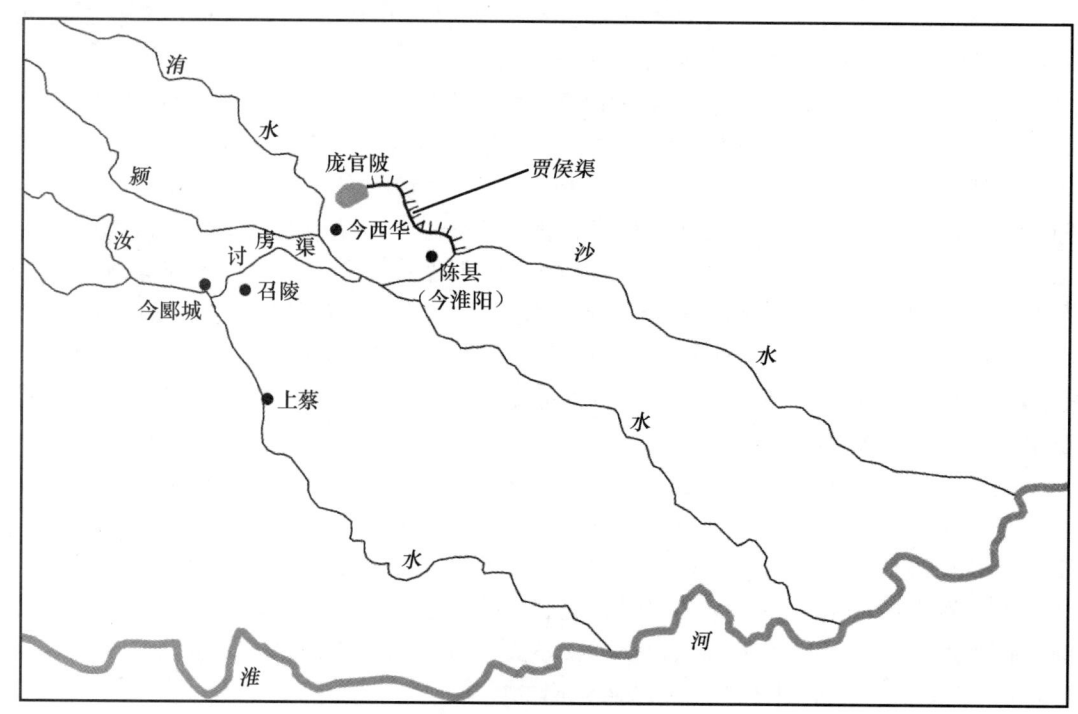

图2-30　贾侯渠示意图

11. 讨虏渠

曹丕多次对吴用兵，几次亲征，吴国的实力虽不如魏，然而有长江天堑做保护，并且水军力量也要稍强一些，曹军的几次进攻都要花费一些时间，双方各有胜有败，曹军没有占到便宜。对曹军而言，粮草供给充足与否是胜败的关键，曹丕吸取经验教训，广开运道，保证粮草运输，讨虏渠就是这时开通的。

开挖讨虏渠，目的是使汝水和颍水在中游处相通，当时攻打吴国的主战场在淮南地区，粮食产区在南阳，需要将南阳的粮食通过水路东运到江淮地区。南阳地区沘水与汝水中游的两条支流瀙水和灈水都相通，而汝水与颍水相邻并且都是淮河支流，但在中、上游处并不相通。黄初六年（公元225年）三月，曹丕亲自前往实地视察并确定该渠的选址开渠，该渠位于召陵地区（今漯河市），起点在郾城县的汝水，终点在现在河南的商水县东南的颍水上。讨虏渠开通后，南阳地区的粮食从沘水通过溵水或濮水到达汝水，再从汝水通过讨虏渠到达颍水，顺流而下到淮南军事区，先到寿春（今安徽寿县），再转运到淮南郡的合肥和庐江一带。讨虏渠示意图见图2-31。

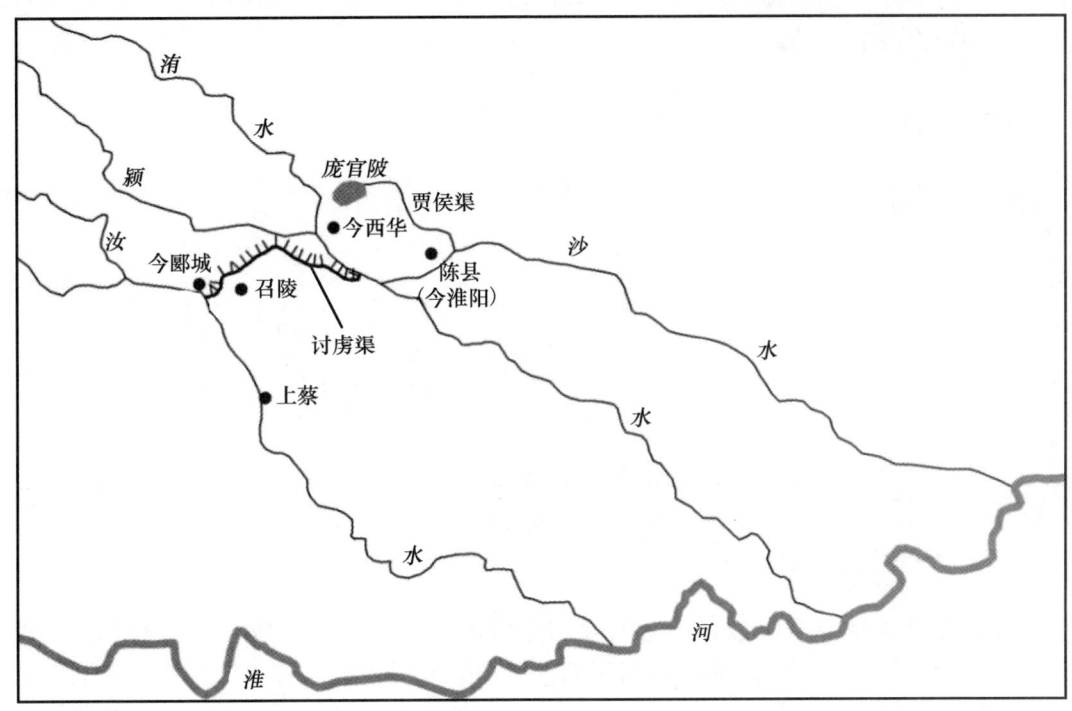

图2-31　讨虏渠示意图

曹丕为对吴作战可谓是煞费苦心，然而，次年（黄初七年）年，他年仅40岁就因病死去，可以慰藉他的是这条讨虏渠在后来的对吴作战中发挥了不小的作用。

12. 破冈渎

东吴政权境内河道纵横，水量丰富，除有长江和珠江两大水系，还有洞庭湖、鄱阳湖等，自然河道较多，东吴政权都会根据航运需要，连接相邻河道，或是在自然河道上修建堰埭，改善河道的航运条件。东吴所开河道中比较著名的就是破冈渎运河。

建安十六年（公元211年），吴主孙权将都城由京口（今江苏省镇江市）迁至秣陵（今南京市），第二年将"秣陵"改名为"建业"。建业在京口西面，水运交通只与长江相通，不再与其他水道相通，而建业与京口之间的长江部分又不适于航运，于是为改善都城的交通状况而开凿了山区运河，即破冈渎。《三国志》卷四十七《孙权传》中记载："赤乌八年，遣校尉陈勋，将屯田及作士三万人，凿句容中道，自小其至云阳西城，由香草河上通句容方山，下通会市，作邸阁"，"赤乌八年"是公元245年，孙权便派遣陈勋率屯田等兵士三万人开凿句容中道，西起小其（今江苏句容县东南的一个村子），东至云阳西城（今江苏丹阳市西南的南塘庄），这就是有名的破岗渎，破冈渎示意图见2-32。

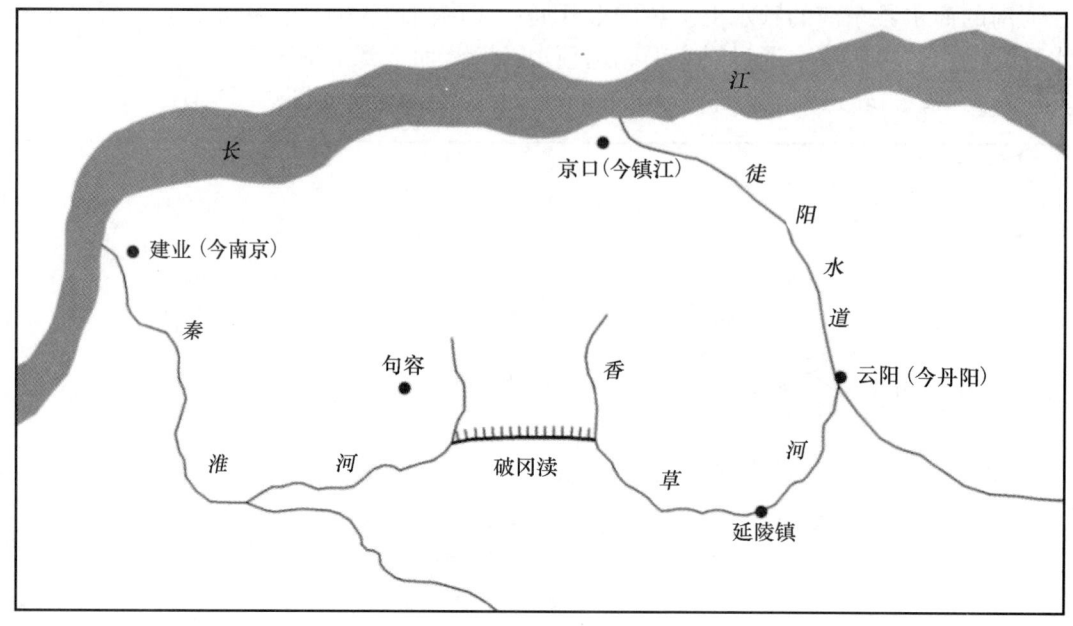

图2-32　破冈渎示意图

破冈渎选址在分水岭较低、地势相对平缓的山谷地区，修建该运渎的主要工程就是劈开分水岭，使破冈渎的西端与流向都城的秦淮河支流句容南河相接，东端与流经丹阳的香草河支流洛阳河相接，使长江水系与钱塘江水系相通。分水岭两侧地势倾斜，河道比降大，水流速度不好控制，水量和水位都不能保证航运，所以在运河上修建了一定数目的埭（挡水兼通航的设施，即拦水坝）。

破冈渎虽长度不到四十里，但实施过程中是非常艰险的，更为突出的是工程规划设计十分先进，不但破冈劈岭，运河沿途还连续修建堰埭并做成梯级航道，这在当时也是处于世界领先地位。破冈渎为促进南京成为我国东南地区第一大城及长江三角洲地区的经济和文化的发达发挥了重要作用。

13. 陕县运河

司马家族夺取了曹魏天下，公元265年，司马炎称帝，立国号晋，建都于洛阳，史称西晋。晋泰始十年（公元274年），西晋经过了十年的修养生息，政权基本得到巩固。为了增加朝廷的经济收入，朝廷将改善都城洛阳的漕运条件事宜提到日程，下令开凿陕县运河。

开凿陕县运河以沟通黄河和洛水，这样从关中运粮到洛阳时可以避开三门峡险道并缩短运输路程。在《晋书》卷三《武帝记》中记载："是岁，凿陕南山，决河东注洛，以通运漕"，"陕"即陕县，"南山"就是陕县以南的崤山。开凿一条通道，使黄河南岸的一条支流与洛水北岸的一条支流相连，引黄河水入洛水。陕县境内有一条黄河的小支流橐水，源于崤山北麓，向北流经陕县城西注入黄河，在它的上源不远之处就有洛水的两条支流谷水和永昌河的上源。因此，只要打开分水岭，就可以使黄河支流与洛水支流相连接。开通之后，由黄河西来的漕船从陕县橐水直通洛水到达洛阳。陕县运河示意图见图2-33。

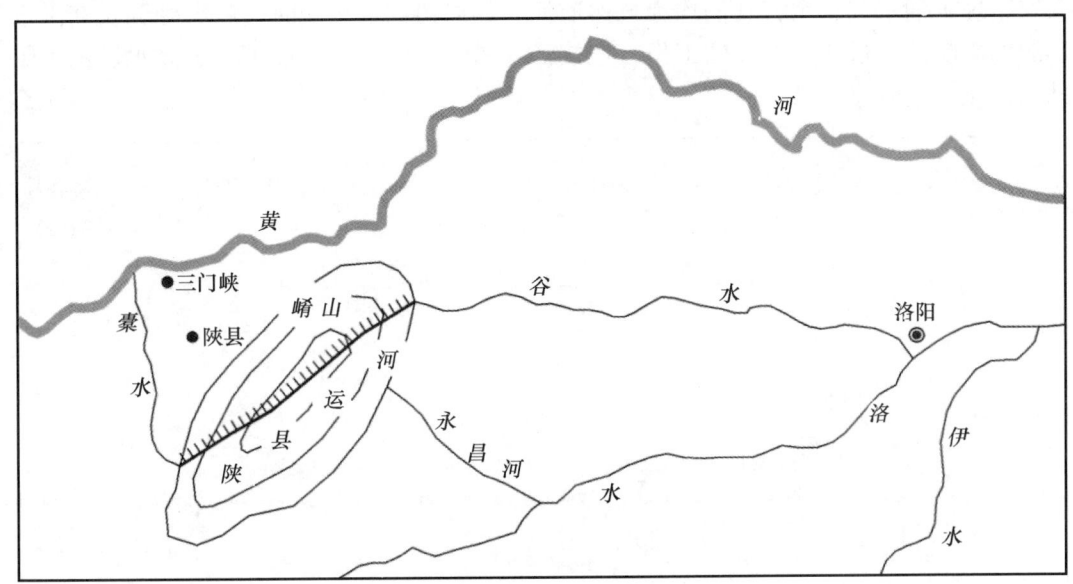

图2-33　陕县运河示意图

然而，西晋武帝并没有完成整个"决河东注洛"的工程，只是完成了对橐水的整治和改造，后来隋唐时代所开的北、南利人渠都是在晋时对橐水整治和改造的基础上完成的。

14. 扬夏水道

晋武帝太康元年（公元280年），晋军从水路和陆路攻打建康，东吴政权归降，国家重新统一。在这次灭吴战役中战功卓著的大将军杜预还镇襄阳后便积极地投入到水利工程建设事业，他一生都心系百姓，百姓们都亲切地称他为"杜父"。

在攻打吴国时，杜预就注意到江汉平原上河道、湖泊虽多，但并不相连成南北水运通道，而现在他又感到南方零桂地区远离京都洛阳，交通不便，不仅不利于朝廷对这些地区的统制，连漕运也是问题。面对这些现状，他下定决心改造河道，沟通南北水运，缩小零桂地区到京师的水运距离。于是在他的精心规划下在江汉平原上开凿了一条扬夏水道。

在《晋书·杜预传》里写道："旧水道，唯沔汉达江陵，数百千里，北无通路。又巴丘湖沅湘之会，表里山川实不险固，荆蛮所恃也。预乃开扬口，起夏水，达巴陵，千余里，内泻长江之险，外通零桂之漕。"在前面曾提到春秋楚庄王时期，孙叔敖开通扬水运河一事（见2.2.1节），由于年代久远，运河早已淤塞，而在长江边上的江陵和沔（汉）水边上的襄阳是荆州地区的南北军事和经济的枢纽，它们之间相连要经由汉水和长江再绕道夏口（今武汉市），路线较长，为缩短两城的水运路程，有必要重开扬水运河，所以杜预在开凿扬夏运河时第一项任务就是挖开堵塞的扬口，清理淤塞的扬水，重建扬水运河。接下来是拓宽挖深夏扬水，夏扬水是江汉平原中央的一条较小的自然河流，与扬水和夏水相交，是襄阳和巴陵之间的水运近路。杜预还率领大家整理了涌水和夏水，它们均为自然流河，如果遇到洪汛期时，就会受到长江洪水泛滥的影响。经过这三方面的工作，连接江汉的扬夏水道就形成了。扬夏水道示意图见图2-34。

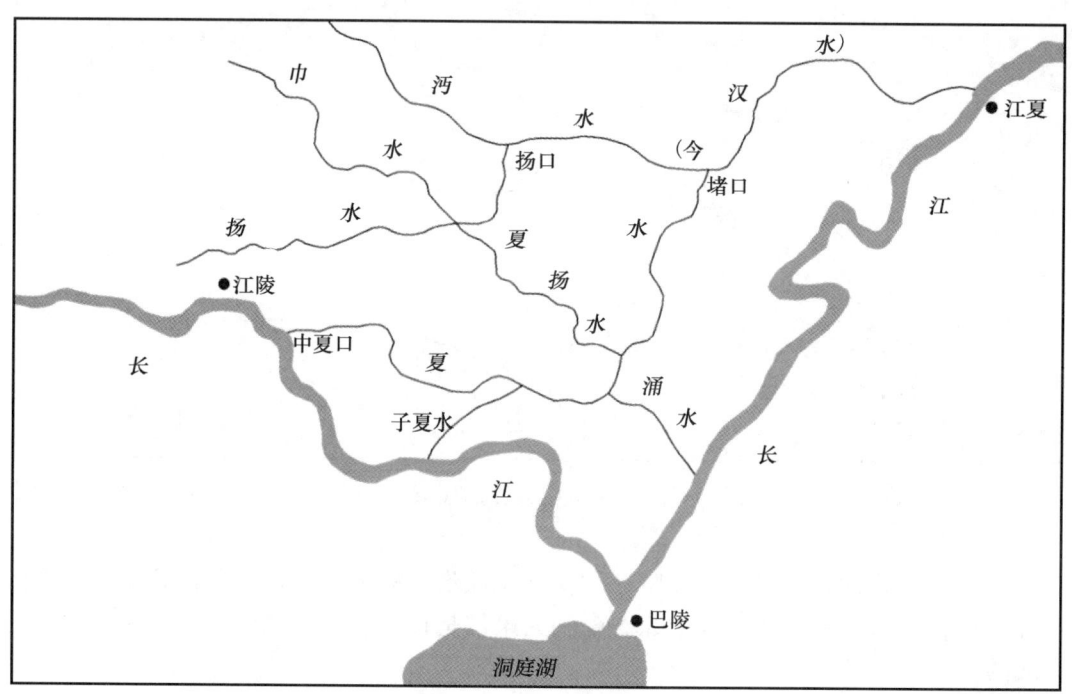

图2-34 扬夏水道示意图

扬夏水道的漕运路线是：从南方零桂地区出发的漕船，沿湘江顺流至巴丘湖，再从巴陵经城陵矶沿长江顺流至涌水口，顺着涌水至夏水。这条漕运路线的最大优点是避开长江风涛之险，缩短了扬口至巴陵的水运路程，具有很大的经济意义。司马光在《资治通鉴》里褒奖到："开扬口，通零桂之漕，公私赖之"。

15. 浙东运河

浙东运河是为农田灌溉和漕运而修建的一条运河，又称杭甬运河，以杭州为起点，东经萧山、绍兴、上虞、余姚、宁波至镇海最后到东海，大约有五百里长，主要包括人工河道和自然河道两部分。人工河道部分是从杭州至上虞县城以东的通明堰一段；自然河道是从通明堰以东至镇海一段。

浙东运河西接钱塘江，东连余姚江，中间与钱清江和曹娥江相通，这些江河水位不同，潮汛时期潮位也不同，影响到浙东运河各段的水位，为了保证运河的水位要求，在运河沿途设置了许多堰埭，助于过船。在北宋人蔡肇在他的《明州谢上表》中写道："三江重复，百怪垂涎，七堰相望，万牛回首"，这里的"七堰相望"就是说浙东运河上有七座堰埭，自西向东分别为西陵堰、钱清北堰、钱江南堰、都泗堰、曹娥堰、梁湖堰和通明堰。浙东运河示意图见图2-35。

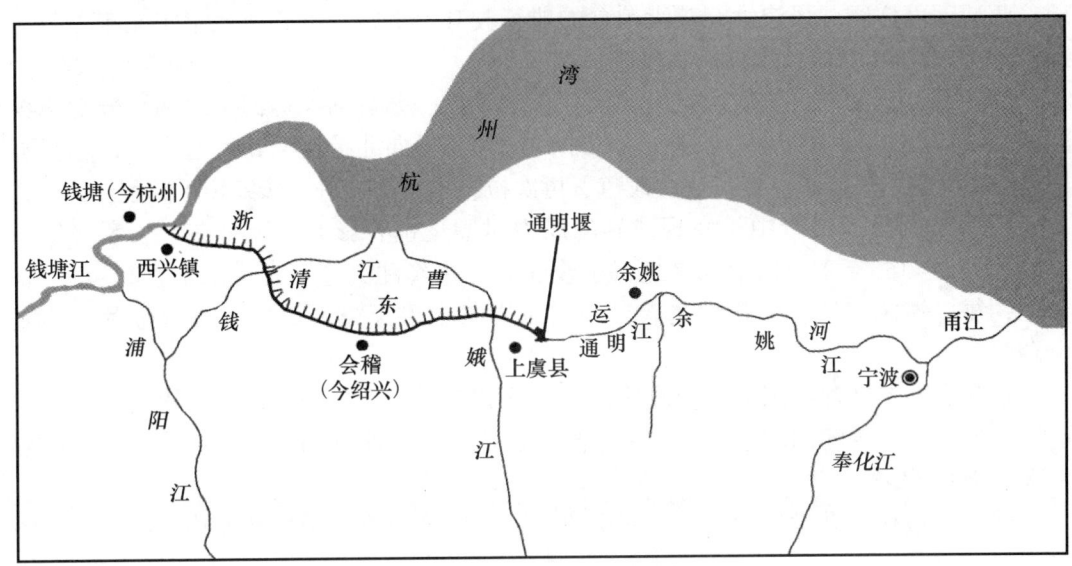

图2-35　浙东运河示意图

浙东运河以通明堰为界分为东西两段，东段原是自然河流的余姚江，经过人工改造用于通航，余姚江发源于四明山，开始一段向北流，之后转向东流，到今天的宁波市以北与南来的奉化江会合成甬江，再东流入海，早在西汉时就对它进行过治理和改造。西段是指通明堰以西到曹娥江这段，由人工挖成，长四十里，它最迟在西晋时也开通了。

会稽郡至曹娥江之间的运河，是浙东运河中最早开凿的一段，它的前身就是春秋时代越国勾践开凿的山阴古水道，山阴古水道淤塞后，鉴湖的东半部分曾代替运河的功能，到了西、东晋交替时，贺循将会稽城西至钱塘江畔的西陵之间这段运河开通。贺循曾担任过阳羡、武康县令和会稽郡内史，起初他开凿这段运河的目的是方便农田灌溉，不过开通之后主要用到了航运中。贺循开凿的这一段仅是浙东运河中会稽以西的一段，也称西兴运河。

浙东运河的开凿解决了浙东一带农田灌溉问题，也方便了水运，为当时的经济发展做出了一定的贡献。

16. 邗沟改道

前面提到东汉末年邗沟改西道后大大提高了运输效率和经济价值，然而由于三国时期处于战乱状态，江淮地区魏吴两国长期对峙，邗沟一部分在魏范围内，一部分在吴范围内，以致没有得到很好的管理，航运条件越来越差，最终致使全线不能畅通。

西晋惠帝时期，发生"八王之乱"，惠帝和大臣们被困洛阳城，缺米少粮，好在战火未延及江淮地区，那里粮食充足，主管江淮地区粮仓小官吏陈敏建议南粮北运，为能更快更多地调运粮食，他对邗沟西道进一步进行了改建。邗沟西道在樊梁湖以北的路线存在比较严重的不足，就是需要绕过白马湖，尤其是沿途得穿越樊梁湖和白马湖，两湖湖面广阔，风浪大，载满粮食的船行驶其上危险很大，于是永宁元年（公元301年）陈敏决定对这段进行一些改造。

为了避开樊梁湖，陈敏决定沿樊梁湖东侧开挖一条运河，运河南北两端分别连樊梁湖的南口和北口；之后，穿越面积较小的津湖，再向北挖运河，直通夹邪，也就不用再绕道穿越白马湖了。经过这次改道，再次拉直了运河，进一步缩短了路程。

在后来的航运践行中，发现津湖的风力对漕运也有影响，于是在晋哀帝兴年间（公元363~365年）再次对邗沟进行了改建。《水经注》卷三十《淮水》写道："兴宁中，复以津湖多风，又自湖之南口，沿东岸二十里穿渠入北口。自后行者，不复由湖。"

这次主要是在津湖附近进行改建，在距津湖东岸二十里处，挖了一段南北走向的运河，与原来穿越津湖的南北两端运河相接，取代穿越津湖的湖道，这是对邗沟最后一次改建如图2-36。

邗沟从最初的开凿先后经历过四次改造，沿途已不再利用自然湖泊，而成为一条名副其实的人工运河。

17. 荻塘运河

在杭嘉湖平原上的人工河道，除了举世闻名的江南运河外，还有一条运河，千百年来一直发挥着重要作用，它就是横贯于太湖南岸水网的荻塘运河。

古人所说的荻塘实际是指用于航运和灌溉的运河。荻塘运河大约始建于东晋永和年间（公元345~356年），它的起点在乌程（今浙江省湖州市）南门外的雪溪（即东苕溪），然后向东延伸，经今旧馆、南浔等地，这段长度为七十二里；再向东至今平望镇与江南运河（当时还没有江南运河这个名字）相连，这段长度为五十三里。荻塘运河全长共一百二十五里，河宽大约50米，有2.5米深，这是最初的荻塘运河。之后又经各朝各代的不断整治、扩建和改建形成现在的规模型和航运条件。荻塘运河示意图见图2-37。

荻塘运河的水源主要来自水量丰富的东、西苕溪，另外它自西向东流的沿途中还接纳了许多来水，并且这些水源均匀分布在沿途中，所以荻塘运河很少出现缺水情况，而且一年四季水位比较稳定，这些也和当地百姓有效地实施水利工程措施分不开，他们利用杭嘉湖平原南高北低的地形，创造发明了"横塘纵溇"的水利工程措施，来战胜苕溪可能带来的旱涝灾害，"横塘"就是沿太湖岸开挖较长的有堤渠道，多呈东西走向，接纳和输送由苕溪带来的洪水；"纵溇"就是一端通横塘，一端通太湖的泄洪渠道，筑有闸门，利用插板可以开启，它的作用是将横塘中多余的水或洪水泄入太湖。就是这些横塘纵溇的工程设施将山洪化害为利，在汛期将苕溪来的水引入

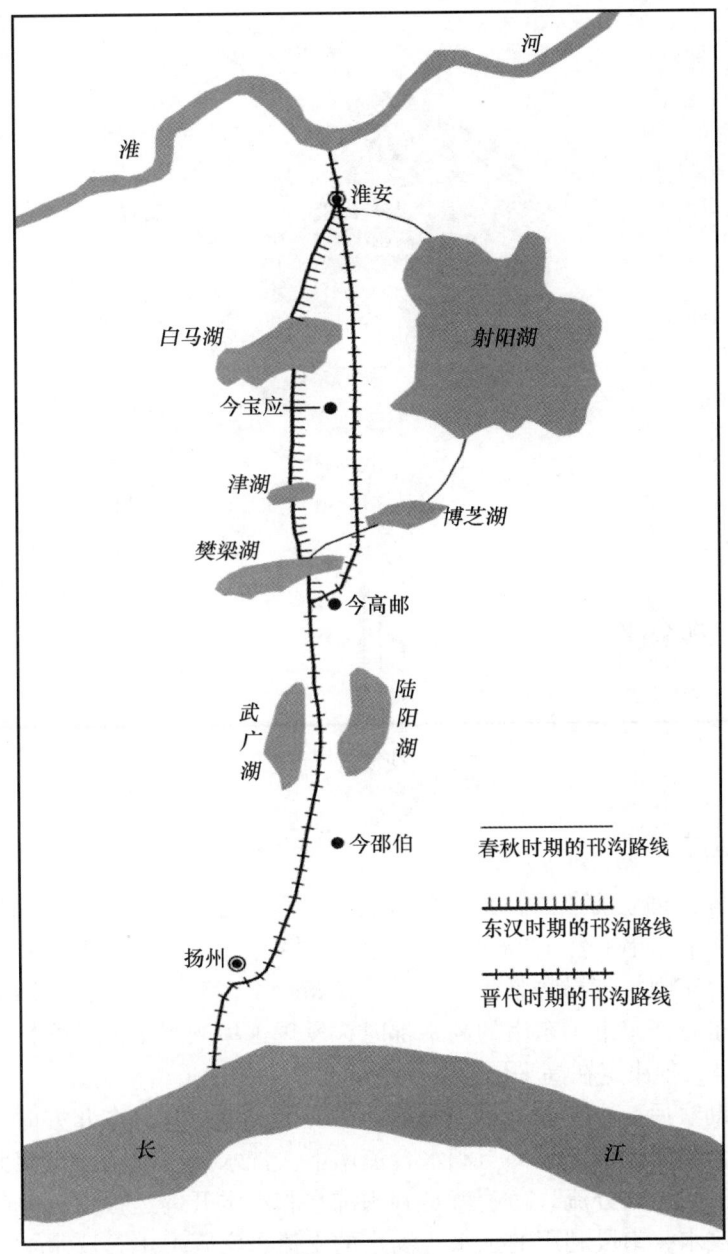

图2-36 晋代邗沟改道示意图

太湖,在少水时期,将苕溪带来的溪水用于灌溉或者航运,这样就避免了太湖南岸平原地区发生洪涝或干旱灾害。

荻塘运河千百年来流淌在杭嘉湖平原上,为该地区的农业发展和航运发挥了至关重要的作用。

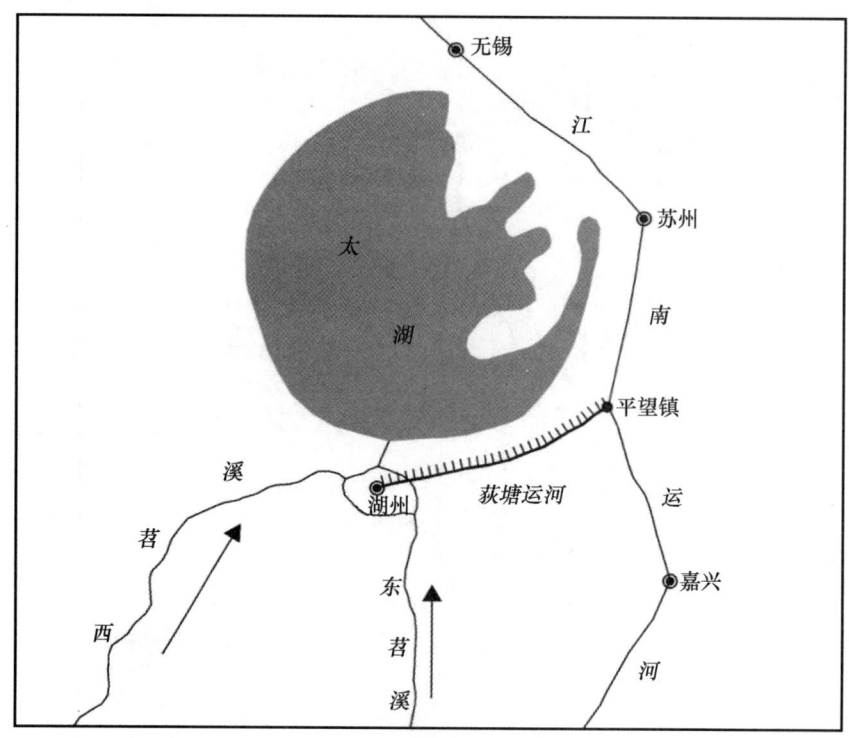

图2-37 荻塘运河示意图

18. 洸汶运河

鲜卑族慕容氏创立前燕国,是东晋时北方十六国之一,常与东晋兵戎相见,双方征战不息。永和十二年(公元356年),燕国将军慕容兰领兵数万驻扎在畔城(今山东省聊城以西),东阿一带局势紧张,东晋将领荀羡奉命率军伐燕,溯泗水北上,在到达任城(今山东省济宁市)东南的高平郡时,发现这里泗水走向已变,没有水道可以通向东阿。于是,他决定在高平郡自辟一条通向东阿的运道。

经过实地勘察后,决定改造当地自然河流洸水,洸水来自东北方向的刚县,流至任城与洙水会合再南流至高平郡与泗水合流南下。洸水是发源于山东莱芜市东北原山的汶水(即大汶河)的分流。荀羡就是利用洸水和汶水开辟运粮道,由南、北两河段组成,北段是汶水,南段利用的洸水(汶水的支流,实际上也是汶水),这条运粮道称为洸汶运道,示意见图2-38。

洸汶运道开通以后,北伐军的运粮船在任城时先沿着洸水逆流而上,到刚县转入汶水,再顺流下至东阿,在洸和汶两水的分流处走了一个大折角。虽然今天看来线型不佳,但在当时时间紧迫的情况下,尽量利用自然河流是唯一可以选择的方法,而且修建该运道的主要目的就是运送军粮。洸汶运道在当时的战争中也发挥了不小的作用。

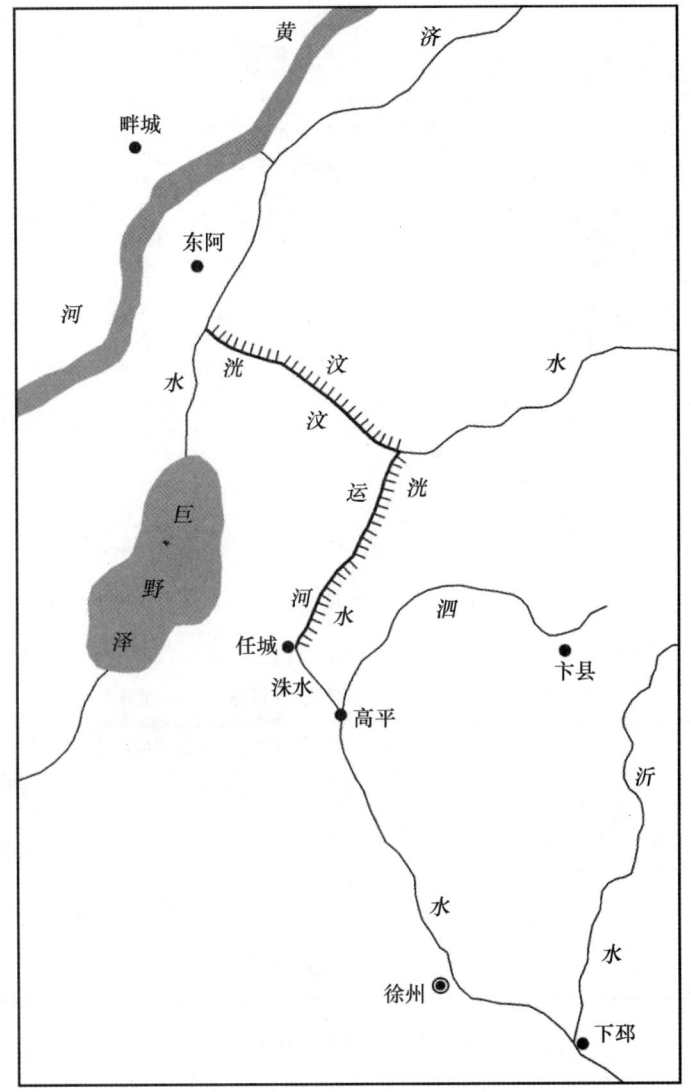

图2-38 洸汶运河示意图

19. 杨仪水道

施水和肥水二水的水源相同，流出不一样，中间本来是有支津相通，支津具有一定的宽度和水深，在三国时期是一条可以通航船舰的水道。晋惠帝时，在陈敏任合肥度支期间，他曾负责江淮地区的南粮北调漕运工作，这也说明了当时施水和肥水之间（即支津）也可进行漕运。

然而，自西晋末，八王之乱开始，到东晋又出现南北政权对峙局面，江淮水道也就无人顾暇，少有人问津，慢慢变窄变细，堵塞最后不能通航。直到兴宁二年（公元356年）前燕军进攻许昌、汝南、陈郡三地，晋军不敌，为了加强对江淮军事重镇寿春的把守，大司马桓温率水师屯驻合肥，为了可以方便船队北上增援寿春，他又命令袁

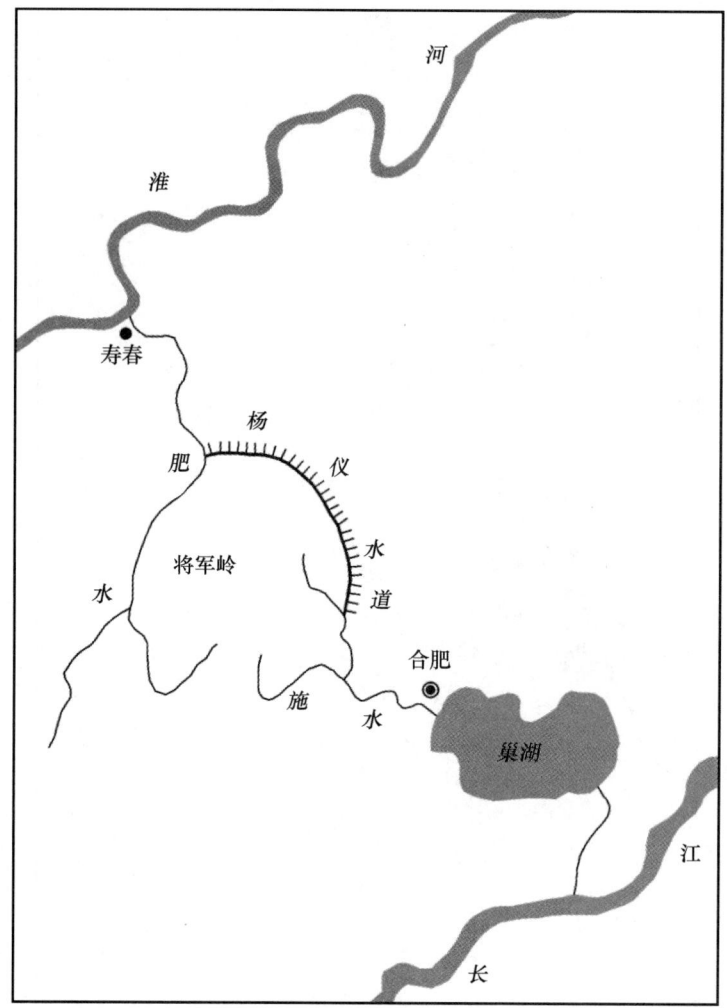

图2-39 杨仪水道示意图

真和刘岠等人开凿杨仪水道，如图2-39。

合肥位于施水流域，寿春位于肥水入淮口处，因此杨仪水道是在施水和肥水之间连接施水和肥水，而扬仪水道实质就是由施水支津、阳渊和阎润水串连而成的水道，开凿扬仪水道并非新挖水道，而是对已淤塞的旧河道进行治理和疏通，后来还在水道上增建了一些堰埭一类的通航设施。

杨仪水道的前身是沟通长江与江淮河两水系的自然水道，原本是可以航运的，在西晋末以后淤塞，在东晋中期进行了治理和疏通，建成杨仪水道，并增建堰埭，来控制水位，这条水道一直到南北朝时还发挥着交通作用，是军事上和民间南北水运交通的要道。

20. 桓公沟

桓公沟因其重要的地理位置而在历史上颇具名气,它沟通泗水、汶水和济水,是从淮河到黄河的必由之路,是南北水运的纽带,它是由东晋大臣桓温开通的。

桓温原为东晋明帝的驸马,后在成帝、穆帝、哀帝和废帝期间相继任过侍中、大司马,一生手握重兵,在朝中具有极高的地位,桓公沟是他北伐前燕时修建的。太和四年(公元369年),桓温北伐攻打邺城,位于今河南汲县东北黄河水边的枋头是邺城的门户,于是桓温向枋头进军,行至金乡(今山东省金乡县北),才发现原来沟通泗水和济水的菏水运河,大部分河段已经干涸了,为了保证运粮船能到达济水并进入黄河,只好从南向北开凿运河,修建了历史上有名的桓公沟。桓公沟示意图见图2-40。

桓公沟南起方与县(今山东省鱼台县)境内的泗水,向西北方向延伸,途经巨野泽东南方和薛训渚,北面到达巨野泽北口的清水(即指济水),全长三百多里。桓公沟途经的薛训渚是一个小湖泊,它的地势高,湖水向南和北两方向流,将桓公沟分为

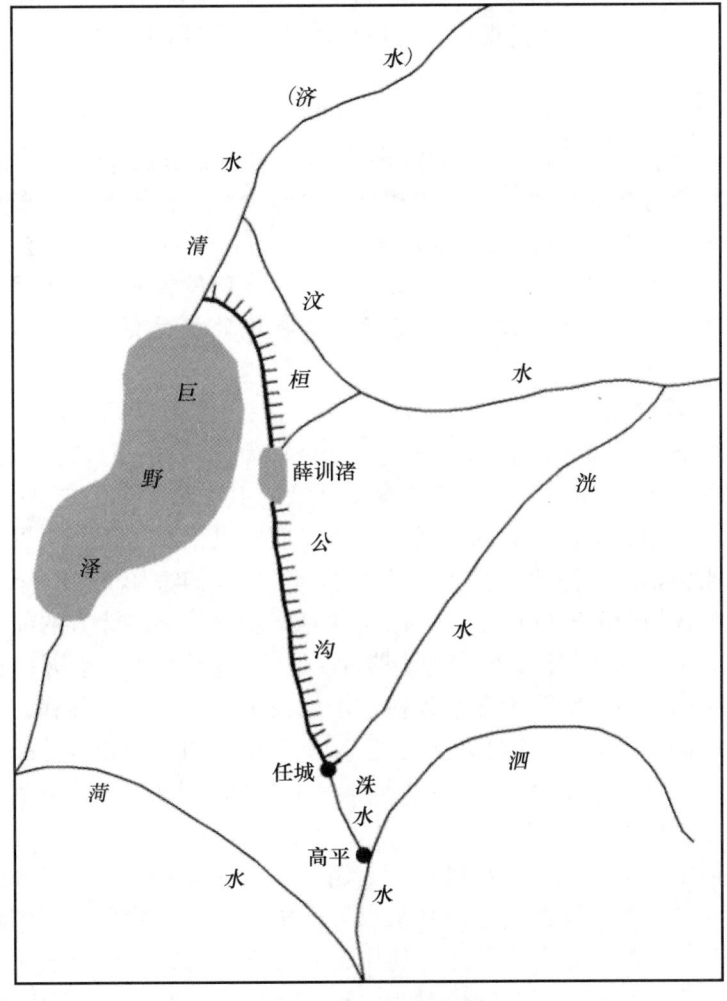

图2-40　桓公沟示意图

南北两段。南段的水流自薛训渚向南流入泗水；北段的水流是从薛训渚向北流到巨野泽北口的清水（即指济水），后世也将这段水流称为洪水。

桓公沟开通后，桓温的运粮船队就从泗水循桓公沟北上至清水（济水）再顺流而下经四渎口（古代称黄河、济水、淮河、长江为四渎，四渎口就是沟通四渎的入口，这里说的从济水通入黄河的四渎口，指的是其中一个渎口）进入黄河。然而，这个四渎口的地理位置稍偏东，在这里进入黄河后，必需得逆流行驶很长一段路程才能到达枋头，对晋军来说极不利，导致在北伐中粮食供应不及时，败给燕军，撤军途中不但遭燕军追杀，又遭前秦伏兵伏击，出师时带来的五万人，伤亡惨重，所剩无几人。这次北伐大败而归，途中修建的桓公沟总算为桓温在历史上留下了一点业绩。

桓公沟成为北伐的一个重要通道，在东晋和南朝的北伐中，利用水军运粮，在走淮泗路线北上时，都会用到桓公沟。然而，桓公沟的地势比较复杂，属于中间高南北低，水流是从中间较高处向南北分流，又没有修渠工程，运河很难保持足够的水量和水位，经常会淤塞，不能保持通畅，也限制了它的交通枢纽作用。当隋代开凿了通济渠，有了新的沟通淮河与黄河的渠道后，桓公沟就走下了历史舞台。

21. 泗水运道

泗水发源于今山东省泗水以东的蒙山南麓，向西流过曲阜、兖州的东南后折向南过高平县再到方与县内与西来的河水相会，继续南流，经沛县东，彭城东北，折向东，经下邳城西，转向东南，又经过宿预县西南到泗阳西，至淮阴县西南处流入淮河，这个入淮口称为泗口，也叫清口。泗水在济宁东南的鲁桥镇以下呈南北走向，并与南北走向的邗沟在淮河部分大致首尾相连，方便南北水运交通。泗水运道示意图如图2-41所示。

泗水流至彭城附近时，地势变得复杂，穿流在冈陵山阜间，两岸岩壁夹峙，水面乱石横生，水下石礁暗伏，形成"三洪"，分别为秦梁洪、百步洪和吕梁洪三处险滩。来往船只每行至此，稍不留神，就会船毁人亡。其中吕梁洪是三洪中最险恶的。

为改良泗水的通航条件，我国历代曾采取多次三洪治理工程，可见文献记载最早的一次是东晋谢玄治理吕梁洪，这次发生在东晋太元九年（公元384年）谢玄北伐的途中。谢玄是东晋相国谢安的侄子，任徐州和兖州刺史。当时北方的前秦统一了黄河流域，公元383年，秦王苻坚亲自挂帅，带百万大军南下，要一举灭掉晋国，谢玄带八万晋军北上对抗，两军对阵于淝水，在这场战役中晋军取得了胜利，打得秦军落荒而逃，以饥冻死者十之七八。这就是历史上又一个著名的以少胜多的战役——淝水之战。第二年（公元384年）谢玄又乘胜北伐，一举攻克徐州和兖州，之后打算再向北进攻青州时，对吕梁洪进行了治理。

吕梁洪治理工程主要包括堰吕梁水、树栅和立七埭为派，堰吕梁水就是先在险滩上游修筑临时性拦水坝，这样先拦住河水以方便施工；树栅就是在河槽内深立桩木，横截中流；立七埭为派就是沿着险滩，使用桩木和石囤构筑七道滚水坝，分段提高水位，便于船只通行。在南北朝时期也对泗水运道做过一些改进，如南朝梁代修建宿预堰，除此之外还多次在泗水修筑临时性堰埭等。

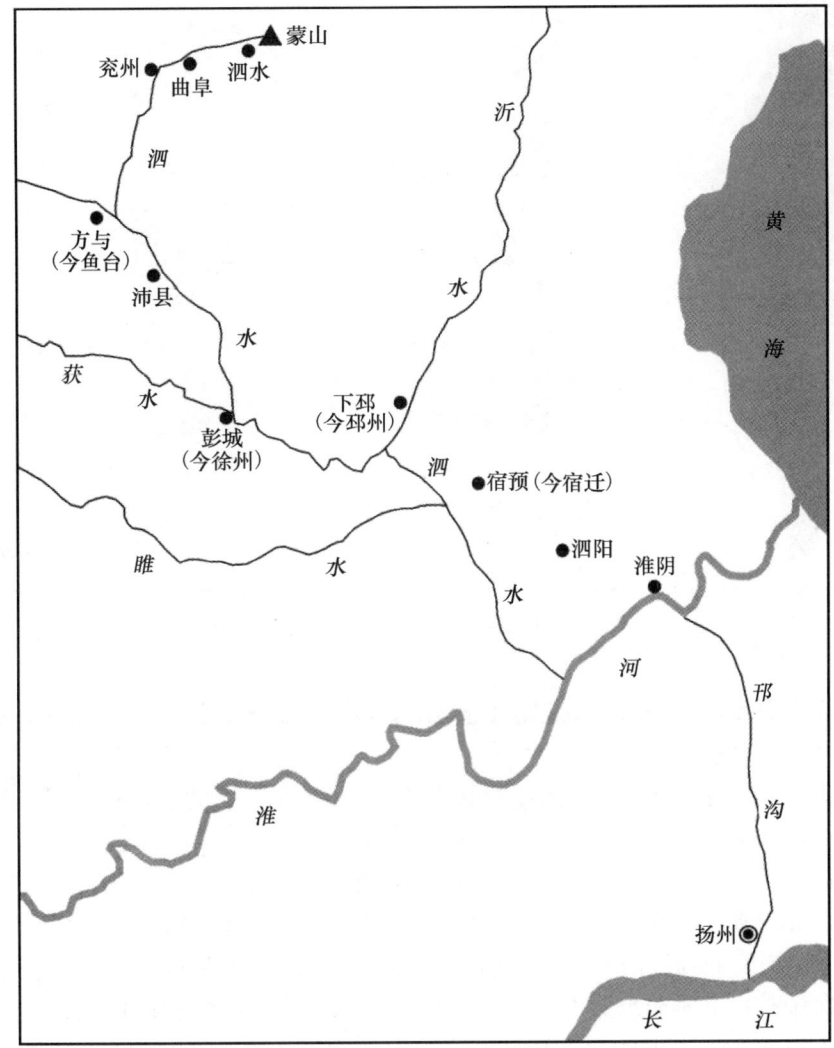

图2-41 泗水运道示意图

22. 永丰渠

在河东解州（今山西运城解州镇）境内有一个盐池，古称其为解池，也称河东盐池，它是一个自然湖泊，最深处约为6米，东西长30公里，南北宽5公里，面积150平方公里，在不同的时期它的面积有所不同。该池盛产的食盐不仅为当地人们食用，也作为营商之用，贩卖到中原各地，给该地区的人们带来了不少利润，历朝历代对解池也都比较重视。

然而，解池的地理位置处于中条山北麓，交通十分不便利，贩运盐时只能靠人或牲畜的力量。到了北魏宣武帝时期，北魏朝廷为解决池盐的运输问题，开凿了永丰渠，可以称它是运盐河。《宋史》卷九十五《河渠志·河北渚水》记载："后魏正始二年（公元505年），都水校尉元清引平坑水，西入黄河运盐，故号永丰渠"，"后

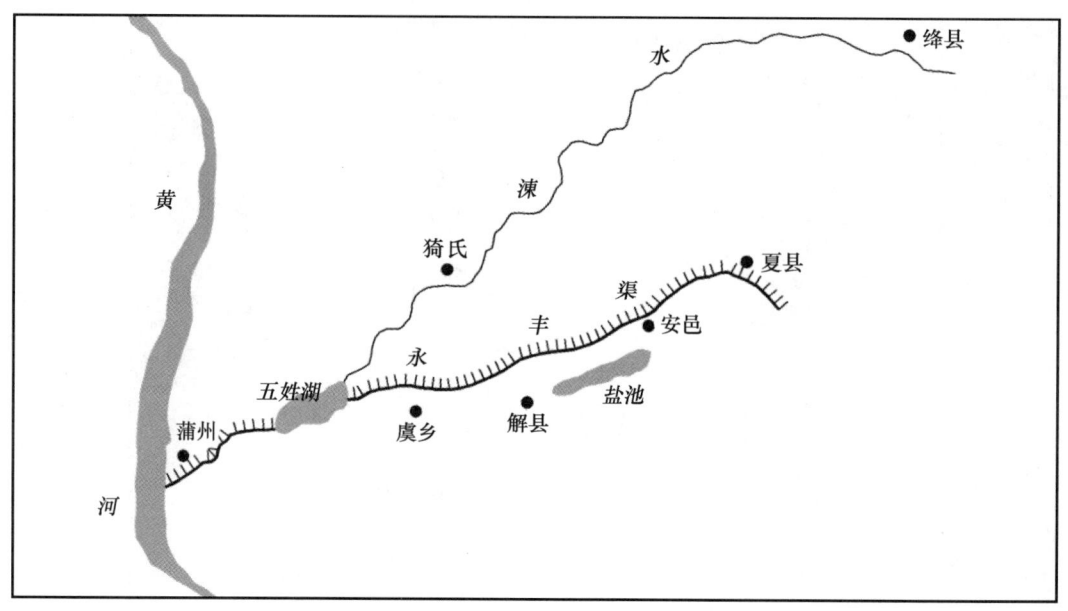

图2-42 永丰渠示意图

"魏"即是指北魏，当时的都水校尉元清引平坑水西流进入黄河以供运盐，称为永丰渠，北魏永丰渠示意图见图2-42。

永丰渠起自夏县（今山西夏县西北禹王城）城南的平坑水，沿中条山北麓的涑水河谷，从东北向西南延伸，与其北面的涑水流向平行，途经安邑、解州，抵临晋县最后注入黄河。涑水是晋西南地区一条较大的河流，属于黄河的一条支流，发源于绛县，经闻喜县、猗氏县和五姓湖到蒲州西南的孟明桥注入黄河。永丰渠的人工河段只是到五姓湖，剩下的到黄河一段是利用的涑水下游的自然河道。

解池在中条山北麓低洼之处，从三面高山上流下的川流汇入到解池，非常不利于结晶成盐。为此，永丰渠的起点选择在离解池较远的上游中条山平坑水，将上游的诸多客水都引入到该渠中，不仅增加了渠道的水量，方便船运，而且将这些客水一起带至下游，注入黄河。这些都体现出了永丰渠的规划合理与设计的科学性。

五十多年后，永丰渠在战乱中淤塞，在隋朝大业年间，隋炀帝命都水监姚暹对永丰渠重修，疏浚全线并建造堤堰，史称姚暹渠，它既可以运盐又可以灌溉，在《宋史》卷九十五《河渠志·河北渚水》中有记载："隋大业中，都水监姚暹决堰浚渠，自陕郊西入解县，民赖其利"。姚暹渠一直受到后人的重视，至清朝还发挥着防护盐池、运输食盐和灌溉农田的作用。而永丰渠作为姚暹渠的前身，却渐被遗忘。

第 3 章　隋代南北大运河的开通

3.1　隋代开凿的运河

西晋灭亡后，我国出现了长达300年的割据战乱局面，先后经历了东晋、十六国和南北朝。公元589年，杨坚终于再次统一了中国，国号隋，建都于关中，他勤政爱民，在位23年，他所治理的国家生产得到恢复，社会安定，百姓安居乐业。

然而，好景不长，隋文帝死后，他的儿子隋炀帝即位，迁都洛阳，在历史上隋炀帝的名声极其不好，他是一位暴君，弑父诛兄，征敛苛税，徭役繁重等等，以致爆发了大规模的农民起义。战乱中，大隋江山也随着他走向了灭亡。

隋朝只经历了短暂的38年，隋文帝开凿的运河并不多，主要有丰兖渠、山阳渎和广通渠。隋炀帝在历史上虽是臭名昭著，然而在中国运河建设史上，他的功劳可谓首屈一指。隋朝以前，我国的运河都是地方性的，里程短，工程标准不同，整体质量也差，交通运输作用得不到发挥，是隋朝（主要是隋炀帝时期）将这些地方性的运河按照统一的标准连接起来，形成贯通南北的大运河体系，也为后来唐朝经济的繁荣昌盛和国势强大奠定了坚实的基础，为中华民族的南北统一打下了牢牢根基。隋朝完成的南北大运河是一次质的飞跃，隋炀帝这个伟大的历史功绩渐渐得到了后人的肯定。

1. 丰兖渠

隋开皇元年（公元581年），薛胄任兖州刺史，他在今山东省兖州和济宁之间建造了一条连接两个地区的运河，当地百姓为褒扬薛胄的功德，称该运河为薛公丰兖渠。

山东境内有两条大小不同的沂水，其中一支发源于曲阜东南五十里的尼丘山南麓，向西北流经曲阜城南，至兖州城东五里注入泗水，沂水在兖州城东注入泗水后，泗水水量大增，一部分分流南下，一部分水流在兖州城南大泽一带泛滥，造成水害。薛胄是一个为百姓着想的好官，他到任后，决心改变水患的现状，他亲自实地考察，认为可以变水害为水利，灌溉农田。于是他在兖州城南横跨泗水修筑石堰，拦阻泗水，并将拦阻下来的部分泗水，引入到先前挖好的渠道内，成为一条运河，该运河起自兖州城东，向西横穿兖州城区，向西南方延伸至济宁，长约六十里，即是薛公丰兖渠。《北史·薛胄传》记载："陂泽尽为良田，又通转运，利尽淮海，百姓赖之，号为薛公丰兖渠"。薛公丰兖渠的示意图见图3-1。

薛公丰兖渠虽然短小，但是它开通后，两岸农田得到灌溉，并实现了兖州和济宁之间的水上运输，带动了济宁的水运方面发展，舟船可南达淮海，为该地区的经济发展创造了有利条件。更值得一提的是，丰兖渠成为后来元、明、清三朝京杭大运河的山东河段，是引泗水接济运河水源的必经之路，在南北水运的历史中有着举足轻重的作用。

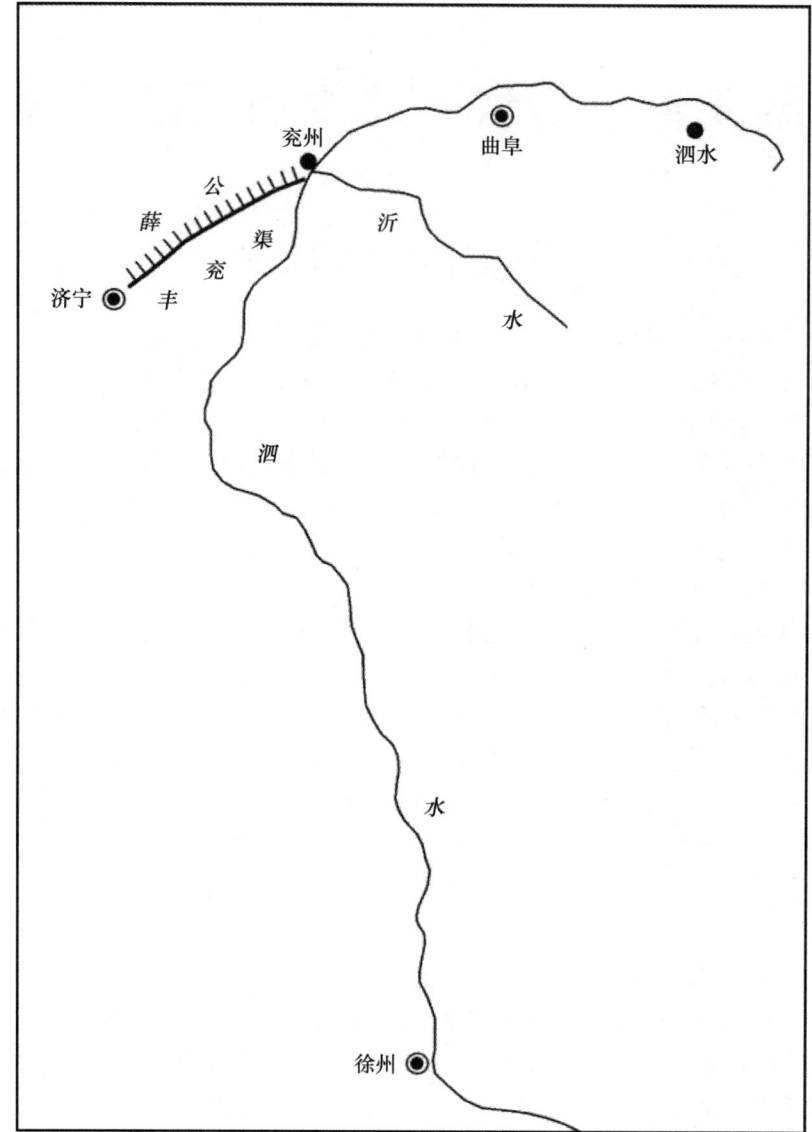

图3-1 丰兖渠示意图

2. 广通渠

隋朝建都于关中（今陕西省西安市），易守难攻，并且关中之地号称八百里秦川平原沃野，但人口众多，人均土地相对较少，所生产的粮食难以满足京师所需，需要依赖东边各州县的赋税。隋文帝杨坚认识到黄河三门峡的危险以及渭水大小无常，河浅沙多等问题，不利于漕运，在开皇四年（公元584年），他命令大将宇文恺率领水工开凿新的漕渠，郭衍作为工程监理者也参加了这项工程。

该漕渠是在汉朝漕渠故道的基础上进行重建的，向西引渭水，向东沿着汉代漕渠故道，到达潼关后进入黄河，大约长300里，它的下游在华州广通仓前通过，故而被称作"广通渠"，示意图见图3-2。

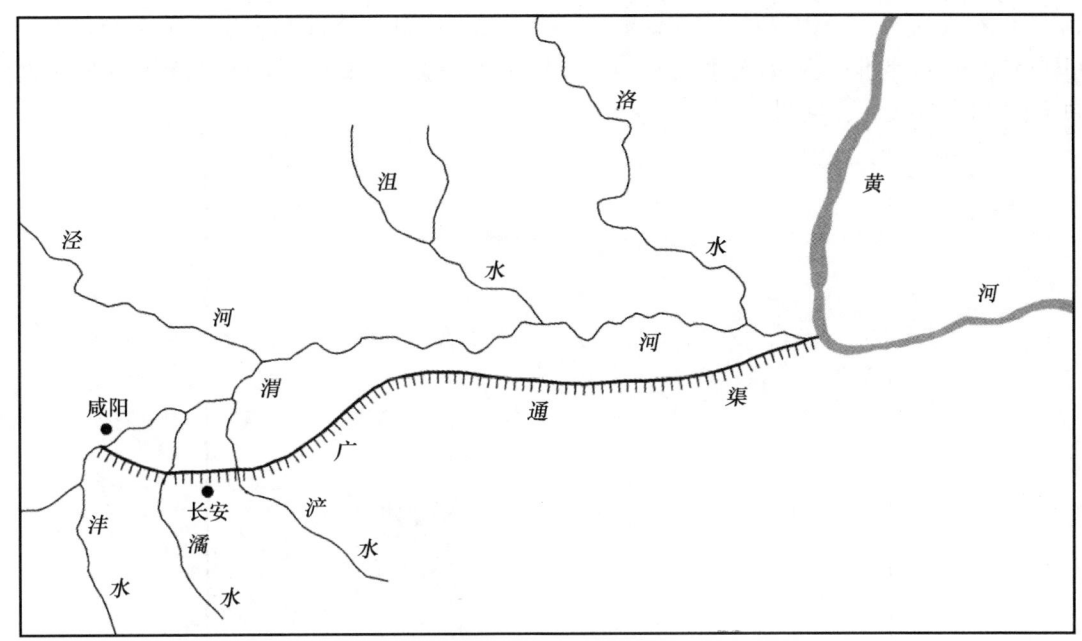

图3-2 广通渠示意图

广通渠的开凿在《隋书·食货志》中有详细的记载:"京邑所居,五方辐凑,重关泗塞,水陆艰难。而渭川水力,大小无常,流沙浅深,即成阻碍。计其途路,数百而已,动移气序,不能往复,泛舟之役,人亦劳止。""故东发潼关,西引渭水,因藉人力,开通漕渠,量事计功,易可成就。已令工匠,巡历渠道,观地理之宜,审终久之义,一得开凿,万代无毁。可使官及私家,方舟巨舫,晨昏漕运,沿溯不停,旬日之功,堪省亿万。诚知时当炎暑,动致疲勤,然不有暂劳,安能永逸。宣告人庶,知朕意焉。""于是命宇文恺率水工凿渠,引渭水,自大兴城东至潼关三百余里,名曰广通渠。转运通利,关内赖之。诸州水旱凶饥之处,亦便开仓赈给。东发潼关,西引渭水,因藉人力,开通漕渠。"这里的大兴城是隋在汉长安城东南建的新城,位于今西安城及城东、城南、城西一带。

广通渠因为是在汉朝漕渠故道上改建的,所以工程只用了三个月的时间就完成了,关中漕运从此依靠这条运渠,并且两侧的农田也得到了灌溉,因此又被称为"富民渠"。隋炀帝杨广即位后,为避讳"广"字,于仁寿四年(公元604元)被改名为"永通渠"。

3. 山阳渎

开凿广通渠后,隋文帝还在淮南地区开凿了山阳渎。据《隋书·高祖纪上》记载:"开皇七年四月,于扬州开山阳渎,以通运漕"。山阳渎就是春秋时代吴王夫差开凿的邗沟,历史比较久远,因其在蜀冈之南,古时将山南称为阳,故改称为山阳渎。隋朝时期这条运河淤塞,为了能继续漕运,隋文帝将这条运河修复。

也有人认为，山阳渎位于邗沟以东，因北起山阳县（今江苏省淮安市）而得名。山阳渎大致自今淮安东南经射阳湖，南经今三垛、樊川、宜陵一线至江都县东，再西折经扬州市入长江，见图3-3。

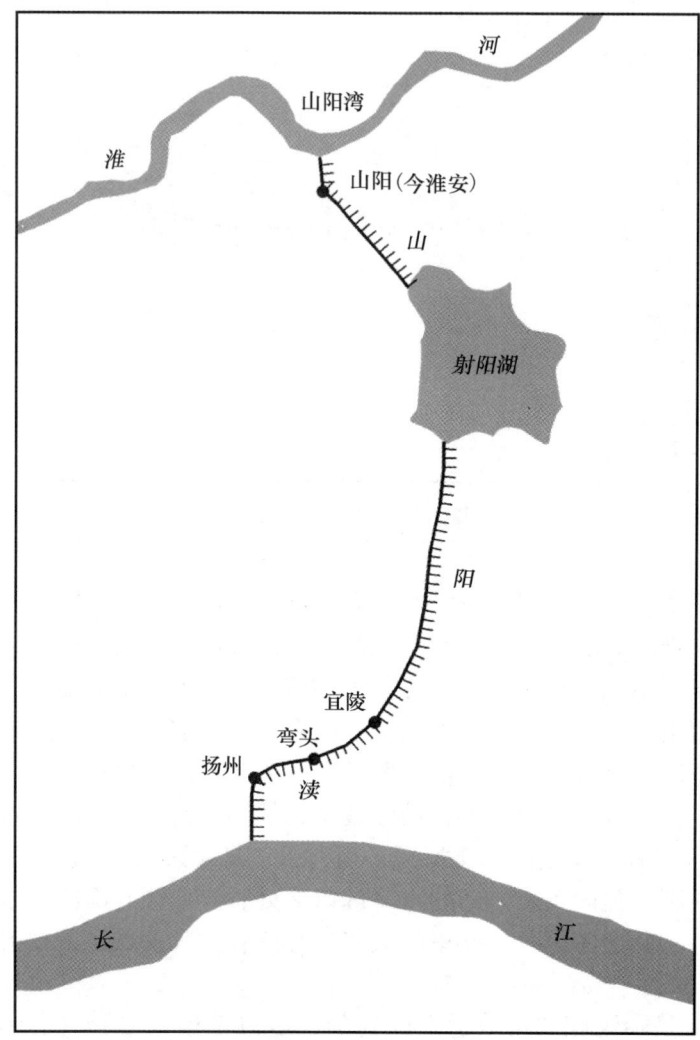

图3-3　山阳渎示意图

历来史家都认为开凿山阳渎乃是伐陈所需，而且隋文帝开凿的山阳渎，并没有循邗沟东、西道，而是选择当地的运盐河道进行改建，这些低水位河道，容易改造，施工规模小，比较容易掩人耳目，不易被陈朝发觉。开皇八年冬，在隋伐陈的战争中，隋方50万大军只有贺若弼一军利用了山阳渎。此外，山阳渎在战争中应该还参与了运送军粮和辎重等任务。

4. 通济渠

公元605年，隋炀帝登上帝位，将都城从长安迁至洛阳，史称东都。从即位时起，隋炀帝就大力推进以东都洛阳为中心、贯穿南北的大运河工程。大业元年（公元605年），隋炀帝发河南、淮北诸郡男女百余万，开通济渠，自西苑引谷、洛水达于河，自板渚引河通于淮。通济渠是沟通黄河与淮河的一条运河，是隋炀帝所开运河中最早的一条。

通济渠分东西两段，西段从洛阳到黄河；东段从黄河到淮河。通济渠西段从东都洛阳西苑开始，西苑在洛阳西郊（今洛阳市涧西一带），由此引谷水和洛水，沿东汉张纯开的阳渠故道，穿洛阳城南，东经偃师县到巩义市洛口入黄河，这是通济渠的西段。通济渠西段的作用，是解决从黄河到洛阳的水上运输。通济渠的东段，是自板渚（今河南省荥阳县西北）引黄河水进入汴渠故道，接着从浚仪（今河南省开封市）起分别流出，与古汴渠分道，折向东南，经今杞县、睢县、宁陵到商丘县东南，在商丘以下经路线部分利用睢水、蕲水，经今夏邑、永城、宿州、灵璧、泗洪，到今盱眙县境内的古泗州城入淮河，由淮河东行近二百里，即到达邗沟北端末口，盘坝以入邗沟。通济渠示意图见图3-4。

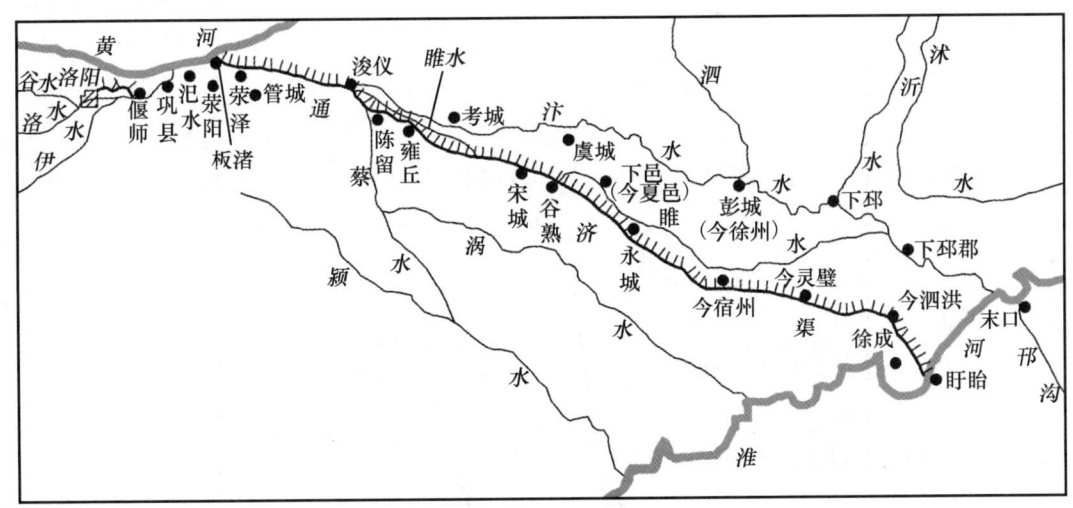

图3-4　通济渠示意图

自唐宋起关于通济渠入淮和入泗问题出现不一致的记载，引起后世对通济渠是由泗水入淮还是直接入淮的争论，众说纷纭，莫衷一是，很难定论，在此倾向于通济渠直接入淮的说法。通济渠全长约1300多里，是在隋炀帝设计南北大运河为取代沟通黄河与淮河的汴渠而设计的，开直道通济渠代替迂回曲折的汴渠。通济渠是中原通向江淮的水运纽带，沿途充分利用天然河道和前代开挖的人工河道。在水源方面，既有黄河水为其主源，又有淮河北侧的汝、颍、涡、泗等淮河支流补充和调节水量。通济渠的开凿，给当时东都洛阳带来了空前的繁荣，也带来了沿岸县邑城镇的发展。

5. 重开邗沟（山阳渎）

隋炀帝开凿通济渠是为了把政治中心洛阳与东南富庶的长江下游三角洲经济区连接起来，但是通济渠仅连接到淮河还到不了长江，于是在开凿通济渠的同时，大业元年（公元605年）隋炀帝同时下令重新开凿连接淮河与长江的邗沟。《资治通鉴》卷一百八十记载："大业元年三月，……又发淮南民十余万开邗沟，自山阳至扬子江"。

在前面讲到过隋文帝曾在江淮之间疏浚、改建过一条运盐河，位于历史上邗沟的东道和西道之间，称为山阳渎，当时对其施工规模较小，远没有达到隋炀帝的要求。隋炀帝当时是为通济渠和邗沟的治理颁布了一系列标准：渠宽不小于四十步，要能通得龙船，并且两岸的渠堤要修成宽阔的御道，道的两边种植上柳树。

东晋以来长江北岸不断南移，到隋炀帝时长江北岸已经南移到扬子津（今江苏省仪征市东南）一带，这样东晋时改建的欧阳埭引水口江水不易引入。隋炀帝此次改造邗沟（主要为邗沟西道）重点治理了南口，将河道南口折向西南，把邗沟南端的长江引水口移向扬子津再入长江并对运河全线进行了拓宽和加深，使全线得到治理和疏通。而隋文帝当时治理的仅是由淮水进入邗沟的水口。他们治理的邗沟亦可以称之为山阳渎，见图3-5。

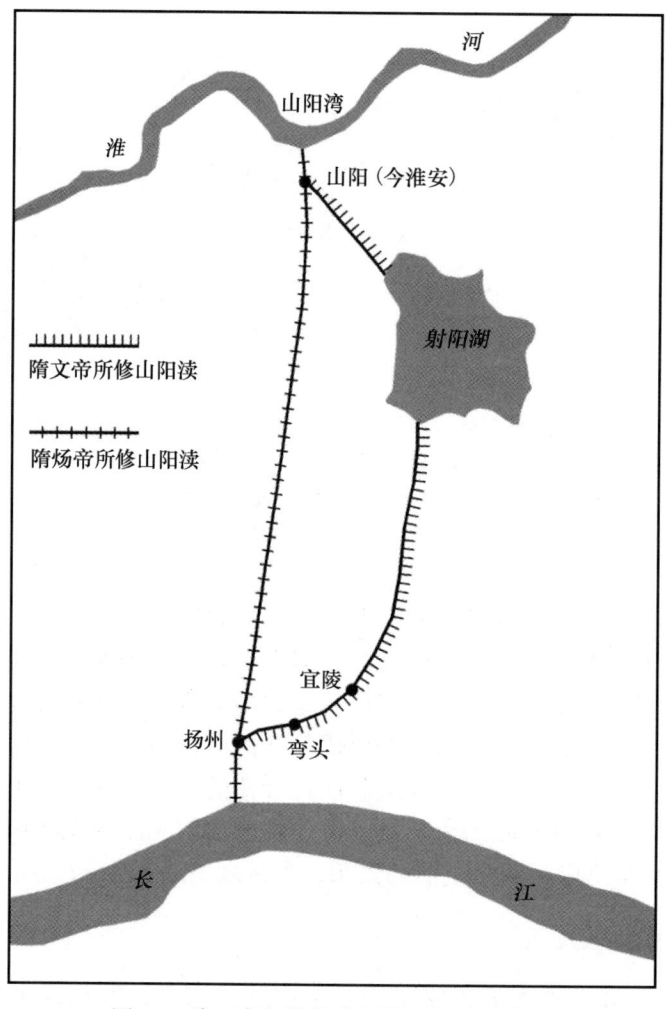

图3-5　隋文帝与隋炀帝所修山阳渎示意图

邗沟西道经过这次大规模型的整修后，运河就可以从东都洛阳经通济渠至泗州，随淮河而下至山阳入邗沟至扬州进入长江通到江南了。邗沟沟通了中原地区与长江下游三角洲富庶地区，是南北大运河中重要的一环。

6. 永济渠

隋炀帝大业四年（公元608年）在黄河以北开凿永济渠，它成为南北大运河的北翼部分。隋炀帝开凿永济渠主要是出于军事和经济两方面的考虑：军事上，为了能在攻打辽东，遏制高丽势力时，方便向前线输送辎重、粮食等军需物资；经济方面，国家需要依赖河北这一新崛起的经济地区的供给。

《资治通鉴》卷一八一载："大业四年正月，诏发河北诸军百余万开永济渠，引沁水南达于河，北通涿郡。"。大业四年正月，正值中国北方天气寒冷，隋炀帝为了向高丽发兵，通东北漕运，仍迫不及待地诏发河北诸郡男女百余万人开凿永济渠，引沁水南入黄河，北通涿郡（隋代涿郡治蓟，在今北京西南郊外）。沁水源出于山西省沁源县北绵山东谷，向东流到河南省武修县境入于黄河。这项工程就是凿通沁水下游，使其在南入黄河的地方与通济渠相接通，即黄河的西岸，此岸为沁水入河口，对岸为通济渠入河口。所谓"引沁水入河"，凿通沁水下游只是沁水入河的一项内容，它还包括通过人工凿渠，引沁水流到今武陟县境内，使沁水与淇水沟通，再疏导和利用曹操所开凿的白沟，经河南内黄、山东馆陶（现属于河北邯郸）、临清（今河北省临西）、清河、德州、东光、再经过青县以北，到达独流镇，又利用和进一步开凿了平虏渠故道，使之畅通，再折向西北，过永清县与桑干水（隋以前称为漯水）相接直达涿郡治所蓟县（今北京），永济渠示意图参见图3-6。

永济渠水道的三段大致可以概述为：①自今河南武陟沁水东岸至汲县的一段，利用了沁水支流。②自汲县至今天津的一段，用清水下接淇水、屯氏河、清河、大概与今天的卫河相同。自今河南淇水口至河北大名附近的一段，大体上利用了曹操所开白沟的南端；从今河北青县到今静海一段，则是利用了曹操所开平虏渠的故道。③自今天津静海独流镇至涿郡蓟城的一段，利用了桑干水。

永济渠是隋代运河系统中的北部干渠，足足用了三年时间才竣工，全长1 000多公里，这条运河开通之后，船只便可以从长江直达涿郡，永济渠连同其他运河一起沟通了长江、淮河、黄河和海河。

7. 江南运河

江南运河是南北大运河最后开凿的一段，是最南面的一段，江南河开始于长江岸边的镇江，终止于钱塘江岸边的杭州，全长340多公里，贯穿于从长江到钱塘江的整个长江三角洲地区。白居易在《想东游五十韵》一诗中写到"平河七百里，沃壤二三州"，千百年来，江南河流充足的水源，方便了农田灌溉与船运，江南河为江南地区的社会经济文化发展发挥了巨大的作用。

对于这个富庶地区，隋炀帝为何要在通济渠和邗沟开凿五年后才开江南运河呢？这是因为在长江与钱塘江之间的太湖平原，自古分布着众多的自然河流和湖泊，自古

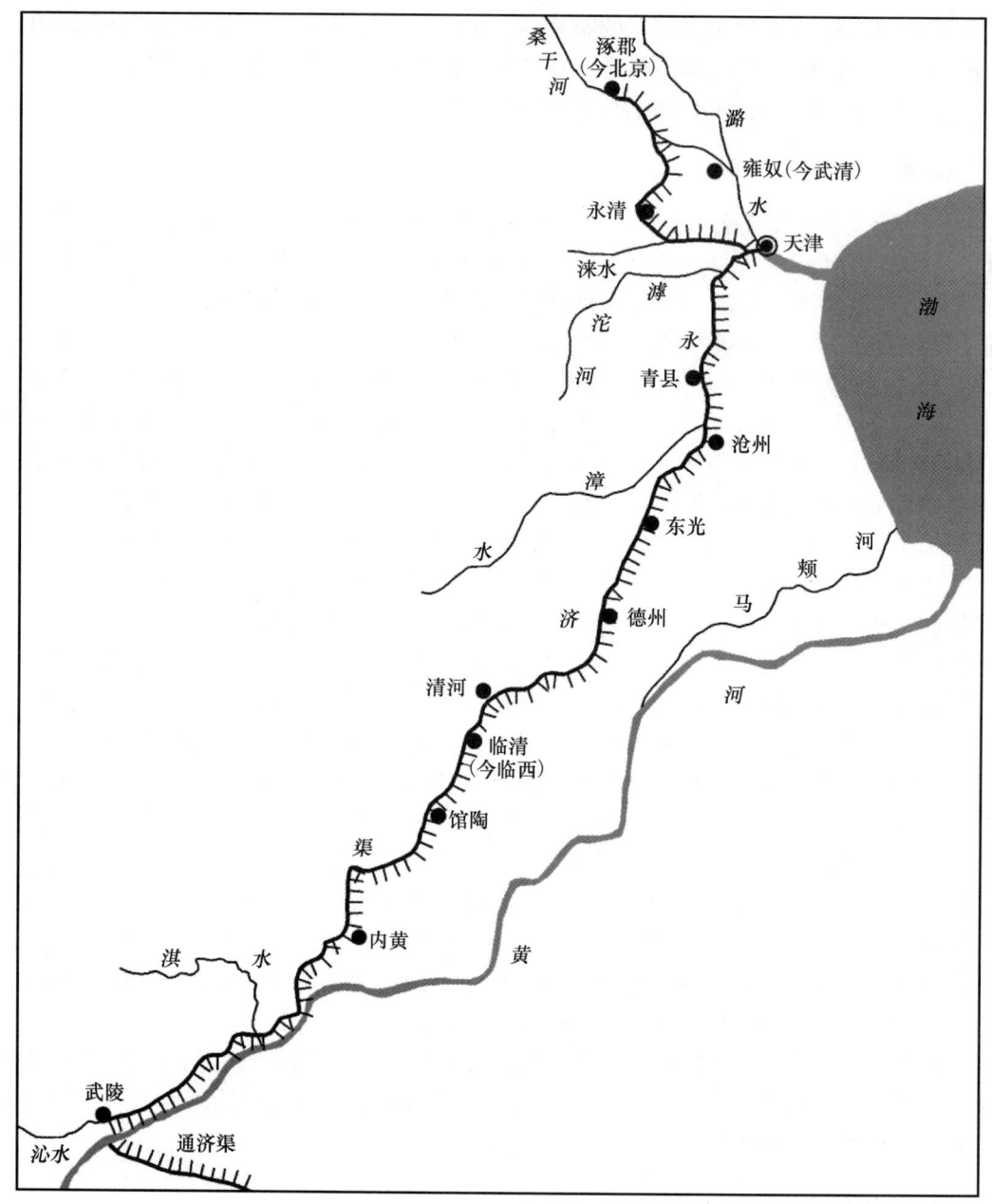

图3-6 永济渠示意图

有"三江五湖"之称。自春秋时代迄隋以前,运河就曾不断开凿,到隋时这些水道未曾断航。隋炀帝在开凿通济渠和邗沟后,也就自然通到了江南。不过,这些运河还不够格,隋炀帝的龙舟难以通达,没有偌多的"驿宫、草顿"之类,足供炀帝"东巡会稽",更满足不了他搜括江南物资财富的恣欲,所以才会又下令在原有河道的基础上拓宽加深,予以整修。

江南河是由很多条不规则的人工水道逐渐发展而来的,并经历了一个漫长的历史过程得以形成。江南河的各河段按历史年代,由远及近追溯,最早是春秋时代末期,吴王夫差开凿的古江南运河(参见2.2.6节),它成为江南河中苏州到常州河段的前身;还有吴王夫差开凿的百尺渎(参见2.2.5节),它成为江南河中嘉兴以北的过嘉兴、崇德到杭州河段的前身;越国在苏州开凿的苏州至古松江的水运通道越来溪,它成为江南河中苏州至吴江之间河段的前身;秦始皇开凿镇江到丹阳一段的徒阳水道,并在此期间整治了今嘉兴到杭州一段的古水道,这段是由今嘉兴以北某地通至杭州以南的钱塘江;江南河的最后一段是今江苏吴江至浙江嘉兴以北某地的一段。江南河示意图参见图3-7。

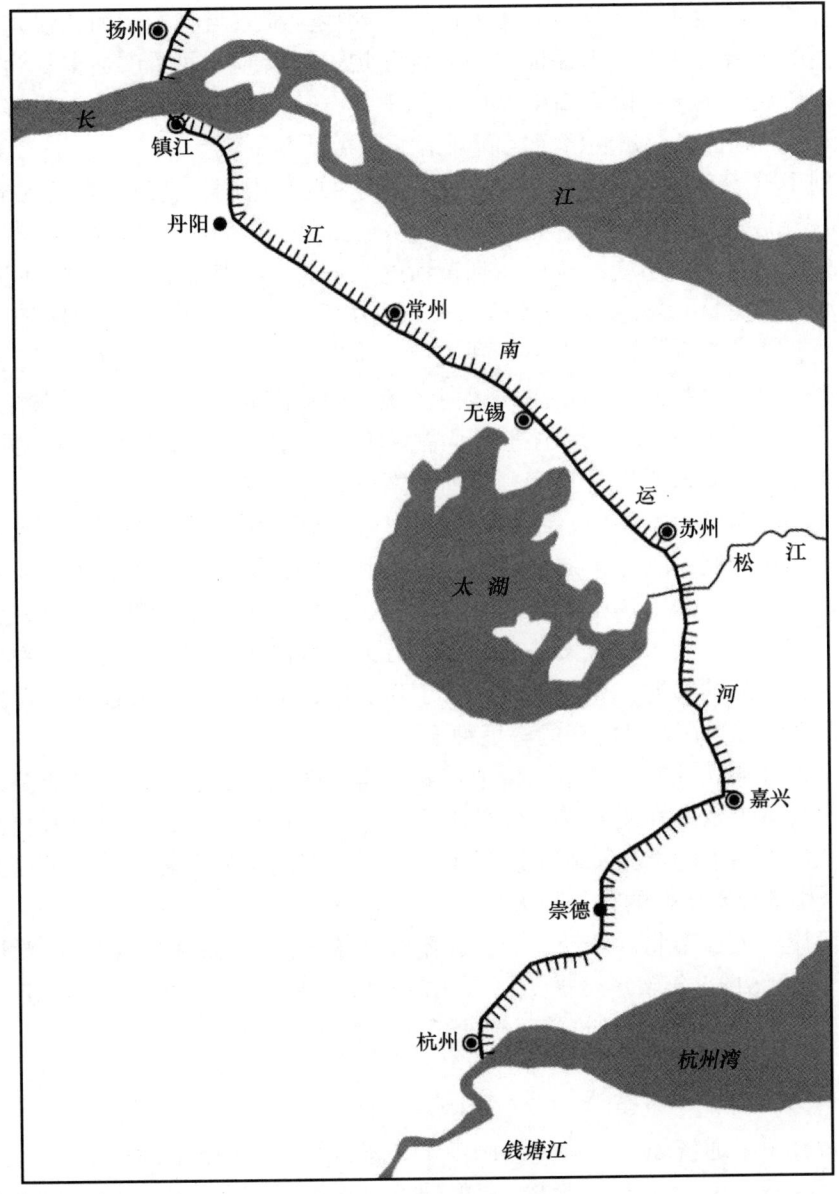

图3-7 江南运河示意图

《资治通鉴》卷一八十一《隋纪五》记载:"大业六年十二月,敕穿江南河,自京口至余杭,八百余里,广十余丈,使可通龙舟,并置驿宫、草顿,欲东巡会稽"。隋炀帝于大业六年(公元610年)连通了江苏镇江至杭州的运河,他将六朝以前的运河按照统一的标准进行拓宽、挖深,全线得以贯通,成为南北大运河体系的一部分。

3.2 南北大运河的开通

1. 隋代的漕运和隋朝的灭亡

隋朝在我国的运河史上是极其重要的一个朝代。细数当时的运河建设,从隋文帝说起,在他的统治时期内,为保证关中粮食和物资的供应开通了广通渠;为彻底实现国家统一,讨伐建康(今南京市)城内的陈王朝,暗中开凿了山阳渎;为解决兖州城内泗水泛滥的问题,在兖州和济宁之间开凿了丰兖渠等。

之后到了隋炀帝时期,这是隋朝开凿运河的主要集中期,隋炀帝从公元605年到公元610年间先后完成了四条大运河,黄河与淮河之间的通济渠,全长约600多公里;沟通淮河与长江之间的山阳渎;从海河到黄河的永济渠;连接京口至余杭之间的运河形成江南运河,全长340多公里。四条运河开通成功后,便形成了一个以洛阳为中心,西通关中盆地,北达河北平原,南至太湖流域,流经今京、津、陕、豫、冀、鲁、皖、苏、浙九个省市,全长2700多公里的运河系统,史称南北大运河,它标志着我国运河工程进入了新的历史时期,漕运也进入了鼎盛时期。隋代南北大运河示意图见图3-8。

隋文帝是一位勤政爱民的皇帝,他所开凿的运河都是以为百姓谋福祉,为国家谋利益为出发点和落脚点。然而,隋炀帝这位皇帝尽管留下了千古骂名,但隋炀帝当初开运河也是出于隋朝的利益,加强对全国的控制,维护国家统一的目的。他在开凿运河中使百姓们处于水深火热中,男满15岁以上、50岁以下者全部都要参加筑河,如果有不去者,则要诛三族,一次又一次的强征劳力,数以十万记、百万记,对劳工经常施用"枷项笞背"的酷刑,死伤无数,男丁不够用,最后征用妇女服役,隋炀帝的残暴,鱼肉百姓的行为在人民群众的心里种下了一颗颗哀怨愤怒的种子。

每有运河开通,他都会迫不及待地带着后宫妃嫔、皇族、大臣等乘着豪华龙舟巡游,所经州县官吏及百姓还要献上各种山珍海味、名贵特产,这是对百姓再次的搜刮和掠夺。他们吃不下的贡品,随手就扔了或埋了。隋炀帝的穷奢极欲、挥霍无度都在使人民群众中的那颗仇恨的种子长大。

运河两岸,大江南北,暴动四起,在隋炀帝第三次下扬州时,他再也没回来,大业十四年(公元618)年隋炀帝被叛军杀死在扬州,隋朝也作了他的陪葬,走下了历史舞台,唯有南北大运河依然地流淌,流给后人们去评说。

2. 南北大运河的历史贡献

隋炀帝开凿了通济渠、邗沟(山阳渎)、永济渠和江南河四条运河,大致首尾相连,航道标准基本一致,从南到北一路畅通,全长约2700多公里,构成南北大运河,它改变了隋朝以前，春秋、战国以至秦汉、魏晋时期都为区间运河的局面。南北大运河沟通了钱塘江、长江、淮河、黄河和海河五大水系，把中原地区、江淮地区和河北地区紧密地联系起来，它是历史上一项伟大的水利工程，利在千秋万代。

南北大运河给唐宋带来了巨大的实惠。一方面，南北大运河的开通有利于维护国家统一，方便了南北方各民族之间的交往，促进了各民族之间的相互融合；另一方面，南北大运河促进了经济社会发展，它加强南北物资经济的交流，运河沿线的一些城市迅速发展为人口聚集中心和商业中心，如开封、扬州、镇江、杭州和蓟城等，大河流域地区的农业和手工业等也得到了全面发展，大大发展了江南地区的经济并成为

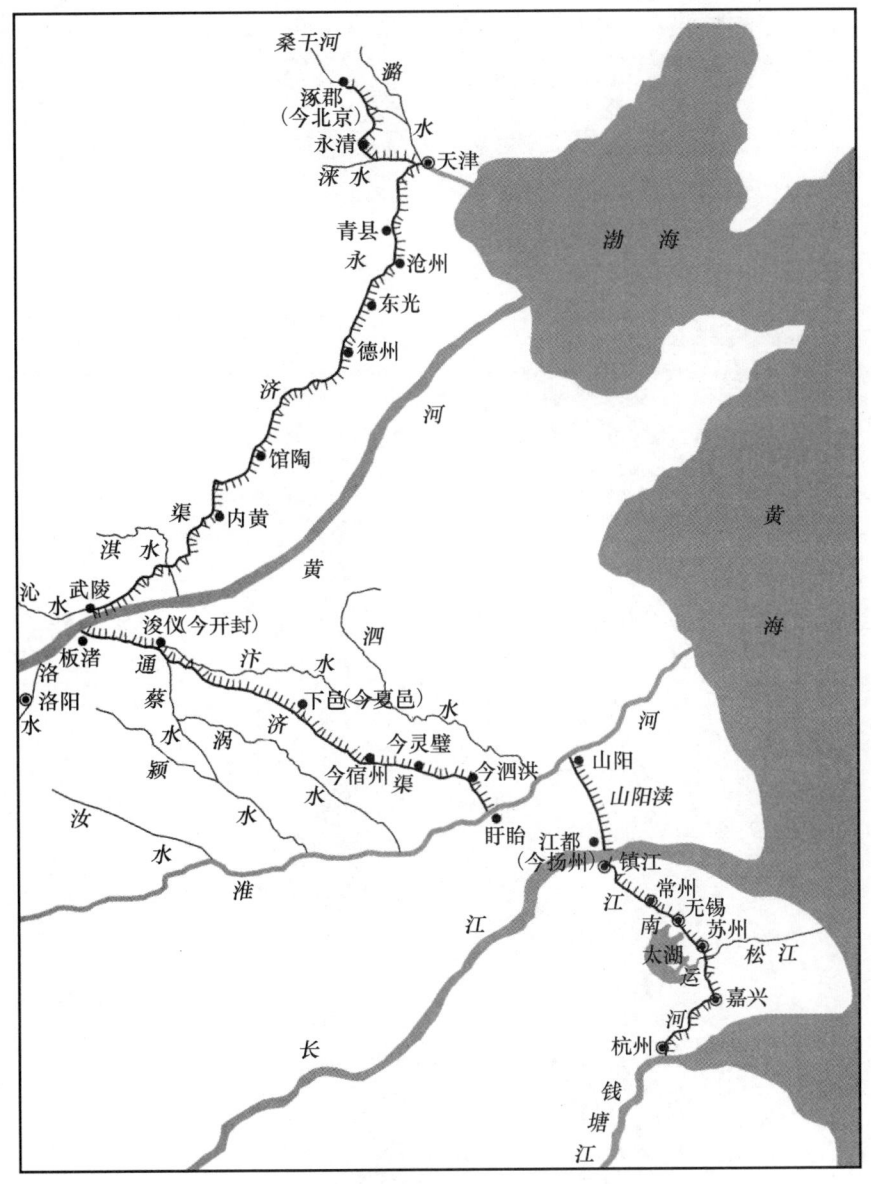

图3-8　隋代南北大运河示意图

我国新的基本经济区。首先感受到南北大运河恩泽的便是唐朝,是南北大运河奠定了它万邦来朝的大唐盛世。晚唐皮日休在《汴河铭》中提到:"在隋之民,不胜其害也;在唐之民不胜其利也"。南北大运河不仅对唐朝而且对宋朝政权的巩固和经济文化的繁荣发展也发挥了巨大的作用,宋朝卢襄说:"盖有害于一时,而利于千百载之下者,天以隋为宋王业之资也"。

南北大运河是中国运河史上乃至世界运河史上一项空前伟大的工程。

第4章 唐宋时期的运河

4.1 唐朝的运河

隋朝灭亡后，李渊和李世民父子二人于公元624年重新统一中国，建立唐朝，定都于长安。

唐朝是中国封建社会史一个极为辉煌的朝代。唐朝的创建者吸取隋灭亡的经验教训，采取一系列有效缓和阶级矛盾的措施，注意休养生息，继续实行均田制，调动广大农民的积极性，同时鼓励发展手工业和商业。百姓可以安居乐业，社会经济得到迅速发展，商业贸易活跃，人民生活富庶，创造了历史上的"贞观之治"和"开元盛世"。

隋朝开通的南北大运河为唐朝的国家统一，繁荣昌盛做出了巨大贡献，提及在运河方面的建设，唐朝不及隋朝。唐朝在运河方面的作为主要是对运河网的改建、疏浚和治理，如延长关中广通渠，改邗沟水源，整治江南河等。新开的运河数目不多，而且规模也不大。唐朝最突出的是在漕运管理方面的发展，如创建了节级转运法，改民运为官运等，提高漕运效率，更好地发挥了运河的功能，这些都为后来漕运事业的发展提供了宝贵的经验。

1. 升原渠

唐朝时期，咸阳以西地区的发展迫切需要水上交通的支持，而隋文帝当时开凿的广通渠只通到咸阳的西南。于是，唐朝在咸阳以西渭水北岸开凿了一条东西走向的运河，称为升原渠。在《新唐书》卷三十七《地理志》凤翔府·虢县下记载："县西北有升原渠，引汧水至咸阳"，"虢县"指今陕西宝鸡县，它位于汧水入渭水处的东面；"汧水"即今千河，发源于陇县西北的六盘山，向东南流，流到宝鸡县西注入渭水，升原渠下是以汧水为水源。

升原渠开凿的具体年代尚无确定考证，不过根据《元和郡县图志》和《册府元龟》等资料的记载推测，它的开凿时间应该在唐高宗咸亨三年（公元673年）之前。升原渠开通后，主要作用是运送木材，在《新唐书》卷三十七《地理志》凤翔府·虢县下记载："垂拱初，运岐、陇木入京城"。唐朝初期，忙于在长安以及周围地区建造宫殿和寺院，对木材的需求量大，关中地区岐州和陇州地区盛产木材，唐朝时在陈仓设有伐木场，砍下来的木材通过升原渠浮运至京都长安。

唐高宗咸亨三年，又在宝鸡县东北方向开凿了一条长三十公里左右的短渠道，升原渠与渭水直接相连，解决了原先仅以汧水为源，水量不足的问题。升原渠西起宝鸡，东至咸阳，恰好与广通渠（西起咸阳，东至华阴）首尾相连，可以将升原渠看作是对隋文帝开凿的广通渠的延长，这样广通渠西起宝鸡，东至华阴。

2. 韦坚开漕渠

唐朝年间，关中地区对粮食的需求不断增加，依靠当地生产的粮食和当时的漕运已远不能满足要求。隋文帝当时开凿的用来运粮的广通渠到唐朝时已基本无法通航。唐玄宗天宝元年（公元742年），陕州刺史兼水陆转运使韦坚决定重开广通渠，唐朝称为漕渠。

《旧唐书》卷一百零五《韦坚传》记载："西汉及隋有运渠，自关门西抵长安，以通山东租赋。秦请于咸阳拥渭水，作兴成堰。截灞、浐水，傍渭东注于关西永丰仓下，与渭合"。

韦坚主持开凿的漕渠主要包括下面四项内容：首先，在漕渠的渠首（咸阳县西南十八里）引水口下方的渭水上横放滚水坝，拦截一部分渭水入漕，这个称为兴成堰；第二，渭水有两条支流灞水和浐水，发源于秦岭北坡，它们水流急，水量大，在长安城东会合，漕渠要穿越二水，工程难度很大，韦坚当时采用石块筑堰来横截灞、浐二水；第三，疏通漕渠全线，并将引沿途水源引入渠道；第四，为了停靠来自各地的漕船，开挖了一个人工湖，名为广运潭。

韦坚主持的这项工程，花了两年时间得以完成。新修的漕渠起自咸阳县西南十八里的渭水，到华阴县境内永丰仓下的渭水。漕渠解决了京师长安和关中地区多年少粮的问题。然而，在唐朝的安史之乱中，漕渠又荒废掉了，不能通航，直到唐文宗大和初年（公元827年），才再次疏治漕渠，修复渠首兴成堰，使得漕渠又通航了约二十年，这也是对关中漕渠最后一次的治理。

3. 永济渠的治理

唐朝对永济渠的治理主要包括渠首改源、防治洪涝和扩建三方面。

永济渠在隋朝时以沁水为渠首水源，由于沁水泥沙含量大，易淤塞，经常会影响永济渠的通航。唐朝时为了解决这个问题，便将永济渠改为以清水和淇水作为渠首的水源，将渠首从沁口东移到淇口。

河北平原每到汛期经常因为来自上游的河水来不及入海而引起洪水泛滥，这也给流经该地区的永济渠的航运造成了严重的影响。唐朝自高宗到玄宗的近百年间，采取了很多防洪措施，除了修筑堤防和蓄水滞洪外，为了排泄超量洪水，还开挖了多条称之为减河的人工渠道。

唐高宗永徽元年（公元650年），重开无棣沟，它西起南皮县以西的永济渠，流向东南，饶安县城南，到无棣城东南，再流向西北入海；武后久视元年（公元700年），为防止黄河下游洪水对永济渠构成威胁，重新开凿马颊河，取名新河，用来泄洪入海；另有浮水，原为汉时从黄河下游分流出来的一条派，从东光县南向东北流至浮阳县（即沧州）以东入海，唐朝时将它的西端与永济渠相通，用以泄洪；《新唐书》卷三十九《地理志》景州·南皮县下记载："古毛河自临津县经本县入清池县，开元十年开"。唐开元十年（公元722年）开凿了毛河，将永济渠中的洪水泄入渤海；开元十六年（公元728年）开通了通阳河，一头通永济渠，一头通毛河；开元中期开通了靳河，它自安陵进入浮水以泄洪。

唐朝在对永济渠的扩建方面主要是在渠东西两侧平原地区增开一些大小支渠，或用来通漕，或用来灌溉。在此介绍其中一些较重要的支渠。

唐高宗永徽年间（公元650~655年），魏州刺史李灵龟在魏州城西开通了一条运河，原来魏州与永济渠相临，但不相通，水运很不方便，运河开通后，县城与永济渠之间紧密相连，这样永济渠南来北往的漕船商舶也给魏州带来了商机和繁荣。到了唐玄宗开元二十八年（公元740年），魏州刺史卢晖对这段运河进行了重开，将永济渠自石灰窠引流至城西注魏桥，称为西渠。这样魏州西渠极大地促进了该地区的经济发展。

张甲河原为西汉黄河分支屯氏河的一个派流，逐渐演变为漳水的一条派流，河身淤浅加上含泥沙量较大，不能通航，每当洪汛期还会泛滥成灾。神龙三年（公元707年），姜师度（河北道监察支度营田使）发动民众对它进行疏浚加深。这样张甲河南起洺州县南的漳水，沿永济渠西侧向东北方延伸至景州东光县境内注入永济渠，成为永济渠的辅助航道。

在河间县先后现两条长丰渠，一条位于城北，贞观二十一年刺史朱潭开凿。另一条是开元二十五年刺史卢晖开凿，西起滹沱水，向东北流，经河间县、束城县、平舒县后到今静海县一带注入永济渠。这条长丰渠既可以灌溉还可以通漕。

昭庆县即象城县东南有大面积的大陆泽，有漳水流过。唐高宗仪凤三年（公元678年），李玄开凿了沣水渠，通过漳水通向大陆泽，改善象城县对外的交通运输条件。

开元四年鱼思贤开凿了通科渠，从任丘县向西，穿越滹沱水和诸淀之间，往西通向滱水，宣泄淀泊群的洪水，而且又沟通滹沱水与滱水，便于漕运。

唐初，为防御生活在北方边境地区的少数民族的侵扰边境，朝廷在幽州和营州等地派重兵把守，因此需要不断地从南方运输军用物资和粮食。而当时永济渠以北的鲁城到现在的天津一段并不通航，海上运输，风险较大。神龙初年（公元705年），姜师度大致按曹操当年远征乌桓开凿的平虏渠方位也开凿了一条平虏渠，与永济渠北段相通，用以漕运。这条新开的平虏渠的位置确切是在沧州北部的鲁城县境内，今河北黄骅市境的西北部。

永济渠经过唐朝的治理，两侧增开的运河以永济渠为骨干，河北地区水运四通八达，漕运更加便捷，通向粮食产区和产盐基地。

4. 涟水新漕渠

关中地区每遇到灾荒年，粮食供给入不敷出，皇帝便要带着文武大臣到洛阳就食。武则天统治期间，大多数时间都是在洛阳听政，很少去长安。她为改善黄河下游地区和江淮地区主要粮食产区的运输条件，以更方便快捷地运到洛阳和长安，开凿了两条运河，涟水新漕渠就是其中的一条。

涟水新漕渠位于淮河入海口以北的大海之滨（今江苏北部至山东南部），南北走向，于武则天垂拱四年（公元688年）开通，它起始于涟水县以南的淮河，向北经涟水县城，延伸到朐山县（海州），折向西北，大致沿现在的新沭河通向沭水。沭水发源于沂州沂水县北，向南流经莒县、临沭县、沭阳县后转向东流入海。漕渠沿沭水向北就可以到达沂州和密州。在《新唐书》卷三十八《地理志》泗州·涟水县下记载："有新漕

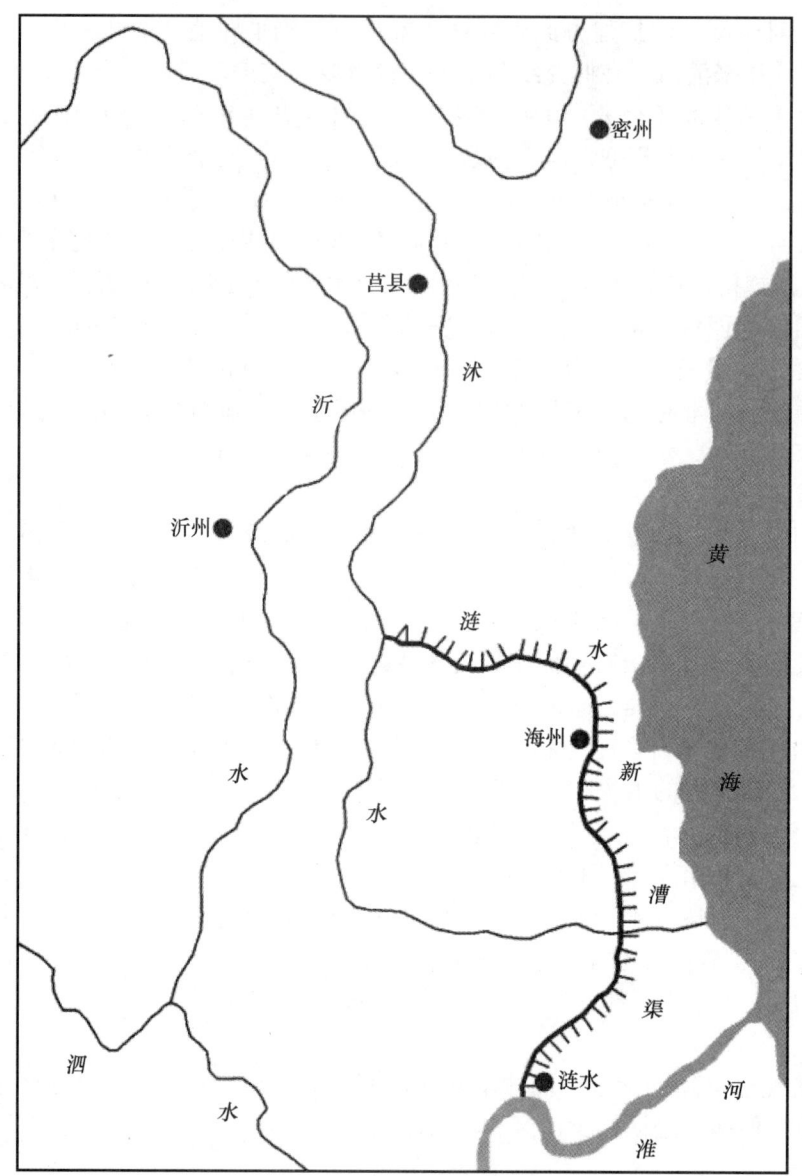

图4-1 涟水新漕渠示意图

渠,南通淮。垂拱四年开,以通海、沂、密等州"。涟水新漕渠示意图见图4-1。

涟水新漕渠开发了沭水的水运资源,具有很好的经济意义,到中唐时期,它不仅用于航运,而且成为国家漕运中的官河。时到现在,涟水县与连云港之间的运盐河很可能就是由涟水新漕渠演变而成的。

5. 湛渠

湛渠是武则天开凿的另一条运河,湛渠开凿于载初元年(公元689年),位于黄河下游以南,古汴渠以北的平原地区。湛渠起于开封,向东流,经曹州至巨野泽。巨野泽过曹州（今山东省菏泽县）和兖州两地，这两地在初唐时期是北方东部的主要粮食产区，也是京师粮食的主要供应地。开通湛渠后，便将曹州和兖州两地连接起来，解决了因济水西段干涸，曹、兖两地到中原、洛阳之间没有水道直接相通，还要绕道黄河或者古汴渠的十分不方便的状况。湛渠运河示意图见图4-2。

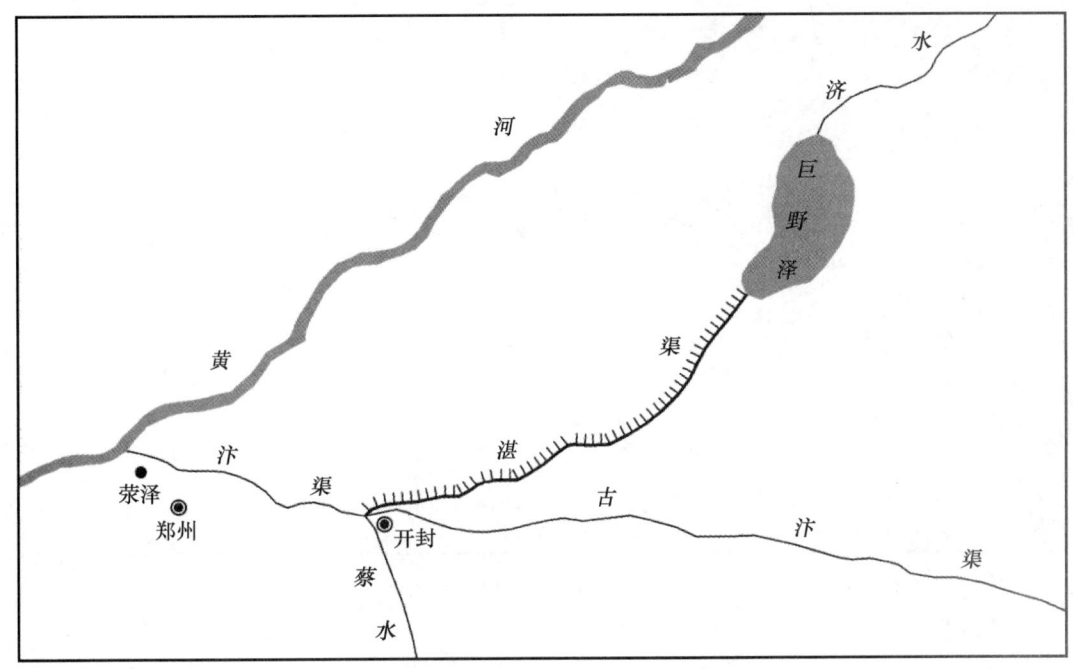

图4-2　湛渠运河示意图

湛渠渠首在开封与古汴渠和通济渠都相通，属于汴渠系统，这也说明在唐朝时扩大了汴渠系统。

6. 相思埭运河

太宗贞观元年（公元627年），唐朝在岭南地区设了岭南道，其中桂管（桂管经略使的简称）治桂州（今广西桂林市），在唐朝的治理下，桂管地区社会经济发展势头良好，但还是受到境内山多、水多的交通限制，不便于所管辖的其他州县。为此，武则天执政期间在桂管地区开凿了相思埭运河。

《新唐书》卷四十三上《地理志》桂州临桂县下记载："有相思埭，长寿元年（公元692年）筑，分相思水使东西流"，"相思水"指的是当地一条名为相思江的小河，相思江是洛清江的支流，发源于临桂县西南的卧石山，从北向南流到大湾附近向西南流一段时间再向西北，在黄洞村穿越凤凰岭山区，流至永福县东北的苏桥镇注入洛清江，全长45公里。洛江是柳江的支流，发源于义宁县北的丁岭。长寿元年（公元692年）修筑的相思埭运河长16公里，由东向西，西连相思江，东通良丰江。良丰江在临桂境内的东面，是漓江的支流。相思埭运河示意图见图4-3。

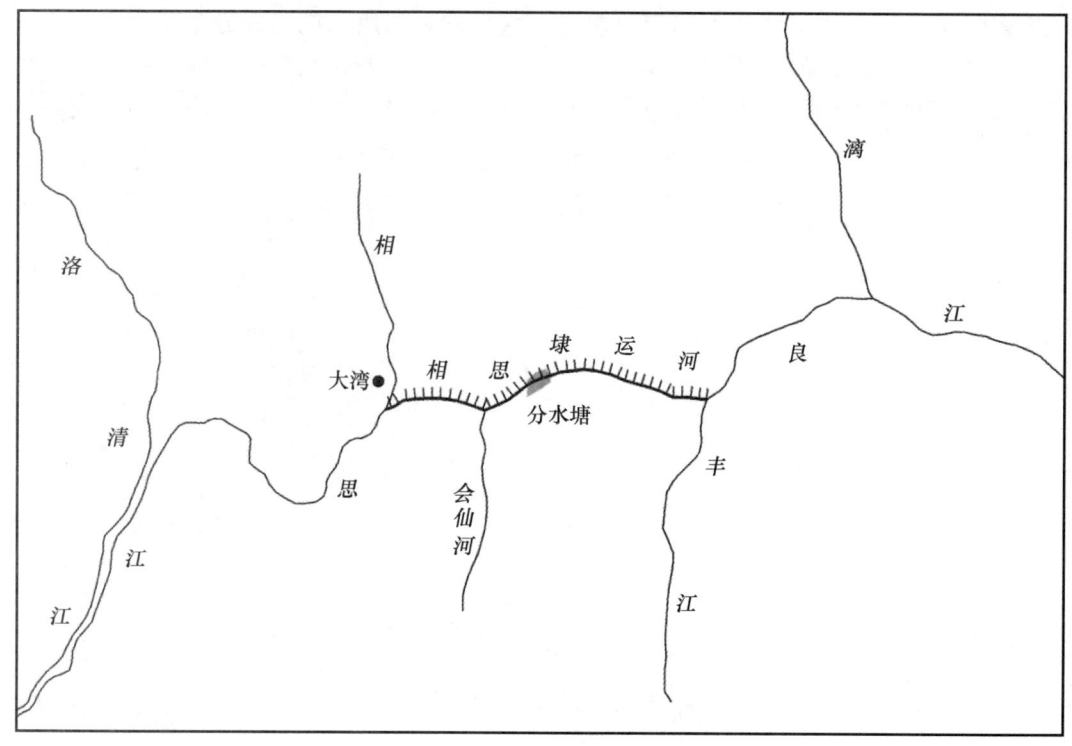

图4-3 相思埭运河示意图

相思埭运河的水流比较特殊，是从运河中间的分水塘向东西两对分流而成，运河沿途设置了很多陡门，与境内的灵渠类似。相思埭与灵渠在岭南地区被称为南北二陡河，南陡河即是相思埭运河。相思埭运河的开通不仅发展了桂管地区以及岭南地区的水运，在其他方面也发挥了积极作用，相思埭运河沟通桂州和柳州（故也称桂柳运河），提供了水运捷径；相思埭运河与漓江上游的灵渠相应，将长江流域与岭南地区的水上运道一脉相连，促进了岭南地区的经济文化发展；相思埭运河还起到了防洪和灌溉农田的作用。

7. 通济渠（汴渠）的治理

唐朝时习惯称隋朝的通济渠为汴渠或者汴河。唐朝很重视汴渠，视它为生命线，竭尽全力地对它进行整治、改建和扩建，并且在渠首引水口和渠尾入淮处更是下大了力气。

先从治理渠首引水口说起，汴渠以黄河作为水源，黄河自古含沙量较大，使汴渠极易淤积泥沙，特别是渠首引水口处，泥沙淤泥速度快，如果清理不及时，直接影响到汴渠的水位和航运，疏浚渠首引水口是唐朝运河工程的一个重要任务。汴渠的引水口在汜水县黄河南岸的板渚附近，称为板渚汴口，如果要疏浚它，必须中断漕船，暂停漕运，损失巨大。这时，任河南尹的李杰想到了一个好办法，借用古汴渠的引水口，原来古汴渠（即汴水）和汴渠在汴州（今河南开封市）以西是在同一渠道合流。

古汴渠的引水口在板渚汴口的东面，因东汉时在该引水口筑有石堰，因此称为石门汴口，年久失修，堰体破坏。开元二年（公元714年），在李杰精心组织规划下，修竣了梁公堰，古汴渠引水功能恢复，可以代替板渚汴口进行引水。之后，唐朝采用板渚汴口和石门汴口交替使用的方法，轮流疏浚，作为汴渠的引水口，保证唐朝漕运畅通无阻。

下面说说渠尾的治理。汴渠入淮水在泗州临淮县（今江苏省盱眙县北），与邗沟的入淮水处不相接，所以往来船只需要借助一段淮河，而这段淮河，风大水急，给行船带来不少的困难和危险。唐朝时期，对汴渠的尾闾和终点采取了一些措施，其中比较重要的是汴州刺史齐澣对汴渠尾闾的两次改建。

开元十二年（公元724年），第一次对汴渠尾闾实施改建工程，《新唐书》卷一百二十八《齐澣传》记载："澣以淮至徐城险急，凿渠十八里，入青水，人便其漕"。"澣"说的是当时的汴州刺史齐澣，"徐城"在临淮县的西北，今江苏泗洪县以南，青水应该是入淮口的小支流，十八里渠道就是连接汴渠和青水。本次改建工程规模不大，但很有意义，它改变了汴渠尾闾的路线走向，改变了汴渠入淮口的位置。

第二次改建是在开元二十七年（公元739年），汴渠到达虹县（今安徽泗县）以下时，坡降加大，水位落差大，行船很困难，齐澣希望采取一定的措施可以解决这个问题。《旧唐书》卷一百九十中《齐澣传》记载了他当时的施工情况，书中说："自虹县以下，开河三十余里，入清于河，百余里出清水，又开河至淮县北岸入淮，免淮流湍险之害"。这次工程的规模要比第一次大得多，开凿两段运河，并且利用了当地的一些自然河流，将汴渠的入淮口与邗沟的入口距离拉近，减少了在淮河上航行的路程，降低了风险。但是，当时地形水文情况复杂，事先的考察不够细致深入，这次改建工程并没有完全达到预期效果，新开一段时间后，水流又趋于湍急，只能再使用旧道。

8. 伊娄河

长江挟带的泥沙在长江口日积月累不断淤积，最后成为沙洲，名为瓜洲，它是大江南北水运交通必经之地。隋炀帝重开的邗沟在长江的入口位于扬州的扬子津和江南河的起点丹徒之间就隔着瓜洲。瓜洲面积一直在增大，后来发展到南北直径二十五里，瓜洲的北边与长江北岸距离已经很近，南边与长江南岸距离也只有二十里左右，南来北往的漕船在渡江时不得不绕过瓜洲尾部而行，增加了航程也加大了在长江中航行遇风浪的危险。

齐澣调任到润州（治所在丹徒县，今江苏镇江市），了解到这种状况后，便决定在瓜洲上开凿一条南北向运河，将长江南北的运河入口连成直线。开元二十六年（公元738年），齐澣组织人力进行开凿运河，名为伊娄河，也称瓜洲运河，长二十五里，贯穿整个沙洲，为了有利于保持伊娄河有足够的水量，还在河口筑埭，用来拦水。齐澣还在丹徒境内增开江南河新的入江口，历史上，江南河在丹徒境内的入江口一共有五处，分别是大京口、小京口、甘露口、丹徒口和谏壁口，这次新增的是大京口，是五个入口中最西面的一个，可以使江南河的入江口与隔江的伊娄河入江口相接近，缩短在江中航行的路程。伊娄河示意图见图4-4。

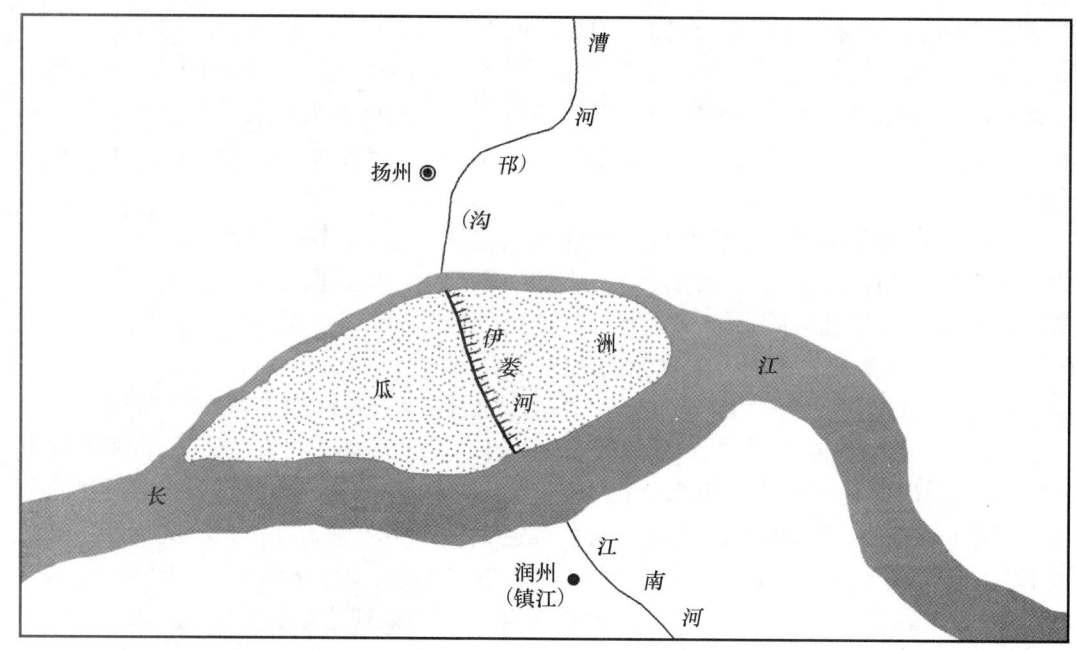

图4-4 瓜洲及伊娄河示意图

伊娄河的开通，免除了漕船商舶在江上绕道，避免了风涛之险。后来，由于江水的冲刷，泥沙沉积等因素，长江北岸扬子桥退处内陆，伊娄河曾变为一条断头河，瓜洲运道中断，再后来，唐朝在扬子桥又向南开挖了一段新运河，与伊娄河相连，并疏浚治理伊娄河，重新恢复了漕运。

9. 开元新河

三门峡位于洛阳和长安之间，是漕运的必经之地。然而，三门峡险恶的地形一直严重地阻碍着漕运，从汉代起，各朝各代都与其进行漕运斗争，到了唐朝也不例外，还对三门峡进行了一次空前规模的工程改造。

关于这次空前规模的改造工程，在《新唐书》卷五十三《食货志》中这样记载着："（开元）二十九年，陕郡太守李齐物凿砥柱为门，以通漕。开其山颠为挽路，烧石沃醯而凿之。然弃石入河，激水益湍怒，舟不能入新门，候其水涨，以人挽舟而上"。这项工程包括两方面：一是"凿砥柱为门，以通漕"，即在人门东岸的岩崖上凿了一条人工渠道，这就是后来所说开元新河；另一个是"开其山颠为挽路"，这里是说在运河东岸的山顶处开凿一条栈道，以代纤夫挽舟时行走之需。

开元新河位于人门以东，两侧都是陡立的岩壁，呈南北走向，河道较直，河较平无暗礁，水流也不快，漕船航行其中比在人门中航行还安全。据中科院考古所考证河长约280米，宽约6到8米。开元新河示意图见图4-5。

开元新河于开元二十九年（公元741年）十一月开工，为了赶在冬季黄河枯水期和冰封期完成，次年（公元742年）正月就竣工了，仅用了三个月时间，可以想到当时施工的强度很大。然而，由于开元新河开凿的河床浅，枯水时期无法通航，涨水时，水

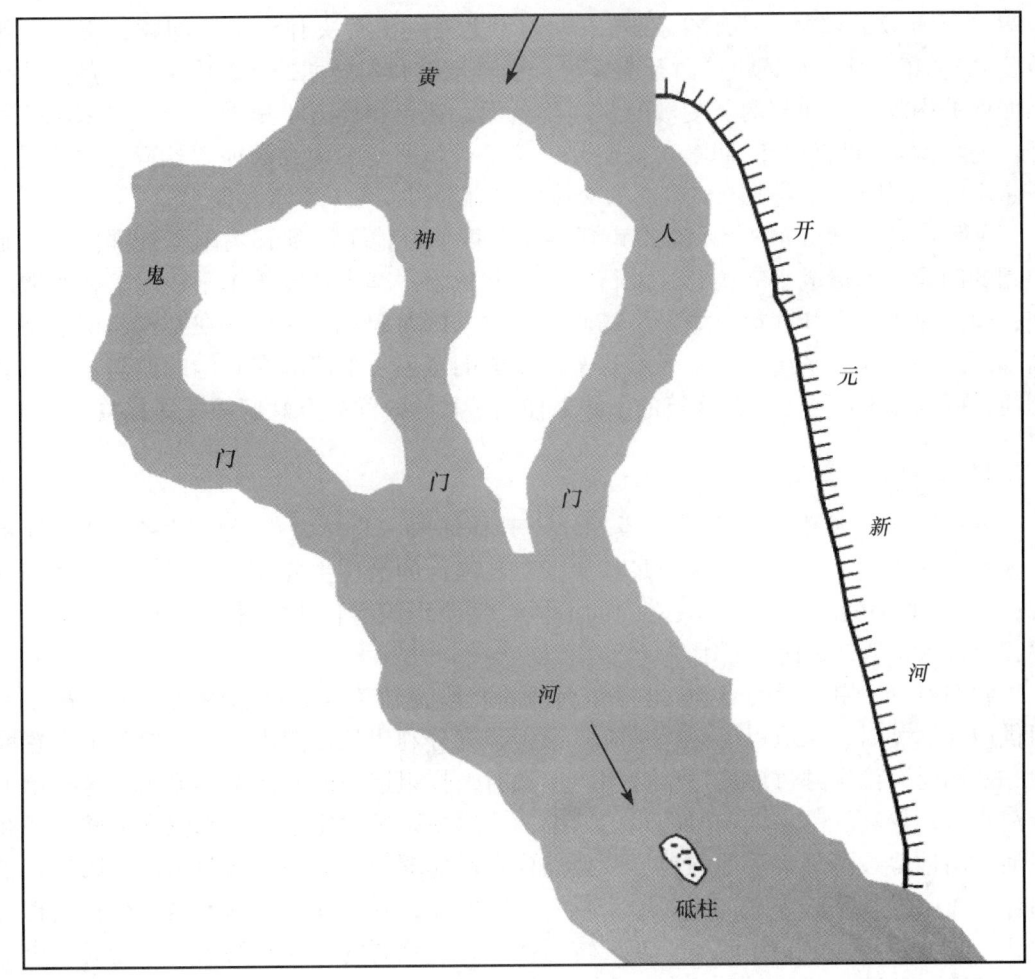

图4-5　开元新河示意图

流又太急,也不便通航,再加上黄河泥沙多,易沉积,最后还是出现了《通典》卷十《食货漕运》记载的局面"河泥旋填淤塞,不可漕而止"。

10. 邗沟的治理

春秋时代吴国开凿了邗沟,隋朝时重开并称之为山阳渎,唐朝时还称它为官河或者漕河,可见它的地位在唐朝时期更是非比寻常的重要,它可以将来自江南各地集中在扬州的粮食和物资运输到洛阳和长安。因此,为保其通畅,唐朝对它进行了多次治理,重点解决其水源不足的问题,在整治邗沟方面取得显著成绩的有杜亚和李吉甫两人。

杜亚是京兆人,热衷于水利建设,是这方面的专家。德宗兴元元年(公元784年),杜亚任扬州长史兼淮南节度观察使,当时扬州的邗沟已经填淤,问题诸多。他实地考察邗沟,积极寻找解决方法,对待邗沟的浅水问题,他利用"引湖、陂、筑防庸",对高田灌溉的问题采用"夹堤高印"的方法,又利用疏启道衢,彻壅通堙的方法解决侵占的河道和街道。经过这些修整,邗沟的水道变深,水量增加,扬州的良田也得到了有效的灌溉，街道也拓宽了。为了更进一步解决邗沟水源问题，贞元四年（公元788年）杜亚在扬州城西开凿渠道，引爱敬陂和勾城塘的水，沿蜀冈南麓到达扬州城西的南隅，接通邗沟。爱敬陂又叫陈公塘，在扬州西五十里处，由东汉末陈登所开。勾城塘是唐初贞观时期李袭誉所开，位于扬州西南蜀冈的南麓。杜亚在这条引水渠两岸筑有堤防，在爱敬陂与渠道的交接处筑有水门，可以蓄水和放水。

元和三年（公元808年）李吉甫任淮南节度使，他了解到邗沟因受到邵伯和高邮两湖的倾注，而造成水势湍急，航行有困难和危险。李吉甫修筑了平津堰，在筑堰之前，他修建了富人和固本二塘，引高邮湖的水，储蓄起来，然后才在邗沟与邵伯湖、高邮湖之间修建了平津堰，平津就是平息直流的意思，平津堰在邗沟的西侧，并筑有阀门，可调控水量。李吉甫修筑的平津堰使用了很长时间，百姓们都深受其益。

11. 江南河的整治

在南北大运河中，江南河这段相比于其他河段，自然条件要好得多，江南河贯穿太湖流域，河道众多，水源充足。唐朝对江南河的治理主要在长江三角洲西北部一带，江南河的镇江与丹阳吕城之间的河段，主要因为有低山丘陵的分布，水源上不去，出现水位低，致使行船困难。

自丹徒（今镇江市）到苏州为江南河的北段，地势西北高东南低，水源难以上引供应，唐朝时期采取以下几项措施：第一，充分利用长江潮水，在江南河上设置堰埭，涨潮时，江水越过堰埭进入运河，退潮时，拦阻运河内的江水不流出，这样增加运河水量，抬高江南河渠首段的水位。第二，唐肃宗至德年间，在无锡和苏州之间江南河由高地势逐渐降为平地的地形变换点望亭修建堰闸，节制江南河水流。第三，整治位于丹阳县以北的练湖，练湖原为晋时陈敏所建，到唐朝，管理不当，名存实亡。唐代宗永泰年间，刘晏任河南、江淮转运使，针对练湖的情况，指示并协助润州史韦损加强了对练湖的管制，在练湖的出口处修建斗门，节制水流，恢复练湖调节江南河水位的功能。第四，唐宪宗元和年间，李素开凿了一条长达百里的运河，名为元和塘，南起苏州城西枫桥镇与江南河相接，北起常熟县，接其他港浦通长江，不但可以使常熟县与府城苏州直接沟通，交通运输便利，而且还可以作为江南引水道，引长江水入江南河。第五，孟简开凿了孟渎，孟渎位于今常州以西奔牛镇附近，南起江南河，北通长江，也可以作为江南河从长江引水的引水道。《新唐书》卷四十一《地理志》常州武进县下记载："县西四十时有孟渎，引江水南注通漕，溉田四千顷。元和八年刺史孟简因故渠开"。常州奔牛西的江南河，水位低，需要增加水量，因此这孟渎的开凿，对于江南河来说是至关重要的。以上的这些措施对于江南河北段水量不足的问题基本得到了解决。

江南河的中段为自苏州向南行，傍太湖东岸至嘉兴。这段地势低洼，河湖众多，水量不只是丰富，有时还会遭太湖水侵犯。吴淞江口向南经松陵镇至平望镇一段江南河是太湖泄水的地方，地势又低，不时会被淹没。唐元和年间，苏州刺史王仲舒在这一段江南河的西侧修筑了堤岸，固定了江南河道，意义十分重大，使苏州以南吴江县城至平望镇的这一段运河基本定型，为后世对本段的江南河航运条件的改善打下了良好的基础。

　　江南河的南段从嘉兴到杭州，地势自西南向东北倾斜。今海宁县西南长安镇北的堰闸为界将此段运河分为南北两段。长安闸以南的运河水源，中唐以前主要来自钱塘江的江潮，然而由于钱塘江泥沙沉积，杭州湾变小，入海口变小，进入江南河的江潮水量变少，再加上江南河河道倾斜，潮水很快向北流失，使这段江南河水位很低，无法通航。唐穆宗长庆二年（公元822年），白居易任杭州刺史，他在任期间治理了西湖，疏浚水道，利用西湖水进行灌溉和济运。此外，杭州东北临平镇西南还有一个湖泊名为临平湖，面积虽不如西湖大，但其面积也很大。白居易当时就是利用了西湖和临平湖的湖水，导入到这段的江南河，接济江南河的水源。长安闸以北至嘉兴间这段水源主要来自其西侧的苕溪，水源充足，四季水位落差小，可以常年通航。江南河这段上有东西两条航道，两条航道各有利弊，东航道自平望镇向东南经嘉兴县，折向西南经长安镇和临平镇到杭州，它是江南河南段的正道，路程较近，但水量不足，水位低，行船十分困难；在唐朝，分别经过武则天时期、开元十一年（公元732年）、广德二年（公元764年）及贞观八年（公元792年）等多次地对荻塘运河的疏治，最终形成西航道，它自杭州沿东苕溪北行至湖州，再沿荻塘运河至平望，再转接江南河北上，行程绕远，但河道较宽阔，航运畅通。东西两条航道示意图参见图4-6。

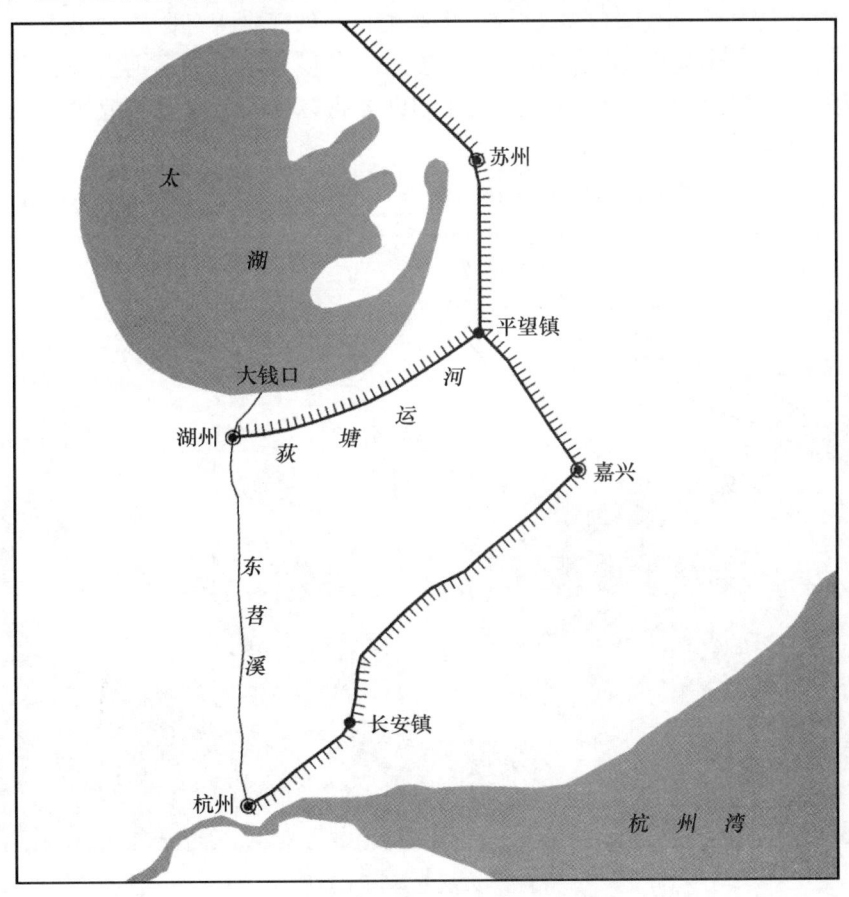

图4-6　江南河南段东、西航道示意图

安史之乱后，唐朝基本都是依靠东南地区提供粮食和物资，因此江南河自中唐起在唐朝占有十分重要的地位。

12. 天威遥运河

唐朝时期，在我国西南部地区有一个称为"南诏国"的小国，长期以来，一直与唐朝保持着睦邻友好的关系。然而，到了晚唐，南诏国第十一代国王酋龙趁唐国力衰退之机，出兵进攻唐朝管辖之地，攻陷了播州（今贵州遵义市）、安南交趾（今越南河内西北）、邕州（今广西南宁市）等地，南诏军十分猖獗。在此危难紧急关头，唐朝调秦州刺史高骈进击南诏，并收复安南。高骈曾抵御吐蕃立下过功劳。现在为防御南诏再来侵犯，需要在安南储备足够的粮食，为了将粮食运送过来，高骈组织人力开凿了天威遥运河。

从今广西防城市至安南（今越南北部）海路相通，但江山半岛尖端外（现在的北部湾）地区巨石暗礁重生，航船十分危险。马骈亲自视察水路，考察实地情况。五代时孙光宪在《北梦琐言》中记载："交趾以北，距南海有水路，多覆巨舟。骈往视之，乃有横石隐隐然在水中。因奏请开凿，以通南海之利。其表略云：人牵利楫，石限横津。才登一去之舟，便作九泉之计。时有诏听之，乃召工者，啖以厚利，竟削其石。交、广之利，民至今赖以济焉"。马骈在北部湾江山半岛附近海域凿开了一处巨大暗礁，又在江山半岛中部最狭窄之处开凿了一条横穿半岛的运河。在凿开暗礁时，遇到雷雨闪电，当时的人们认为有天威在相助才得以碎石，于是称它为天威遥运河。示意图参见图4-7。

天威遥运河位于今广西防城港市以南四十里的北部湾江山半岛中部，起自潭蓬

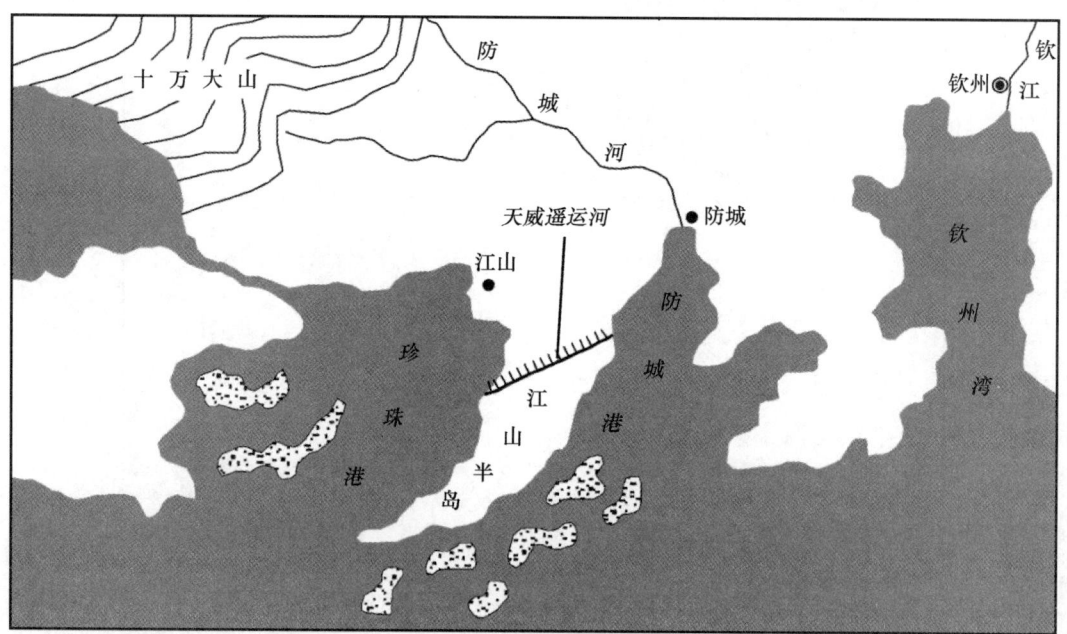

图4-7 天威遥运河示意图

村，横穿整个半岛，又称潭蓬运河，虽然全长八里，但却具有重要的意义。天威遥运河使江山半岛东侧的防城港海湾与西侧的珍珠港海湾直接相通，漕船商舶不必再绕半岛尖端以外的危险海域，不仅缩短了航程，航运安全也得到了保证。

4.2 五代时期的运河

五代指先后统治中原地区五个短暂的朝代，共计54年（公元907~960年），依次为后梁、后唐、后晋、后汉和后周五个朝代，这也是中原地区战火纷飞、战争频繁的时期。每个朝代的统治者还未喘息，还未来得及恢复生产、兴修水利、巩固政权时便被另一朝代所取代。每个朝代统治的时期都很短，最长的是后梁统治17年，最短的后汉只有4年。在战争中，运河的疏浚和治理都是在运兵送粮的需要下进行的。比较五代运河方面的成就，后唐和后周两代较有建树。

1. 疏浚索水

沙陀族人李克用曾助唐朝镇压黄巢起义，屡次立功，封至晋王，占据河东一带，他的儿子李存勖又占领了河北地区并在魏州称帝，国号为唐，史称后唐，李存勖史称唐庄宗。

庄宗同光二年（公元924年），命蔡州刺史疏浚索水。《资治通鉴》记载："诏蔡州刺史勋浚索水，通漕运"。索水是荥阳县境内的一条小河，是济水的一条支流，水流较短，水量也较小，无法通航，朱勋疏浚索水，实质是增加汴渠的水源，济水湮废后索水就成为了汴渠的一个水源。

2. 东南河

《旧五代史》记载："幽州赵德钧奏：新开东南河，自王马口至淤口，长一百六十五里，阔六十五步，深一丈二尺，以通漕运，舟胜千石"。这条东南河是后唐时期完成的第二条运河，它的起点位于廊坊市西南的永定河北岸的王马口（今王玛村）处，终点为今霸州市东信安镇的淤口关，呈西北向东南走向，根据它所在的方位及路线走向来看，很可能是根据永济渠河段的桑干河故道开凿而成。当时幽州刺史赵德钧开凿这条东南河的主要目的是将沿海生产出的盐运往到幽州及瀛州等地，以获取利润。东南河的开通从客观上促进了当地经济和文化的发展。

3. 治理汴河

后周开国者郭威出身贫民，深知百姓疾苦。他从自身做起，日常生活都很节俭，他削减赋税，任用贤才，惩治恶吏。郭威的继承者郭荣也是雄才伟略，是治国的能人，史称周世宗，他在位期间，多次兴修水利运河。

五代所说的汴河即是指隋的通济渠，唐的汴渠。五代战争频繁，汴河常处于淤塞状态。周世宗对汴河进行了大规模的整治，显德二年（公元955年），为了征伐南唐，满足运兵运粮的需要，后周世宗命武宁节度使武行德带人疏治运河，东到泗州，整治埇桥一带的汴河下游河段。后周世宗又陆续整治了汴河口和汴河上游河段。在《资治通鉴》中有记载："显德五年三月，浚汴口，导河流达于淮，于是江淮舟楫始通。……显德六年二月丙子朔，命王朴如河阴，按行河堤。立斗门于汴口"。后面两次的整治、疏浚汴河，除了军事目的的需要，还为了使汴河全线畅通，便于对京师的漕运。

后周世宗还在开封周围新开了几条运河，使得开封的水运四通八达，为后来北宋汴京的交通奠定了基础。

4. 另开邗沟入淮通道

后周世宗为了征伐南唐，夺取淮南地区，将两国的分界线由淮河移到长江为界，当时除利用汴河，还利用到了邗沟。然而，邗沟在入淮处筑有一道堰埭拦住了战舰的去路，这道堰埭称为北神堰，位于楚州（今江苏省淮安市）北五里，因为邗沟水位高于淮河，因此它的作用是防止邗沟水量流失。一般的漕船经过此堰时，都必须得卸下货物，拖拉空船而过。而战舰太大，无法过堰。

后周世宗亲自勘察地形，发现楚州城西有一条鹳水注入淮河，可以利用鹳水沟通邗沟与淮河，避开北神堰。他亲自设计规划，开通一条邗沟入淮河的新通道，对鹳水进行拓宽、疏浚和改造，仅用10天的时间工程就结束了。后周的舰队通过这条新通道顺利地从淮河驶入邗沟，深入南唐，取得战争的胜利，将两国的分界线由淮河改到了长江一线。

5. 整治永济渠

周世宗在治理黄河决口的基础上，对永济渠进行了一定规模的治理。显德四年（公元957年），他下令疏浚永济渠南段的五丈渠运河，五丈渠也称五丈河，因河宽五丈得名，它西起开封，东止梁山泊。本次治理主要为五丈渠的下游，涉及曹州、济州和梁山泊，其中梁山泊是由曾经水域辽阔的巨野泽演变而来，曹、郓、济三州濒于梁山泊。五丈河疏通后，舟船就可以通过梁山泊进入济水，再到郓州，再经一段陆运到达青州。

永济渠北段堤防局部受到破坏，周世宗为了利用永济渠北征契丹，在显德六年（公元959年）对它进行了整治，《资治通鉴》卷二百九十四《后周纪五》记载："夏四月庚寅，韩通奏：自沧州治水道入契丹境，栅于乾宁军南，补坏防，开游口三十六，遂通瀛、莫"。当时韩通从沧州到乾宁军（今河北青县）以南这段进行了修补，还开凿了三十六游口。游口是用来宣泄汛期洪水的泄水口。瀛州治在今河北河间县，莫州治在今河北任丘县，韩通修治沧州以北的永济渠便可顺流而下，转入白沟河，通到瀛州和莫州。周世宗的水军正是按此路线，在攻打契丹中取得了胜利，占领了契丹的莫州和瀛州。

4.3 宋朝的运河

公元960年，后周世宗英年早逝，禁军首领赵匡胤趁新继位的恭帝年幼无知，在陈桥驿（今河南开封东北）发动政变，夺取后周政权，统一全国，建立宋朝。宋朝吸取唐朝的教训，如果地方藩镇势力发展壮大，朝廷将难以控制，于是建立了一个中央集权制的国家，定都开封，确定"国家根本，仰仗东南"的财政方针。

宋朝经历了北宋和南宋两时期，北宋历时167年，南宋历时153年。两宋都没有开凿过大运河，重点主要集中在南北大运河的整治和改造方面，北宋时期对汴河治理投入较多的精力，在运河工程技术方面也取得了一些成就，如发明船闸设施、运用测量技术、尝试钻探技术以及不断创新堤防工程技术等等，漕运管理系统更加完善，漕运量最多达到八百万石，创历史新高。

南宋时期改京都临安，即今天的杭州，长江三角洲一带成为京畿要地，因此南宋加强了对浙东运河、江南河的治理，并开凿了通向杭州的新河道——奉口运河。下面分别对北宋与南宋时期的运河治理与开凿做一梳理介绍。

1. 汴河的治理

汴河即隋朝的通济渠，北起黄河，南通淮河，流经北宋都城开封，在北宋占有极其重要的地位。太祖曾将汴河、惠民河和五丈河比作为他的三条宝带。淳化二年（公元991年），汴河在京师附近的浚仪县决口，宋太宗亲自前往决口现场监督，足见宋朝对汴河的重视。北宋朝廷的一切开支和京城居民的衣食生活消费几乎都要靠东南地区供给，而汴河便是物资流入的要道，汴河是北宋赖于生存的水运交通要道。北宋汴河示意图见图4-8。

汴河是以黄河为水源，存在一些先天不足，为弥补这些不足，北宋在治理汴河方面可谓是不遗余力。

汴河在黄河的引水口很难固定在一个位置，经常改变位置，这直接影响汴河的流量和水位。汴口位置不定，也不能在汴口建立水闸，也就无法调节黄河进入汴河的水量。最初是采用"均调水势"的方法，即在黄河涨水时，填土缩小汴口，减少黄河进水量；在黄河枯水期，挖土扩大汴口，增加黄河进水量。这种方法虽然有作用，但是相当地耗费人力，少则几千人，多则以万人计，给北宋朝廷带来了不小的物力和财力负担。这时北宋以王安石为首的改革派认为应该将汴河口固定在訾家口，受到以司马光为首的保守派的反对。两派还在汴口是否要长年开放的问题上也存有争执。因为黄河不仅泥沙量大，而且冬季结冰，天暖解冻时，大量的冰凌会进入汴河，冲击汴堤，阻碍航运。所以，汴河的通航时间大约为每年清明到10月。王安石等认为可以全年不闭汴口，在汴口外的水域设置木栰，阻挡冰凌，结果失败，宋神宗斥之为妄说。汴口存在的这两个问题在北宋时期没有得到很好的解决。

黄河自古便有一石水而六斗泥的说法，对于汴渠来说淤积是不可避免的，唐朝实行岁浚制度，后周对汴河进行多次疏浚，北宋真宗大中祥符以前，汴河航运保持着

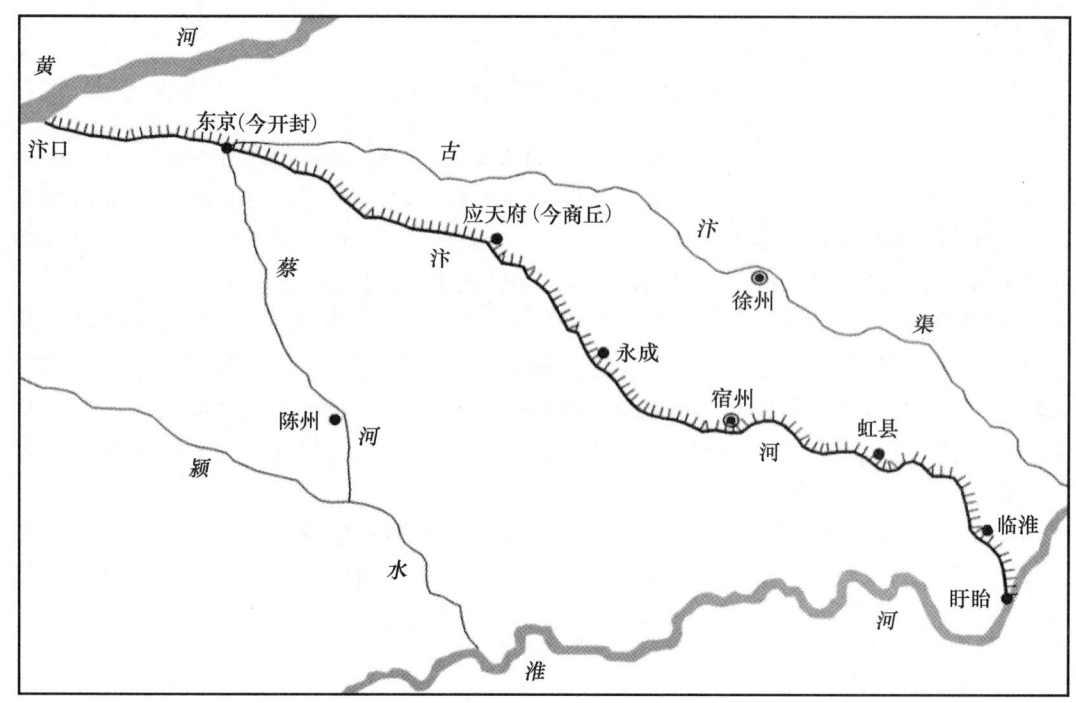

图4-8 北宋汴河示意图

畅通。到宋真宗大中祥符八年（公元1015年），朝廷为减少开支，决定每三或五年进行一次疏浚，最后竟发展到20年没有疏浚，汴河河床淤积抬高，真宗末天禧年间，汴河成为地上河，只能依靠两岸的堤防维持其存在。仁宗时，有人注意到该问题的严重性，不断上书奏请皇上恢复岁浚制度。仁宗皇祐三年（公元1051年），设置河渠司，专管汴河的疏浚治理工作，并采取了一系列措施，包括人工直接挖除河中淤积的泥沙，加高加固汴河两岸的堤防，修建木岸狭河工程，木岸狭河就是沿着河流在河道中打入一排木桩，再用树梢等竹木软料夹入土石并捆成埽，排列于河道中，与木桩相连，固定，构成一道人造的埽岸。这个木岸狭河工程是北宋中期和后期解决汴河水浅的一种有效措施。另外，黄河的水位是夏秋水位暴涨，春冬水位下降，汴河以黄河为水源自然也随着黄河一样，夏秋季节水位暴涨，春冬水位下降的问题。

汴河在北宋有着重要的作用，面对这些状况虽然提出了一些解决的办法，然而只是治标不治本，只能暂时延缓主要矛盾，在宋仁宗时期有人提出导洛通汴取代黄河为水源，就可以一劳永逸。最早提出此想法的是皇祐年间的郭谘。据《宋史》卷三百二十六《郭谘传》记载："自巩西山七里店孤柏岭下凿七十里，导洛入汴，可以四时运行"。当时朝廷曾派遣都水监杨佐与他同去现场勘察地势，后来郭谘过世，再加上要开凿广武山（孤柏岭），工程较大，这项建议暂时搁置下来了，直到神宗熙宁年间才有了转机。

神宗熙宁十年（公元1077年）黄河主要河道北移，在广武山的北麓留下宽约七里的滩地，这为开挖导洛渠道，实现以洛水取代黄河为汴河水源提供了难得的机遇。宋神宗元丰元年（公元1078年）五月，西头供奉官张从惠再次提起建议，次年3月都水监丞范子渊同张从惠奉命勘察地形，证实河阴县西十里到洛口地势西高东低，正好符合洛水的流向。范子渊进行了规划，将初步方案呈报朝廷。为了确保方案可行，宋神宗又派入内供奉官宋用臣针对方案进行实地考察。宋用臣考察后非常赞成导洛通汴，并对方案进行了详细补充。这一导洛通汴的方案终于得到了宋神宗的批准。宋用臣负责整个工程的实施。元丰二年（公元1079年）四月工程开始，由于计划周详，准备充分，当年六月份，仅用了45天工程就竣工了。

这项工程主要包括如下几部分。第一，在广武山北麓的河滩上，开挖一条起汜水县境内的任村沙谷口，向东北方向延伸，长五十一里的引水渠道，一直到汴口，以接通洛水和汴河。第二，新开的引水渠道上，每隔二十里设置一个束水刍楗，用以缓和洛水在洪汛期间湍急的水势。第三，将引水渠道水挖深到一丈，以通行各种漕船。第四，将原有的汴口堵闭，防止黄河水进入引水渠和汴河中。第五，在流经荥阳县境内的索水上游建设水库，引索水注入其中，当洛水不足时，可以作为备用水源，分别建设房家、黄家和孟家三个小水库。同时，还将位于新开引水渠道两侧的沟洫小河集水成陂塘，这样在干旱缺水时也可以放水接济引水渠道。第六，在洛水口设置滚水坝，拦阻洛水使它进入新开的引水渠道，成为汴河的水源，要是遇到洪汛，暴涨的洛水（包括伊水在内）越过滚水坝流入到黄河中，避免洪水进入引水渠道。第七，由于引水渠道在半途横截了黄河小支流汜水，于是在汜水横截口的下方河段上，设置上下二闸，由河入汴或由汴入河的船只先进入二闸，然后按其去向放船入汴或入河。在关闭闸门的情况下，汜水成为引水渠道的水源。最后，据《宋史》卷九十四记载，当时在引水渠道的南北两岸，还修筑了长为一百零三里的堤防，防止引水渠道的水流溢出流失。同时，在巩县神尾山至土家堤之间的黄河南岸，修筑一道坚固的大堤，长四十七里，防止黄河的洪水侵犯引水渠道。黄河南岸的滩地上共有三道长堤。引洛通汴工程示意图见图4-9。

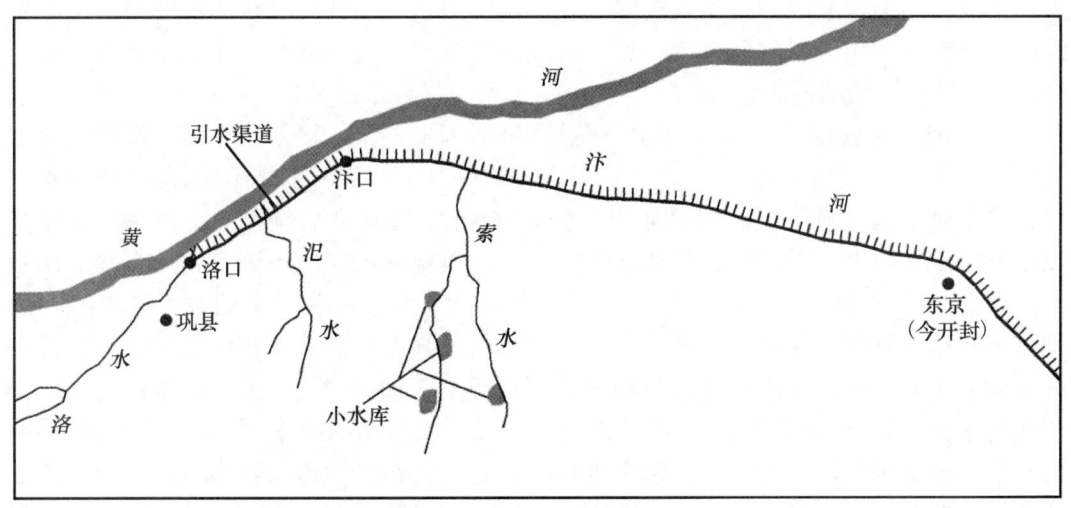

图4-9　引洛通汴工程示意图

引洛通汴工程彻底解决困扰已久的汴河以黄河作为水源的泥沙淤积问题，将这项工程也称为清汴工程，它具有重要意义，朝廷可以不再为汴河泥沙淤积而终年操劳，节省了大量人力、财力和物力，汴河航运畅通无阻，航运条件大大改善，漕运量随之迅速增加。另一方面，清汴工程的成功，也显示了我国运河工程技术到北宋时已发展到一个新阶段，表现在地形勘察、规划设计、流量测算、渠道开挖、船闸建设等方面。

2. 惠民河

惠民河是北宋贯通东京的四大运河之一，是宋太祖的另一条宝带，地位仅次于汴河。开封是北宋的都城，史称东京，是宋朝的人口、经济和文化中心。开封水运交通发达，早在北宋初期，就形成了以东京开封为辐射中心通向四面八方的运河系统，包括汴河、蔡河和五丈河，使得开封可以南扼江淮，北控幽燕，东达齐鲁，西通关中。然而，东京的消费量实在太大，对粮食和其他物资需求量巨大，凭靠这几条运河的漕运是难以满足要求的。另外，蔡河和五丈河都以汴河为水源，而汴河以黄河为水源，黄河的季节性河流，泥沙量又大，常导致这几条运河水位偏低，水量不足，对于吃水较深的大型、重载漕船无法航运。蔡河也常发生水量不足和泥沙淤浅，于是想要治理蔡河，前提就得使蔡河脱离汴河，寻找新的稳定的水源，这是开通惠民河的原因之一。另外一个原因是，宋太祖在位时，吴越王钱俶割据着江南地区粮食盛区，除每年朝贡外，想从汴河增加江南地区的粮食供给，不太可能。于是，便想增加陈、蔡、许、颍地区的漕运量，而这些地区位于东京西南一带，属京西北路行政区，境内除有颍水和汝水外，还有洧水、溵水等多条河道，恰恰缺少一条通向东京的运河，急需开辟一条从该地区直通东京的运河，开通惠民运河已是形势所需。

惠民河分为上、下河段，以东京城内南北向的御街为界。上段称为闵水，是北宋初期新开的河段，起点在葛县西北（今河南长葛县以西）的溵水上游，终点在东京城内。下段为蔡河，它的前身就是战国时代鸿沟的南段，汉代时曾称为浪荡渠，中间曾湮废一段时间，中唐时重开以用漕运，从此称为蔡河，这段运河起于东京城内，止于今河南项城以北的颍河。

惠民河的上段闵河，又称闵水，是蔡河的别称。据《宋会要辑稿》方域十六之二十二记载："建隆元年，始命右领军卫将军陈承昭，督丁夫导闵水自新郑与蔡水合，贯京师，南历陈颍"。建隆元年（公元960年）春，命后领军卫上将军陈承昭督役，征发丁夫数万，导闵水自新郑与蔡水结合，贯穿京城，南历陈、颍达寿春。闵河是以溱、洧二水为水源，据《宋史》卷九十四《河渠志：蔡河》记载："闵水自尉氏，历祥符、开封合于蔡"，可知，闵河起自长葛县西北的洧水，向东北，经尉氏、祥符两县至开封府，入东京城内与蔡河相接，相接于御街的龙津桥下，桥西为闵河，桥东为蔡河。在太祖乾德二年（公元964年）时，又命陈承昭率领丁夫，在长社县境内开渠，使溵水与洧水相沟通。溵水也是颍水的支流，发源地与洧水相近，两水相邻并流，都向东南到西华县境内注入颍水。这样既可以防治溵水在许田镇（在今许昌市东）一带泛滥，还在颍昌府与东京之间开辟一条便捷直达的水运通道，方便漕运。

闵河的引水口位于洧水上游，水量小，需要增加水量，而在太宗淳化二年（公元991年），溴水泛滥，侵占了许州农田，于是在长葛西北沿濮水旧道，开凿了一条二十里长的小河，以沟通洧水和溴水上游，与惠民河相通，这样既可以防涝又可增加惠民河水源。这样，惠民河上段闵河共历经三十年的施工建设基本完成，水源问题也得到了基本解决。

惠民河的下段蔡河这部分，北宋将其列入漕运干线一部分，对它原有的河道规格和通航条件有了新的要求，对其进行了有规划的比较彻底的疏浚与整治。第一次治理是在宋太祖开国的第一年，疏浚开封至通许镇一段蔡河，距离不长，当然这次的疏浚也是为征伐南唐做军事部署。接下来，建隆二年，疏浚从通许镇以南到颍水的范围，距离较长，这样，历时两年，蔡河全线都进行了疏浚。

在宋太祖开宝六年（公元973年）年，闵河改称为惠民河，之后约定俗成，将下段的蔡河也包括在内统称为惠民河，又因其河道形像琵琶，也有叫它琵琶河的，经新郑县贯开封，又经陈州入颍河，到寿春（今安徽省寿县）进入淮河。后开通的惠民河与汴河、广济渠和金水河构成了东京的运河网，环绕京畿，辐射四方，见图4-10。

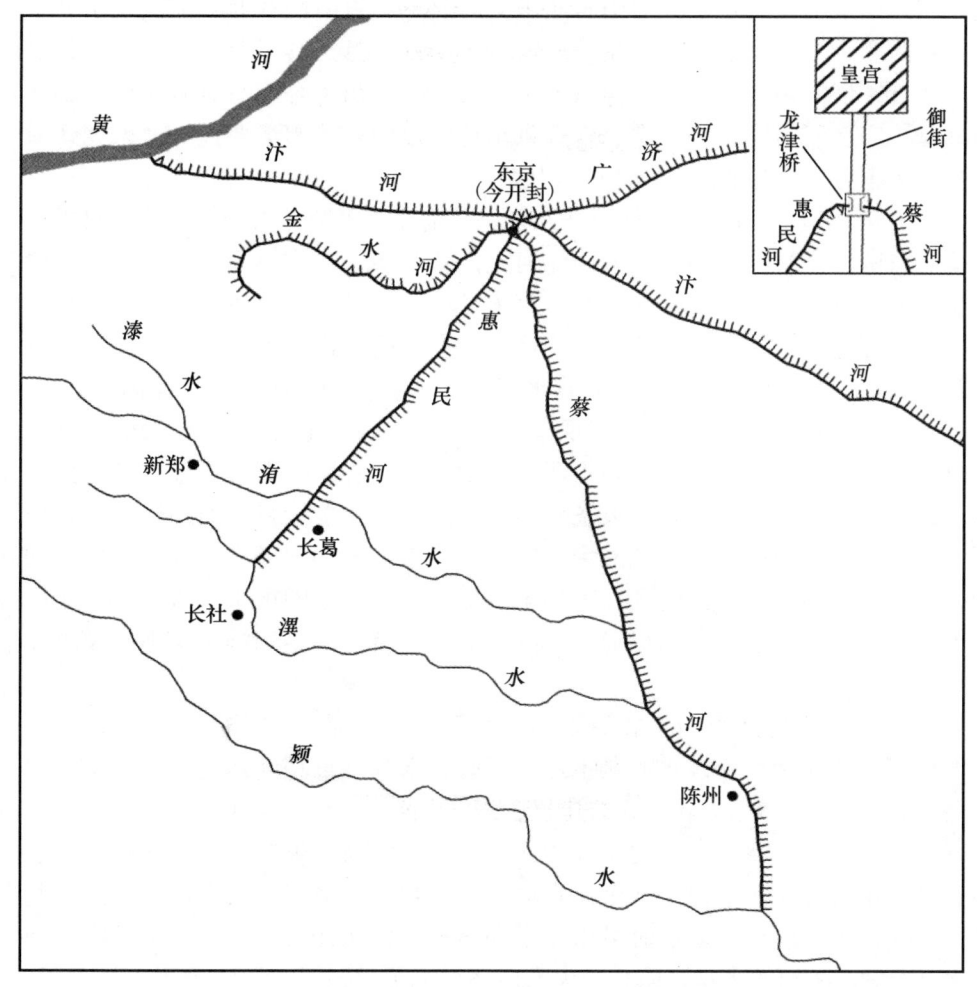

图4-10　北宋东京运河网示意图

惠民河在北宋东京的漕运中发挥了重要的作用，其漕运量仅次于汴河，并发挥了重要的航运交通作用，不但加强了东京与陈、颖、蔡等州的交通联系，还缩短了东京与郑、许等地的水运距离。惠民河与汴河一起，沟通了黄河与长江两大流域，促进两大流域地区的经济发展，文化交流，加强了国家的统一。直到北宋灭亡，惠民河也从兴盛走向了衰退，到金朝统治中国北方时，它则主要用来运送军粮，服务淮河前线的军事需要。到元朝时，统治者忽视了惠民河，任其处自流状态，至明朝时便完全消失了。

3. 广济河

广济河是北宋东京"四渠"之一，它的主要水道为古济水故道，唐朝武则天时期曾沿着这条古济水故道开凿了湛渠，到了晚唐和五代湛渠淤塞不能用。后周世宗显德四年（公元957年）引汴水为水源，重新开通，恢复从京师开封通向曹、郓、济、青诸州的运河，成为当时齐鲁地区通向东京的漕运道路。因为河宽大约为五丈，故称为五丈河。到宋朝开宝六年（公元973年），宋太祖下令将五丈河改名为广济河，自东京开封城西北先向东至东明县（今河南省兰考县以北），再折向东北，流经济阴县（今山东省曹县西北）、定陶县南、济州合蔡镇（今山东省巨野县）北，入梁山泊，之后接济水东北行，依次到达郓州（今山东省东平县）、齐州（今山东省济南市）到达青州通向渤海。广济河是曹、济、郓、青等京东地区通向东京漕运要道。北宋朝廷对它十分重视，从建朝开始就对它不断地进行开凿治理。

建隆二年（公元961年），朝廷征发曹、单诸州丁夫数万人疏浚运河。接下来，宋太祖又命右监门将军陈承昭在京城西汴河上设置斗门，在汴河南开凿一条东西向的渠道，将流经荥阳、荥泽县境内的索水、京水等小河流，导入渠道，由渠道向东引至东京城西，利用渡槽跨越至汴河北岸后，通向东京城内，再注入流经东京城内的五丈河作为新的水源。当年三月，宋太祖亲临水门观看放水入河，对这次工程很满意。

广济河水源变更后，泥沙淤积现象减轻了。不过，索水和京水都是小河流，流量有限，为长达百里的广济河作为水源，常常力不从心。在真宗景德二年（公元1005年），又开始分汴水作为水源。天圣六年（公元1028年）七月，黄河泛滥，致使济州合蔡镇以下的广济河段不能通航，宋仁宗派水臣李守忠和驾部员外郎阎贻庆共同规划治理，这次治理的规模也比较大，工程包括疏导广济河中的洪水进入黄河，架设桥梁和建置坝堰。同时，下令凡是运河周边的州县官长负责巡察和维护河道，及时浚治，巩固堤岸，并且广种榆树。

实际上，广济河淤积的主要原因出在水源上，它是以汴河为水源，水含泥沙量高，如果不以汴河为水源，水源又不足。因此，水源一直是朝廷的一块心病。宋神宗即位后，他采纳汴河堤岸司官员的建议，熙宁七年（公元1074年）八月，在天津门（东京城外一个东城门）汴河北岸开凿渠道通向广济河。第二年（公元1075年），派杨琰和陈祐甫沿着汴河修建了八个渗水塘和渗水坝，汴河涨水时可以渗透到这些陂塘一部分储存起来，广济河缺水时可以作为补充水。公元1076年，又在广济河上修建坝闸，用以控制广济河的水量，防止流失，广济渠水源问题暂时得到缓和。

元丰二年（公元1079年）清汴工程建成，宋太祖时设置地横跨在汴河上的渡槽妨碍过往的舟船，宋神宗于元丰五年（公元1082年）下令中止广济河漕运，曹、济、郓、青一带京东地区的漕运改由菏水入南清河（泗水），再转运汴河运往东京。许多大臣认为这不是一个好办法，御史王植上书说道："广济河安流，而经由清河沂流入汴，远近险易较然，废之非是"。在众多大臣权衡利弊，分析之后，宋朝廷重浚广济河，引汴水为源，在雾泽陂设水柜，引京、索水流进咸丰门入广济河，恢复广济河漕运。广济河的漕运一直维持到金政权统治，后来逐渐淤废了。

4. 金水河

京畿四渠中的汴河，惠民河和广济河都已经介绍过，最后一条就是指金水河了，金水河源于荥阳黄堆山的祝龙泉。

据《宋史》卷九十四《河渠志·金水河》记载："太祖建隆二年春，命左领军卫上将陈承昭率水工凿渠，引水过中牟，名曰金水河。凡百余里抵都城西，架其水横绝于汴，设斗门，入浚沟，通城壕，东汇于五丈河，公私利焉"。建隆二年（公元961年）春，太祖命左领卫上将陈承昭开渠引河水入京城，命名为金水河，位于都城西，河长一百多里，在汴河上架设渡槽，金水河的水流从空中跨过汴河，设置了斗门，在城东与五丈河相汇。所以开凿金水河的主要用意是解决广济河的水源。

除了作为广济河的水源，在《宋史》卷九十四《河渠志·金水河》中记载："太祖乾德三年，又引贯皇城，历后苑、内庭、池沼水皆至焉"。公元695年，太祖乾德三年把金水河引入皇城。

金水河水质清澈，水味甘甜，朝廷打开渠道，作为京城城内居民的生活饮用水。真宗大中祥符年间，用砖石砌筑供水渠道，并每隔一段距离设置一口水井与金水河渠相连通，供皇宫、寺院和民舍饮用。

到了宋神宗元丰二年（公元1079年），清汴工程完成，汴河的泥沙量减少了很多，没有必要将金水河与汴河完全隔离，原先架在汴河渡槽，不利舟船，于是，朝廷于元丰五年（公元1082年）拆除渡槽。另一方面使金水河与永安、青龙河汇入京城，东京全城的居民用水都来源于金水河，宋神宗赐名"天源河"，所以，历史上也把金水河称为天源河。

5. 方城运河（白河运河）

长江与黄河是我国最长的两条河，被誉为中华民族的母亲河。它们中、下游流域地区是我国的经济文化最为发达的地区，然而两条长河自西向东流，互不相通，因此，为了能将长江与黄河相连通，在两河的不同河段，历史上都做过不少努力和尝试。

春秋战国时代开凿的邗沟和鸿沟，分别沟通了长江与淮河，淮河与黄河，它们是最早沟通黄河和长江的人工运河。然而，邗沟和鸿沟位置偏东，远离古代的政治重心关中和中原地区。在两河的东部，有淮河的支流肥水与巢湖的上源施水同源异流，支津相通，三国时期在魏吴政权的斗争中，魏国曾利用过施肥水道，后来施肥水道淤塞，两水之间的分水岭成为沟通南北的水陆联运新途径。在两河的西部，汉武帝时期曾试图开凿褒斜线水陆联运的南北通道，结果失败，唐朝时也尝试过开通丹灞水陆联运，也以失败告终。在两河的中部，有汉江支流白河上游与淮河支流汝水上游相邻，分水岭在伏牛山隘口，地势较平坦。先秦时代楚国在这里开辟了一条从南阳通向中原的陆路，称为夏路。西汉元帝时，南阳太守召信臣曾在汉水支流与汝水支流潕水上游之间修建水库，叫做马仁陂，使得江汉水系同淮河水系相沟通。西晋初年，有杜预开凿扬水运河，又进一步整治扬夏水道，南北贯通。

到了宋朝，连接长江与黄河的运河除了偏东部的邗沟与汴河，在中部与西部的运河已随时代变迁而湮没，已经没有沟通长江与黄河的运河。北宋都城东京在开封，而这时我国的经济重心基本上转移到了长江流域，开封所需的大量粮食和物资供给都来自江南地区和淮南地区，仅凭借邗沟和汴河的漕运，费时费力，经济消耗也是巨大的。如果能在长江中游地区开辟一条通向中原的南北水道，沟通淮河与黄河，那么将给北宋京师的漕运带来极大的方便，这也是北宋朝廷所要迫切解决的问题。

在黄河与长江中部，汉江支流白河上游与淮河支流汝水上游的分水岭伏牛山隘口处有一个小城，叫做方城，位于今河南唐白河流域，北宋曾先后两次在这里开凿方城运河，以开辟沟通黄河与长江的水运通道。

北宋开凿方城运河时，首先进行了总体规划，充分利用地形方面方城隘口的有利条件，运河的走向以先秦时代楚国开通的夏路的轨迹为参照来设计。在《宋史》卷九十四《河渠志：白河》记载："太平兴国三年正月，西京转运使程能献，议请自南阳下向口置堰，回水入石塘沙河，合蔡河达于京师，以通湘潭之漕"。太平兴国三年（公元978年），在南阳北的白河上，修筑一座拦河大石堰，向东北方向开凿河道，经博望、罗渠、少柘山、方城隘口到叶县境内的石塘河，全长不超过一百二十里。在开凿方城运河时参见示意图4-11。

方城运河的起点在南阳附近的白河，白河水利开发历史悠久，河自南流经南阳和荆湖地区的襄阳后，注入汉水，附近河流众多，水源丰富。终点在石塘河，石塘河是北汝水的支流，这样就可以循河东下入汝水，经郾城（今河南省漯河市）转入商水（现称沙河）和颍水，再顺流至颍县的合流镇（今河南省西华县逍遥镇），最后转入蔡河，北上抵达京师。

然而，运河开凿后，运河水流难以朝方城隘口方向流动，水流不畅，据《宋史》卷四《太宗纪·太平兴国三年》记载："开襄汉漕渠，渠成而水不上，卒废"，第一次开凿方城运河失败。

十年后，太宗端拱元年（公元988年）第二次开凿方城运河，首先采纳阎文逊和苗忠二人的建议重新开凿荆南城东的漕河到汉江，荆南即是荆州，是北宋时的江陵府，漕河在江陵城东，以前就有的运河。漕河的起点不变，还在江陵东，终点由原来潜江县以北的扬口改在师子口入汉江。师子口也写狮子口，位于景陵县（湖北省天门市）境西南，是当地一条名为狮子河在汉江的入口。第二方面，重开南阳到石塘河的古白河运河（指方城运河）以通京师。这次工程还是以失败告终。

总结两次开凿运河失败的原因都是在北宋时期，人们没能意识到南阳附近白河

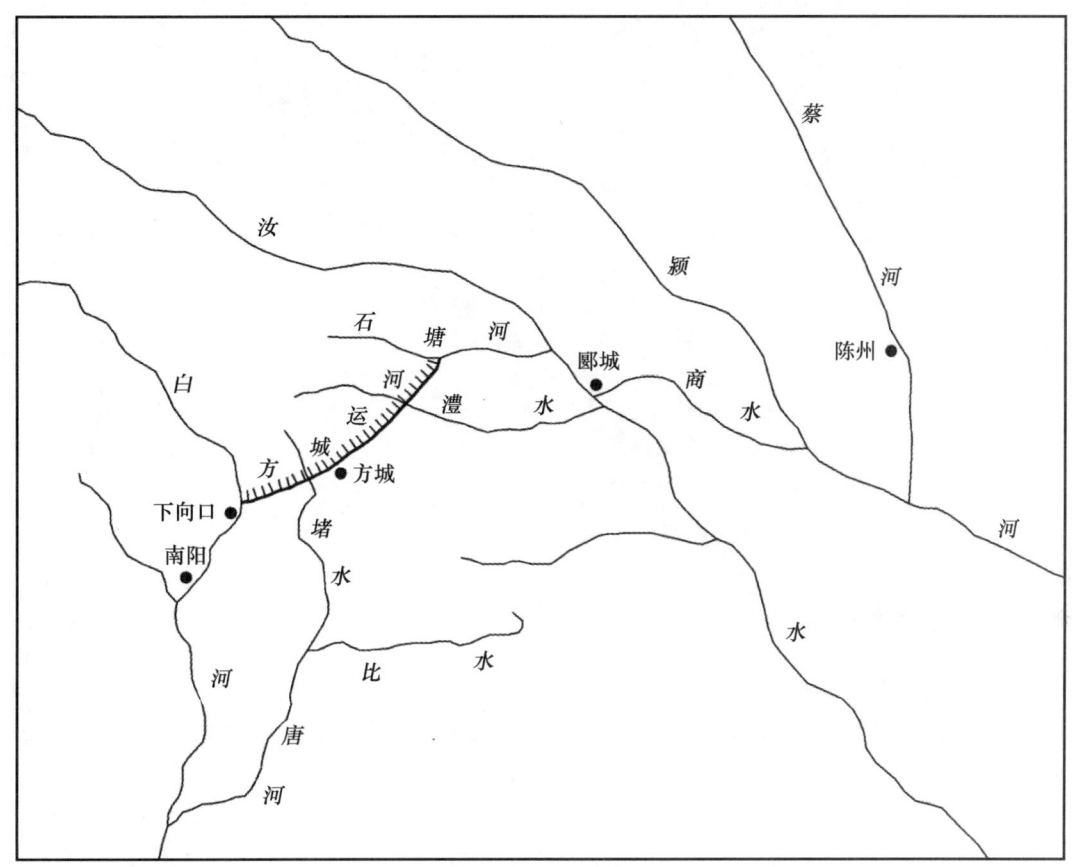

图4-11 方城运河示意图

的地势比方城隘口处的地势低的自然客观存在。但是开凿这条运河还是具有很大的意义，给后世开凿运河提供了很多的宝贵经验。

6. 楚扬运河

北宋时的楚扬运河就是指邗沟，因为它的南入江口在扬州境内，北入淮口在楚州境内，也有称它为楚州运河或淮扬运河。楚扬运河是北宋的一条重要的漕运通道。北宋时从江南地区运来的粮食和物资都是先由长江至扬州和真州（今江苏省仪征市）再由楚扬运河、汴河运至东京。楚扬运河在北宋同样占有很重要的位置，北宋朝廷对它进行了多次的改造与治理。

楚扬运河北端的入淮口在楚州境内的末口，汴河的入淮口在泗州盱眙县境内，二者相距近二百里，借道淮河以沟通，而这段淮河风大浪高，漕船运行其中，危险极大。所以，自宋太宗开始直到宋神宗时期，时间跨越100年，一共进行了三次施工，增开楚扬河北端的运河，每次完成运河一段。三次分别开通了沙河运河、洪泽运河和龟山运河，见图4-12。

沙河运河是这三段中最东面的一段运河，完成于太宗雍熙年间（公元984～987

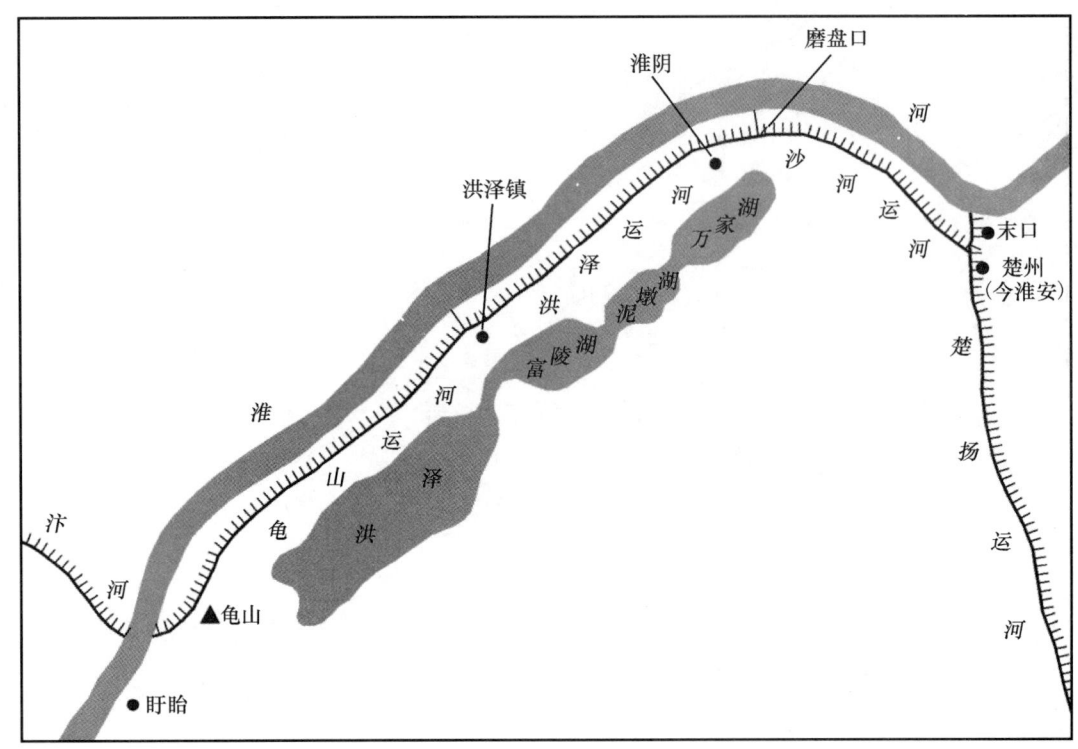

图4-12 沙河、洪泽、龟山三运河示意图

年），最初是由负责漕运的淮南转运使刘蟠提出建议，开凿沙河以避开淮河东流到末口以西的山阳湾，因为山阳湾水流湍急。朝廷采纳了此建议，并由刘蟠筹备开河，后来刘蟠职务调动，就由继任的转运使乔维岳继任开河，乔维岳经过调查和规划，利用当地的一条沙河旧道开通沙河运河。沙河运河位于淮河南岸，从末口附近的楚扬运河，沿着山阴湾内侧，先向西北行，再转向西南行，呈弧形，到淮阴东北的磨盘口，长四十里。

洪泽运河是中间的一段，完成于宋仁宗庆历年间（公元1041~1048年），是由仁宗庆历年间的漕运官许元所开凿。洪泽运河起自淮阴的磨盘与沙河运河相衔接，向西延伸至洪泽镇，一共四十九里。由于许元本人是一个爱慕钱财、贪图荣华富贵的官员，他所主持的工程质量也较差，加上一些自然地理因素，这段运河没多久就淤浅了。后来由发运使马仲甫重开洪泽运河，运河长六十里，通漕20年，又淤浅了，于是在神宗熙宁四年（公元1071年），皮公弼负责再次疏浚洪泽运河以恢复通航。

龟山运河是最西面的一段，完成于宋神宗元丰六年（公元1083年），它起自洪泽镇，东接洪泽运河，沿淮河南岸向西延伸到龟山蛇浦（今江苏省盱眙县），长57里。特值一提的是，在这段运河开凿中还用到了类似于现代的地质钻探取土样的科学方法以掌握地下土层的软硬性质。

这样，这三段运河首尾相接连成长160里的运河，从楚扬运河的入淮处末口直到汴河的入淮处，取代了以前的淮河险段。这时，楚扬运河的入淮口也由末口移向了汴河入淮口的淮河对岸,与汴河基本相接。

楚扬运河的南端在扬州境内,而扬州在唐末和五代时期饱受战乱之苦,城市已面目全非。到了北宋,虽得到一定的修养恢复,但也大不如从前,而它的邻城真州快速发展起来,扬州南面的扬子桥有运河流过,经真州通向长江,称为真扬运河,由于扬州的经济未能掘起,而真州的经济日益繁荣,真扬运河在客观上已取代瓜洲运河成为楚扬运河的南段。这段运河漕运主要是苦于河上堰埭多,给航运带来不便,漕运官员普遍认为可以废掉一些作用不大的堰埭。真宗天禧二年(公元1018年),贾宗建议在扬子桥向北开凿一条有多个弯道的新河(史称城南运河)一直通到扬州城南,接古运河,绕至城东,折向北行至东水门再折向东行,经禅智寺桥至茱萸镇接楚扬运河。这样就废除了横卧在运河上的三座堰埭,楚扬运河南段航运畅通起来。

宋朝改造了楚扬运河南、北端之外,还在运河东、西两侧增开了一些补助性运河,其中的运盐河和遇明河路程较长,工程规模较大的运河。

西汉时吴王刘濞呈自茱萸湾至海陵(今江苏省泰州)开凿了一条运河专门用于运盐,后来,苏北地区海岸线渐渐东移,盐场也在东迁,所以,运盐河也在不断向东增开。北宋和南宋也积极地增开运盐河,这个时期开凿的运盐河西起扬州东面的茱萸湾与楚扬运河相通,向东延伸,经泰州、姜堰镇(今江苏省泰县)到海安镇(今江苏省海安县),折向南,经如皋到达通州(今江苏省南通市),全长300里,可以认为是今通扬运河的前身。

遇明河是宋徽时期开凿的,最初的目的是想取代楚扬运河直接沟通长江和淮河。当时的情况是漕船从长江边上的真州想要北上至汴河入淮口的盱眙县,就必须先沿楚扬运河绕道至楚州,航行绕远数百里才能到达盱眙县。所以,人们一直尝试从盱眙县开凿一条直达长江的运河,到了宋徽宗时,朝廷决定开凿一条从盱眙直通真州的运河,即遇明河,规划示意图参见图4-13。

崇宁二年(公元1103年),开始开凿遇明河,花了五年时间完成,运河起自宣化镇以南的长江,北行,经六合县、天长县到盱眙县境入淮河,全长300多里,从长江直接沟通淮河。这条运河开通后并没有起多大的作用,北宋灭亡后,遇明河也完全湮废。

北宋朝对楚扬运河的治理可谓是不遗余力,不但延伸运河的南北端,在运河东西两侧增开运河,而且还对楚扬运河全线采取了废堰建闸的工程措施,并在有险患的运河中段,修建河堤和泄水口,在楚扬运河全线修堤岸,将楚扬运河渠化。

7. 江南运河的治理

隋炀帝开通的江南运河全长约为340公里,宋朝对江南河的整治仍是不遗余力,在这里将江南河分为三段,分别介绍宋朝对这三段采取的不同治理措施。

江南河的北段指润州到常州,由于地势较高、水量流失较快,为此宋朝采取了建闸节水和引河济水的方法。

建闸节水主要是在运河路线上修建了一些节水设施,分段节水。江南河早在东晋初期就开始设置堰埭,在唐朝时江南河北段建有京口堰、吕城堰、奔牛堰和望亭堰,

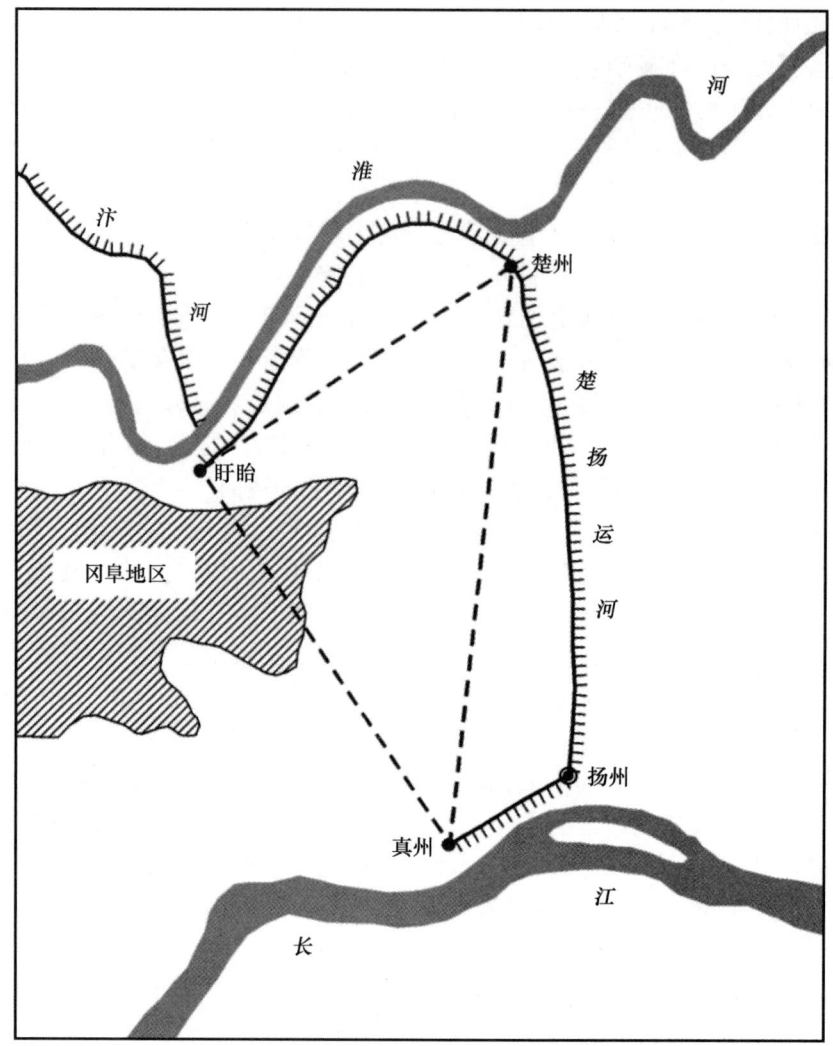

图4-13 遇明河规划示意图

共四个堰分段拦水以克服地形起伏的不足,使运河保持一定的水位。但是堰埭横卧在河道上,也给往来的船只带来障碍。随时代的前进,技术的发展,为了更有效地调节水量,宋朝太宗淳化元年(公元990年)将这四堰改为闸,以便于航运,这时的闸还为单闸,到哲宗元祐四年(公元1089年)出现复闸,哲宗绍圣年间(公元1094~1097年),漕运官曾孝蕴发明了澳闸,并掀起了建设澳闸的高潮,澳闸的优点在于可以解决船过闸时需要大量的水进入闸室的水源问题。到宋元符二年(公元1099年)时,江南河北段的京口、吕城、奔牛和望亭四个闸均被改建成澳闸。

在江南河北段采用引水济运河的方法时采取了双重措施:一是在平地上开河引水济运,主要在润州、丹阳和常州三个地方开河。在润州,宋仁宗庆历年间(公元1041~1048年),两浙转运副使郑向疏通润州蒜山漕河,一头通长江,一头通江南运河,引长江潮水接济漕运;在丹阳,利用城北九曲河引江法潮济运,九曲河东北通长江，西南通江南运河，长约七十余里。在丹阳城南有珥渎河，北通江南运河，南入金坛县通长荡湖和滆湖，可以利用引湖水济运；在常州，城西的三十里奔牛镇有一条孟渎，长四十多里，原为唐元和年间常州刺史孟简所开。唐末湮塞，宋仁宗庆历年间重新开通，用以引江潮济运。当时还利用了城西的烈塘河，它是由南宋高宗绍兴年间郡守李嘉言所开，长四十余里，北通长江，南通江南运河。南宋孝宗淳熙九年（公元1182年），常州郡守章冲向朝廷奏报了常州一带济运的河道分布情况，其中还包括常州城北的澡港（也称灶子港），城南的西蠡河和白鹤溪两条河道。二是积极整治练湖，利用练湖济运。练湖也称丹阳湖，最初由西晋惠帝时陈敏所建，目的用来防洪和灌溉。练湖位于县城西北，面积大，水量充沛，地势高，较方便济运，从唐朝开始便利用练湖水济运，宋朝继承了唐朝的作法，并加强了对练湖的治理，治理较频繁，北宋哲宗绍圣三年（公元1096年）开始到南宋理宗淳祐二年（公元1242年）就整治疏浚过七次。宋朝的练湖环湖筑有堤岸，西面堤岸上建有石跶和涵洞，东面堤岸建了上、中、下三处并列的闸门与江南运河相通，平时闭门储门，江南河需要水量接济时，便可以开门放水。

江南的中段从苏州到秀州，这段运河水源充足，是比较通畅的一段，宋朝对这段运河主要进行一些养护，最大一次修筑堤岸是在宋仁宗时期。还有疏浚河道，如神宗元丰三年（公元1080年），疏通苏州至杭州间运河。

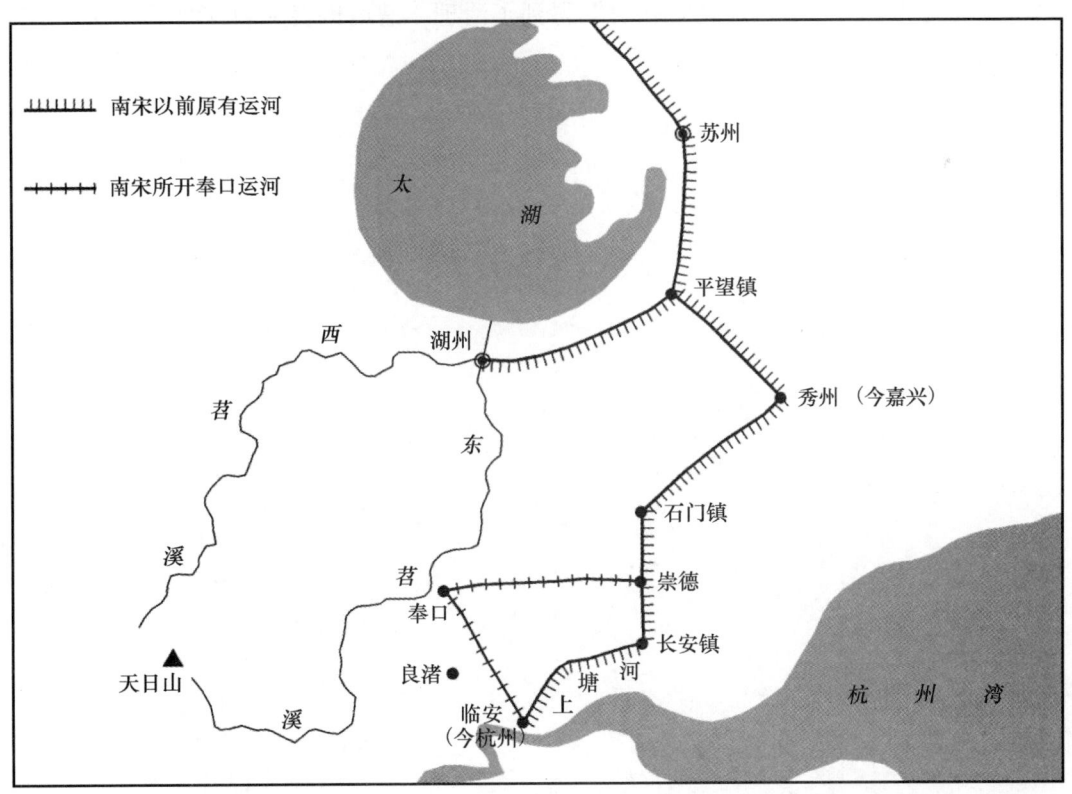

图4-14　南宋时期江南运河东、西段示意图

江南河的南段秀州到杭州，这段运河主要是水量不足，钱塘江潮水倒灌入江南运河，成为主要水源，但也因潮水带来的泥沙淤积导致水源被堵。北宋哲宗元祐四年（公元1059年），苏轼任杭州刺史时，曾大力治理过杭州的水运，包括盐桥河在内的江南运河南段，改善了水运条件，水位得到了提高，舟船往来通畅。

到了南宋时，改都为杭州，对这段运河的治理重视程度更上了一个层次。其中一项重大工程就是开辟了秀州（今浙江省嘉兴市）至杭州的新运道，这条新运道可以分为两段：第一段是东西走向，以崇福镇南郊的崇长港为起点，向西延伸经大麻镇、博陆镇和塘栖镇北通向东苕溪的奉口，这一段主要是利用自然河流改造而成。第二段运河由北向南，接奉口向南经上纤埠、良渚镇东、勾庄、祥符镇到北新桥（今大关桥），与杭州城内的河道相通，这段长18公里，宽大约有30到60米，宋时称为奉口河，元、明、清时称它为宦塘河，现在称作西塘河。开通新运道的目的是使水流量很大的东苕溪成为江南过河南段的新水源，它的不足就是要向西绕道奉口，从西北方进入杭州城，路程增加了十里。因此并未停用上塘河，上塘河是指原来从长安镇经临平到杭州的这一段水道（江南河的尾闾段），它直通杭州城内，在江南河南端改道以前水运非常繁忙，只是它的水源来自钱塘江，由于地势南高北低，水量经常不足，水位不足，不利于航运。也正是因此，宋孝宗才同意开的这条新航道。这样，江南河的南段就是东、西两条航道同时并用。东西航道示意图见4-14。

江南河北、中、南三段在宋朝时期得到了治理，漕运也就更加方便了，促进了宋朝的发展。

第5章 元代京杭大运河的开通

宋朝之后，蒙古族统一了中国，蒙古族是中国历史上第一个统治中国的少数民族。公元1206年，蒙古部落领袖铁木真统一了蒙古高原，建立了大蒙古国，人们称他为成吉思汗，寓指是上天赐予蒙古人的大汗。蒙古国的第五任大汗铁木真的孙子忽必烈创建元朝，尊为元世祖，他效仿汉族历代王朝的统治：立年号，公元1260年定为中统元年；迁都城，定都燕京（今北京），后称大都；改国号，公元1271年，取《易经》中"大哉乾元"之义，将蒙古国的国号改为大元。转变生产方式，由过去游牧转成以农业生产为主，提倡儒学的汉人传统文化，得到广大汉族人民的拥护。公元1276年，蒙古族攻陷南宋都城临安（今杭州），宋帝投降，最终于公元1279年统一全国，国家日益昌盛。

元朝是中国历史上疆域最广阔的王朝，北逾阴山，西极流沙，东尽辽左，南越海表。元朝的势力扩展到了西亚地区，使得欧洲与大元的交往更加频繁，技术交流更加迅速，大元的农业经济、生产技术、垦田面积、粮食产量、棉花种植等都超过了以往的朝代。

元朝在运河方面的建设在历史上也留下了辉煌的一页，元朝开通了从江南地区直达河北地区和京师大都的京杭大运河，大运河为国家经济繁荣发展，国家民族统一作出了巨大的贡献。

5.1 重开金口运河

公元1260年，忽必烈成为蒙古大汗，当时有一位谋臣，名叫刘秉忠。刘秉忠是个汉人，博学多识，对忽必烈影响非常大，他给忽必烈提了很多建议，其中一项就是建都燕京（元称大都），忽必烈予以采纳。所以，开通中都（后来扩建为大都）城到通州的运河，恢复漕运，是当时要解决的问题。

另一位谋士张文谦向忽必烈推荐郭守敬负责开河，郭守敬这个人习水利，巧思绝人。中统三元（公元1262年），元世祖召见了郭守敬，对他也非常赏识，当即授职。至元二年（公元1265年），郭守敬任都水少监，建议重开金口运河，《元史》卷一百六十四《郭守敬传》记载："金时，自燕京之西麻峪村，分引卢沟一支东流，穿西山而出，是谓金口。其水自金口以东燕京以北，灌田若干顷，其利不可胜计。兵兴以来，典守者惧有所失，因以大石塞之。今若按视故迹，使水得通流，上可以致西山之利，下可以广京畿之漕"。文中提到的金口运河在金世宗大定十二年（公元1172年）时就已开通，是当时从通州到中都仅有的一条漕运水道，但因其水源来自不稳定的卢沟河，常常决溢泛滥成灾，所以将其堵塞。郭守敬现在建议重开此河，势必遭到很多人反对，郭守敬提出在金口以西的渠首处，开凿一条较宽较深的溢洪道，洪汛期时进入到金口运河的洪水，就可以从溢道回流到卢沟河内，元世祖采纳了郭守敬的建议。

至元三年（公元1266年）金口运河工程胜利竣工，至大德二年（公元1298年）关闭，共通航三十二年，中间未有河水决堤泛滥的记载，可见当时在开通该运河时规划合理，施工严谨，保护利用的都比较好。金口运河为元朝营建大都时需要的大量木材和石材的运输提供了便利的条件，也方便了漕运和农田灌溉。

5.2 坝　　河

重开的金口河承担了通州到大都的漕运。随着朝廷机构的日益发展完善，队伍壮大，京城的人口也越来越多，南粮北运的日益繁忙，当时已经有了河运和海运两种方式，粮食可以源源不断地运送到通州，而从通州到大都这段河运单靠金口河却日渐力不从心。早在中统二年（公元1262年），郭守敬就已向元世祖建议引玉泉水通舟，即修建坝河，由于当时各种原因，并未开通。而现在通州到大都的漕运瓶颈矛盾突显出来，郭守敬的这个建议重新被提到日程。

终于在至元十六年（公元1279年）开通了坝河，坝河起自大都城西北部的积水潭，沿今德胜门、安定门外护城河向东行，至和平里南口一带，再转向东北，循今坝河东行至通州以北进入温榆河。由于坝河起点积水潭附近海拔高程为46米，而终点温榆河入口处海拔高21米，河道比降大，水流快，所以当时在河道沿途修建了很多坝堰，该河亦被称为坝河。坝河示意图见图5-1。

元朝非常重视坝河，还专门设置机构对它进行管理维护，在《元史》中就有关于坝河治理的多次记载，如元世祖至元二十八年（公元1291年）疏浚河道并修筑堤防；成宗大德三年（公元1299年），都水监罗璧治理温榆河下游及附近的潞河河段，又拓宽了坝河的河幅；大德五年（公元1301年），由于大都一带发大水，山洪冲垮了坝河堤防和堰坝等六十余处，翌年（公元1302年）逐段检查治理，进行了较大规模的治

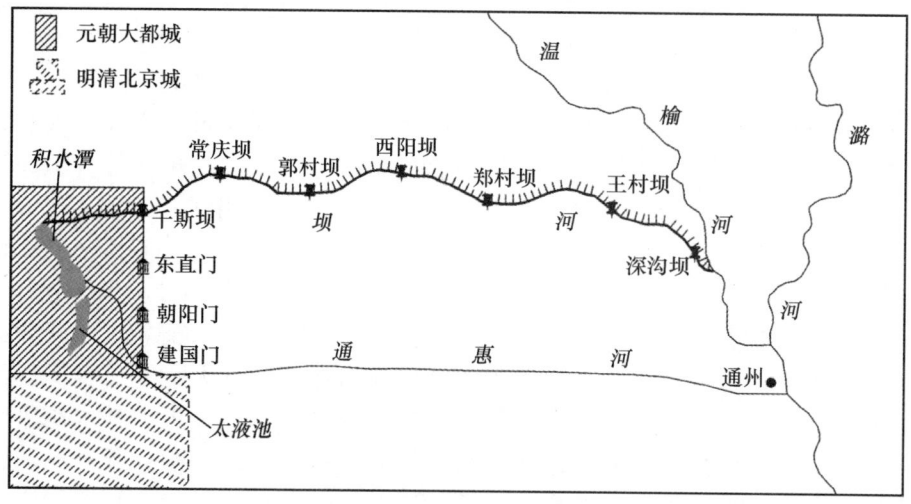

图5-1　元朝坝河示意图

理，修复并加固堤防和堰坝，一共用了39天的时间。

元朝的海运承担的漕运量并不大，处于发展阶段，到文宗天历年后，海运发展滞后，由盛变衰，到至正二十三年（公元1363年）元朝江南粮食运往京师的海运停止，坝河的漕运也随之停止，从至元十六年开始到正元二十三年结束，共历时84年。

5.3 胶莱运河

元朝时的漕运，从江南到大都路途遥远，十分不便，最开始采用水陆联运的方式，途中要经过多次水、陆运输方式的变换，费时费力，并且在淮河南岸的淮安到黄河北岸的中滦镇时，逆行在黄河，承受风浪之险，经常发生沉船。当时的朝廷认为应该寻找一个更好的漕运方法。元世祖至元十七年（公元1280年），莱州人姚演建议开凿胶莱运河，姚演熟悉家乡地形，建议将位于山东半岛南侧的胶州湾与位于半岛北侧的莱州湾打通，实行海、河联运，可缩短海运路程七八百里，又可避风涛和暗礁之险。

元世祖任命姚演为开河的总管，都元帅阿八赤为监督，调集益都（今青州）、淄莱（今淄博市）和宁海（今烟台市东南牟平县）三州兵卒万人和大批百姓于公元1281年开始施工。胶莱运河起自胶西县陈村海口（胶州湾），北到掖县（今莱州市）海仓口入莱州湾。胶莱运河沟通胶州湾与莱州湾，全长260多里，是将山东半岛与大陆切断的人工水道，它与其他运河不同，它是两端通海的运河，水源多来自海潮，也接纳河谷两侧的众多自然河流，如发源于胶南市六旺乡鲁山的胶河，发源于胶南市西南山区的张鲁河（今墨水河）还有大沽河水。示意图见图5-2。

胶莱运河一共有两期工程，至元十八年（公元1281年）到至元十九年（公元1282年）开河第一期工程完成，胶莱运河宣告开通，但当时过于着急，工程效果并不好，于是进行了第二期施工。第二期工程主要是扩建引水工程，对运河的河身进行拓宽，开拓运河两侧的水源，在运河北段的东面，引白沙河水进入运河分水岭，白沙河水发

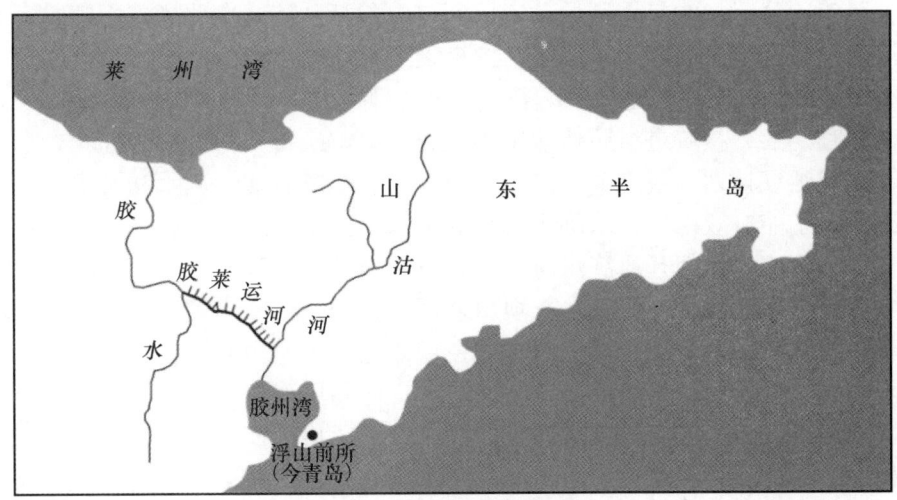

图5-2 胶莱运河示意图

源于胶水县（今平度市）崔召镇西北，引水入河可以增加水量，提高分水岭附近的水位；在运河北段的西面，人工开挖了一条引水渠道，取名媒河，引潍河水入运河，增加水量。对于运河南段，在东侧，从胶水县（今平度市）境南村至吴家口，挖了一条引水渠道，名为助水河，将大沽河中游的水引入运河南段的分水岭附近，增加水量，提高分水岭的水位，在西侧，将发源于胶州西南山区的张鲁河引入运河，增加运河的水量。花了两年时间，至元二十二年（公元1285年）完成。胶莱运河的漕运量曾一度达到六十万石，但是不久胶莱运河被朝廷罢废了，没有机会在漕运中发挥更大的作用。

5.4 开通济州河

元朝丞相伯颜，精通文韬武略，非常有胆识有见解，深得元世祖的赏识。在平南宋时，他深感江南水运发达，农业物产富饶，建议元世祖"宜穿凿河渠，令四海之水相通"，元世祖很是赞同，元朝开始了开凿运河的高潮，通济河就是在这个开河高潮中开凿的。济州河南起济州，北到东平州的安山镇，长一百五十里，是后来开通的京杭大运河中的一段。

鲁西地区为广阔的平原，地形略有起伏，分布着河流和湖泊，主要有泗水和汶水，自东向西流经平原的南部和北部。泗水发源于今山东省泗水县，向西流到兖州再转向西南流，流经济州东南的鲁桥镇，又转向东南流经徐州到淮阴入淮河。汶水发源于今山东省莱芜市的原山，流向西，下游分成两股水流，南股流到济州以北潴为茂都淀，北股流到东阿县西南的碻磝山注入大清河（古济水的下游河段）。泗水在南，汶水在北，鲁桥镇泗水向北开凿河道，经济州至须城县以西的安山镇，沟通泗水和汶水，形成济州河。

《元史》卷六十五《河渠志：济州河》记载："至元十八年十二月，差奥鲁赤、刘都水及精算数者一人，给宣差印，往济州定开河夫役。令大名、卫州新附军亦往助工。"至元十八年（公元1281年）到济州进行了实地勘察、规划并落实参与施工的劳役人员。翌年（公元1282年）开始动工挖河道，包括从济州向北到安山镇一百五十里外，从济州向南至鲁桥镇六十里，还开挖疏浚了鲁桥镇以南的泗水。开挖河道部分于至元二十年（公元1283年）完成，花了一年多的时间。

开河工程之后，接着进行了修建闸坝工程，以解决济州河的引水问题。漕运官马之贞负责修建闸坝计划，最终确定修建八座石闸和二座石堰。泗水和汶水为济州河的主要水源，为了能有效地引二水济运，采取了以下的闸坝工程措施：一是在兖州立闸坝，汇合泗水西流，元朝开通济州河，需要引泗水济运，至元二十年（公元1283年）在兖州城东南泗水修建了一座滚水石坝用来拦水。到元仁宗延祐四年（公元1317年）时，都水监阔阔对滚水石坝进行了改建，在坝体上开了三个涵洞，并都设置了闸门，可以启闭，方便排泄洪水，叫作金口坝。同时，还利用隋朝丰兖渠（参见3.1.1节）故道重新挖了河道，从城东南的泗水起，向西流经黑风口，横穿兖州城区，通到济州与济州河相通，作为引泗水济运的济州河主要水源之一，这条河流经兖州府署前，明清时代的文献称它为府河。当时还在距滚水石坝不远的黑风口府河上，修建了一座石闸，来调控府河的流量，称之为金口闸。二是在堽城"立闸堰，分汶水入河，南会于济州"，记载于《元史》卷六十四《河渠志：兖州闸》中。元初，在汶水和洸水分流处修建斗门，使汶水的一部分水量重新流入洸水，再向西南流到济州入泗水，这样使汶水、洸水和泗水互相沟通，从而构成了自东平到济州，再南达宿州、蕲县的漕运通道，这条通道在堽城时拐了一个大弯，济州河开通后，则不需要再绕道堽城了。为使济州河可以更好地利用汶、洸两水源，还曾计划在堽城修建一座石堰，但当时都水少监马之贞考虑到当时的地形和植被特点，认为不适合修堰。直到至元二十六年（公元1289年）会通河开通，与济州河一起成为京杭大运河的组成部分，在至元二十八年（公元1291年）开始在堽城建闸，闸址在毕辅国所筑斗门东面，称为东闸，后来为了防止汶水向西流失，还在东闸下方的汶水上修建了临时性的土堰，拦水分流，并且每年都要重新修建。到元仁宗延祐五年（公元1318年）时，将它改为石堰。三是在济州城南的水道上分别修建了上、中、下三个闸，统一称为济州闸。泗水和洸水在济州城的东北处会合，绕城流至城南的中闸，中闸称为会源闸。上闸在中闸西北三里的地方，泗水和洸水在这儿南北分流，所以上闸称为分水闸。下闸在中闸东南约二里处，主要接纳泗水，又称任城东闸。济州河以及汶水和洸水的示意图见图5-3。

济州河的水源主要来自泗水和汶水，元朝在泗水、汶水和洸水三水的关键之处，设置闸、堰等一系列工程措施，保证了济州河的基本水源，但是济州河只用了四年便被搁置了。其后，会通河开通，济州河的作用又得以发挥，成为京杭大运河的一个重要环节。

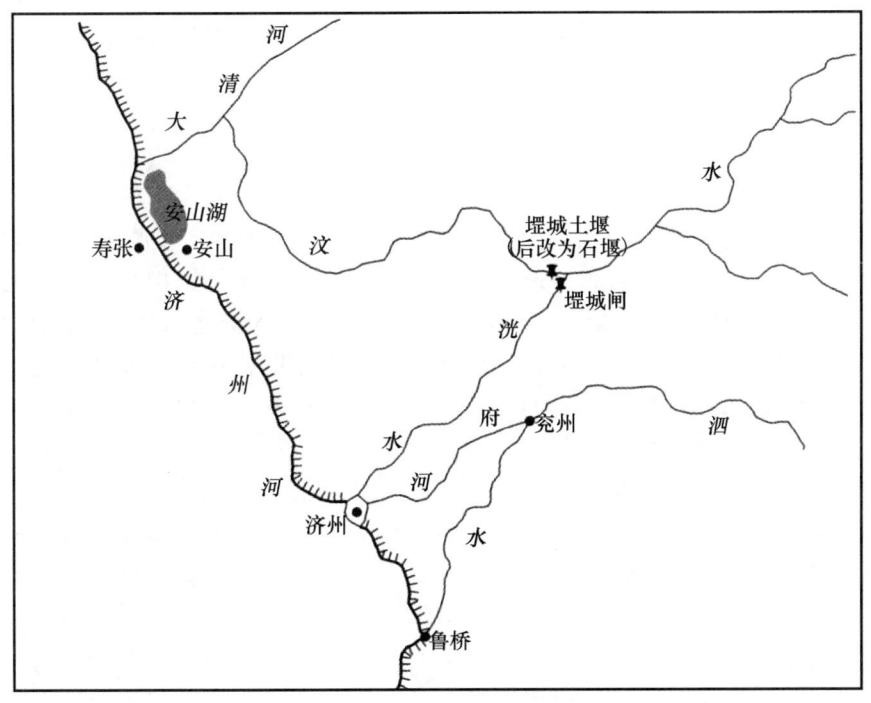

图5-3 济州河、汶水、洸水示意图

5.5　开通会通河

　　至元二十四年（公元1287年），朝廷曾商讨过开凿会通河的事宜，次年，主管钱粮财赋事务的右丞相桑哥对开凿会通河的工程量、施工人数等开销还进行了预算。到至元二十六年（公元1289年）时，寿张县尹韩钟辉、太史院令史边源再次建议开凿会通河。

　　朝廷派遣漕运副使马之贞与边源等人到实地勘察，绘制规划图及施工计划奏报给朝廷，经元世祖批奏后决定开凿此河。断事官忙速儿、礼部尚书张孔孙和兵部尚书李处巽负责该工程。至元二十六年正月开始施工，当年六月竣工。同年，元世祖赐名为会通河。但在至元二十七年夏秋，连日的大雨使会通河堤岸崩坍、河道为之淤阻，舟船无法航行，马之贞临危受命，修复被损的堤岸和和闸门。朝廷并设置一个专门负责会通、汶水和泗河管理工作的机构。同时，在济州、会通两条运河上的数十座木闸，按着缓急次序陆续加以改建为石闸，直到泰定二年（公元1325年）才基本完成。

　　会通河位于鲁西平原，由于沿途地形的起伏，水流并不顺畅，于是元朝从安山镇到临清之间的运河上，修建了若干座水闸和船闸，以节制水流，保持必要的水位。在《元史》卷六十四《河渠志·会通河》上记载了十三个水闸，根据河道坡降大小的不同进行设置，地形变化较快的地方，设闸较多，密度较大，间距小。会通河示意图如图5-4。

　　会通河起于须城（今山东省东平县）安山西南，到达临清的御河，长二百五十多里。这样，济州河和会通河相继开通后，流向淮河的泗水与流向潞河的御河相通，形成一条贯通南北的大运河，江南的粮食等物资可以通过运河到达大都附近的通州。

5.6　通　惠　河

　　济州河和会通河开通后，从江南北上的漕船，经江南运河、扬州运河、泗水、济州河、会通河、御河、潞河后到达通州。通州是大都的东大门，但是通州到大都并无水路，要转运却是十分困难，金、元两朝一直想在通州和大都之间开凿一条运河。

　　在金朝时曾开过金口河和闸河，这两条河后来都不能再漕运，元朝后也曾重开金口运河，运输木材和石料扩建当时的中都和皇宫，还曾利用高粱河开通坝河，但后来金口河还是逐渐为泥沙淤塞，坝河水源不足，处于半干涸状态。从至元后期开始，到达通州的粮食只能依靠车载驴驮的方式，运输效率很低，也给百姓带来一些负担。

　　当时太史令郭守敬看到此情况非常着急，郭守敬是一位博学多才的科学家，自幼聪慧好学，特别对天文、数学、水利和地理等自然科学极有兴趣而且颇具天资，在农田水利方面很有建树，对天文历法也深有造诣，在数学、地形测量和机械制造等方面都有贡献。现在的郭守敬顾不上自己年老和职责里并不包括开河，他毅然向元世祖建议再次开通通州至大都的运河，以供漕运，并拿出了一套详细的规划设计方案。元世祖听后，十分满意，要求尽快实施工程，并任命郭守敬主持开河。

第 5 章　元代京杭大运河的开通

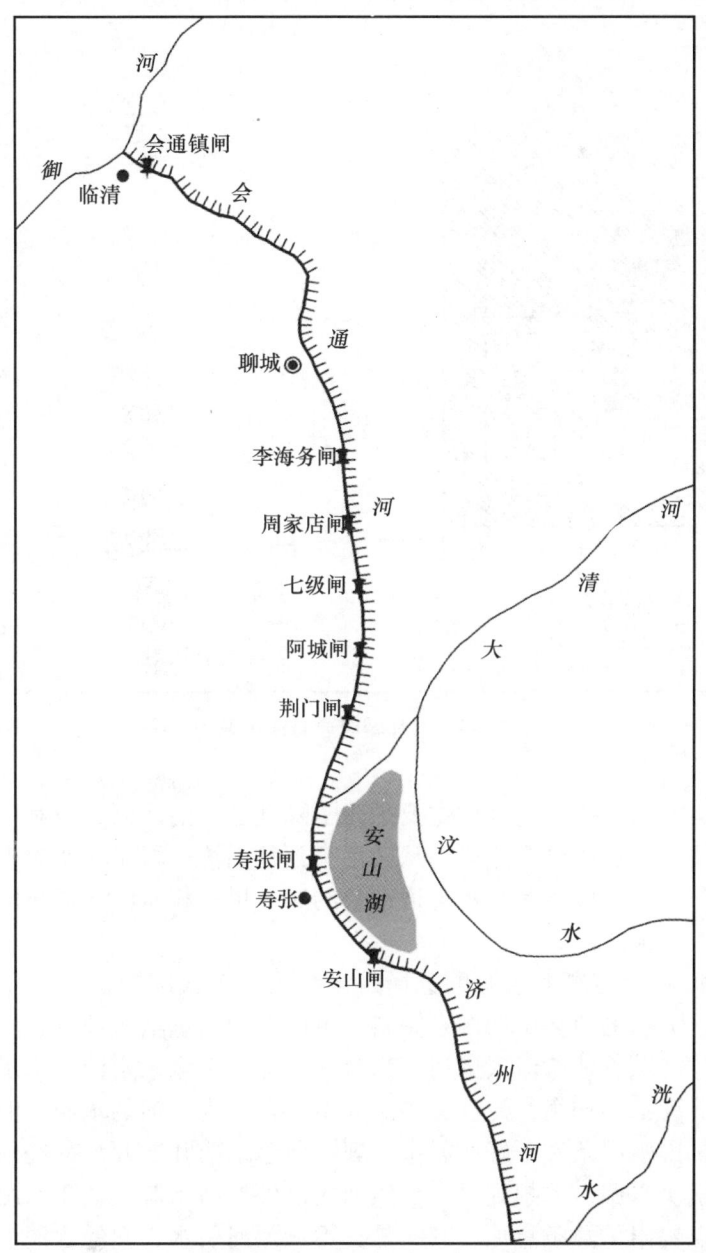

图5-4　会通河示意图

自至元二十九年（公元1292年）春开始开凿运河，所有参加施工劳动的各级官司吏都要听命于郭守敬，共有两万民工和兵卒参与了施工，第二年秋天竣工，花了大约一年半的时间。运河开通了，从通州驶往大都的运粮船只首尾相接，《日下旧闻考》卷八十九《郊坰二》有记载："水从玉河（积水潭以西的引水道）中出，波流演迤，帆樯往来，万达通州"。通惠河的走向示意图如图5-5。

通惠河的起点在积水潭，终点是在通州以南十七里的高丽庄，没有直接选为通州

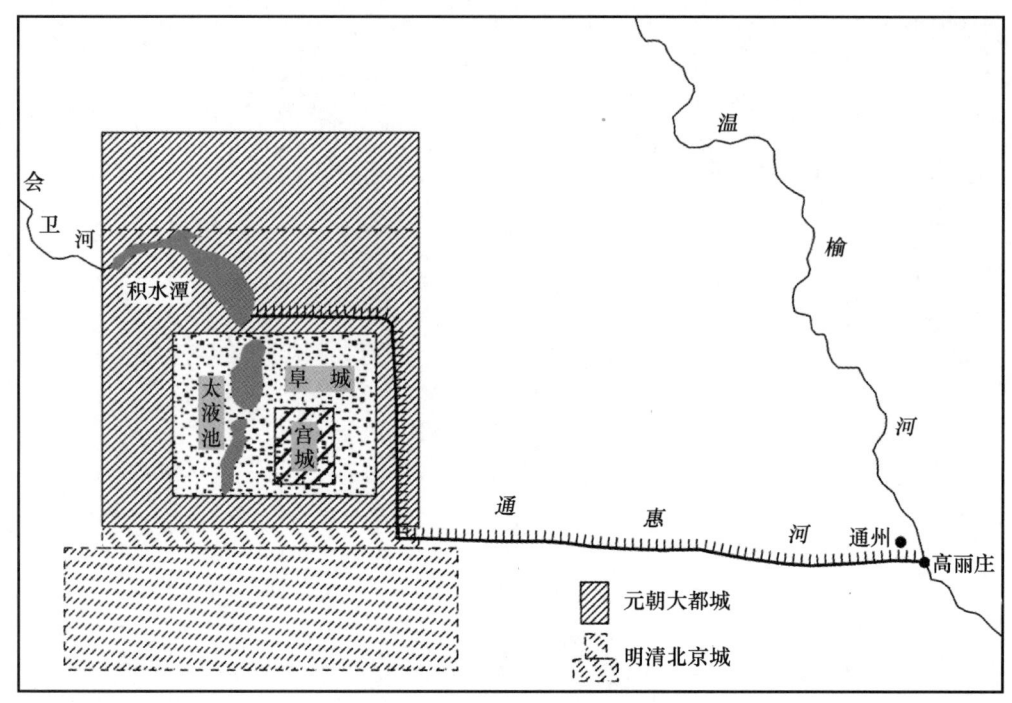

图5-5 大都城内通惠河示意图

城,而是延长运河的距离,这样做主要是为了降低运河的比降,以利于舟船航行。当时开凿的通惠河工程可以分为三段,从白浮泉到瓮山泊一段是引水渠道,大约长四十里;瓮山泊到积水潭这段也是引水渠道,长约四十里;积水潭到通州的高丽庄是运河的主体,长约六十四里。

在开凿运河时,通惠河水源的选择是当时的一个大问题,下面介绍一下,通惠河水源的选取。大都的地势由西向东倾斜,可以作为通惠河水源的自然河流也应该在大都城以西,才能顺着地势流入运河,当时只有浑河(今永定河)满足这个条件,但是它流量全年分配都不均衡,泥沙又多,并不适合作为运河的水源。前文提到的金口运河和坝河等都因水源条件不好而淤塞。郭守敬总结前几次开河的经验教训,广开思路,另辟途径解决水源,他想到寻找自然河流以外的新水源。关于水源和引水问题,他向元世祖重点提出了两条意见。其一是,不从浑河引水,它的含泥沙量大,只能将它作为农田灌溉之用,引用清澈的水流作为通惠河的水源。郭守敬长期在大都,对大都周围的地形和水资源做过多次实地勘查,他曾负责解决旧漕河(金朝时开凿的闸河)水源,又负责重开金口河。经过他多次实地勘查,他陆续发现大都以北的昌平县境内分布着许多水量丰富的地下泉源,有白浮泉、王家山泉、虎眼泉等。

郭守敬在设计通惠河的引水工程时设计了引水渠道就是从白浮泉开始到瓮山泊。白浮泉发源地的海拔约为60米,而瓮山泊的海拔高程约为50米。表面上似乎可以沿着这条最短的直线路径把水引来,而实际上这条直线所经过的地区地形并不是逐渐下降的。由沙河和清河造成的河谷地带,海拔大约为40米,比瓮山泊的地势都低。如果引

第 5 章 元代京杭大运河的开通

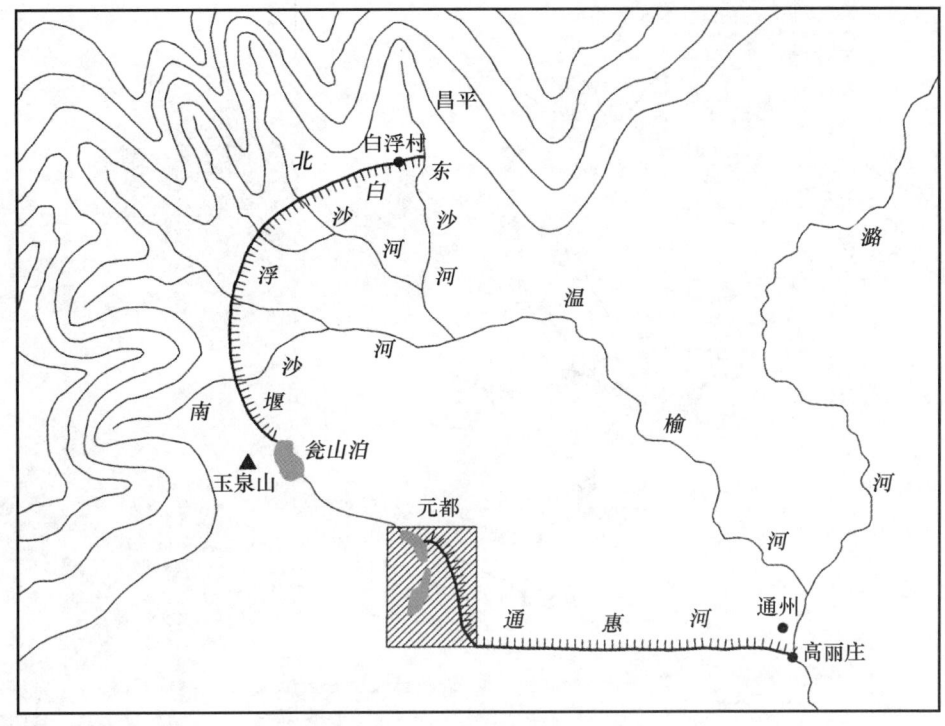

图5-6 白浮堰与通惠河示意图

水线路直线南下,泉水必顺着河谷地带一泻东流,而不会归入运河。郭守敬意识到这个问题,于是他先把白浮泉水背离着东南的大都引向西去,直通西山山麓,再顺着山麓的路线,引向南。同时为了能把尽量多的泉水引向水渠道内,增加运河的水源,郭守敬将引水渠道设计成弧线形。他规划建造的这个白浮堰引水道与建国初期建造的京密引水渠道走向基本一致,足见当时白浮堰规划设计的科学性。

通惠河的开通标志着从江南杭州到京师大都,长约三千六百里的京杭大运河全线贯通了。它为元朝南粮北运提供了一条便捷的运输大动脉,同时在政治上也有利于全国的统一,促进了南方和北方经济文化的交流。元朝的京杭大运河示意图如图5-7。

5.7 贾鲁河

贾鲁河开凿于元末,主要是为了分流黄河洪水到淮河,以便入海。当时元朝建都于大都(今北京),政治重心在北方,经济基础粮食产地在江南地区,开通的京杭大运河被元朝视为生命线。而当时的黄河,却被统治者忽视,黄河下游自金朝夺泗水和淮河入海以后,由于泗水与淮河河道狭窄,黄河泥沙又多,行洪不顺,致使黄河在郑州以下不断决堤。元朝都没有及时采取措施治理。在至正四年(公元1344年),发生了白茅口决溢,危及到朝廷的两漕盐场以及运粮通道的会通河段,引起了朝廷的重视,朝廷任命时任工部郎中的贾鲁为都水监到黄河决溢地区视察灾情,贾鲁是个有胆识,善于治河的水利专家,他实地勘查并提出治理方案,但是遭到一些保守派的反

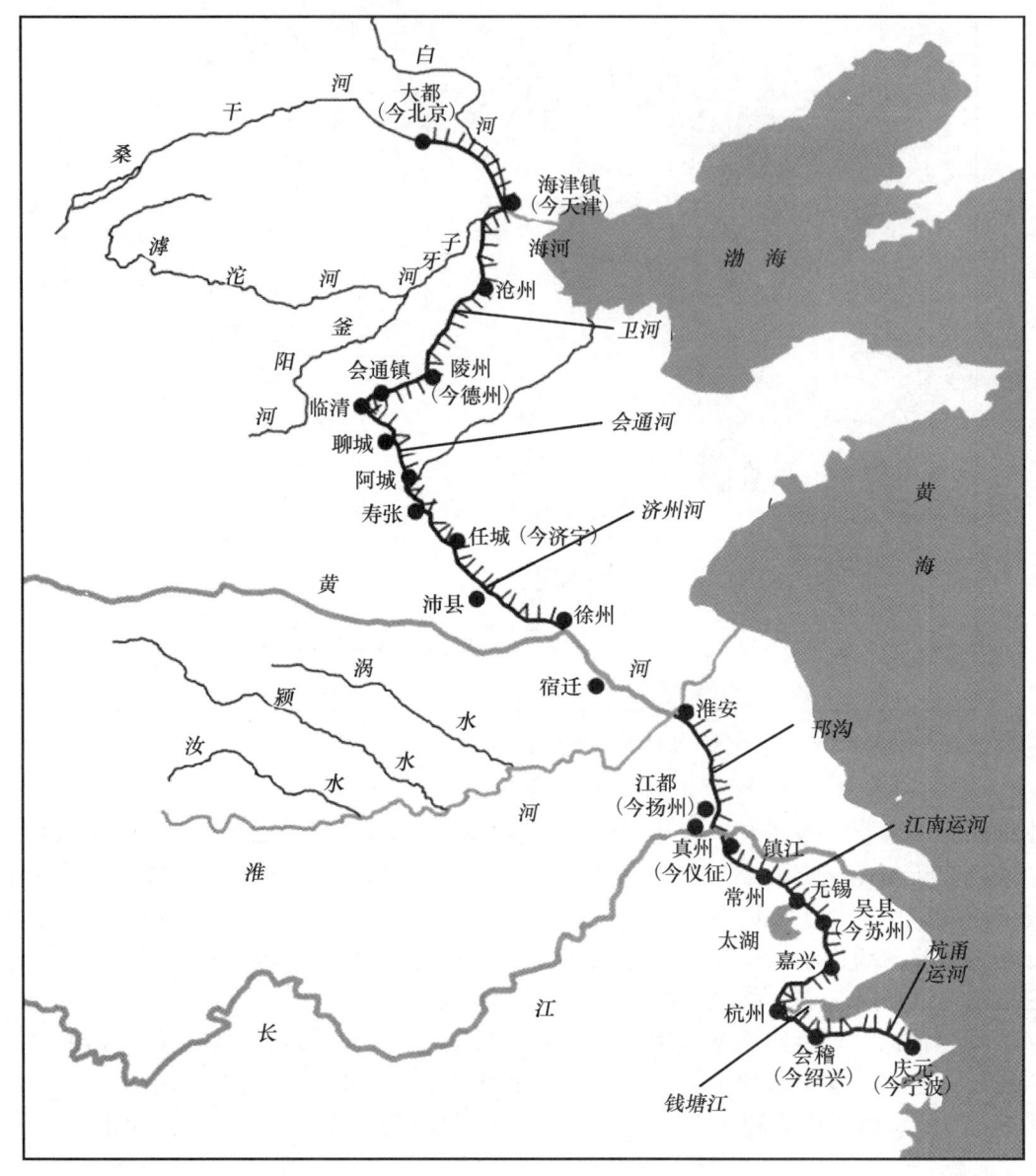

图5-7 元朝京杭运河示意图

对,一些人只顾全自己的利益。治河之事就这样搁置下来,到至正十一年(公元1351年),脱脱重做宰相,他一直支持贾鲁的建议,他力排众人非议,大力支持贾鲁,贾鲁治河的建议终于得以施行。

至正十一年(公元1351年)四月,贾鲁受命主持治河工作,对黄河决溢地区分段有计划地治理,鲁西南一带是当时治理的重点,同年11月竣工。贾鲁在这次治理黄河的过程中开凿了贾鲁河,该河起自郑州,东经朱仙镇,向东南到周口镇通向颍水,将泛滥在汴河一带的黄河水分流到淮河。

从贾鲁河上源到中牟县为上段,原是北宋汴京四大漕河之一的金水河,北宋灭亡后，金水河也随着汴京的衰落而湮没，贾鲁在治理黄河时，利用金水河故道在中牟县以上的河段进行疏通，用以宣泄、分流侵占汴河的黄河水，形成贾鲁河的上游河段，当时称之为郑水。从中牟县折向东南经朱仙镇，再继续向东南至尉氏县境的这部分河段为中段。贾鲁河在尉氏县境接沙河后，沿沙河向南到周家口入颍水为下段。贾鲁河示意图见图5-8。

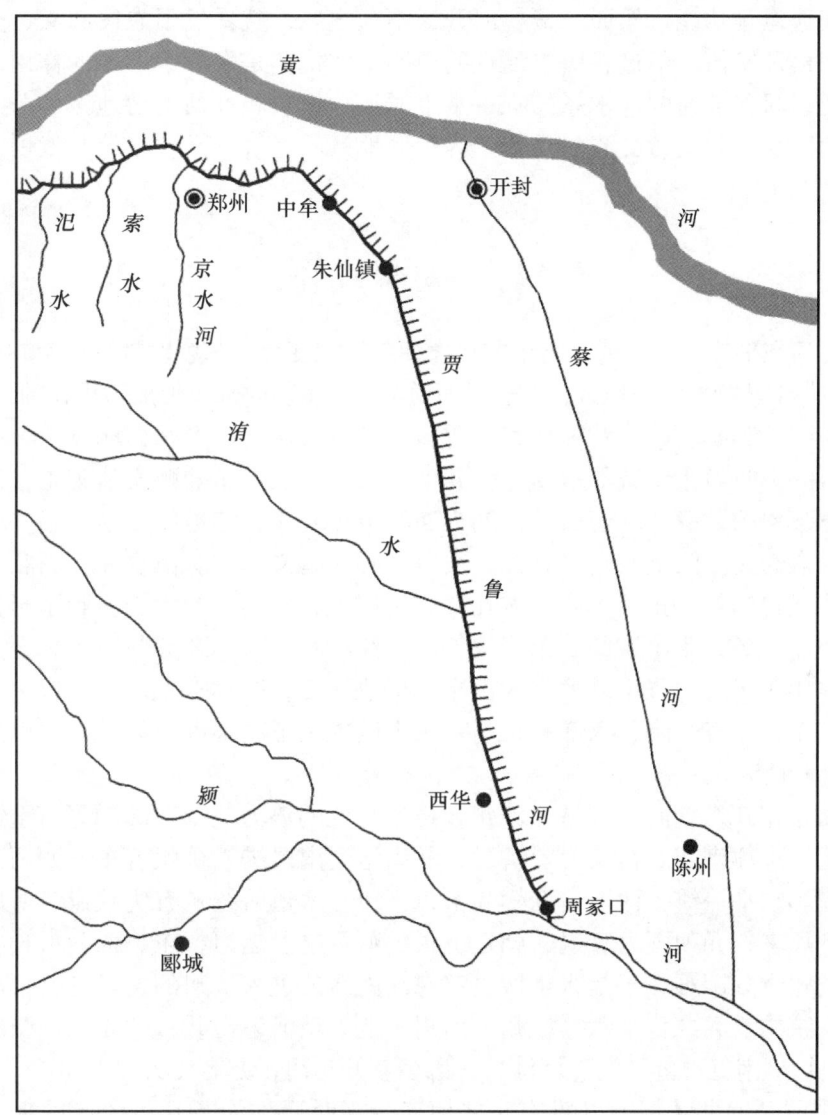

图5-8　贾鲁河示意图

贾鲁河位于今河南省东部，起自荥阳县境，向东流经郑州、中牟县，再转向东南流，经朱仙镇后再折向南流，经尉氏、扶沟和西华等县至周口市入颍水。它是一条由自然河流改造而成的人工运河，全长二百四十六公里，从朱仙镇至周家口，长一百多公里，河面宽约三四十米，下游靠近周家口处河宽有六十米，河深大约为五到六米。

贾鲁河的水源主要来自黄河水。另外，贾鲁河上源所在荥阳和郑州境内，有索水、须水、京水和郑水四条小河流，相互连通，水量集聚到一起，也是相当可观。

中原地区黄河与淮河之间在战国时有鸿沟水道相通，隋唐时代有通济渠相通，北宋时，东有汴河，西有惠民河相通，到了元朝，中原地区的南北水运交通就此中断了，元末后凿的贾鲁河正好适应了这方面的需求。它不但分流黄河洪水至淮河入海，也起到了交通运输功能。然而，贾鲁河开通不久之后，就暴发了农民起义，交通运输功能还没来得及发挥。不过，贾鲁河在明清两个朝代还是发挥了不小的作用，它是中原地区沟通黄河和淮河两大水系的唯一水上通道，担负着淮河上游地区和黄河中游地区之间的商贸往来与文化交流的重任，为中原地区的经济、文化繁荣和发展，做出了重要的贡献。

5.8　重定江南运河南段

江南运河在平望镇以南的河道走向从唐朝起出现变更，宋朝时期也一直在改变，到了元朝末期张士诚割据江东地区，对这段河道进行了重新改造，形成了现在的走向。

元朝末年，朝廷腐败，苛捐杂税繁重，百姓生活困苦。泰州白驹场（今在江苏省大丰县）有一个叫做张士诚的盐商，他和他的弟弟三人以运盐贩卖盐为生，经常遭到朝廷及地方豪强的欺凌，张士诚效仿刘福通红巾军起义，和他的三个弟弟并联合李伯升等十人聚众起义。张士诚轻财好施，很得人心，起义军的队伍也在不断壮大。至正十四年（公元1354年）正月，张士诚在高邮称诚王，建国号为大周。到了至正十五年（公元1355年）冬，张士诚的二弟张士德攻占江阴和平江（今苏州市），至正十六年（公元1356年）三月，张士诚率众人由高邮抵达平江，改称隆平府，据以为都城。张士诚割据江东，设省、院、六部和百司。张士诚占领了高邮以南的运河线以及粮仓之称的太湖流域地区。

张士诚割据江东期间，都城在苏州，杭州是他的势力范围南部的军事重镇，苏杭之间交通运输来往密切。在前面曾讲过，江南运河南段进入杭州有东、西两条航道，东道走长安和临平一线，西道走塘栖和奉口一线，两道航线各有优缺点，所以一直并存使用。到后来，元朝国力衰退，朝廷也很少顾及这段运河，东、西两道长年失修，现在进入杭州十分困难，于是张士诚决定对江南运河进入杭州的这段进行再次改道。在《大清一统志》卷二百十六《杭州·山川·上下塘河》记载："元末，张士诚以旧河狭窄，自塘栖南五林港开河至江涨桥，因名新开运河，亦名北关河。"

元末刚刚开通北关河时并没有正式河名，当时还称为新开运河，后来由于该河流流经城北的北新桥，后来明朝景泰年间曾在此设关收取水陆商税而称北新关，也称大关或北关。于是将流经北关的新开运河称为北关河，这样从明朝中期开始，北关河的名称就流传下来了。北关河起自塘栖，止于杭州城内，全长不过四十多里，它的开通改变了江南运河进入杭州城内的这段路线，塘栖以上的河段还是利用江南河原有河道。北关河自塘栖向东，经过博陆、大麻至崇福，转向北到石门，再转向东北至嘉兴，取代了东面的上塘河和西面的奉口河，如图5-9所示。

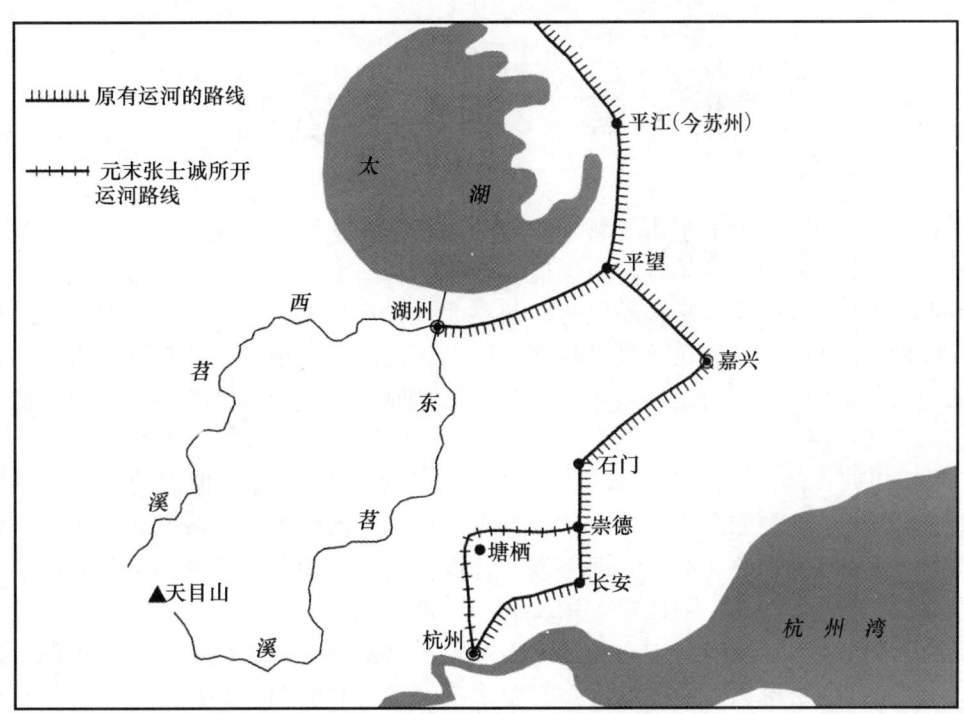

图5-9 元末江南河南段改道示意图

北关河的水源丰富,南宋淳熙年间开通奉口河时,开通了从崇福向西经塘栖到奉口东苕溪的一段东西方向的运河,在塘栖以东的一段还可以通航,而在塘栖以西的一段已不能通航,这段运河成了北关河从东苕溪引水的引水道。除了有东苕溪作为水源外,余杭塘等水也可以作为水源,所以北关河能经常保持着通舟需要的水位。在江南河进入杭州的三条路线中,北关河的优势比较明显,明清两代也继续延用一直到现在,并成为京杭大运河南端的正道。

第6章 明朝的运河

元朝灭亡,明朝走上了历史舞台,明朝的创建者朱元璋首先在南方建立政权,于至正二十八年(公元1368年)在应天府(今江苏省南京)称帝,立国号为大明,朱元璋为明太祖,年号洪武。紧接着他分军两路北伐,八月攻克元大都(今北京)。接下来,明朝分别平定了元朝在甘肃、陕西、四川、云南、广东、广西和福建等地的残余势力,至洪武十四年(公元1381年),除蒙古高原、新疆和台湾等地外,全国已基本上统一。

明朝初期,洪武、建文、永乐等几位皇帝都比较有作为,他们治国有方,曾出现过许多盛世景象,如洪武之治、永乐盛世、仁宣之治等等,经济文化繁荣,人民安居乐业,一派盛世景象。谈及运河方面的建设,明朝时期主要新开凿了胭脂河,整治胥溪运河并开通黄浦江,明成祖朱棣将南京迁都到北京后,政治、军事重心转北,为了能更好地加强与江南经济中心的往来,明朝对京杭大运河的维护和治理可谓不遗余力。元朝时开通京杭大运河但始终没有全线贯通,直到明朝,京杭大运河开始真正发挥南北交通运输的作用,为我国南北方经济发展和国家统一做出了巨大历史贡献。

6.1 胭 脂 河

《明会要》卷五十六《食货四·漕运》中记载:"二十六年九月,命崇山侯李新开胭脂河,以通浙运。谕之曰:两浙赋税,漕运京师,岁费浩繁。一自浙河至丹阳,舍舟登陆,转输甚难,一自大江沂流而上,风涛之险,覆溺者多。今欲自畿甸近地凿河流以通于浙,俾输者不劳,商旅获便。故特命尔往督其事。"这段文字说的是洪武二十六年(公元1393年)九月,任命崇山侯李新开凿胭脂河以连通浙江到京师的漕运。明朝刚一建朝时,定都南京,京师赋税供给主要来自苏南和浙北地区,两地的漕运开销巨大,当时有两条路线,一条是水陆联运,沿着江南河往北进入丹阳,再登陆转陆运到句容县后再改水运到南京,这样要经过两次的转运,十分麻烦。另一条是完全通过水运方式,沿江南河进入长江,逆江而上,多有风涛之险,经常发生覆船现象。于是,朝廷决定在京畿附近开凿河流以连接浙江一带。在洪武二十六年(公元1393年),李新开凿了胭脂河。

胭脂河的名字来源于胭脂冈,胭脂河就是破冈而凿成的运河。胭脂冈不高,大约有30多米高,因为冈岩为赤色,所以称为胭脂冈。胭脂河位于南京东南溧水县城的西面十里处,长约三十里,又因两侧岩崖数十尺高,跨河留有一处岩层,桥一样的形状,起名天生桥,所以胭脂河也称天生桥河。

胭脂冈南面是石臼河,石臼河与胥溪河是相通的,胥溪又与太湖相通。胭脂冈北面是秦淮河的南源溧水河。秦淮河以前称为秦淮水,是长江下游的一条小支流,有南北两源，南源溧发源于溧水县境内东庐山北麓，北源句容河发源于句容县境内的华山东麓，两源相汇于方山附近，向西北流，经过南京城的西南最后注入长江。所以只要打通了胭脂冈，苏南、浙北地区的漕船可以先进入太湖，再经过胥溪运河到胭脂河再到秦淮河顺流而到达京师南京。明朝初期苏南和浙北地区到京师的漕运示意图见图6-1。

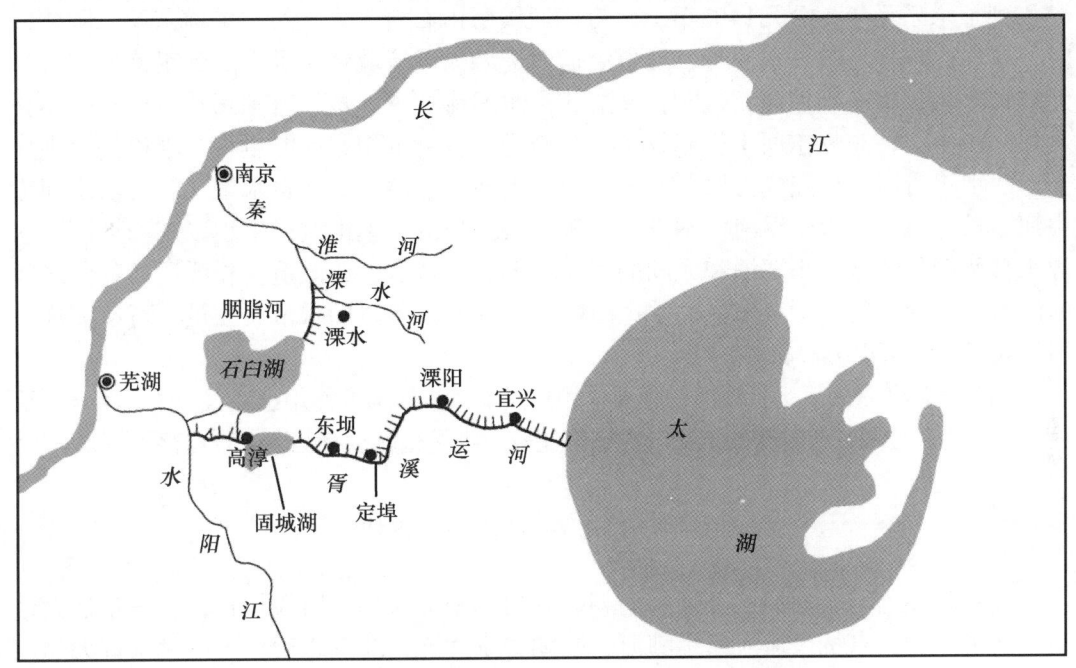

图6-1 明初苏南、浙北地区到南京的运河示意图

胭脂河的开凿，方便了京师南京的漕运，不仅利于朝廷的漕运，也给百姓的交通运输带来了便利。据说当时为了开凿破冈，采用的是原始方法焚石浇水，施工时死了很多人。为此，李新也被明太祖处死。尽管付出如此之大的代价开凿的运河，也仅用了十年就衰退了，主要是因为明太祖驾崩后，明成祖将都城迁到北京，南京地位降低了，胭脂运河的作用也变小了。开始也还是可以用于洪汛期间泄洪，再后来，彻底的湮废无闻了。

6.2 胥溪河的治理

胥溪河最早是由春秋时代吴国伍子胥所开（参见2.2.4节），目的是为了运输军粮。明初定都南京时，胥溪河与开凿的胭脂河连接太湖和秦淮河作为运往南京的漕河，除此之外，胥溪河还与太湖以西和水阳江以东的大片地区有着密切的利害关系，是重要的灌溉和泄洪河道，所以尽管明朝将都城由南京迁到北京，明朝政府也一直对胥溪河非常重视，没有忽略对它的治理和改造。

明朝初期，洪武二十五年（公元1392年）时，为了开辟通向南京的运道，就对胥溪河进行了一次大规模的治理，对全线疏浚，拓宽重点河段，并在胥溪河关键位置修了一座水闸，取名广通镇闸，由条石修筑而成，其上有可关可开的闸门，控制水量，这样利用这座石闸既可以防止河水流失，保持一定的水位高度使胥溪运河恢复行船，又可以将胥溪河上游的洪水进入石臼河通入胭脂河进入秦淮河泄入长江，保护太湖流域和水阳江流域免受水害。

到了永乐元年（公元1403年），将广通镇闸由石筑改为土筑，史称东坝。刚建成时，东坝比较容易被洪水冲垮，给胥溪运河下游太湖流域带来洪水。到正德七年（公元1512年），将东坝加高，这时，又造成洪水回流成灾。这样直到嘉靖三十五年（公元1556年），在东坝东面十里修筑了一个新坝，称为下坝，此时也将东坝称为上坝。上下两坝将胥溪河分隔成三段，上坝以西为上河，水源主要来自水阳江；两坝之间为中河，长十里，是古胥溪河的本身，水源来自两边的沟溪山涧；下坝以东为下河，水源来自两侧的溪流、小湖泊和太湖的回流水等。经过这次的改造，胥溪运河各段之间的河水不相通，所以下游地区的水患减轻了，同时，各段的水量又充足，可以灌溉沿河的农田，也可以分段行舟。

明朝迁都北京之后，胥溪河的主要作用还是泄洪，航运的作用已经很小了。鉴于胥溪河重要的地理位置，各时期的统治者对它都比较重视，也就没有湮废一直留存了下来。

6.3 京杭大运河的治理

元朝济州河与会通河的开通将隋朝时开启的南北大运河路线拉直，形成京杭大运河。到了明朝，京杭大运河通称漕河，明朝将京师迁到北京之后，可以说京杭大运河是流淌在明朝政权体内的大动脉。京杭大运河长约1 794公里，是由自然河流与人工开凿河道共同组成。根据流经不同区域，将河道分成七段，自北向南而分，首先是通州到天津一段，它利用潮白河道，称为白漕；从天津到临清利用卫河，称为卫漕；临清到济宁以南河段，实指元朝开通的会通河和济州河的总称，称为闸漕；徐州到淮安河段为原泗水运道，遭黄河侵犯，称为河漕；淮安到扬州河段，湖泊较多，称为湖漕；长江一段的航道称为江漕；长江以南运道通称为浙漕。其中，闸漕（会通河）、河漕和湖漕三个河段因为常受黄河水泛滥之苦，河况较差，时常淤塞，影响漕运，它们也就成为明朝治理京杭大运河的重点河段。

1. 重开会通河

明朝所说的会通河即指元朝开通的会通河与济州河，它们首尾相连，长380多里，是京杭大运河的山东河段。会通河与济州河的水源主要来自汶水和泗水，元朝时在汶河上筑堽城坝，汶水进入洸水，流到济宁与泗水汇合后进行南北分流，然而济宁北面的地势为上坡倾斜，最高处在距济宁市九十里处的南旺，水源北流有困难，也就导致会通河与济州河水源不足，这是元代没有解决好的水源问题，所以元代京杭大运河虽然开通但并没有全线通航，还是依靠海运。会通河更是因为洪武二十四年（公元1391年）黄河在河南原武县黑羊山决口，漫及到它而几乎处于全线瘫痪，河道淤塞不能行舟。

《明史·河渠志》曾记载明朝永乐九年（公元1141年）济宁州同知潘叔正上书建言："会通河道四百五十余里，其淤塞者三分之一。浚而通之，非唯山东之民免转输之劳，实国家无穷之利也"。此建议得到明成祖的同意，派遣工部尚书宋礼进行实地考察情况，以确定是否适宜动工。待考察结果认为可以动工后，明成祖任命宋礼、刑部侍郎金纯和都督周长负责疏浚治理。

工部尚书宋礼并不是水利专家，也没有治河经验，所以他当时对于治理会通河也不是很自信。明朝永乐九年（公元1141年），宋礼调发青州、兖州、济宁以徐州等地民工数十余万人参与此工程。宋礼在治河前期任用了当时提此建议的潘叔正。他们当时治河的前期任务主要有修治好堽城坝，恢复济宁分水枢纽的运转，此时，还是与元朝时期一样，没有意识到济宁以北地势对运河的影响，引水方法与分水地点与元朝相比，几乎没有什么创新和改进。同时还有疏浚会通河全线，让它的通航情况达到洪武二十四年前的状态，又对会通河上元朝时的旧闸重新修建，会通河道有许多闸门，所以也将它称为闸河。前期工程还进行了会通河的局部改道，将东平州安山湖附近的河道向东移，将会通河与黄河之间的距离加大，中间隔有安山湖，可以作为缓冲，减少黄河水患的影响。

会通河前期工程于永乐九年（公元1141年）二月动工，六月份完成，得到了皇帝的赏赐。然而，引水方法与分水地点与元代时相比并没有什么改善，南旺北河段的水量还是不足。会通河在明朝治理仍未完结。

宋礼面对南旺以北河段仍不能通行漕船而深感内疚，决心重来整治。当时附近的汶上县有一位名为白英的老人，善于治水，宋礼听说后，亲自拜访他，请求治水之道。白英对汶上县的山水和地形情况十分熟悉。据《名山藏》卷四十九《河漕记》记载，他曾这样向宋礼建议："南旺地耸，盍分水于南旺。导汶趋之，毋令南注水洸、北体倾坎。其南九十里使流于天井，其北一百八十里使流于张秋，楼船可济也"。他一语道破了会通河河浅，水源不足的原因是南旺地势比济宁高，应该拦阻汶水流向南旺，再进行南北分水。宋礼恍然大悟，认为他说的非常有道理，任命白英负责这次治水的规划设计。白英治河工程主要包括以下几个方面。

第一，在汶河上筑了戴村坝，以使汶水流向南旺。戴村坝位于东平州东面六十里汶河上的戴村，汶水发源于莱芜和新泰，自东向西流经洸水口、戴村再转向西北，为大清河的上源。之前为解决会通河的水源问题，在洸水口上堽城闸，使汶水入洸水，到济宁才进行分水。现在白英的做法是将分水点由地势较低的济宁转移到地势较高的南旺，为了阻止汶水进入洸水后再流向济宁，而是让水直接流到南旺，在汶河的上游修筑堽城坝，在汶河的下游修筑戴村坝。在《明史》卷八十五《河渠志·运上》记载："礼用汶上白英策，筑坝于东平之戴村，遏汶使无入洸而尽出南旺。"选择在戴村这里修坝拦水也是很合理的，因为戴村在汶河下游，汶河水在下游汇聚了多条支流后，水量会大增；戴村附近还有一条名叫坎河的小支流既可以泄洪，又可以保护河坝。戴村坝与南旺分水示意图如图6-2。

第二，在戴村坝与马常泊之间开浚引水渠道，引汶水流向南旺。戴村坝南侧末端有一条蜿蜒通向南旺的河流，叫做马常泊，因沙多，也称为沙河。虽然沙河口已被淤

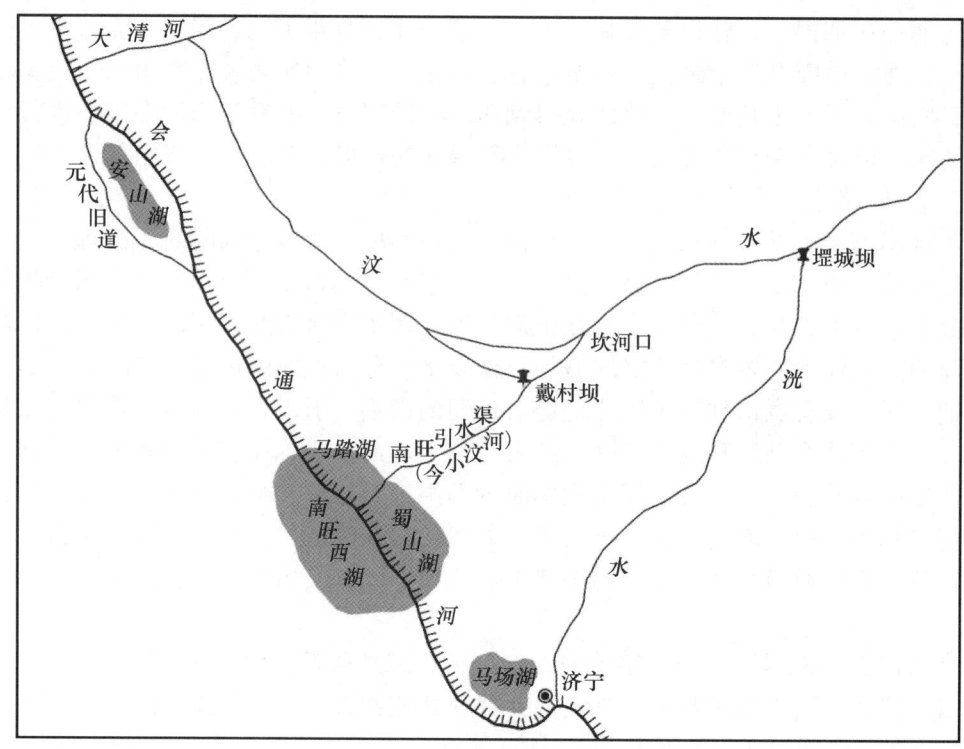

图6-2　戴村坝与南旺分水示意图

塞，河道干涸，但只要将它开浚，就是一条现成的引水道，这也是在戴村修坝的另一个重要原因。根据嵇果煌先生的多方面推测：当时宋礼等人开浚的沙河就是指古代汶河通向茂都淀的尾闾河段，明初时称为马常泊，也就是后来的南旺诸湖。这条起自戴村坝西端的引导汶水到南旺的引水道后来成为汶河下游的水道，被称为小汶河。

第三，建设南旺分水枢纽，在南旺将汶水南北分流。南旺地势高，在这里分水，是以高屋建瓴的优势向南北分流，当时是在汶水与会通河直交处简单建立了一个直角形石坝。后来到了明朝中期时为了保证南北的分水比例，在南旺南北两侧又各自设置了南旺上闸（柳林闸）和南旺下闸（十里闸），更好地控制南北水分流量。

当时，宋礼与白英想到会通河纵坡起伏较多，水流有困难，于是在济宁到临清的河道上设置了开河闸的水闸，调节水量。而且还在沿线修了水柜，储存水的水库，是利用现成的湖泊而修成的水库，旱时供水，涝时蓄水。疏浚会通河后，当时设的四个水柜分别为汶水上南旺湖、东平上安山湖、济宁上马场湖和沛县上昭阳湖四个水柜。明朝会通河示意图见图6-3。

在宋礼和白英的共同努力下，元朝开凿的会通河在明朝终于可以大有作为，开始漕运。此时，南起杭州，由江南运河、淮扬诸湖、黄河、会通河、卫河、白河、大通河连成的北到京师以东大通桥3000余里的京杭大运河全线通运了，京杭大运河在历史的舞台上开始大显伸手。

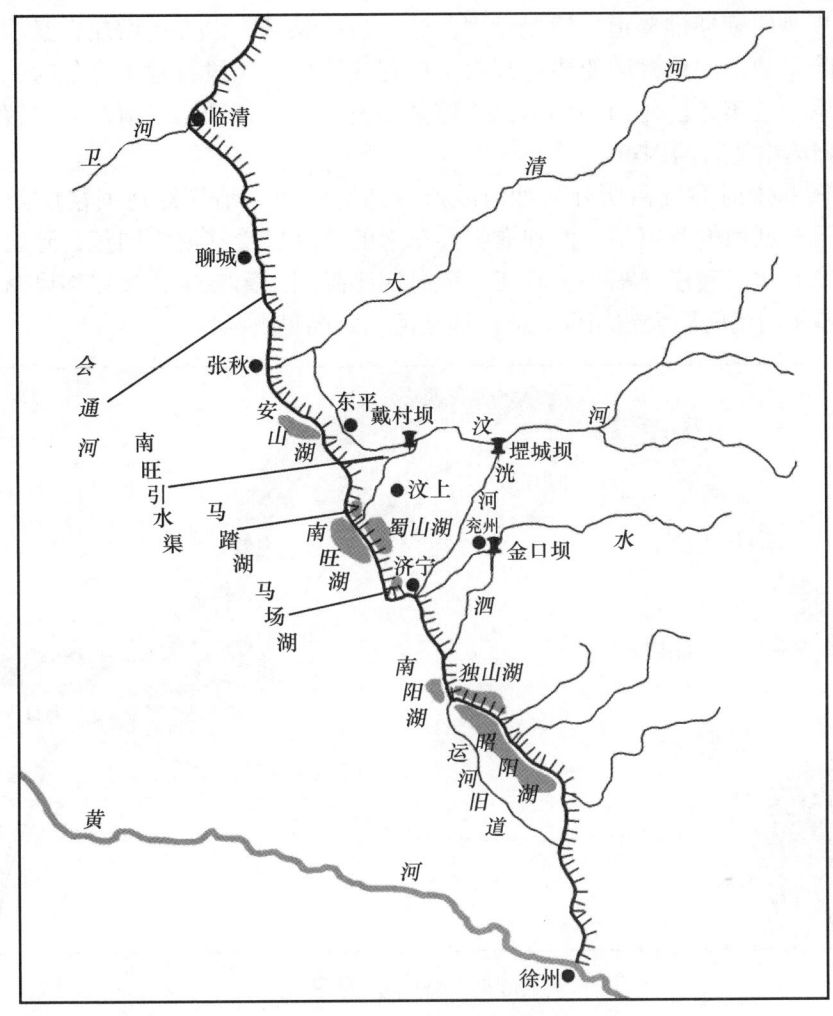

图6-3 明代会通河示意图

2. 治理淮扬运河

淮扬运河沟通淮河和长江,南连长江,北接黄河,长370多里。淮扬运河西临淮河,西来诸水汇成众多湖泊,所以淮扬运河的运道多是借湖筑堤,形成两堤夹运河。漕船从江南出发,过江循淮扬运河北上,一路遇到的瓶颈卡口颇多,船行并不顺畅。会通河重开成功后,平江伯陈瑄借着京杭大运河全线贯通的时机,对长370里的淮扬运河进行了全面的治理。

淮扬运河因为沿途湖泊众多,明朝称它为湖漕,它是京杭大运河中最古老的河段,沟通淮河和长江。由于运河的水位高于淮河,为了防止运河水流入淮河,古时在淮安以北的入淮口建有北神堰,明朝时已不存在。洪武元年(公元1368年),在淮安城东北修建了一座名为仁坝的车船坝,永乐二年(公元1404年),新增四坝,分别为义、礼、智、信四坝。这五个坝成为史上有名的淮安五坝。

这五坝为明朝通淮要道，漕船盘坝而过，过往频繁，淮安的漕船在盘坝进入淮河后，就是险恶的山阳湾，漕船要逆行六十里到达清口，这段行程十分危险，常有事故发生。永乐十三年（公元1415年），陈瑄精心设计，主持开通了清江浦，解决漕船盘坝和在山阳湾中逆行的困难。

陈瑄循北宋时乔维岳所开的沙河故道开通清江浦，清江浦运河傍山阳湾南岸延伸，东起淮安城西的管家湖，西到淮阴县东南的鸭陈口接淮河。同年，陈瑄还在河道上自西向东修建了新庄、福兴、清江、移风四座闸门。第二年，又在移风东面增建板闸。这五座闸门的间距大致相等。清江浦运河示意图见图6-4。

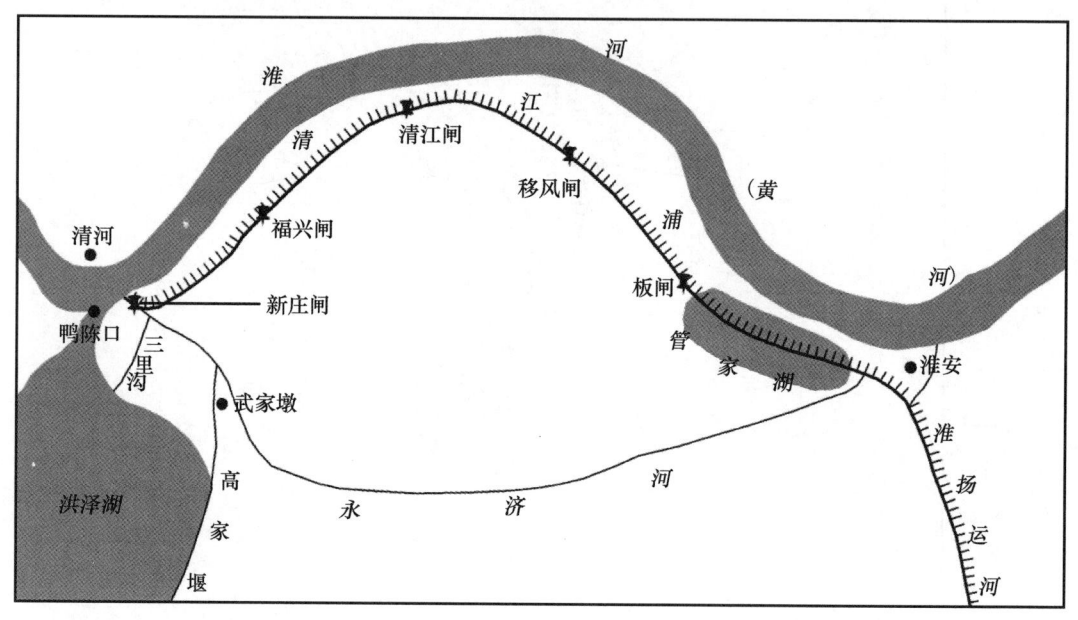

图6-4 清江浦示意图

清江浦运河开通后，漕船沿该运河过淮河北上，其他官船、民船和商船仍是在淮安盘坝入淮。清江浦运河确实解除了京杭大运河途中的瓶颈卡口，十分利于漕运。

治理淮扬运河除了开通清江浦运河外，还修筑了长堤，将河湖分离。淮扬运河沿线湖泊众多，除管家湖和射阳二湖以外，其余白马湖、氾光湖、高邮湖和邵伯湖等均在淮扬湖西侧，史称运西诸湖。湖泊之间水道相通，形成连串的湖泊群。后因黄河南下夺淮，金章宗明昌五年（公元1194年）黄河在河南阳武决口，夺淮入海，黄河泥沙多，淮河失去入海道路，潴聚在今泗阳、盱眙、洪泽县之间的低洼地区，开有洪泽湖，容纳不下黄淮合流的大水，常泛滥，水流到运西诸湖，导致湖面不断扩大，最后连成一片，漕舟和民船航行其中，十分不便。洪武九年（公元1375年），朝廷采取宝应老人柏从桂的建议，在运西诸湖的东侧湖水中，分段修建堤防，将河、湖分离，形成两堤夹一河的状态。洪武二十八年（公元1395年），朝廷又采纳柏老人的建议在宝应湖东侧开一条月河，长四十里，南北两端与淮扬运河相通。永乐十三年（公元1415年），平江伯陈瑄将位于洪泽湖东南边缘的高家堰进行了大规模的修缮，对其加高加固。此后，在成化、弘治、嘉靖和万历年间对淮扬运河做了几次较大规模的修筑。到了公元1600年，北起白马湖，南到邵伯湖，在诸湖的东侧均已筑成重堤，并在两堤之间开有月河，从北到南有弘济河、界首月河、康济河、邵伯月河等，组成一条新运河。在淮扬运河史上首次出现了两堤夹一河的新形式。

3. 开白塔河

明朝淮扬运河南端渡口有两处，分别是瓜洲运口和仪真运口。其中瓜洲运口主要为长江下游的江浙一带地区漕船出入淮扬运河所用；仪真运口主要为川、湖广、赣等长江中上游地区的漕船出入淮扬运河所用。

淮扬运河在扬州以下河段，常受江潮所带泥沙淤积之苦。宣德六年（公元1431年），御史陈祚和侍郎赵新等人建议开白塔河。平江伯陈瑄征集扬州到淮安军民四万五千多人，开白塔河，并在河道上建设四闸，作为新的入江通道。宣德七年（公元1432年），开河建闸工程全部完成。白塔河也称大桥河，在江都县境东南部。运河北起运盐河的宜陵镇，向南流经吴桥、大桥到达长江，长约36里。

白塔河开通后，来自太湖流域的苏、松、嘉、湖、杭、常六府的漕船，沿江南运河北上，不必再到镇江经瓜洲运口进入淮扬运河。现在只要到常州境内折向孟渎河渡江，沿白塔河到宜陵，过运盐河西到弯头就可以接上淮扬运河。这样，一来避开瓜洲运口盘坝，二来避开丹阳到镇江一段水浅难行的江南运河。

白塔河在使用过程中，也需要经常疏浚，如果不做适当的疏浚，就会淤塞，白塔河时废时兴，一共使用了大约80年。万历年以后，不再漕运，逐渐成为苏北地区一条泄水通道。

4. 开凿南阳新河

京杭运河在济宁到徐州这段，原是经南阳、谷亭，再沿着南阳湖和昭阳湖西，经过沛县和留城继续南下到徐州进入黄河。南阳湖和昭阳湖地势东高西低，而运河又是在湖的西面通过，地势低洼，经常受到黄河水的侵犯。每遇黄河决口，沛县以北便会大水漫漫，运堤被冲毁，运河被阻塞。

嘉靖五年和六年，贡河在曹县、单县和城武决口，运河淤塞。兵部尚书李承勋和左都御史胡世宁认为应该在湖的东岸开凿新河，并引一些泉水流入运道，避开黄河泛滥带来的危害。嘉靖七年（公元1528年），部督河道右都盛应期结合他们两人的意见并奏报朝廷："昭阳湖东，自北进汪家口，南出留城口，长约140余里，可以改运河。北引运河之水，东引山下之泉，内设蓄水闸，旁设通水门及减水坝，以时节缩，较之挑浚旧河劳逸甚，且可为永久之利"。其中"北引运河之水"说是汶水和泗水引入会通河后，会通运河过来的水。"东引山下这泉"是指湖东面的薛河、沙河等。当时朝廷准奏，并开始动工，工程进展一半时，久不降水，又因其他一些矛盾重重，新河工程便偃旗息鼓，盛应期也被撤职。

嘉靖四十四年（公元1565年）的七月，黄河又决口了，水漫沛县和昭阳湖，沙河到徐吕梁洪一带淤塞百余里。嘉靖赶紧派朱衡（工部尚书兼理河漕事）到决口视察发现原来河道已淤塞成陆地，而三十多年前盛应期开凿的新河依可映入眼帘。在《明史》卷八十五《河渠志·运河上》记载了朱衡当时这样说："伏秋黄水盛，昭阳受之不为壑也"。朱衡认为盛应期的开河路线才是可行的方案，决定应该继续开三十七年前没有完成的新河，打通南阳到留城的运河。这个想法遭到当时一起参与治河的潘季驯反对开河，朝廷一时间不好决定，为了确定实际情况，分清利弊，朝廷又派工科给事何起鸣到沛县实地考查，何起鸣认为应该开新河。就这样，嘉靖四十五年（公元1566年），朱衡带着九万多役工再次开始凿新河，北起鱼台南阳，南经夏村（今山东省微山县夏镇）到留城，新河全线长140多里，共用了8个月。穆宗隆庆元年（公元1567年）留城到境山的五十三里的旧河道也疏通了与黄河相会。这条运河还引鲇鱼诸泉、薛沙诸河注入其中，建闸八座、减水闸20座、筑坝12座。穆宗皇帝对这项工程十分满意，将朱衡晋阶至太子少保。

盛应期和朱衡二人先后开通的这条新河，史称为南阳新河，也称夏镇新河。南阳新河除有上游运河水作为水源，沿途还接纳了鲇鱼诸泉、薛沙诸河，水源充足；新河道位于昭阳湖东侧与西面的旧河道相隔三十里，河身的地势也较之高得多，黄河再决口泛滥时，又昭阳湖和南阳可以作为缓冲，洪水到达不了新河；南阳新河的工程质量也好，有了这三方面的保证，南阳新河开通后，原阻于徐州的漕船可以顺利地北上了。

5. 开凿洳运河

南阳新河使南阳到留城的运河免受黄河泛滥之苦，但是留城以南的运道，还是常常会受到黄河泛滥和泥沙淤塞的威胁，于是明朝开通了洳运河。洳运河是由自然河流洳河开凿而成，洳河是一条自然河流，发源于鲁南山区，源头有东、西两支，东支从今山东省费县南面的山谷中流出，向西南流。西支从今山东省枣庄市东北的君山（抱犊山），向东南流。两支在江苏邳州三合村汇合，再向西南流到洳口，与薛、彭、武河合流经蛤鳗湖注入沂水，至邳州城北东接直河，入骆马湖，从董、陈二沟进入黄河，全长260里。这条河可以避开邳州到徐州三百多里的黄河运道和徐州二洪之险。开凿洳运河是非常正确而且必要的，然而洳运河得以开凿也并不顺利，开洳运河这件事情经过反复的提议和否决，经过几番波折之后，终于得以开通。南阳新河与洳运河示意图如图6-5。

隆庆三年（公元1569年）七月，黄河在沛县决口，茶城淤塞。总管河道都御史翁大立提议开凿洳运河，但是随着黄河洪水的退去，这项提议被搁置了。神宗万历三年（公元1575年），新上任的总理河道御史傅希挚再次上奏请求开凿洳运河，以避黄河之险，据《明神宗实录》描述："惟开创洳河，置黄河于度外，庶为永图耳。洳河之议，尝建而中止，谓有三难，而臣遣锥手、步弓、水平、画匠人等，于三难之处逐一踏勘，……均可避也。至于洳口上下，河渠之深浅不一，湖塘之绎络相因，间有砂礓，无碍挑挖。……自西北而东南，计长五进余里，比之黄河近八十里。河渠湖塘十居八才，源头活水，脉络贯通，此天之所以资漕也。……若以十年治河这费成洳河，洳河既成，黄河无虑壅决矣，茶城无虑填淤矣，二洪无滤艰险矣，运艘无虑漂损矣……今日不赀之费，他日所有省尚有余抵也"。从"臣遣锥手、步弓、水平、画匠

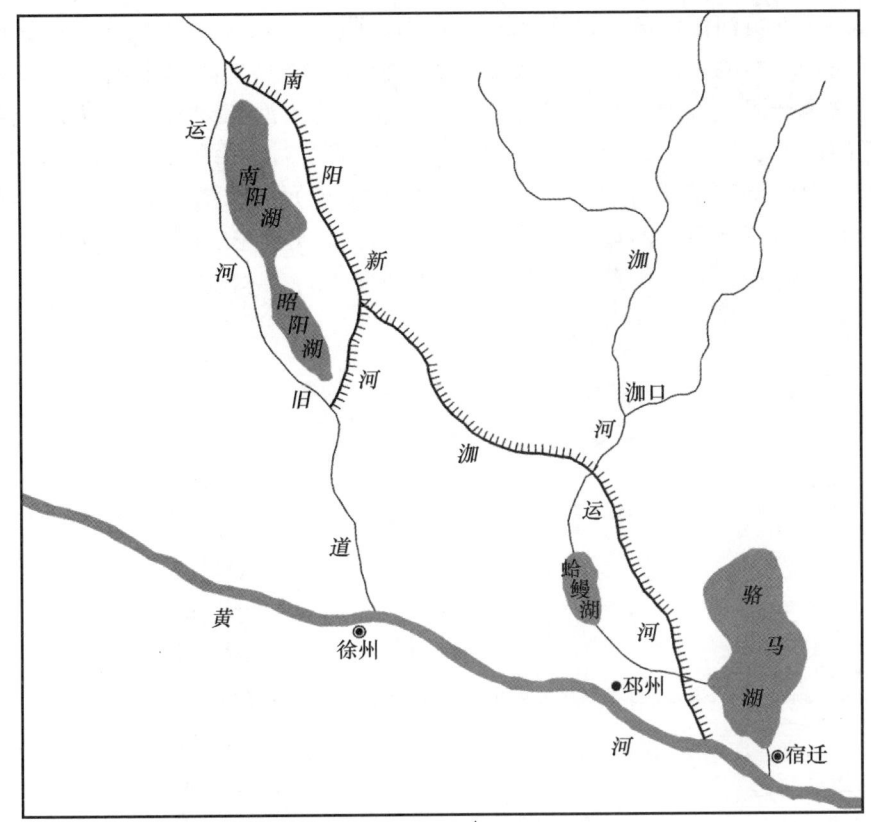

图6-5 南阳新河与泇运河示意图

人等"足以看出当时傅希挚经过实地测量，论述理由也科学、充分，当时首辅张居正对此也表示赞成。但是，在廷议中依然没有通过，继续被搁置下来。

万历二十一年（公元1593年）五月又发大水，济宁至徐州一带洪水横流，舒应龙奉命治河，他在微山湖东韩家庄开凿了一条长四十里的河渠，通彭河水入泇河，以便渲泄昭阳、微山等湖的积水。这条河渠即是韩庄新河，后来成为泇运河的上游段。万历二十五年（公元1597年），黄河在单县黄堌口决口南徙，徐州以下的运道断流。万历二十七、八两年（公元1599、1600年）河总刘东星受命开通泇河，他对韩庄运河进一步的拓宽和加深，并在良城、侯家湾、台儿庄等地继续开河，排除万难，将河道开至泇口，但还未来得及将河道加深，刘东星因劳累过度而与世长辞。万历三十二年（公元1604年），李化成任河总后，继续开河，完成了余下的工程，开通了夏镇的李家口至邳州的直河口河段，并筑堤、置闸。尾工由后任总河曹时聘在万历三十三年完成。从万历三年到万历三十三年，历经三十年风雨，汇集翁大立、傅希挚、舒应龙、刘东星、李化龙和曹时聘诸多人的心血，这条长260多里的泇运河终于完成。

泇运河一通漕运，粮船不需要再走徐州到邳州之间的黄河运道，泇河的成效立竿见影，当年，通过的粮船就达当年总数的三分之二。

泇运河开通后，它入黄河的运口经过几次变迁。最初入黄河的运口是骆马湖西面的直河口，后因黄河泥沙的不断沉积不能再用。明熹宗天启三年（公元1623年），朱国盛从直河口北面的马河口向东开凿了一条新河穿过骆马湖南部水域，在骆马湖口进入黄河，这条新河长五十七里，名为通济新河。通济新河在天熹五年竣工，骆马湖口成为泇运河的入黄河处。这个运口也没有逃出黄河泥沙淤积的命运，天启六年（公元1626年），总河侍郎李从将通济新河延长到骆马湖东面的陈沟，陈沟通向黄河的出口作为泇运河与通济新河的新运口，称为陈口。这条新开的长约十里的新河称为十里新河。明末时，史可法又改修董口为运口一直用到清初。

第 7 章 清朝的运河

　　清朝是我国历史上最后一个封建王朝，也是我国历史上第二个少数民族（满族）建立并统治中国的封建王朝。满族的前身为女真族，女真族曾经建立了金朝。元朝之后，女真族一直居住在东北地区。明朝末期，明万历四十四年（公元1616年），爱新觉罗·努尔哈赤在赫图阿拉建国称汗，国号大金，史称后金。明崇祯九年（公元1636年），爱新觉罗·皇太极称帝，并改国号为大清，简称清。明崇祯十七年（公元1644年），农民起义军李自成攻入北京，明朝灭亡。同年，清军击退李自成的军队，占领北京，清朝定都北京，开始了长达276年的封建统治。

　　在清朝统治时期，国都在北京，政权重心仍在北方，清朝的统治者继续施以"国家根本，仰仗东南"的基本国策，南方地区每年供给国库数百万石的存粮都是通过漕运运到京师北京的。清朝的漕运已经主要靠运河来完成，所以京杭大运河依然是清政府名副其实的赖以维持政权统治的生命线。清朝时期对运河的管理和整治可谓是不遗余力，京杭大运河在清朝昌盛时期也出现了空前繁荣的景象。

　　京杭大运河繁华的好景并没有维持久远，清朝中后期，朝廷政治腐败，国力开始衰退。咸丰年间爆发了大规模农民运动——太平天国农民运动，主战场江苏、浙江、江西、安徽、山东等省，京杭大运河的大部分河段都在主战区内，大运河遭受到了严重的破坏。这时，世界也正在发生着翻天覆地的变化，欧洲发生了工业革命，这也在悄然影响着中国，外国轮船走进中国，官商合办招商局成立，海运兴起，不仅漕运成本比大运河低，而且效率也得到了提高，北京的居民可以随时买到商品粮。而此时日益衰弱的清朝已无力顾及大运河，京杭大运河终究难逃淤塞的命运，几千年的运河漕运也便停止了。

7.1 清朝京杭运河的治理

　　清朝的运河河道沿用明代说法，将运河大致分为七段，从北到南依次为：北京至通州段称通惠河，也叫大通河，漕称"里漕河"；通州张家湾至天津段称北运河，也称白河、路河或外河，漕称"白漕"、"路漕"或"外漕河"；天津至临清段称南运河，也称卫河或御河，漕称"卫漕"；临清至济宁段称会通河，也称山东运河，共设节制闸四十余座，故漕称"闸漕"；山东鱼台的南阳镇到沛县的夏镇（今微山县）是明朝朱衡开的新河，沛县的夏镇到邳州的泇口为泇运河，再往南从泇口到清口，以黄河为运道，再往南在淮安的西面有明朝陈瑄开的清江浦河道，在清口进入淮河，并与黄河相会，这一段也称中运河，漕称"河漕"；淮安至扬州段称里运河，也称淮扬运河、南河或高宝运河，中经宝应、高邮、邵伯等湖，故漕称"湖漕"；镇江至杭州段总称江南运河或转运河。明清时期京杭大运河示意图见图7-1。

各段运河又由于各自的原因存在一些不足,如会通河段中山东南旺一带,由于地势较高,多依赖泉水,而这些泉水含沙,容易淤塞。长江以北黄河与淮河交界地段,黄河挟泥沙东流,也常常沉积。长江以南丹徒和丹阳间运河,是由凿山而成,由于地势和水源等原因,挽渡困难。清朝中前期对运河极为重视,为了维持漕运,对运河的治理不敢怠慢,除定期疏浚外,排除运道梗阻的临时性治理也比较多,工程一般也较定期疏浚量更大,清朝时根据这七段运河的不同情况都进行了治理。在康熙、雍正和乾隆时期,对运河的治理最多,其中有几次较大的治理,运河河道改观较大。

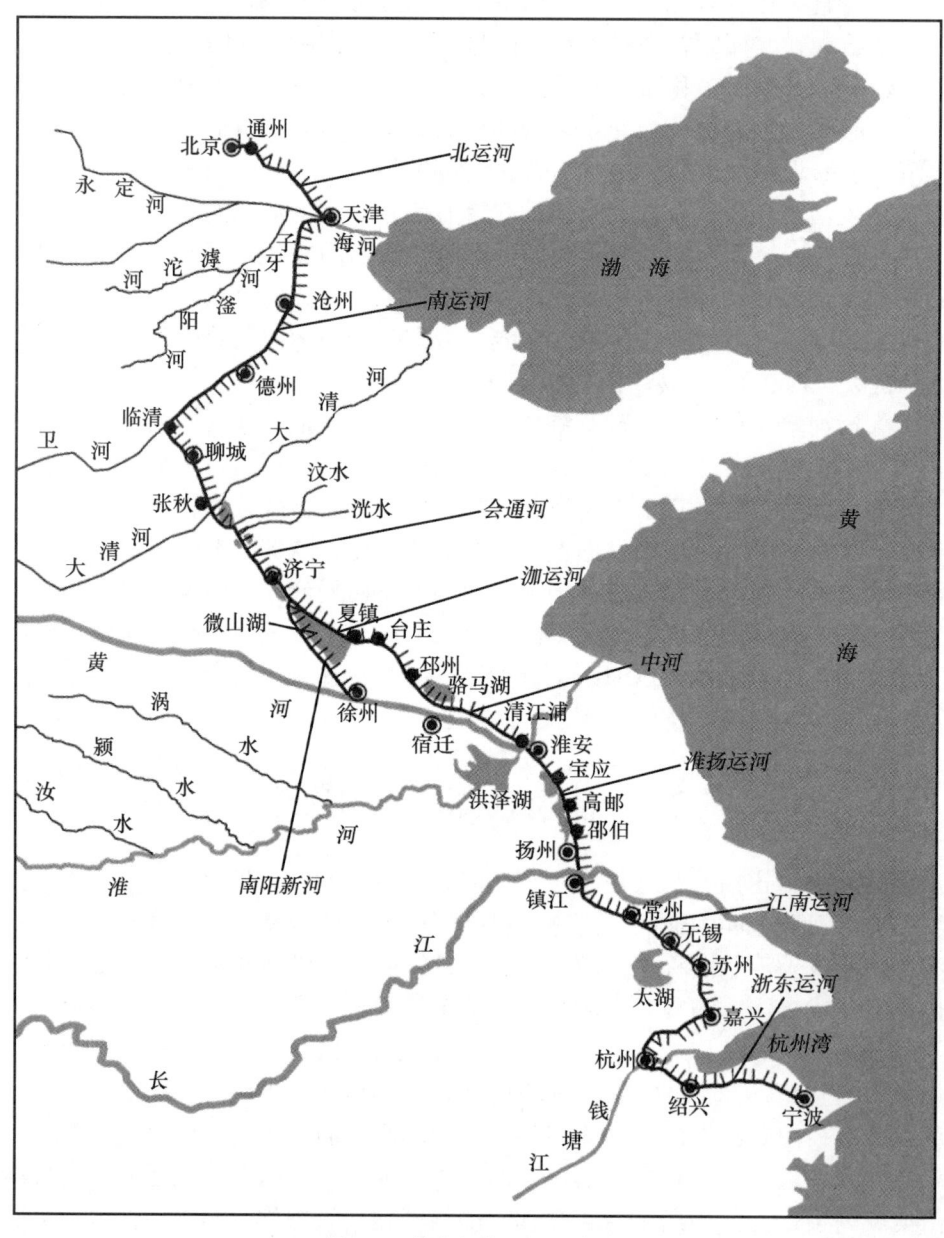

图7-1 明清京杭运河示意图

1. 开中运河

清朝初期，泇河连接通济新河后的入黄口为董口，董口在直河口东，骆马湖西，后因董口淤积而取道骆马湖，湖行40里入沟河，再行20多里到窑湾口，接泇河入邳州境。然而，骆马湖的通航状况并不乐观，骆马湖水浅面阔，行舟时无法拉纤，泥泞不能前行，这时就要调用大量的士卒、役夫在湖中捞浚浮送漕船前进，宿迁的百姓苦不堪言。面对这种局面，清政府在治河方面做了很多努力。

在讲治河之前，首先介绍一位清朝的治水能人，名为靳辅，他是清朝杰出的水利专家，深得康熙皇帝的器重，靳辅曾对黄河、淮河、运河三者进行了综合治理，并连向康熙皇帝上了八个奏疏，成为清河史上有名的《经理河工八疏》。靳辅还有一个得力助手，叫陈潢。他们两人为清朝在治理运河方面作出了巨大贡献。本章将会多次提到他们在治理运河所采取的工程措施。

靳辅为了改善骆马湖一带的航运条件，经过实地调查，他决定开挖皂河。皂河在宿迁西北四十里，当地原有一条旧河道，靳辅就是在这条旧河道的基础上开挖的皂河，该运河上接泇河，下到黄河，长约四十里。然而每当夏秋季节河水暴涨时，挟带泥沙的河水就会倒灌于皂河内，造成淤积。为此，康熙二十年（公元1681年），靳辅又从皂河向东挖出一条支河通到张家庄，二十多里长，通向黄河的入口称为张家庄运口，这个运口不易淤塞。明朝万历年间开通泇河运河以来，与黄河相通的运口，就一直处于变更状态，自张庄运口开辟后，泇河与黄河相通的运口终于相对固定下来。

从清口到张庄口还有二百里路程要借道黄河，这段黄河航线风大浪险，航道经常发生变化，行船也非常危险。在康熙二十五年（公元1686年），靳辅又建议开中河，使京杭运河与黄河彻底的分离。靳辅加筑清河县（今淮阴）以西黄河北岸遥堤之后，

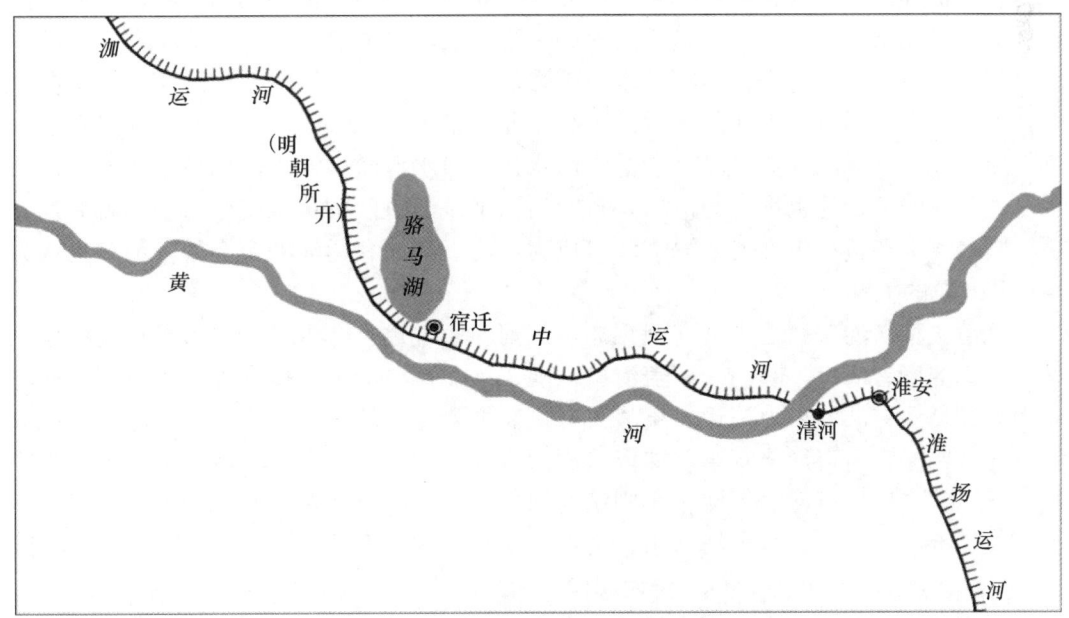

图7-2　清朝中运河示意图

开挖了中河，到康熙二十七年（公元1688年）正月完工。河道起自宿迁西的张庄运口，向东经骆马湖口，桃源（今泗阳）、清河（今淮阴）、山阳（今淮安）、三县，到安东（今涟水）县的平旺河，全长二百七十里，接平旺河向东北到海。在清河县城西、黄河北岸的仲家庄建了一座大石闸，使所开河道在此向南分水通至黄河，称为仲庄运口。自张庄运口到仲家庄大石闸一段的新开河道，即为中河，长一百八十里。而仲家庄大石闸以东到安东县平旺河一段新河道，不属于京杭大运河的范畴，主要用来给黄河排洪和运输食盐，史称盐河。以前，为防黄河决口，曾在黄河北岸建有遥、缕两道长堤。新开的河道位于这两堤之间，故名中河，也称中运河。

中河的开通结束了元明以来京杭大运河因为借道黄河而引发的各种不便，为京杭大运河最后定型。

中河开成后，在河道、河口方面也进行了一些较大的修整。康熙三十八年（公元1699年），于成龙在桃源县盛家道口到清河县之间，将原有的北堤改为南堤，另筑北堤，并在南北堤之间重新开挖运河六十里，取代靳辅开的旧中河，称为新中河。康熙三十九年（公元1700年），张鹏翮发现于成龙所开新中河在三义坝（在今泗阳县东南）经西的上段河道比较狭浅不利于行舟，于是他在三义坝处筑了一道堤，并在中河两端各建一座石闸，可以控制水量。这时中河基本定型。康熙四十二年（公元1703年），黄河北岸的运口从仲家庄向东挪到清江浦运口下游方向的杨家庄。到康熙五十五年（公元1716年），在杨庄运口开月河到代草坝直通运口。

2. 治理黄淮运河交汇处（清口）

泗水发源于山东省，流经兖州和徐州后注入淮水。泗水也称清河，所以注入淮河的泗口也称清口。金朝明昌五年（公元1194年），黄河南下夺泗水、淮河入海。泗水从徐州以北茶城到清口一段成为黄河的下游。淮河自清口以下也成为黄河尾部的一段。淮河下游与黄河合流，黄河的水势较强加上泥沙量大，不断淤积，当淮河上游来水到下游时水流不畅，现在的安徽盱眙县东北一带地区地势低洼，河水在这里蓄积，于是便形成了洪泽湖。流过洪泽湖的淮河水比黄河水清澈，淮水清而黄河水浊，淮河水流入黄河的汇合处也称之为清口。自明清以来，清口便指黄淮交会口。明朝后期，潘季驯治河，将黄河由淮河入海，清口成为黄河、淮河和运河的交会处。清口也成为治河和通航的关键。

《清史稿》卷一百七十九《河渠志·运河》曾说过："由是治河、导淮、济运三策群萃于淮安、清口一隅。……盖清口一隅，意在蓄清敌黄，然淮强固可刷黄，而过盛则运堤莫保；淮弱未由济运，黄流又有倒灌之虞。"从这段文字中的描述中，足见清口的重要性，清口形势复杂，如何治理清口是一项艰巨的任务，如果淮水不敌强势的黄河，就会出现黄河水倒灌，小则淤塞河口，大则淤垫河身。明朝为治理清口付出了巨大代价。明末清初，黄河水患，清口到高邮之间三百里运河瘫痪，面对清口如此多而复杂的问题，清政府进行了更大规模的治理，花费了更大的心血。

从康熙元年到康熙十五年，清口一带水灾频繁，洪水泛滥，江淮地区作物无收，百姓生活困苦。在《清史稿》卷一百二十六《河渠志·黄河》描述了当时的水患状况:"江都、高宝无岁不防堤,增堤与水俱高,盖以数千里奔悍之水,攻一线弧高之堤,值西风彭浪,一泻万顷,遂使江(都)、高(邮)、宝(庆)、泰(州)以东无田地,兴化以北无城郭室庐"。水患之严重,影响范围之大引起了清政府的高度重视,康熙十六年(公元1677年),康熙任命靳辅治河。

靳辅经过实地考察,认为对黄河、淮河和运河三者进行综合治理才能有效果,治理的关键重点也是在清口。靳辅主要从以下几方面着手治理:治理清口到云梯关的入海通道;加固加高洪泽湖大堤、改造运河在黄河的南、北运口;堵塞清水潭决口并整治清口到清水潭二百三十里的运道。这些工程历经十一年艰苦卓绝的努力施工得以完成,治理效果显著。

淮河下游与黄河合流后,水中泥沙不断淤积,入海通道逐渐变得又窄又浅,入海口不断外延东移。靳辅在《治河方略·经理河工第一疏》中写道,康熙十六年(公元1677年),河宽仅一二十丈,河深仅数尺,入海口已东移到云梯外一百二十里。泄水不通畅的主要原因就是黄、淮入海通道变得又窄又浅。靳辅决定采用浚河就地取土的方法,筑堤束水,用水攻沙,将挑浚与筑堤相结合来改善这种状况。从清口到云梯关三百里河道两旁,距水三丈远的地方挖土,两侧各开引河,河面宽八丈,深一丈二尺。再利用挖出的泥土在两条引河外侧筑两条束水长堤,加快河道水流速度,增加冲刷力度。这样做的目的是当遇到洪汛期,黄河和淮河河道加上两旁引河的洪水泻下冲击,引河与河道之间三丈宽的土带势必被冲垮,就可以合三条河道为一,获取汛期自动拓宽黄、淮下游入海通道达四十余丈的效果。黄河和淮河下游从云梯关到海口之间这一百二十里的河道,是由于黄河泥沙不断淤积,海岸线东移形成的。靳辅把这一百多里的河道分成两段,从云梯关开始的八十里河道为一段,这段形成较早,河道的条件与云梯关内的河道情况大致一样,采取的方法也与其类似。余下的为另一段,靳辅也采取了一定的治理措施。靳辅治河的成绩受到当时于成等人的毁谤,后经实地调查,事实攻破了这些诋毁。

黄河与淮河下游入海河道淤塞,黄河水下泄受阻,倒灌洪泽湖,泥沙在清口淤积,清口原有的淤沙迅速扩大成为拦门沙和二十里长的烂泥浅。治理完黄、淮入海河道后,康熙十七年八月,靳辅又在清口的烂泥浅一带开挑了四条引河,自西向东依次为张福口、帅家庄、裴家场和烂泥浅。再加上原有三叉河,洪泽湖水从这五条河道流出清口,沿途冲刷土带,扩大引河的宽度和深度,冲刷掉清口的淤泥和淤沙。使淮河水顺利下泄,冲刷清口淤积的泥沙。

洪泽湖的出口在清口,所以治理洪泽湖也是治理清口的一项重要内容。洪泽湖的东岸是一道南北向的大堤,北起清口,经武家墩、高家堰、高良涧、周家桥、翟坝到蒋坝镇,堤防有一百三十多里长,称为洪泽湖大堤。康熙十五年(公元1676年)夏秋,持续的大雨引发山洪,大堤在武家墩、高家堰、高良涧发生34处决口。靳辅在治河的过程中十分重视对这条大堤的整修和加固,首先封堵34处决口,阻止湖水东流。第二是在有堤处加高增厚,无堤处增补堤防,并修筑减水坝。加高增厚马头镇到周家桥九十里的大堤,增补周家桥到翟坝30里的堤防,新建六座减坝分别位于武家墩、高良涧、周家桥、古沟、唐埂东和唐埂西。最后还在大堤外侧铺垫泥土形成斜坡,名为坦坡，可以巩固大堤。

淮扬运河通向黄河南岸的入口称为南运口，明朝潘季驯将南运口移到洪泽湖畔，距清口只有二百丈，黄河水经常倒灌其中。前面提到靳辅开了四条引河，之后，康熙十八年（公元1679年），将南口移到烂泥浅，《治河奏绩书》卷四《南运口》记载："自新庄闸西南，开渠一道至太坪坝；又自文华寺永济河头起，开渠一道引而南，经七里闸复转而西南，亦接太平坝，均达烂泥浅之引河，内则两渠并行互为月河，以舒急溜而备不虞；外则河渠离黄水交淮之处不下四五里。又有裴家场、帅家庄二水乘高迅注以为之外捍，而烂泥浅一河分其十之二以济运，挟其十之八以射黄"。重载的运船每过此处可以扬帆直上，形势一片大好。

在高邮以北的淮扬运河中一个清水潭，在康熙元年决口，一直没有堵塞，决口处越变越大，漕船经常在这里发生危险，朝廷虽多次治理，但成效甚微。靳辅认为造成清水潭决口的原因是受高、宝等湖水冲击而成，其中来自湖西的泗、盱、天、六等溪涧水属于正常水源，另一方面洪泽湖决口东泻是多余的水。靳辅施行的在清口处开四条引河，又堵塞洪泽湖三十四处决口，建大堤等一系列措施解决了清水潭水源问题。在堵口方面，靳辅经测量发现，在清水潭决口上下五六十丈外的水域，经测量水深为六七尺，湖底平坦，易立桩埽，于是在这片水域中修筑了偃月形而且东西两道平行的堤防。两堤之间的水域，开了一条长八百四十丈的河，名为永定河，河的南北两端与淮扬运河相通，避开了水深的清水潭，这一带的运河平安地运行了十多年。清水潭与永安河示意图见图7-3。

经过靳辅治理，淮扬运道清口这一段的运河航运条件得到了明显的改善。之后，清口这段范围的运道再次出现问题时，又有董国安和张鹏翮分别进行了治理。

康熙三十四年（公元1695年），董国安担任河道总督，他在云梯关以东，黄河北岸的马家港开挑引河一千二百多丈，连接南潮通向大海，以宣泄黄河和淮河的水流。然而，由于他治河经验不足，本也是出于好意，想使黄河与淮河的水全部从新道入海，于是在马家港修了一座拦黄大坝，结果却造成黄、淮下游去路不畅。

康熙三十五年（公元1696年），黄淮两河水量大涨，黄水倒灌清口，靳辅所开的引河被淤，运口成为平陆。之后，不断发生黄水倒灌清口。董国安在清口东西两侧修了束水坝，将洪泽湖蓄清刷黄的自然水流向人工调控的方式迈进。康熙在三十八年（公元1699年）春南巡时，指示河臣在清口对岸以西处开陶庄引河，使黄河流经陶庄引河避开清口。

康熙三十七年（公元1698年），张鹏翮任河道总督，他来到云梯关视察拦黄坝和入海口，发现了弊端，当即奏请拆拦黄坝，并疏浚河身，深通入海，康熙赐名大通口。

康熙三十九年（公元1700年），张鹏翮治理清口，他先后重新开挑了张福口和张家庄（帅家庄）两条引河，疏浚烂泥浅、裴家场、三叉河三条引河，又加开天然、天赐两条由湖水刷成的引河，一共七条引河。

同年，张鹏翮大修被洪水冲坏的洪泽湖大堤，从北面的武家墩到南面的古沟，一共新砌石堤七千二百余丈。他还将靳辅所修的六座减水坝改以建三座滚水石坝，分别

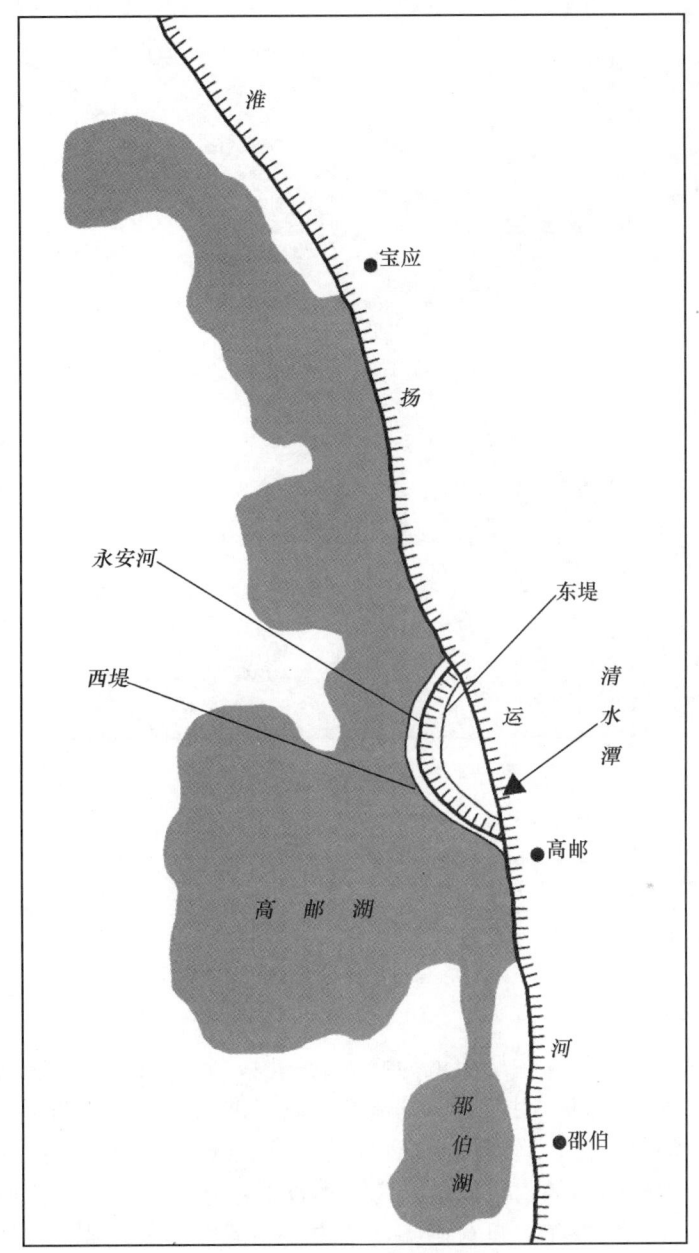

图7-3 清水潭与永安河示意图

名为仁、义、礼三坝。

雍正与乾隆期间也都对清口这一段进行了治理。雍正七年（公元1729年），命江南河道总督嵇曾筠和协理江南河务尹继善等对洪泽湖大堤进行修缮。乾隆十六年（公元1751年），在洪泽湖大堤附近筑石堤和滚水石坝，连同原来的三座滚水坝，大堤上共有仁、义、礼、智、信五座滚水石坝。康熙时开通的陶庄引河后来被淤平，乾隆四十一年（公元1776年）江南河督萨载主持重新开陶庄引河，东端在中运河的杨庄运

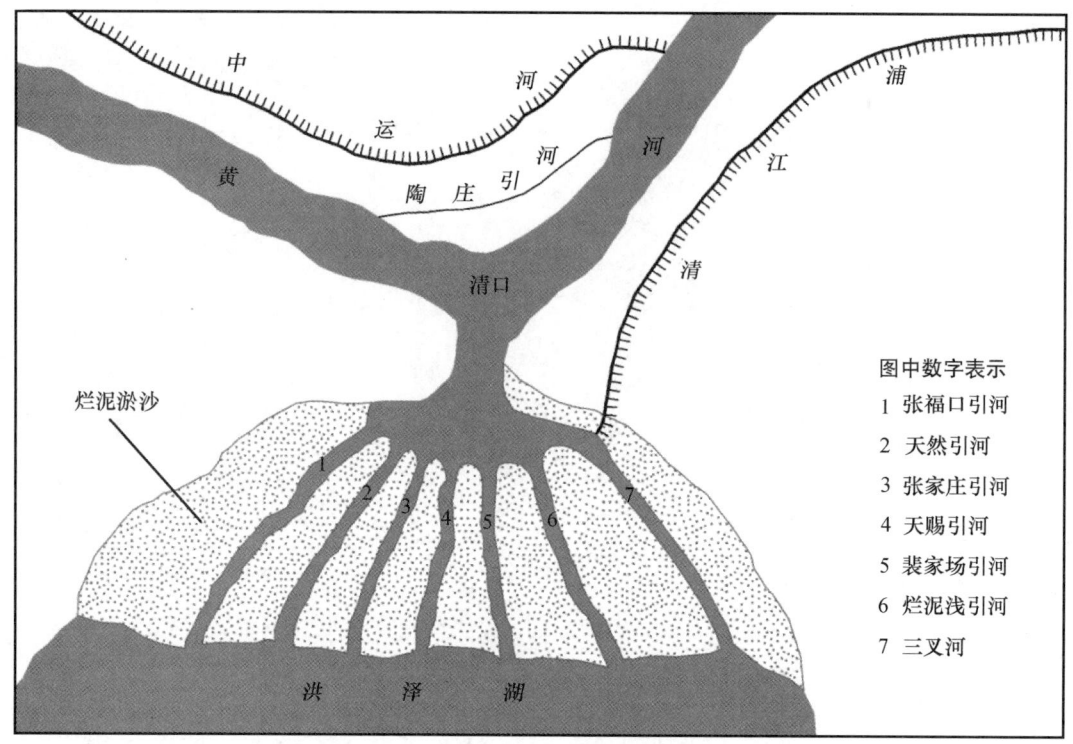

图7-4 清口与七条引河示意图

口附近通向黄河，清口到杨庄运口的一段黄河成为淮河的河段。清口平移到北岸杨庄运口的对岸，南运口与黄河的路离变为五里，黄河倒灌运口情况明显转好，南运口的位置也很少变动了。

3. 淮扬运河改道

淮扬运河是京杭大运河中历史最为悠久的一段，北接黄河，西临淮河，自金朝黄河夺淮后，淮水渐失去路，明朝后期筑造高家堰，淮水蓄于洪泽湖中。万历年间，杨一魁实行分黄导淮的方法，运河成为淮水泄流的正常通道。清朝康熙元年到十五年，黄河连年决口，致使淮河的出口以及入海河段严重淤垫，黄河与淮河两河受阻。特别是康熙十五年（公元1676年）夏久雨，《清史稿·河渠志》记载："河倒灌洪泽湖，高堰不能支，决口三下四。漕堤崩溃，高邮之清水潭，陆漫沟之大泽湾，共决三百余丈，扬属皆被水，漂溺无算"。

康熙皇帝对治理淮扬运河不遗余力，除了经营清口之外，还十分关注洪泽湖东南部分，改建设湖水入江的出路。康熙元年（公元1662年），河道总督朱之锡在运盐河南端仙女庙西北的金家湾闸开凿一道月河，以利泄洪。该月河与正河构成一"人"字形，故当地通称它为人字河，西支向南经横河接芒稻河入江，用来排泄洪水；东支直接连通老通扬运河，用来运盐。淮河改道入江示意图见图7-5。

康熙十七年（公元1678年），靳辅在洪泽湖大堤上修建了六座减水坝，于坝下开

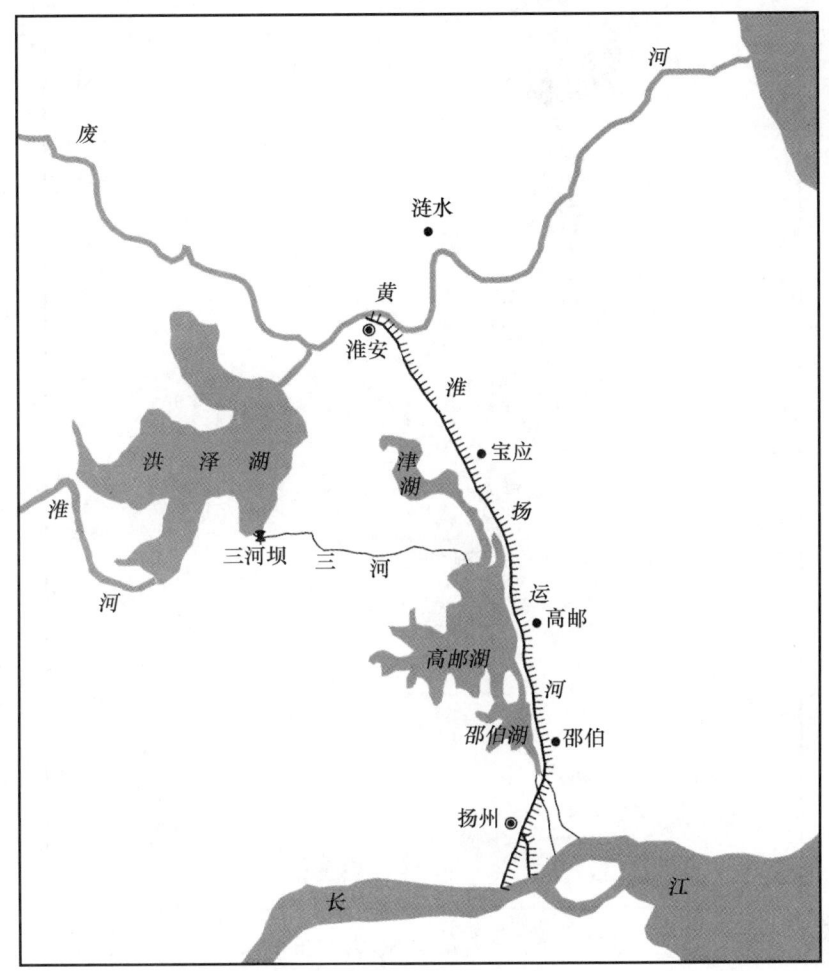

图7-5 淮河改道入江示意图

引河，使湖水能够流向高邮、宝应等湖，堵塞清水潭决口，使淮扬运河畅通。同时，治理了位于邵伯湖以南，与淮扬运河相通的运盐河以及通向长江的芒稻河。

康熙三十九年（公元1700年），张鹏翮在修洪泽湖时，新建了三座滚水石坝，即仁、义、礼三坝，取代了之前靳辅所建的六座减水坝。康熙四十四年（公元1705年），康熙指示张鹏翮在三座滚水坝下分别开挑引河，通向高邮、邵伯等湖，并在引河两岸筑堤束水，以防溢水泛滥。

乾隆七年（公元1749年），江南运河总河督高斌开浚石羊沟旧河直达长江，筑滚坝四十丈，并开通芒稻闸下之董家油房、白塔河之孔家涵三处河流，增建滚水坝，使淮水畅通无阻。乾隆十四年，疏浚、拓宽廖家沟（横河以南）用以泄洪，成为淮河入江的水道之一。乾隆十六年，下令立石永禁开放高家堰天然坝，还在大堤上增建智、信二坝，以资宣泄。道光皇帝对治淮也不曾怠慢。

清朝陆续花费了近200年的时间，直到道光末年，淮河入江的水道网基本形成，由六条南北向的入江水道组成。自西向东分别为壁虎河、新河、凤凰河、太平河、金湾

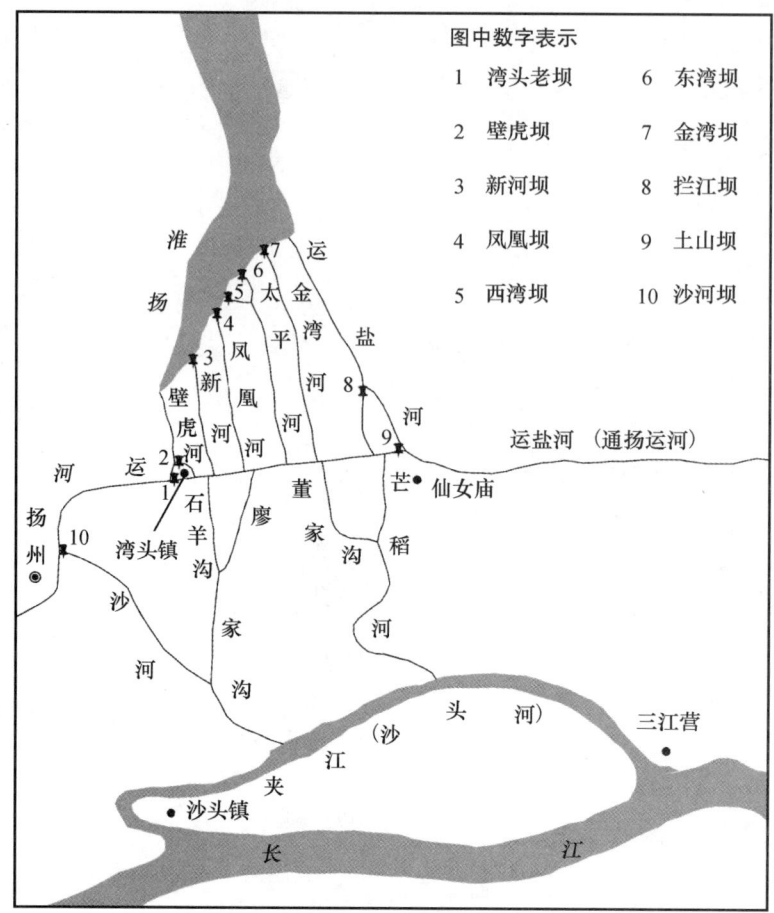

图7-6 淮河入江的六河十坝位置示意图

河和运盐河。每条河都有水坝,一共有九个坝,再加上扬州东郊的沙河坝,合称归江十坝。淮河入江六河及十坝的分布位置如图7-6。

7.2 运河的衰落

清朝是我国封建社会最后一个王朝,康乾盛世时期对大运河的管理和治理,在治河、导淮、济运方面都取得了成功。漕运制度的建设比较完善,它为中国漕运史谱写了最后的、最有历史意义的篇章。然而,清朝中后期开始,在内外两方面的因素影响下,京杭大运河由盛转衰。

清朝中后期,朝廷腐败,国力开始衰退,运河也受到影响。乾隆晚期,河工日渐松弛。黄河多次决口,淤塞运道,清廷不再及时修复,而是开始借黄济运,勉强维持漕运。嘉庆时期,河患日益加深,几乎每年都决口,运道淤塞严重。道光初年,大运河已处处淤塞难通,几乎仅存一线河形而已。终于至咸丰五年(公元1855年),黄河在河南铜瓦厢决口,改道北徙,穿运河携汶水向东,经东阿、历城,由山东利津入海。大运河长江以北运道，大部分被黄河淤塞冲毁，安山以北运河涸竭。同治（公元1862~1847年），漕粮改以海运为主，仅十分之一仍由河运。光绪元年（公元1875年），因在山东省黄河交会处的一段旧渠淤废，于黄河北岸开凿陶城新河与南岸十里堡旧河相接，十五年（公元1889年），又改由盐河达陶城新河。光绪二十七年（公元1901年），漕粮全部改折（即税粮由银两代替），停止漕运。不久，黄河以北至临清段运河淤为平陆，京杭运河遂名存实亡。不只是黄河的泛滥对运河造成影响，咸丰年间爆发的大规模农民运动太平天国革命，战场定在了苏、浙、赣、皖、鲁等省，正是大运河流经的主要省地，战争也给大运河带来了严重的破坏。

另一方面，清政府闭关锁国，不知道外面世界的发展变化，欧洲发生的工业革命，世界进入了工业时代，国外蒸汽轮船走进中国，海运兴起，运输效率大大提高。铁路和公路交通运输也得到了发展，而这时的大运河却是多年失修，航道淤塞，水量不足，实难担当漕运之任，也就由海运或者陆运来替代。道光二十七年（公元1847年），上海和天津分别设立海运总局和分局，招揽商船参与海运漕粮，同治十一年（公元1872年），中国资本主义商品经济萌发，李鸿章在上海组建招商局，并开始用轮船承运漕粮，由上海到天津开始，逐步扩展到江、浙、皖、赣、鄂、湘六省。

就这样，在国内的治理不力，与外来先进力量的综合作用下，京杭大运河的功能作用退化，千年大运河慢慢地衰落了。

第8章　近代京杭大运河

8.1　民国时期的京杭大运河

民国时期战争频繁，政府无暇顾及运河的航运是否通畅，对运河只是进行了小规模的整修。在河北境内，民国七年（公元1918年）改建南运河，马厂减河口滚水坝改为减水闸。苏北地区，多次浚深运河、修筑河堤外，民国23年至25年（公元1934～1936年）期间又相继修建了邵伯船闸、高邮船闸、淮阴船闸、刘老涧船闸，这些都是采用机器为动力钢筋混凝土结构的现代化复式船闸。江南运河和浙东运河沿途各地当局也多次对河道、河堤进行了浚治。

民国三年（公元1914年），民国政府聘美国红十字会工程师来华规划导淮，兼及治运。民国七年设督办运河事宜处，聘美国工程师费理门、李伯来、卫根等测量设计，历时三年，花费巨大，但因为国家多故，工程未实现。民国24年（公元1935年），水利工作者又提出治理运河方案，但民国政府鉴于各方面的原因，无力付诸于实施。

8.2　现代京杭大运河

新中国的诞生开始谱写了大运河治理、建设和开发的新篇章，大运河迎来了新生时期。

新中国成立以来，党和政府十分关心京杭运河的建设。20世纪50年代初期，在对淮河流域进行综合治理规划时，根据交通运输、农田灌溉发展和防洪排涝的要求，对京杭运河进行了恢复性整治，主要对江苏省内河航道及苏北运河进行了局部治理，包括开挖灌溉总渠，培修运河大堤，兴建三河闸和淮安、皂河水利枢纽，对苏南部分河段进行裁湾取直等，初步改变了运河多灾多难的历史。接下来又在交通部的领导下，交通部水运规划设计院从1955年开始研究运河的治理工程，先后在海河、淮河、长江流域综合利用航运规划中，对运河的黄河北段、黄河到长江段、长江以南段分别提出相应规划建设方案，为运河的治理工程做了必要的前期准备工作。1958年，交通部联合河北省、山东省、江苏省、浙江省组成了京杭运河建设委员会，统一领导京杭运河的整治工作。同年，国家批准交通部提出的整治京杭运河工程计划，提出"统一规划，综合利用，分期建设，保证重点，依靠地方，依靠群众"的治运方针，交通部会同运河沿线省、市和有关部门，对运河开展大规模的建设。后来由于1959年到1961年期间国家遭遇到经济困难，按照压缩基本建设战线分期建设，保证重点的原则，削两头保中段，着重整治和建设徐州到扬州段长404.5公里江苏境内的苏北运河。1958年的疏浚工程，既是航运工程，也是灌溉、排涝、防洪综合利用河道水利工程。从1958年10月全线动工到1961年10月基本完成，历时整整三年，共开挖土石方15 946万立方米，新建解台、刘山、泗阳、淮阴、淮安、邵伯、施桥七座大型船闸，建设了万寨、双楼、伾县三大煤港的基础设施，改建中运河、徐州孟家沟铁路桥，新建徐州、淮阴、扬州跨运河公路桥以及节制闸、穿运地涵等大量附属配套建筑物，整治运河山东段的南四湖（西线）至黄河段航道，新建微山湖大型船闸、济宁运河大桥等重大工程，谱写了新中国运河建设史上的新篇章。

改革开放以后，在党的基本路线指引下，以经济建设为中心，京杭运河在国民经济发展过程中起着越来越大的作用。党和各级政府也更加重视京杭运河的开发利用，航道建设也进入全面发展阶段。从1982年到1988年开展了京杭运河徐扬段续建工程，对苏北运河进行了第二期的大规模整治；1992年到1997年对江南运河进行了大规模整治；1996年到2000年开展了京杭运河济（宁）徐（州）段续建工程，对济宁至台儿庄段进行了大规模整治。经过治理，从山东济宁至杭州近900公里的京杭运河航道得到了恢复和改善，千年运河重焕生机。

1. 通惠河的整治

元代挖建的通惠河，作为漕运河道，在明清时期也一直得到维护。然而，从明朝初期，积水潭水源上游的村庄人口增加，大量开垦土地，导致河道淤塞，积水潭来水渐渐减少；另一方面，明代皇城将流经元代皇城东墙外的运河圈入，以保证皇家用水，水路被切断。从此，通惠河与积水潭失去了联系，积水潭也与京杭大运河切断了脉络。元代时，积水潭是漕运码头，船只川流不息；从明清时代开始，积水潭则成了园林湖水，仅有些游船画舫在水上悠游。清末伴随着漕运的衰落，通惠河由原来的运粮河演变成为北京的一条排水河道。

新中国成立后，对通惠河进行疏挖治理，并改造水闸。1952年通县政府对县城内的通惠河支脉进行治理，在当时的历史背景下，利用拆城旧砖修成直径约1.5米砖拱下水道1160米，利用运拆城墙土3.2万余立方米修筑了一条宽30米、长1160米的道路，就是现在的通州市新华大街。1958年，新建高碑店拦河闸，通惠灌渠由闸上引水灌溉通县农田。1971年，对八里桥到通惠河入北运河河口5公里河道进行清淤、拓宽河道、部分裁弯取直，完成土石方15万立方米，提高了行洪能力。

改革开放后，陆续开展通惠河桥梁改造建设工程，1985年改建西海子便民桥；1987年新建筛子庄桥，修复八里桥；1988年10月到1989年1月改建通济桥；通惠河道下段整治工程，1994年8月由北京水利规划设计研究院设计，提出《通惠河（下段）整治工程初步设计说明书》，设计防洪标准按20年一遇洪水设计，拆除原通惠闸，在原闸位下游修建新闸，建设通惠桥、西海子桥、将卧虎桥东扩；1998年，通州区政府开始对运河进行全面改造。此次改造共用5年时间完成，建成项目包括月亮河花园、运河文化广场、运河码头、奥体公园和运河生态公园等。

2003年，通州开始着手新一轮的运河河道治理及沿岸的规划开发，确定"一河、一景、两桥"的总体规划。"一河"即河道治理工程。一期工程北起建新北关闸，南至六环路，治理长度4.6公里，将河道由90米宽扩展到200米左右，河道平均挖深0.5米，两堤间距调整到300米左右。河的两岸浇筑四道混凝土挡墙，总共护砌长度大约20公里。2005年6月，河道开闸蓄水。二期治理河道长度6.6公里，新筑左堤长8 191米，新筑右堤长3639米。由原10年一遇河道排水标准提高到20年一遇；加固调整本段河道堤防，由现在20年一遇防洪标准提高到50年一遇。"一景"即运河两岸景观工程。北起通惠河口下游，南至六环路，景观改造面积100公顷，工程总投资2.5亿元。"两桥"即运河大桥及东关大桥改造工程。运河大桥长330米，宽39.6米。东关大桥改造工程位于通胡路，横跨北运河，桥梁全长330米，宽40米。两桥均为两幅双向六车道，总投资近1.45亿元，2008年4月通惠河通州段正式通航。

2. 北运河的整治

北运河北起北京市通县，流经天津市武清县、纳龙凤河，与永定河汇合，再到北辰区屈家店汇入永定新河，在郭辛庄、千里堤进入红桥区，流经红桥区东北边缘，接下来汇入子牙河，流至三岔河口与南运河汇合入海河。北运河的上游是温榆河，它发源于军都山南麓，自西北向东南，到通县与通惠河相汇合后始称北运河。北运河史上曾称沽水、潞水、白河，在明末开始称北运河。1860年天津开埠后轮船盛行，运河船运开始衰落。后来，津卢、京汉、京张铁路的相继开通，运河船运继续减少。1929年屈家店闸进入维修，北运河运量呈日减。1964年后除摆渡、渔船及短途船运外，运河航运几乎全被陆路运输所取代。1966年修建官厅水库后，北运河航运功能全部消失。

北运河上游河流较多，每到汛期，上游河水流入北运河，给北运河带来巨大压力，经常造成水患，洪水泛滥。从元朝到民国初年，历朝历代官府都对北运河进行过整治修浚，取得过一定的效果，但始终没有根治水患。新中国成立后，国家每年都投入大量资金用于堤防加固和水利设施兴建，对防洪水利设施进行保护、改造和完善。20世纪六七十年代，为减轻北运河泄洪压力，在它的左侧开挖了永定新河和永金引河。80年代水利建设体系重点由"排涝为主"转为"排蓄并重，以蓄代排，建立自备水源体系"，并对河道堤坝进行大规模的整修，加筑砌石防浪墙。

90年代后天津市委、市政府为保护运河、发展经济和保护人民生命财产安全，有计划地对北运河进行了治理。特别是2001年，天津市对北运河下游16公里进行了堤、林、路全面综合治理，清除河内垃圾，拆除河滩上的民宅、厂房等建筑物。沿岸新建4座主题公园，占地30.2万平方米，实施污水改道和带状绿化。治理后的北运河集防洪、引滦输水、环保、旅游、景观、通航等功能于一体，河水清澈、堤岸翠绿、泄洪畅通、交通便捷、环境优美，古老的北运河焕发了青春。并且实施治理工程中，注重历史文化遗迹的保护和传承，保留北洋大学原校舍、古船锚、古铁炮，兴建北洋名人墙和仿古码头等，体现着运河文化风貌。

3. 南运河的整治

南运河北起天津三岔河口，南到山东临清，历史上亦称御河、卫河、清河，在三岔河口与北运河汇合流入海河。南运河水主要来自其上游的漳河与卫河，因此南运河水系又称为漳卫南运河水系。

南运河历史上水灾严重，李鸿章任直隶总督期间，为减轻南运河洪水对天津的威胁，曾亲自沿南运河考察水情，建议在今静海以南的靳官屯开一条直达海口的减河，以利泄洪，并命驻守马厂的淮军总兵周盛传部三十余营承担此项工程。一年后工程竣工，这条人工河道被命名为"南运减河"，也称"马厂减河"。为防止南运河水倒灌，在靳官屯修筑了九宣闸水利设施，并立碑，李鸿章亲笔写上"南运减河靳官屯闸记"，这块碑至今仍在九宣闸北，保存完好。马厂减河的开通，一方面解决了南运河泄洪问题，同时又解决了津南广大地区用运河水刷碱开荒问题，更解决了移驻小站地区淮军周盛传部屯田种粮问题。

然而，马厂减河只是局部解决了南运河洪水对天津城区的压力，并没有根治水患。据记载，从1930年到1954年，南运河发生过8次堤防决口，给天津造成了巨大的损失。其中最大一次为1939年，当时占领天津的日军为减轻南运河洪水对市区压力，在杨柳青附近的南运河段炸开堤防，结果反而造成南运河洪水直泄天津，使天津遭受了百年不遇的特大洪水，天津地区尽成泽国，今市中心和平路一带水深达1.5米，市区大面积受淹，街道行船，受害民众无家可归，灾民达数十万人。

新中国成立后，党和政府对南运河进行了多次整治，1951年开挖独流减河，南运河被独流减河截断后，分别进行了上、下改道工程，修建上改道节制闸、船闸和下改道进水闸。从此，南运河来水经上改道节制闸入子牙河，再由下改道进水闸入南运河。南运河上的船只经由上改道船闸入子牙河进海河，独流减河以北的南运河段变为引水排沥河道。

1958年，结合四女寺减河的扩大治理，卫运河下游修建了四女寺枢纽工程。1966年，卫河上游修水库，南运河水源被进一步拦截，河床便经常处于干涸状态。不过当利用南运河输水灌溉时，小型船只还是可以通行的。

1967年开挖子牙新河，在青县周官屯与南运河平、立交叉。1971年，漳卫新河和卫运河扩大治理，为漳卫河洪水开辟了直接入海通道，南运河相应建设安陵和北陈屯等梯级节制枢纽工程。

南运河虽水源不旺，经常处于干涸状态，但是，河道存在，岸堤存在。1981年的七八月份，天津一带长期没有降雨，工业生产和人民生活用水，非常紧张。国务院做出决定，引千里之外的黄河水，通过南运河接济天津，南运河首次被用作引黄济津的输水通道。引黄入运的输水路线有三条，都在黄河下游河南省和山东省的北部。自西向东依次是：人民胜利渠，渠首在郑州铁路桥以上，黄河北岸武陟县秦厂，下口在新乡饮马口，全长52.7公里。由新乡入卫河，经临清入南运河；位山输水渠，渠首在东阿县境内的位山闸，全长95公里。为了引黄济津，增开了新河道16公里，接上原位山三干渠，在临清附近导入卫运河。还修建了沉沙池及水闸等；潘庄输水渠，渠首在齐河县境内的潘庄闸。为了引黄济运，进行了扩挖、扒堤和堵口等工程措施，经潘庄总干渠、马颊河、沙扬河、减河、岔河，在德州附近入卫运河，全长141公里，三条运渠引黄入运后，在静海九宣闸附近进入天津境内，第一条全长850公里，第二条全长600公里，第三条全长480公里。为了使黄河顺利地、无流失地进入海河，又整修了海河，堵塞了两岸引水、排水的河渠、涵洞等闸门。由于南运河长期干涸，河道淤塞，还进行了全线清淤和开挖工作。

1983年结合引黄济津输水，对河道47座旁侧引水闸及308处险工段进行了全面治理，同时对南运河进行了系统的整治，防洪标准逐步提高。

4. 山东段运河的整治

京杭大运河山东段运河，主要为会通运河，从山东临清到台儿庄，山东段运河主要以黄河为界限分别进行了治理。

（1）黄河以北运河的整治

1949年后，山东省有关部门于1953年对省内所辖的鲁运河建立了管理机构，对山东段运河进行了初步整治。

黄河北岸张秋至临清段，当地人叫它小运河，1951年曾进行过疏浚，主要包括张秋泄水闸，并维修周家店船闸和李海务、龙湾、闸口、辛闸、梁乡闸、土闸六座桥梁，以及土闸北右岸三孔泄水闸。河口宽34米，深4米左右，平常保持水深1到2米，汛期3米。有木船106只，担负着聊城的煤炭及南北物资运输。1954~1957年，利用运河发展灌溉事业，辛闸南、周店、梁水镇8处形成自流灌溉区。1966年卫运河上游修建了岳城水库，水源问题没有解决，也没有进行整治，到1967年全线断航。1959年临清到黄河北岸位山之间，挖了两条用于灌溉的位山及潘庄的灌溉渠道，引入黄河水灌溉沿线农田，位临运河南起位山，沿老运河至周店，从周店向西沿聊城、阳谷县界开挖新河，至王堤口穿徒骇河后，转向西北，在王铺穿马颊河，西北至临清尚店。位临运河虽没有通航，但纳入了位山灌区渠道系统，为聊城引黄灌溉创造了条件。1981年下半年，这两条灌溉渠道被整治延伸，作为引黄济津的输水渠道。

（2）黄河以南河段的治理

1958年以前，黄河南岸至济宁的一段运河，还在通行木船。1959年从黄河南岸到南四湖新开挖梁济运河代替老运河，梁济运河开成之后，旧河道也就逐渐淤废，成为农田。接着，新中国对韩庄运河和伊家河多次进行治理，对南四湖湖内航道进行了疏浚和拓宽。从济宁到台儿庄段一直维持6级航道，通行100吨级船舶。经国家发改委和交通部批准，从1996年开始实施了济宁至台儿庄三级航道建设工程。按二级航道标准建设了台儿庄、万年闸和韩庄船闸枢纽工程，扩建了泗河口、太平、留庄、滕州、台儿庄等七处港口，通行船舶由100吨级提高到1000吨级，改善了通航条件，2006年完成货运量3204万吨。

1）梁济运河的开凿与治理

为了恢复航运、解决排泄东平湖滞蓄黄河洪水、沿河排涝以及引黄河水灌溉和接济南四湖水量，交通与水利部门开挖了梁济运河。1958年，交通部报经国务院批准，整治京杭运河，恢复运河航运。1959年10月，京杭大运河梁山至济宁段工程开工。梁济运河北起黄河南岸,流经梁山、汶上、嘉祥和济宁市郊区,在李集西南入南阳湖,全长90公里。1959年冬季,济宁专区组织5万余人,开挖龙拱河口到五里营段航道;1960年济宁、菏泽两专区12万余人,进行五里营到国那里段挖河筑堤工程;1962年至1963年,继续进行干流扩大;1966年冬,按六级航道进行开挖疏通,并相继建成郭楼节制闸、船闸和过那里入黄闸。1969年梁山至济宁段通航,从梁山县郭那里到济宁湖口,全长90公里,流域面积3306平方公里。其中,梁山境内北起入黄船闸,南连五里堡村出境,长48km,流域面积985平方公里,成为县境内淮河流域唯一排水通道,东西两侧的排水河大都垂直于梁济运河,形成了羽毛状水系,排水量60立方米每秒。

1989年11月到1991年7月,进行了挖河退堤工程。治理后的梁济运河干流泄流量由400立方米/秒提高至1260立方米/秒。东平湖一旦滞洪,没有退入黄河的底水,可由司垓泄水闸经梁济运河下泄水1000立方米/秒。此外,还可满足引黄补南四湖100立方米/秒的输水要求。梁济运河除用于航运外,还兼防洪除涝、灌溉、改碱的作用。但通过这次治理后,由于种种原因,梁济运河也没有真正通航。

2)南四湖河段的整治

关于南四湖河段的治理,从1958到1959年结合修筑南四湖湖西大堤,在堤内侧开挖了航道。1958年3月,南四湖湖西大堤开工修筑。大堤自南阳湖北端石佛寺村至微山湖南端的蔺家坝,跨鲁、苏两省,全长130公里。由鲁、苏两省分别组织设计施工。江苏堤段北起沛县大沙河口,南至铜山县蔺家坝,长75公里。南段结合大运河开挖筑新堤,其余沿旧堤加固,设计湖水位为37米,堤顶高38.5米,顶宽6米,由徐州专区组织民工9.5万人参加施工。同时完成姚桥河疏浚,长15公里。挖工庄河、沿河、鹿湾河、韩坝河、鹿口河、小四段河、八段河、桃园等港河复堤149公里。山东省主要修筑自石佛寺到刘香庄一段,长54.4公里,从梁济运河口至二级坝,修筑大堤结合疏挖湖内京杭运河,设计堤顶高39.5米,顶宽6米。由济宁地区南四湖治理工程指挥部组织民工5.14万人施工,完成土方173.3万立方米。

3)京杭运河济(宁)徐(州)段续建工程

随着国民经济的发展与需求,在完成运河徐扬段续建工程后,在"七五"和"八五"期间,运河续建工程继续向北延伸。为解决韩庄运河的"卡脖子"航道,国家计委于1988年12月批准了韩庄运河航道工程建设,修建了通航2000吨级船舶的台儿庄船闸,同时疏浚台儿庄至大王庙19公里的河道,达到通航1000吨级船舶的三级航道标准,工程于1989年12月动工,到1995年竣工,同年8月通航。

1991年,山东省交通厅、山东省航运管理局和济宁市人民政府正式向省政府和国家计委、交通部申报了京杭运河续建工程(济宁至徐州段)建设项目。1995年,交通部和山东省人民政府正式批准了京杭运河济宁至徐州段总体设计方案,并列入国家"九五"期间内河重点建设工程。1997年7月,国务院正式通过了京杭运河济宁至徐州段续建工程建设方案。

经过建设者数年的努力,2000年11月,京杭运河济宁至徐州三级航道全线贯通。

该工程按三级通航标准疏浚济宁至台儿庄164公里航道，按二级通航标准新建韩庄和万年闸船闸各一座，新建万年闸节制闸一座，按二级通航标准改建韩庄和万年闸公路桥各一座，新建并扩建济宁、郭庄、太平、滕州、留庄、付村和台儿庄七个港口，总计新增年吞吐能力达1550万吨。

京杭运河续建工程的实施完成，标志着山东省的内河航道基础设施整体水平迈上了一个新台阶，进一步完善了山东省交通综合运输体系，解决了多年来山东内河主航道堵塞的问题，为山东内河航运事业发展注入了新的生机和活力，圆了几代航运人的梦，千年大运河又呈现出繁忙的景象。

5. 江苏段运河的整治

京杭运河江苏段北起苏鲁两省交界处的徐州二级坝，南至苏浙两省交界的苏州鸭子坝，以长江为界分为苏北运河和苏南运河，对这两部分别进行了一番治理。

（1）苏北运河的整治

新中国成立后，国家投资对徐扬段（蔺家坝至长江六圩口段404公里）先后进行了两次大规模整治。

第一期整治从1958到1961年，总投资2亿元。按二级航道标准新开了徐州地区不牢河，整治了淮阴至淮安、高邮至邵伯、湾头至六圩等航段，修建了解台、刘山、泗阳、淮阴、淮安、邵伯、施桥等7座船闸。兴建公路桥3座，铁路桥2座，节制闸4座，穿运河涵洞3座和港口建设。20世纪70年代又陆续新建了皂河、刘老涧2座船闸，加上50年代淮委兴建的宿迁船闸，全线共有10道船闸，形成11个梯级。整治后，苏北运河年运量增达1700万吨。大大提高了通航能力和输水能力，扩大了南北物资交流、促进了城乡经济和工农业生产，还为南水北调打下了良好基础，在防洪、排涝、灌溉等方面也有显著效益。由于三年自然灾害和外援终断，国家不得不压缩基建项目，致使一期建设的疏浚工程未按原设计标准施工，连设计修改为底宽45米，水深3～4米的粗通要求也未能实现，一些项目被迫下马。京杭运河苏北段第一期工程虽未竟全功，但通行能力已有显著改善。在"文化大革命"十年中，江苏航道排除人为干扰，在地方财力许可的情况下，致力于发挥京杭运河在江苏境内的效能，相继于1971～1973年和1976～1978年建设了京杭运河皂河船闸和刘老涧船闸，并于1969～1976年在运河两岸建设了宝应、盐邵、运东等一系列船闸，为进一步完善京杭运河苏北段一期工程的航运功能，更好地向苏北腹地延伸，提高航运效益创造了条件。

第二期整治从1982年到1988年，总投资达6.5亿元。重点拓浚徐州至大王庙、泗阳至杨庄、淮安到高邮等航段，新建皂河、宿迁、刘老涧、泗阳、淮阴、淮安、邵伯、施桥等8座复线船闸，续建和扩建万寨、双楼、邳州等3个港口，经过二期整治，徐扬段404公里中有289公里达到二级航道标准，115公里达到了三级航道标准，可常年航行千吨级顶推船队。

二期整治完成后，为加强对徐扬段航道的管理，江苏省成立京杭运河江苏省交通厅航务管理局，与主管全省航道工作的江苏省交通厅航道局为同一机构，下设苏北航务管理处,对苏北运河实行垂直管理。

(2)苏南运河的整治

新中国成立后,从1968年到1973年,曾对京杭运河苏南段明显妨碍航运的河段相继进行了局部应急性整修,包括浒墅关市河、平望市河、高板桥河段、泰让桥航段等航段的整修。在京杭运河徐扬段第一期整治工程期间,曾规划在镇江市谏壁西苏南运河入江口处兴建谏壁船闸,与苏北段的施桥船闸隔江相对,"大跃进"后期调整缓建。1975年10月批准复建。1976年2月正式开工,1981年1月建成通航。

由于历史原因和经济条件的限制,苏南运河在1992年以前一直未得到彻底整治,河面狭窄,航道淤浅,桥梁低矮,堵挡断航现象屡屡发生。1992年到1997年,经交通部和江苏省政府批准,投资数十亿元,对航道进行全面整治。整治工程于1992年8月正式启动,历时5年零2个月,1997年10月建成通航,总投资27亿元,实现了500吨级船舶的全线贯通,运河两岸的环境得到了较大改善,水资源综合利用效果显著。

苏南运河贯穿江苏省产业经济最为活跃的镇江、常州、无锡、苏州四个城市,沟通长江、太湖水系,并与苏申内外港线、长湖申线等省际河流相连,可直达上海、杭州。苏南运河水运十分繁忙,常年有苏、沪、鲁、湘、皖等13个省(市)的船舶在河内航行,年运量超过1亿吨,相当于沪宁铁路单线货运量的3倍,是京杭运河运量最大、船舶密度最高的区段,超过了长江和德国的莱茵河。长期以来,由于种种条件的限制,苏南运河一直未能得到大规模的整治,航道淤浅,桥梁低矮,航道等级低与运量大的矛盾十分突出,堵挡断航事件屡屡发生,严重制约水运事业并严重影响地区经济的发展。

为了缓解苏南运河地区交通紧张的状况,江苏省本着"水陆并举"、"宜水则水,宜陆则陆"的原则,决定在不断加强公路建设的同时,加快苏南运河的整治,逐步构筑起江苏省公路主骨架、水运主通道、港站主枢纽的综合运输体系。1992年8月江苏省正式拉开了对苏南运河进行大规模全面整治的序幕。根据交通部的规划要求,这次整治工程全部按照通航500吨级驳船的国家四级航道标准,整治航道156公里,相应改建碍航桥梁42座,开挖土方3800余万立方米,征用土地8945亩(包括城市桥梁),拆迁房屋69.38万平方米(包括城市桥梁),新建和完善护岸287.5公里,总投资达27亿元。经过7万多名建设者连续5年的奋力拼搏,高速度、高质量地完成了建设任务,1997年9月全线竣工,1997年10月26日举行了苏南运河四级航道全线通航典礼。整治工程经质检部门检测、500吨船舶试航、交工验收和专家评议,53个单位工程全部优良,优良率为100%。这次整治工程是苏南运河历史上规模最大、标准最高、难度最大、效益最为显著的一次全面整治工程,成为全国内河航道建设的样板。

(3)京杭运河船闸扩容工程

随着经济的高速发展和船舶通过量的持续快速增长,20世纪90年代中期以后京杭运河江苏段上的船闸通过能力日显不足,为消除这一"瓶颈"制约,进一步提高江苏段全线的通航效率和整体通过能力，除1997年增建了刘山二线船闸以外，在交通部的支持下，江苏省从1999年到2004年，开始建设京杭运河船闸扩容工程，新建成谏壁、解台二线和淮安、淮阴、宿迁三线共5座大型船闸。在此基础上，通过"省市共建、拼盘投资"等方法，2003年又开工建设了京杭运河徐扬段续建二期航道整治工程，并先行实施了两淮段和壁虎河口段，其中壁虎河口段已完成；2004年和2005年先后开工建设皂河、泗阳、刘老涧3座三线船闸和京杭运河常州市区改段工程。

6. 浙江段运河的整治

新中国成立后，特别是改革开放以来，为努力改变交通运输严重滞后于社会经济发展的被动局面，浙江省十分重视综合利用水资源，发展内河运输。从"六五"开始，对京杭运河、长湖申线、杭申线等主要航道进行了局部改造。完成了京杭运河钱塘江沟通工程，新开航道7公里，新建船闸1座，使杭嘉湖运河水系和钱塘江水系和浙东水系相连，浙北航道网全线贯通。

1949年后，杭州段运河进行了多次整治：一是沟通江河，明朝末期，运河入钱塘江处改闸为坝，江河从此阻隔。1983年浙江省正式启动了京杭运河与钱塘江沟通工程，历时5年，新开河道全长6.97公里，河面宽70米，可通航300吨级船舶，新建了三堡大型船闸。江河联通工程，不但实现了江河联通，而且可与浙东运河相通，拓展航线达400多公里，为实现北煤南运、南水北调开辟了渠道。三堡一线船闸建成后，江河通达，带来了巨大的水运效率和效益，通行船舶直线上升。1994年，杭州市开始兴建二线船闸，花了两年时间，1996年年底通航。从此，京杭运河沟通钱塘江航道，有了两个并行的通道。真正实现了江河直达、畅通无阻。二是疏浚河道，20世纪50年代起，杭州市先后对武林头至塘栖段、余杭运河堤塘、德胜坝至垦山港等运河主次河道，开展疏浚拓宽、截弯取直、清除河障等治理工作，使运河杭州段全年可通60到100吨级船只，部分河段通航能力已达300吨级。同时，为改善运河水质，自1993年起在运河杭州段实施截污纳管处理工程，历时8年，总投资9.4亿元，敷设了总长约60公里的排污管道，扩建了四堡污水处理厂，使污水处理能力每天达到60万立方米，形成了城市第三条污水处理系统。三是整治内河。作为运河水系的市区河道，由于原有的河道运输、泄水、饮用功能减弱，不少河道淤塞、埋没。建国初期，杭州市曾对中河、东河进行过多次疏浚。1982年，结合旧城改造，重点对中河、东河总长达10余公里的河道进行了综合治理，拆迁沿河单位300多家、居民7000多户，拆迁人口达2.7万，建设十里河道绿带走廊，改善了两河的水质。与此同时，还对余杭塘河、帖沙河、上塘河等进行了治理。四是修建桥梁，建国后，为提高市区道路通行能力、适应现代交通要求，在运河杭州段上，自南而北，新建和改建了艮山路桥、顾家桥、京江桥、城东桥、铁路桥、运河桥、建北桥、中河立交桥、中北桥、朝晖路桥、潮王桥、德胜路桥、江涨桥、大关桥等21座桥梁，有效改善了运河两岸的交通条件。通过对运河杭州段的大规模的整治，拆除旧房、搬迁工厂、截污纳管，开辟绿地，拓宽道路，新建商业、旅游、文化设施,使运河杭州段两岸治理取得了初步成效,为实施运河杭州段综合整治与保护开发奠定了良好基础。

新中国成立60多年来,大运河的治理成果在国民经济的发展方面,发挥了多方面的积极作用,取得了明显的经济、社会和生态效益。经过大规模整治和扩建改造后,京杭运河的通航条件得到显著改善,形成了山东济宁到浙江杭州883公里的畅通航道,京杭运河重新成为沟通南北的水上大通道,作为北煤南运、南水北调、沿线资源流通的物流干道,为中国经济的发展作出了重要贡献,也大大促进了运河沿岸城镇的经济社会发展。

第 9 章 京杭大运河时空演变特点与成因

9.1 京杭大运河时空演变的五个阶段

京杭大运河的发端最早可从传说中的"太伯奔吴",在吴地开凿的"太伯渎"中得到线索,但有历史明确记载的是公元前486年,吴王夫差为与北方的齐国和晋国争霸而开凿的邗沟。江淮地多湖泊、水网密布,吴王夫差久居其间,必知水运之利。邗沟建成后,吴国水军可以自长江经邗沟北上入淮河,逆淮河而上,入泗水、沂水到达齐国。邗沟开成当年,即公元前484年吴国就打败齐国。之后又利用这条水路与晋争雄。邗沟的重要作用在于沟通了淮河和长江两大水系,加强了江淮地区的交通联系,有利于这个地区的经济发展。在春秋战国时期,南方和中原地区的诸侯国纷纷利用国土内的自然条件开凿了不少的运河,如魏国开凿的鸿沟,楚国开凿的巢肥运河等。这一时期可看着是运河开凿的肇始期。各诸侯国开凿的运河目的尽管各不相同,但军事目的居于显要地位,这和诸侯之间"称霸"的政治理想是密切相关的,因为生产力的低下,各诸侯国的综合实力差距不大,"三家分晋"之前,各诸侯国之间尽管相互征战频仍,但难以灭其国而尽占其地。所以运河的开凿是区间性的,为争霸服务。

随着秦国的崛起,先后扫灭东方六国,一统中国,运河迎来统一规划的良机,且秦国早就深谙水利之用,都江堰的开凿为秦国赢得了巴蜀粮仓,奠定了秦国东进的基础,郑国渠的开凿也使关中地区千里沃野得到灌溉。但是为了防御北方游牧民族的侵扰,秦始皇下令修筑长城,并统一了文字、度量衡,修建秦直道,建立了以咸阳为中心的防御体系和交通体系。为了加强对岭南地区的控制,公元前219年,秦始皇下令开凿了灵渠,这是现今中国最为南端的运河。灵渠的开凿,使得岭南地区得以开发,岭南地区得以在中央的控制之下。可见秦朝时期运河开凿仍旧是以军事目的居上,解决局部的战略运输问题。汉朝建立之后,为了满足京都长安的粮食供应,在武帝时期开凿了关中漕渠,使得关东的粮食能运输到京师长安。汉代对运河开凿的一大贡献是运河开凿的地域扩展到了北方,在华北平原上先后开凿了几条运河,使得中国大地上的运河呈现了南北并存的局面。东汉灭亡之后,进入三国两晋南北朝时期,这个时期征战频繁,民族加速融合,运河的开凿也体现了新的特点,南方地区的运河网络更加发达,北方也开凿了更多的运渠。三国时期,曹操为了统一北方,先后开凿了白沟、平房渠和泉州渠等,使河北地区与中原地区、关中地区的联系变得更加紧密。曹丕为向南攻打吴国,还开凿了贾候渠和讨虏渠。而吴国也对其所统治的江南地区加以开发,开凿了破冈渎并对已有的运河,如江南运河和邗沟等进行维护整治。在西晋时期,国家基本得以统一，政治相对稳定，开凿了浙东运河并再次对邗沟进行改道，使得运道更直，缩短了行程。即便在动荡不安的东晋时期，也开凿了荻塘运河、杨仪水道等，江南地区与东部沿海地区水上交通更加便捷。综上可以看出，自秦代统一中国到魏晋南北朝这一时期，国家长期统一，虽然这些比较"零散"的区间运河都服务于局部地区，但从后来的南北大运河路线来看，这些区间运河从空间分布上已经初步具备了南北大运河的雏形。因此，这段时期可以看作是运河开凿的发展期。

公元589年，杨坚再次统一了中国，中国的运河也迎来了辉煌时刻，隋朝建立初期，国力尚弱，隋文帝开凿了广通渠解决了长安的粮食供应问题，而后开凿山阳渎，便于向南方讨伐陈国运送粮草。隋炀帝即位后，迁都洛阳，随着国家国力逐渐强盛，为加强国家对疆土的控制力，以及应对东北方向日渐强盛的高丽，隋炀帝先后下令开凿通济渠、永济渠，重开邗沟、江南河，在中国历史上第一次实现了国家规划下的水上运输网络——南北大运河。这条运河北至涿郡（今北京房山），南抵余杭、东到洛阳、西达句章（唐时为明州，即今宁波），奠定了之后数百年的运河空间格局，使得那些服务于局部地区或区域的区间运河，沟通了5大水系，国家的控制力在沿线区域得以加强，漕粮的运输能力得以大幅度提高。这一格局还奠定了唐宋时期的国家的稳定与繁荣，"治国必治漕运"的治国之道在整个后来的朝代得以彰显。隋炀帝虽然建立了这样的不朽功业，但却超之过急，统治十分残暴，以致亡国。公元624年，李渊父子再次统一中国，开启了我国历史上少有的盛世，唐代在运河上完整地继承了隋代的"遗产"，虽在开凿运河上鲜有建树，但是却从漕运制度上进行了大胆的革新，并建立起了一整套完整的国家粮食运输体系，这个体系使运河的地位空前凸显，以致在晚期的藩镇割据中，运河常常关系到朝廷的危亡，是为咽喉与命脉。五代十国是我国历史上战乱不休的动荡时期，这一时期的运河主要服从于军事需要，如后周为征伐南唐将邗沟入淮通道进行改道。公元960年，赵匡胤发动陈桥驿兵变，建立北宋，建都开封，经过19年的征战，北宋相继攻灭其他政权，中国再次迎来统一。北宋在运河上继承了前代的运河格局，先后开凿惠民河、广济河、金水河，并对汴河、扬楚运河等进行了整治，建立了以开封为中心的运河网络。北宋时期是南北大运河的一个辉煌时期，北宋在水利工程和技术上取得巨大的进步，如复闸、澳闸、套闸等都是那个时候发明的。隋代所完成的开凿运河的伟业，唐宋则建立了完整的运河管理机制，可将隋代至宋这一阶段看作是运河开凿的成熟期。

公元1279年，元朝消灭南宋最后的抵抗力量，统一中国，以大都（今北京）为都城。北京远在北部且不靠海，与当时的经济中心江南地区相距遥远，如经南北大运河则绕道过远，但是元初也没有其他办法，只能经过水陆盘坝转运和海陆联运进行漕运，比如胶莱运河的开凿就是服务于海陆联运，靡费甚巨。为解决大都的水患，在郭守敬的规划设计下，先后开金口河、坝河等，确保了大都的安全。为维系大都的漕粮供应，加强朝廷对南方富庶地区的控制，公元1281年，元世祖忽必烈下令开凿济州河，济州河连接了大清河和泗水，济宁一时成为运河重镇。济州河的开凿开创了综合调度几条大的河流来进行水量调剂的先河，表明元代在运河规划和工程设计上具有更加宏观的视野。公元1289年，会通河的开凿完成，连通卫河与黄河之间运道开通，江南的漕船不用绕行南北大运河中的通济渠段和卫运河南段，可从淮扬运河经淮河至泗口，沿泗水北上入会通河，大大缩短了行程。由于山东地形的限制，以及会通河周边缺少发育的水系，元代的运河是"有河难运"，大部分漕粮和物质还是通过海运入天津，经陆路或水路运抵通州，再经通惠河运至大都。公元1368年，朱元璋以应天府（今南京）为都城，建立明朝。公元1399年，燕王朱棣发动"靖难之役"，经过4年的征战夺得皇位，于1403年迁都北京。明代的运河完整地继承了元代的格局，但为了漕运的通畅，也十分艰难，首先是重新开凿了会通河，改济宁分水为南旺分水，会通河得以畅通。公元1536年，黄河夺淮改道，运河的焦点长期集中于处理"黄淮运"矛盾，明代在运河治理上颇有建树，提出了诸多治河方略，比如"蓄清刷黄"、"束水攻沙"等。公元1644年，明朝灭亡，同年清军入关，仍旧定都北京，京杭大运河格局得以延续，清朝在治理运河方面和明朝类似，都是以解决运河局部地段突出矛盾为主，但是清朝在治理上较明代又有很多新的举措，其一为避黄行运，开凿中运河，运河不再经过徐州，运道缩短，而又避开黄河波涛之险。其二通过在淮河、洪泽湖、黄河、运河之间建立的清口枢纽，维系运河畅通，使得淮河水得以下泄入江。公元1855年，黄河改道从山东利津入海，加之朝政腐败，运河由此迅速走向衰落。因此，可将元代京杭运河的开通到公元1855年这段时期看作是运河开凿的完备期。

公元1901年，清政府发布停漕改折，国家不再统一管理运河，京杭大运河的漕运使命终结。随着津浦铁路的开通和公路等陆上交通的风行，运河河道拥塞，失于整治，逐渐淡出历史舞台，京杭运河进入衰落期。

9.2 京杭大运河的时空演变成因

1. 京杭大运河时空演变特点

京杭大运河纵贯南北，连接起我国的政治中心和经济中心，京杭大运河流经地域都是中国古代经济最为繁华的地域，是一条经济发展带，也是一条文化传播的纽带。其时空演变随着王朝的更迭而波澜起伏，具有鲜明的政治色彩。在封建统治王朝时期，运河主要的功能是漕运，兼具军事目的，但是运河的发端确因为军事目的，尤其是在国家陷入动乱时期，占据运河要津，不仅可以加强军队的后勤运输，还可以更加快捷地运送军队，搜集粮草。京杭大运河时空演变的特点概括起来主要有以下两个方面。第一，京杭大运河的开凿，从近2500年的时空长河来看，遵循了由南而北，由零散到系统的演变路径。从沟通江淮的邗沟到最终形成元代的京杭大运河，运河开凿起于春秋战国时的吴国，为实现北上争霸的政治远景，尔后在中原地区，逐渐开凿了其他的运河，如鸿沟、阳渠等。三国时期，为了在军事上实现对北方的征服，曹操在当今的河北地区开凿了多条运河，然而这些运河都是零散的，服务于局部区域，不成系统，直到隋代，终于建立了以洛阳为中心的南北大运河，为后来的王朝兴盛打下了坚实的基础。第二，运河的主要功能既然是漕运，运河必然随着政权的兴衰，都城的变迁而变迁，京杭大运河的时空演变，也是政治中心逐渐北移，经济中心逐渐南移这样演进过程中的产物。

2. 京杭大运河时空演变成因分析

在2000多年的历史进程中，大运河为我国经济发展、国家统一、社会进步和文化繁荣做出了重要贡献，至今仍在发挥着不可替代的巨大作用。大运河是我国古代水利航运工程技术领先于世界的明证，在这一举世无双的工程中，尤以宋礼、白英之治运工程，可谓神妙绝技、巧夺天工。"观其区画精妙，真经天纬地之才，利国益民之绩"，"真令唐人有遗算，而元人无全功"。"其成效于国家者，宴与岁俱水，与日俱新"，"此等胆识后人断断不敢，实亦不能得水平如斯之准"，真是"创无前而建非常也"。民国初年美国水利专家方维赞叹："此种工作，当十四五世纪工程学胚胎时期。必视为绝大事业。……今我后人见之，焉得不敬而且崇也！"京杭大运河在我国水利史上有着如此重要的地位，并连续使用近1800年，是和运河专一漕运的功能分不开的，其时空演变的成因，可以说缘起于军事，服务于政权稳定，并在这之中，促进了南北文化的交流，产生了各具特色的运河文化，反过来维系了运河沿线城市发展与繁荣。

（1）军事战略需求

从军事上来说，大运河提供了便利的交通。当时，北方是全国的政治军事中心，而南方是经济中心，南粮的及时北运，为军事提供了物质方面的及时便利的运输保障，加快和加大了保障能力。同时，南方一旦发生战事，北方的军队就可以通过运河及时地投放到南方，速度大大提高，应战能力大大提升。这就为北方对南方的控制能力得到了大大加强，有利于国家的稳定。

（2）维护国家正常运转、加强对疆土的控制

从政治上看，大运河的贯通成为维系中国一统局面的政治纽带，使政治中心东移之后的封建统治呈现出强烈的大一统特色。在中国封建社会后期京杭大运河在政治上的作用毋庸置疑。元明清三朝定都北京通过大运河，实现封建王朝对东部繁荣地区的控制，以此为基础，进一步实现了对中原和西北、西南的统治，于是广阔的内地达到政治稳定、经济繁荣，成为坚强的后盾，更加有利于边疆地区的安定。漕运作为大运河的主要功能，从秦始皇"漕转山东粟，以给中都官"，到康熙皇帝将漕运列为治国三大要务之一，历代封建王朝都将它作为重要的统治手段。从历史上考察，漕运不仅是封建国家实施南粮北运，解决王朝官兵的粮食供给和国库存储的施政措施，同时反映了作为封建国家政府行为的特质。正因如此，封建国家总是实行"保漕"政策。大运河贯通南北，连接东西，增强了中华民族的向心力和凝聚力，使中华民族在经历了春秋战国、魏晋南北朝、宋辽金三次大的分裂之后，对仍能保持中国的统一做出了巨大贡献，为元明清三代近千年的统一奠定了基础。

（3）京杭大运河文化融合，人文荟萃、风格独特

从文化上看，运河把杭州、南京、北京等几大文化中心联为一体，极大地促进

了运河区域的文化发展，成为人才荟萃之地，文风兴盛之区，珠辉玉映造就了昌盛的运河文化带。自宋元以来运河地区便书院林立，山东地区在明代有书院50余所，清代发展到75所。沿运城市中如天津、淮安等地还最先设立了专供商人子弟学习的"商学"。宋代杭州刻书最为精良，明代南京国子监、苏州府、淮安府的刻书业最为繁盛。聊城等地亦有发达的刻书业、印刷业、制笔业等。清代的刻书局则以扬州、江宁、苏州、杭州等最著名。运河地区也是造就人才最重要的地区之一。大运河吸纳古今中外文化精华，融会中国南北各地的风情民俗、饮食服饰、宗教信仰、官民礼仪等，形成了独特的运河风情和民俗文化。运河区域诸城乡广大居民有着共同的节日习俗，甚至各地的饮食习俗也因运河而广泛交融。除此之外，由于文化和宗教信仰的日渐趋同，中国传统的宗教和外来的宗教沿运河两岸迅速传播。天主教自元明以来便随着外国传教士在运河区域的活动而得以传播。临清在14世纪初已有天主教组织的建立。运河地区的庙会和古会相当繁盛，吸引着来自四面八方、远至上千里外的数以千万计的商旅和游客。另外在一些运河重镇还形成了一些独特的都市文化区，像北京的天桥、扬州城北的虹桥、济宁的东南隅，都有集演戏、说书、杂耍、游戏于一处的娱乐区。

自从清政府"停漕改折"以来，运河从军事上失去了作为军需品运输通道的能力，也无力和其他先进的交通工具展开竞争；从政治上来看，由于民主共和的观念深入人心，封建集权彻底退出历史舞台，运河失去维系封建统治稳固的漕运要务，必然随着封建体制的崩塌而迅速功能消退；从文化上看，运河经过2000多年的演进，各种文化已进入相对稳定状态，只是由于物质运输载体的急剧衰退，而导致文化交流功能减退，但原有文化体系则相对顽强地保留下来。因此，运河的衰落随着封建统治的统一控制体系解体而衰落就不可避免了。加之运河长期以来的习惯性被高度集权所控制，缺乏地方响应体制，又逢北洋时期的军阀混战，不可能得到维护，运河迅速被遗忘，只有南方的运河随着民族工商业的兴起，才逐步找到其地域属性，方能延续繁荣至今。

9.3 京杭大运河文化遗产

1. 通惠河文化遗产

通惠河为东西走向，长29公里，流经北京城区，西端终点在元代时位于积水潭，明代和清代在大通桥，东端在通州张家湾村与北运河相连。作为运河起始的一端，北京地区围绕着京杭大运河所形成的河道体系十分复杂，北京段运河在建立之初最主要的是要解决枯水季供水和丰水期排洪的问题。这两个问题在古代著名水利专家郭守敬的主持下得到了很好解决。他科学地利用北京的地势，将西部山区的水因势利导汇入翁山泊（今昆明湖），其中一条主要的路线大致就是今天的京密引水渠所流经的位置，充分反应了元代水利技术的高超水平。通惠河的水源主要来自白浮堰，从白浮泉（今北京市昌平区东南五里龙山）引水，沿西山山脚，汇聚西山诸泉水后，东南汇入瓮山泊，自西水门入城，环汇于积水潭。然后出什刹海，过今地安桥，东南斜向穿过东不压桥胡同、东吉祥胡同、北河胡同、北河沿大街、南河沿大街，再过当年东长安街上的玉河北桥、现今的正义路及当年东交民巷中段的玉河中桥、正义路南口的玉河南桥，而进入前门与崇文门中段城墙下的水关，流入内城南护城河（今前三门大街）。河流自西向东流。通惠河现存运河文化遗产如表9-1所示。

表9-1 通惠河文化遗产

序号	类型	子分类	遗产点名称	遗存年代
1	运河水工遗存	河道遗存	通惠河	元-清
2			玉河故道	元-清
3			长河	元-清
4		湖泊\水库、泉等	葫芦头	元-清
5			什刹海	元-清
6			白浮泉	元-清
7			昆明湖	元-清
8		水工设施遗存	平津上闸	元-清
9			永通桥	元-清
10			通运桥	元-清
11			澄清上闸（含万宁桥）	元-清
12			澄清中闸（含东不压桥）	元-清
13			绣漪闸	元-清
14			广源闸	元-清
15			高粱闸	元-清
16	运河附属遗存	运河配套设施	南新仓	元-清
17			昆明湖船坞	元-清
18	相关遗产	相关遗产点	御制通州石道碑	元-清
19			燃灯佛舍利塔	隋以前
20			通州北城墙遗址	元-清
21			汇通祠	近现代

2. 北运河文化遗产

北运河的起点位于北京市通州北关闸，终点位于天津市红桥区三岔口，全长148公里。北运河自北关闸到天津市红桥区的三岔口，走向为南北走向，河流自北向南流。北运河现存运河文化遗产如表9-2所示。

表9-2 北运河文化遗产

序号	类型	子分类	遗产点名称	遗存年代
1	运河水工遗存	河道遗存	北运河段主线（北运河-子牙河）	元-清
2		水工设施	青龙湾减河河首	元-清
3			红庙村金门闸	元-清
4			筐儿港减河河首	元-清
5			筐儿港减河分水设施遗址	元-清
6	运河附属遗存	运河配套设施	十四仓遗址	元-清
7		运河管理设施	顺直水利委员会旧址	元-清
8		其他附属遗存	三角坝沉船	元-清
9			东西仓沉船	元-清
10			陈庄沉船	元-清
11			双树村沉船	元-清
12			聂官屯沉船	元-清
13			杨村五街沉船	元-清
14	相关遗产	相关遗产点	"导流济运"碑	元-清
15			"阅筐儿港减河水坝作诗"碑	元-清
16			天后宫	元-清
17			天妃宫遗址	元-清

3. 南运河文化遗产

南运河与北运河相接，流经天津市、河北省和山东省，在河北与山东段是两省的界河，归漳卫南运河管理局管辖，其南端终点位于山东省临清市鳌头矶以西的二闸与会通河相接，长458公里。河道大致走向为自东北向西南。南运河现存运河文化遗产如表9-3所示。

4. 会通河文化遗产

会通河北接南运河，南与中运河相接，其南端位于山东省微山县夏镇，全长368公里。会通河穿越山东地垒，其河道变迁都与水源有关，元代会通河在济宁分水，在明代，经过重新开凿后在南旺分水。河道线路较元朝也有所改变。会通河自汶上县袁口改道，东移约20里，傍安山湖东，经靳口、安山镇、戴庙到张秋，新开河道约65公里。会通河的流向为南旺以北自南向北流，南旺以南自北向南流。会通河全线淤塞断航，河流形态保持较好，水利工程遗址尚存。会通河运河文化遗存见表9-4。

表9-3 南运河文化遗存

序号	类型	子分类	遗产点名称	遗存年代
1	运河水工遗存	河道遗存	南运河段主线（南运河-未运河）	元-清
2	运河水工遗存	水工设施	马厂减河河首	元-清
3	运河水工遗存	水工设施	九宣闸	元-清
4	运河水工遗存	水工设施	捷地减河河首	元-清
5	运河水工遗存	水工设施	捷地分洪闸	元-清
6	运河水工遗存	水工设施	1933年德国西门子启闭机	近现代
7	运河水工遗存	水工设施	连镇谢家坝	元-清
8	运河水工遗存	水工设施	华家口夯土险工	元-清
9	运河水工遗存	水工设施	德州码头	近现代
10	运河水工遗存	水工设施	四女寺枢纽	元-清
11	运河水工遗存	水工设施	四女寺减河河首	元-清
12	运河水工遗存	水工设施	郑口挑水坝	近现代
13	运河水工遗存	水工设施	朱唐口险工	近现代
14	运河水工遗存	水工设施	油坊码头遗址及险工	元-清
15	运河附属遗存	运河配套设施	德州仓储	近现代
16	运河附属遗存	其他附属遗存	东光码头沉船遗址	隋-宋
17	相关遗产	相关遗产点	石家大院	元-清
18	相关遗产	相关遗产点	靳官屯闸碑	元-清
19	相关遗产	相关遗产点	马厂炮台及军营遗址	元-清
20	相关遗产	相关遗产点	乾隆御书《捷地、兴济坝工纪事诗碑》	元-清
21	相关遗产	相关遗产点	清代宪示碑	元-清
22	相关遗产	相关遗产点	泊头清真寺	元-清
23	相关遗产	相关遗产点	苏禄王墓	元-清
24	相关遗产	相关遗产点	陈窑窑址	元-清

表9-4 会通河文化遗存

序号	类型	子分类	遗产点名称	遗存年代
1		河道遗存	会通河段主线（会通河故道及遗址-南阳新河）	元-清
2			小汶河	元-清
3			陶城铺运河	元-清
4		湖泊、水库、泉等	上泉古泉群	元-清
5			南旺湖遗址	元-清
6			泗河泉林	元-清
7			浣笔泉	元-清
8			南四湖	元-清
9	运河水工遗存		临清闸（问津桥）	元-清
10			月径桥	元-清
11			会通闸（会通桥）	元-清
12			砖闸（二闸）	元-清
13			戴湾闸	元-清
14			土桥闸	元-清
15			梁乡闸	元-清
16			永通闸（辛闸）	元-清
17			迎春桥	元-清
18			东昌府运河大小码头	元-清
19			李海务闸	元-清
20			周家店船闸	近现代
21			七级下闸	元-清
22			七级上闸	元-清
23			阿城下闸	元-清
24		水工设施遗存	阿城上闸	元-清
25			荆门下闸	元-清
26			荆门上闸	元-清
27			戴庙闸	元-清
28			安山闸	元-清
29			靳口闸	元-清
30			袁口闸	元-清
31			十里闸	元-清
32			堽城坝遗址	元-清
33			戴村坝	元-清
34			运河砖砌河堤	元-清
35			邢通斗门遗址	元-清

续表

序号	类型	子分类	遗产点名称	遗存年代
36			徐建口斗门遗址	元-清
37			柳林闸	元-清
38			寺前铺闸	元-清
39			漕井桥	元-清
40			通济闸	元-清
41			天井闸	元-清
42			太和桥	元-清
43			金口坝	元-清
44			仲浅闸	元-清
45			师庄闸	元-清
46			枣林闸	元-清
47			南阳闸	元-清
48			利建闸	元-清
49			陶城铺闸	元-清
50	运河附属遗存	运河管理设施	临清运河钞关	元-清
51			阿城盐运司	元-清
52			济宁河道总督府遗址	元-清
53	相关遗产	相关遗产点	临清舍利宝塔	元-清
54			临清清真寺、清真东寺	元-清
55			鳌头矶	元-清
56			河隈张庄明清砖官窑遗址	元-清
57			聊城山陕会馆	元-清
58			禹王	元-清
59			大元新开会通河记事碑	元-清
60			开河闸碑	元-清
61			南旺分水龙王庙遗址	元-清
62			东大寺	元-清
63			清雍正疏浚济州河碑	元-清

5. 中运河文化遗产

中运河北接会通河，南端与淮扬运河在淮安清口相接。中运流经山东省微山县和江苏省徐州市、宿迁市淮安市，全长246公里。中运河是最年轻的运河，大部分河道开凿于清代，是"避黄行运"的产物。中运河的主要河道按开凿顺序有泇河、不牢河、皂河、中河等，中运河水流自北向南。中运河文化遗存见表9-5。

表9-5　中运河文化遗存

序号	类型	子分类	遗产点名称	遗存年代
1	运河水工遗存	河道遗存	中河段主线（泇河-皂河-中河）	元-清
2			废黄河徐州吕梁至淮安清口段	宋-元，元-清
3			老不牢河邳州段	元-清
4		水工设施	通惠闸	元-清
5			台儿庄月河码头群	元-清
6			李口吴集月堤	元-清
7			新袁杨大滩月堤	元-清
8			淮安三百六十丈月堤	元-清
9			双金闸	近现代
10	运河附属遗存	运河管理设施	龙王庙行宫	元-清
11	相关遗产	相关遗产点	乾隆御碑	元-清
12			窑湾镇历史街区	元-清
13			宿迁大王庙	元-清
14			疏凿吕梁洪记碑	元-清

6. 淮扬运河文化遗产

淮扬运河北接淮安清口，南端位于扬州，与长江相接。淮扬运河前身即为中国有记载以来最早的运河——邗沟，全长188公里。淮扬运河沟通江淮，自北向南流，沿途水网密布，湖泊水系众多，是运河先后穿越宝应湖、高邮湖和邵伯湖，是运河湖泊最密集的区域。淮扬运河的时空演变主要集中于运河与长江之间的关系，由于长江江岸及江心洲的变化，运河入江口也多有变化。比如仪扬运河、伊娄河的开通都和长江江岸的演变有着密切关系。仪扬运河的水流流向历史上也是由南向北流，后来由于黄河南下改道淮河，北部逐渐淤高，水流流向改变成今天的自北向南。淮扬运河文化遗产如表9-6所示。

表9-6　淮扬运河文化遗产

序号	类型	子分类	遗产点名称	遗存年代
1		河道遗存	淮扬运河段主线（淮安明清运河故道-现京杭运河-扬州城明清运河故道-伊娄河故道）	隋以前，宋-元，元-清
2			宝应宋泾河	宋-元
3			宝应明清运河故道	元-清
4			高邮明清运河故道	元-清

第9章 京杭大运河时空演变特点与成因

续表

序号	类型	子分类	遗产点名称	遗存年代
5	运河水工遗存		邵伯明清运河故道	元-清
6			古邗沟故道（邗沟东道，扬州城区段）	隋以前
7			仪扬运河	隋以前
8			子婴减河	元-清
9		湖泊、水库、泉等	洪泽湖	宋-元，元-清
10			瘦西湖	元-清
11		水工设施遗存	洪泽湖口引河及堤防：太平河（含堤）、太平引河、张福引河故道、临湖堤、圈堰	元-清
12			济运设施：济运坝、塘河（含左右堤）遗址	元-清
13			御黄束清设施：御黄坝、御黄二坝、束清坝、束清二坝、御坝及其顺水堤、临清堤	元-清
14			中运河堤坝：中运河北岸缕堤、中运河南岸缕堤、中运河头坝、中运河二坝、中运河三坝	元-清
15			黄河故道及堤工：黄河故道、黄河北岸格堤、缕堤、黄河南岸缕堤、汰黄堤、顺黄坝堤	元-清
16			里运河旧道及堤坝：里运河旧道、里运河左右堤遗址、盖坝、泰山湖（七里闸旧河）、头坝、二坝、三坝、四坝、五坝	元-清
17			转水墩：康熙旧大墩、新大墩、乾隆新大墩	元-清
18			码头三闸：惠济正越闸、通济正越闸、福兴正越闸	元-清
19			古清口遗址	明-清
20			洪泽湖大堤	元-清
21			淮安里运河石驳岸	近现代
22			清江大闸	元-清
23			淮安古运河石码头	元-清
24			淮安古运河石堤	元-清
25			高邮段里运河东堤	元-清
26			茱萸湾古闸	元-清
27			宝应跃龙关遗址	元-清
28			高邮段里运河西堤	元-清
29			高邮御码头	元-清
30			耿庙石柱	元-清
31			平津堰遗址	元-清
32			邵伯古堤	元-清
33			邵伯码头	元-清
34			邵伯老船闸	近现代
35			子婴减河闸	元-清

续表

序号	类型	子分类	遗产点名称	遗存年代
36	运河附属遗存	运河管理设施	河道总督署遗址及清晏园	元-清
37			丰济仓遗址	元-清
38			淮安钞关遗址	元-清
39			总督漕运公署遗址	元-清
40			盂城驿	元-清
41			两淮都转盐运使司衙署	元-清
42	相关遗产	相关遗产点	御制重修惠济祠碑	元-清
43			乾隆阅河诗碑	元-清
44			康熙乾隆御碑（淮安）	元-清
45			高家堰铁牛	元-清
46			高良涧铁牛	元-清
47			三河铁牛	元-清
48			清江浦楼	清
49			清江清真寺	元-清
50			吴公祠	元-清
51			陈潘二公祠	元-清
52			郑文英墓	元-清
53			河下历史文化街区	元-清
54			淮安府衙	元-清
55			镇淮楼	元-清
56			扬州城遗址	隋-宋
57			天宁寺行宫（含重宁寺）	明-清
58			个园	清
59			东关街历史文化街区	元-清
60			汪氏小苑	清
61			普哈丁墓	元-清
62			仙鹤寺	元-清
63			汪鲁门宅	清
64			何园	清
65			南河下历史文化街区	元-清
66			卢绍绪宅	清
67			盐宗庙	清
68			马棚湾铁牛	元-清

序号	类型	子分类	遗产点名称	遗存年代
69			镇国寺塔	隋-宋
70			高邮南门大街历史地段	明-清
71			邵伯铁牛	元-清
72			江北运河复堤碑记碑	元-清

7. 江南运河文化遗产

江南运河是京杭大运河的最南一段，北端位于镇江京口闸，现在谏壁船闸处与长江南岸相接，南端位于今三堡船闸，与钱塘江相通。流经江苏省的镇江、常州、无锡、苏州，浙江省的嘉兴、杭州，全长297公里，是我国最为繁荣富庶的地区，也是现今京杭大运河上最繁忙的河道。江南运河几经演变，但运河均沿用至今，因而形成了运河网络。江南运河的高点位于丹阳，清代有练湖济运，丹阳以北水流向长江，以南则流向太湖，太湖以南的运河则流向钱塘江。江南运河文化遗存见表9-7。

表9-7 江南运河文化遗存

序号	类型	子分类	遗产点名称	遗存年代
1			镇江城区运河故道	隋以前
2			丹徒河	元-清
3			现京杭运河镇江至常州段	隋以前
4			常州城区运河故道	隋以前
5			现京杭运河常州至无锡段	隋以前
6			无锡城区运河故道	隋以前
7	运河水工		现京杭运河无锡至苏州段	隋以前
8			苏州城区运河故道	隋以前
9		河道遗存	现京杭运河苏州至吴江段	隋以前
10			江南运河吴江-嘉兴-杭州段（自吴江平望，经苏州塘，至嘉兴城；再经杭州塘北段，至嘉兴崇福镇分为南北两线：南线经崇长港至海宁长安镇，再经上塘河，至杭州坝子桥；北线经杭州塘南段，由塘栖至杭州坝子桥）	隋以前
11			杭州中河-龙山河	隋-宋
12			頔塘东段（平望-南浔，含頔塘故道）	隋以前
13			古新河	不确定
14			余杭塘河	隋-宋
15			镇江虎踞桥	元-清
16			丹阳开泰桥	元-清
17			常州万缘桥	元-清

续表

序号	类型	子分类	遗产点名称	遗存年代
18			常州文亨桥	元-清
19			青果巷码头群及古纤道	元-清
20			常州飞虹桥	元-清
21			常州新坊桥	元-清
22			常州广济桥	元-清
23			常州万安桥	元-清
24			苏州下津桥	元-清
25			苏州上津桥	元-清
26			盘门	元-清
27			苏州吴门桥	元-清
28			苏州灭渡桥	元-清
29			宝带桥（苏州）	元-清
30			吴江三里桥	元-清
31			吴江垂虹纤道桥	元-清
32			吴江古纤道	元-清
33			吴江安民桥	元-清
34			吴江安德桥	元-清
35			嘉兴闻店桥	元-清
36		水工设施	长虹桥（嘉兴）	元-清
37			分水墩	隋以前
38			秀城桥	元-清
39			嘉兴司马高桥	元-清
40			长安闸	隋-宋
41			隆兴桥	不确定
42			桂芳桥	隋-宋
43			欢喜永宁桥	不确定
44			东新桥	不确定
45			坝子桥	隋-宋
46			广济桥（杭州）	元-清
47			拱宸桥（杭州）	元-清
48			德胜坝	隋-宋
49			杭州三堡船闸	近现代
50			杭州龙山闸旧址	隋-宋
51			落帆亭	隋-宋
52			杭州富义仓	元-清

续表

序号	类型	子分类	遗产点名称	遗存年代
53	运河附属遗存	运河管理设施	杭州仓前粮仓	隋-宋
54			三里亭	元-清
55			十里亭（含石碑）	元-清
56			横塘驿站	元-清
57			灭渡桥水文站	近现代
58			水利通判厅遗址与乾隆御碑	元-清
59			洋关旧址	元-清
60			杭州凤山水城门遗址	元-清
61		其他附属遗存	嘉兴造船厂旧址	近现代
62	相关遗产	相关遗产点	西津渡古街	元-清
63			新河街	元-清
64			青果巷历史街区	元-清
65			大成三厂建筑群	近现代
66			茂新面粉厂	近现代
67			清名桥历史街区	元-清
68			寒山寺	元-清
69			皇亭三碑	元-清
70			苏纶纱厂旧址	近现代
71			嘉兴文生修道院	近现代
72			嘉兴芦席汇历史街区	元-清
73			嘉兴月河历史街区	元-清
74			嘉兴天主教堂	近现代
75			嘉兴西水驿碑	元-清
76			新市镇历史街区	隋以前
77			崇德城旧址及横街	近现代
78			长安镇历史街区	不确定
79			通益公纱厂旧址	元-清
80			杭州拱宸桥西历史街区	元-清
81			闸口白塔	隋-宋
82			南浔丝业会馆	近现代
83			南浔镇历史街区	元-清

9.4 京杭大运河的历史贡献

1. 京杭大运河的政治贡献

京杭大运河是我国古代水路交通的大动脉，是南北民族融合、团结的纽带，是维护国家统一的生命线。隋代开通的南北大运河以政治中心——洛阳为中心，西通关中盆地，北达河北平原，南至太湖流域，流经今北京、天津、陕西、河北、河南、山东、安徽、江苏、浙江2个直辖市7个省，全长2 700多公里，史称南北大运河，沟通了我国五大自然水系钱塘江、长江、淮河、黄河、海河，我国的地势特点为西高东低，自然水系由西向东流，而大运河却是从南北方向连接了我国彼此并不相通的五大自然水系，这是一个创举的开始。元代对大运河的路线进行了调整，以政治中心大都北京为中心，将南北大运河截弯取直，从北京直通杭州，仍从南到北连接五大自然水系，并将这个创举的功效尽情发挥。

纵观中国历史，自隋炀帝南北大运河开通起，如同春秋战国时期各诸侯小国分区而治的局面几乎就没有发生过，尽管唐末期出现了五代十国，但也仅持续数十年，国家又归于统一，可以说大运河是将我国从北到南紧紧系在一起的纽带，是维护国家统一的有力臂膀。大运河的开通与政治和军事是分不开的，隋代时大运河可以将河北地区与江南地区富饶的物产聚集到政治中心——洛阳和长安，又可以为隋炀帝在扼制北方的突厥和征伐东北的高丽的战场运输物资军饷。大运河与封建王朝的政治、军事中心息息相关，隋朝南北大运河以东都洛阳为中心；北宋时期大运河以东京开封为中心，向外辐射；南宋时期大运河则以都城杭州中心，大运河与国家政治局势的变化紧密联系。

经过元代拉弓取弦的京杭大运河，更是以高屋建瓴之优势维护了国家的统一。元、明、清三代封建王朝都建都北京，国家政治中心北移，靠的就是京杭大运河沟通南北，京杭大运河沿途截遇漳水和卫水通向中原，汇入长江又可通向西南各省，大运河在融合南北促进政治统一方面发挥着重要的作用。

2. 京杭大运河的经济贡献

京杭大运河是我国古代经济发展的五彩丝带，它将国家的政治中心与经济重心紧密地连在一起，将我国的漕运事业推向高潮；它连接钱塘江、长江、淮河、黄河、海河我国五大自然水系，将不同水系流域的生产区域联系在一起，它是我国南北经济交流繁荣的生命线。

我国的漕运开始于秦朝，漕运专指利用水道运输官粮，它是封建王朝的生命支持与运转动力的供应系统，是封建王朝维持生命的源泉之一。随着隋文帝广通渠的开凿，隋炀帝通济渠、永济渠、山阳渎、江南运河的开通，南北大运河体系的形成，一个以东都洛阳为中心的漕运体系也随之建立，仓储制度也应时而生，京师长安和东都洛阳就是大小粮仓的集聚地，当时的关东经济区和江淮地区的赋税重地就是通过运河将赋税漕运到长安和洛阳。元代京杭大运河的开通,政治中心北移到北京,通过大运河可与江南经济重心直接相通,原有的关东之漕、江淮之漕转变为江南之漕,持续千年的以中原地区为中心的漕运体系,转变为以北京中心的漕运体系,这样的漕运格局在明清两朝得到继承和发展,漕运体系更加完善。

京杭大运河一直是南北交通运输的大动脉,不仅担负漕运的任务,还承担着商业往来,商品贸易的功能。明清繁盛的漕运带动和刺激了大运河沿岸商业活动的发展,漕运过程中也有了商业化的发展,漕船开始走向民用,运送货物,进行商业活动。漕船往来于运河之上,南方出产的丝绸、茶叶、竹、陶瓷等源源不断随着运河漂到北方;而北方盛产的松木、皮货、煤炭等随着大运河来到繁荣热闹的南方。南北货物通过京杭大运河销售全国各地,南北经济往来空前活跃,大运河每年承载粮食及南北物资过千万石。京杭大运河将五大流域的经济紧密地联系在一起,作为我国南北物资交流的经济大动脉发挥着巨大的作用,对我国古代经济、商品市场的繁荣发展有着巨大的贡献。

3. 京杭大运河的文化贡献

京杭大运河纵贯华夏大地,不仅承担了南北交通往来运输的重任,它还是连接华夏文化的纽带。京杭大运河沟通五大自然水系的同时也将华夏文化摇篮的黄河流域和长江流域联系起来。大运河上的人流和物资的南上北下,是有形的移动,而无形中不同文化的传播与交流也悄然开始了,在潜移默化地彼此影响着,并形成了具有独特味道的运河文化。

京杭大运河连接黄河、淮河、海河、长江、钱塘江五大水系,跨越燕赵、齐鲁、荆楚、吴越等不同的风俗文化区,在长期的交汇、碰撞、融合中形成了多姿多彩的民俗风情,这里有缘水而成的民俗,如淮安运河船家的"交船头"、"汛前宴",通州的"开漕节"等,还有对运河的崇拜和敬畏,在运河人的心中就有"金龙四大王"这样的运河漕神。大运河还有珍馐美味的饮食并形成具有南北特色的饮食文化。北京烤鸭、天津狗不理包子、德州扒鸡、淮安长鱼席、扬州三头宴、杭州西湖醋鱼等都是大运河岸边飘香的美味,美味有了,中国人更不能没了酒,酒香从京杭运河的南端飘来,这里有著名的女贞、花雕、竹叶青、绍兴酒等,是黄酒的主要产地。中国的饮食文化中茶占有重要的地位,京杭大运河还承担起了南茶北运,饮茶文化自南向北传播的任务。京杭大运河沿岸还有弥久不衰的曲艺文化,运河上的纤夫、船民、筑河堤的河工们时时唱响的运河号子,北方称为吆号子,南方则叫它喊号子、打号子等等,这些都产生于劳动人民中。明清时期,运河地区民间曲艺逐渐兴起,如北京相声、山东大鼓、扬州评话、苏州评弹等等形式多种多样,内容也相当丰富。大运河历代都不乏咏叹运河兴衰、描绘运河风情的文人墨客抒感情怀,写诗作对。我国四大古典文学名著《红楼梦》《三国演义》《水浒传》《西游记》均诞生在运河地区,成为京杭大运河灿烂辉煌的文学艺术的一部分。大运河沿线还出现了许多传世不朽的艺术珍品,比如北宋画家张择端的传世之作《清明上河图》,这幅精美的艺术长卷,虽取景在东京开封城汴河两岸某处,却把北宋时期运河的市井风情栩栩如生跃然纸上。运河沿岸居民的工艺制作技巧也随着商业的发达不断得到提高,技术精湛的工艺品种类繁多,如瓷器、陶器、剪纸、折扇、牙雕、木雕、泥雕、漆器等独具匠心的工艺品。

京杭大运河丰富了文化的内容,促进了文化的发展,它所孕育的灿烂文化成为中华民族文化中不可缺少的一部分。

4. 京杭大运河的科技贡献

历代王朝在繁盛时期对大运河都是非常重视,尽心尽力整治,保持大运河的畅通,方便的水陆交通使运河地区和其他地区的交流大大增强,客观上一定程度地促进了运河区域科技文化的发展,主要表现在农业、医学、建筑业以及在开通运河实践中积累的技术经验等。

运河区域自然条件优越,农业优势明显,是我国的农业发达地区,为进一步提高农业产量,运河地区出现致力于农业技术研究的人们,并将自己的研究记录下来成为书籍。最为突出的是明朝时期的农学家徐光启和他的《农政全书》,《农政全书》集成了我国古代农业科学和部分西方科学技术,具有很高的实用价值。运河地区经济的繁荣,以及与南北交流的增加,也促进了医学的发展,到明朝时医学上也有了简单的分工,有从事药物研究的,如李时珍,著有《本草纲目》;有从事传染病学研究的,成就突出的吴有性,著有《瘟疫论》;有从事内科学的,代表人物为薛己、张景岳;有从事外科学的,成就最大的代表人物是陈实功;有从事针灸学的,运河区域著名的针灸学家高武,铸造了针灸铜人,还著述《针灸聚英》一书。运河区域还是政治中心、经济中心和文化中心。运河地区的建筑也别具风格,形式多样,如垣城楼、宫殿府邸、宅第民居、坛庙祠堂、驿站会馆、店铺作坊、牌坊影壁、亭台楼阁等等,特别宫殿与皇家园林,并成为我国封建建筑的代表。北京故宫是我国现存最大最完整的古建筑群。运河城市扬州和苏州是我国园林建筑的精华代表。我国运河开凿历史悠久,在古代劳动人民征服大自然,开河过程中积累了丰富的经验,也发明创造了很多与运河有关的技术和设施,如分水堤、飞沙堰、水库、船闸、澳、桥梁、码头、纤道等等。

京杭大运河对我国古代科技的发展起到了巨大的推动作用,这些科技充分体现了劳动人民的聪明智慧和才干。

5. 京杭大运河的文明贡献

京杭大运河作为我国跨越海河、黄河、淮河、长江、钱塘江五大水系和沿线天然湖泊的人工运河,京杭大运河的开通营造了新的自然环境、生态环境,京杭大运河为调和京杭之间区域的生态环境做出了重要的历史贡献。京杭大运河将我国横向封闭的自然水系打通,形成南北运河,是一项伟大的生态文明工程,它是华夏子孙经营利用自然河流、天然湖泊、湿地和冲击扇,因势利导,体现人与自然和谐的生态文明工程,它成功地实现了沟通南北,链接经济腹地与政治中心的历史功能,是我国生态文明发展和沿线城市发展的动力源泉之一。

隋代南北大运河和元代京杭大运河,在加强南北经济交流,商业往来的同时,促进沿线农业、手工业、商业繁荣的同时，也带动了运河沿线城市的繁荣。南北大运河成就了盛唐长安和洛阳的辉煌，北宋东京开封和南宋杭州的繁荣。京杭大运河的通航，推动了江南市镇的蓬勃发展，成就了明清两代扬州的繁华。大运河南北两端的北京和杭州是当时世界上较为著名的城市，北京则是不仅限于中国的贸易中心，也是世界的贸易中心，杭州是南方最大的工商业城市。京杭大运河不仅带动各代政治中心城市的发展，也催生了一批运河城市的兴起。京杭运河沿线城市从北京南下，经天津、沧州、德州、临清、聊城、济宁、徐州、淮安、扬州、镇江、常州、无锡、苏州、嘉兴直到杭州，宛如一串镶嵌在运河上的明珠，在大运河的带动下，这里工商业繁荣、客商云集、货物山积、交易繁多，成为运河上一个个重要的商品集散地。它们更有因运河而生，因运河而兴，因运河而衰，临清就是因运河而兴，它得益于京杭大运河漕运的发达，繁荣昌盛达500多年，成为闻名全国的商业都会。

京杭大运河纵贯我国南北，是我国古代人民开发湿地、利用江河湖泊的成功范例，为生态文明和谐发展和我国城市文明发展作出了重要的贡献。

第 10 章 京杭大运河时空演变

京杭大运河历史悠久，是世界上开凿最早、里程最长、工程最大的运河，它和万里长城并称为我国古代的两项伟大工程，闻名于全世界。京杭大运河北起北京，南至杭州，经北京、天津两直辖市，过河北、山东、江苏、浙江四省，沟通海河、黄河、淮河、长江、钱塘江五大水系，全长约1800公里。

京杭大运河是由经不同年代开凿和疏浚多个自然河段，并连接了原有的河道、湖泊、洼地所形成一条便利的人工水运渠道。京杭大运河主要河段形成见表10-1。

表10-1 京杭大运河形成表

大运河河段	起始地点	开凿时间	长度	出处
邗沟	江都—淮安	春秋时代（公元前486年）	150公里	《尚书地理》
白沟	淇县东—馆陶	东汉建安九年（公元204年）		《行水经鉴》卷83 济水
广通渠	大兴城—潼关	隋文帝四年（公元584年）	300余里	
山阳渎	扬州—淮安	隋文帝七年（公元587年）	300里	《隋书》卷1 帝纪第一
通济渠	洛阳—淮河	隋炀帝元年（公元605年）	1300里	《隋书》卷3 帝纪第三
永济渠	涿郡—黄河	隋炀帝四年（公元608年）	1000余公里	《隋书》卷3 帝纪第三
江南运河	镇江—杭州	隋炀帝六年（公元610年）	800余里	《资治通鉴》
济州河	济州—安山	元世祖二十年（公元1283年）	150里	《元史》卷65
会通河	安山—临清	元世祖二十六年（公元1289年）	125公里	《元史》卷64
通惠河	通州—北京	元世祖二十八年（公元1291年）	164余里	《元史河渠志》

京杭大运河开掘于春秋时期，完成于隋朝，繁荣于唐宋，取直于元代，疏通于明清。从公元前486年始凿，至公元1293年全线通航，前后共持续了1779年，在这漫长的岁月里，主要经历了三次较大的兴修。

第一次　公元前5世纪，由吴国开凿的邗沟，从今扬州附近的邗沟引长江水向北流，经高邮、宝应、淮安入淮河，它沟通了长江和淮河，是京杭大运河的第一锹。

第二次 公元7世纪初，隋朝定都洛阳。公元605年开通通济渠，把洛水向东引入黄河，再从黄河引水至今河南荥阳北，经郑州、开封折向东南直到江苏清江（淮阴）与邗沟相通，长约1000多公里。公元608年凿永济渠，从洛阳向东北，经武际、新乡、汲县到山东临清，北上到天津、河北涿郡，全长约1000公里。公元610年，在江苏镇江经丹阳直到浙江杭州，开凿了一条长约400公里的江南运河。至此，从北京绕洛阳南达杭州的京杭大运河全部开挖完成，全程长2 700多公里。

第三次 进入元蒙古统治时期，元代全国政治中心移到北京，为了加强对南方的统治以及经济联系，缩短从北京到杭州绕道洛阳的航线，1283年到1293年，先后挖通了：①东平到济宁的济州河；②山东临清到东平的会通河；③北京到通县的通惠河。公元1289年，修会通河，自安山到临清接卫河，南方来船可从会通河直接经卫河北上。济州河与会通河合称会通河。公元1292年到1293年，修通惠河，自北京北白浮泉引水入北京城，再开河至通州接北运河，至天津接南运河（临清以下为卫河）。元代把运河改成直线后，从北京直达杭州，运河行程比隋朝时期的京杭大运河（南北大运河）缩短了900多公里。

本章将分别对元代京杭大运河时空演变与隋代京杭大运河（南北大运河）时空演变做总结梳理，并配以演变示意图。

10.1 元代京杭大运河时空演变

京杭大运河自北而南流经京、津两直辖市，经冀、鲁、苏、浙4省，贯通海河、黄河、淮河、长江、钱塘江中国五大水系以及洪泽湖、高邮湖、太湖等一系列湖泊，它从华北平原直达长江三角洲，流域地形平坦，河湖交织，沃野千里，自古是中国主要粮、棉、油、蚕桑、麻产区，人口稠密，农业集约化程度高，生产能力巨大。至近代，京津、津浦、沪宁和沪杭铁路及公路网相继修建，与运河息息相通。运河沿线各地工业先后兴起，城镇密集，是中国东部精华荟萃之地。

公元1293年京杭大运河全线贯通，由北京经通惠河、北运河、南运河、会通河可至济宁，再沿泗水河道至徐州入黄河，沿黄河顺流至淮安入邗沟（即淮扬运河），经扬州至瓜洲，过长江至镇江入江南运河，直达杭州。从元代开始，京杭运河经历了开通、完善、维系和衰落四个时期。

京杭大运河开通时期，以元代开挖会通河和通惠河为标志。经过元之前历朝各代的开凿，到元代，南自杭州北至大都的运河，只剩大都至通州、山东卫河以南到汶泗河的两段没有开通。在这两段未通水道中，以后者山东段最为重要，因为汶上南旺（今东平湖东）是京杭大运河地形上的最高点。到公元1289年，元世祖批准开会通河，公元1291年，郭守敬又主持开通通惠河，京杭大运河全线通航。

京杭大运河的完善期，以明前期南旺枢纽工程的改造完成为标志。山东运河段地形的最高点在汶上南旺（今东平湖东），元代建设宁阳堽城坝遏汶水入洸河，至济州会源闸（明清称开井闸）入运河后向南北分流。元末，随着洸河的淤积，水源工程已经逐渐失去相应的功能。明永乐九年（公元1411年），工部尚书宋礼主持重开会通河，采用汶上老人白英的建议，筑戴村坝，引汶水全部西南流至汶上县鹅河口入运河。同时于南旺设分水口，汶水在南旺分流后"南流接徐邳者十之四，北流达临清十之六"。至此，济宁以北水源不足问题得以解决，京杭大运河通畅。但其时仍以宁阳堽城坝和济宁会源闸为主向运河南北分水。南旺分水口只是一个河口，无任何控制。公元1481年，建南旺南北二闸，南闸称柳林闸，北闸称十里闸，并在济宁到临清的河道上开设水闸，沿线修水柜。

京杭大运河的维系期，这个时期以明朝后期至清朝前期开新河与靠黄济运的分离为标志。明后期至清初期，黄河水患阻碍运河多集中于徐州上下，黄运并淤，动辄以百里计。因而这一时期对运河的整治主要是开新河以避黄河之害。明嘉靖年间开南阳新河，南阳至留城段的运河由昭阳湖西移至湖东。万历年间开泇河，代替了留城至黄河以及徐州至直口段的运河，且绕开了徐吕二洪这一险道。清初，开中运河，运河与黄河基本分离，漕船出清口后行七里，即可从扬庄运口入中运河。

京杭运河的衰落期，清朝中后期，淮河下游至海口的河道被黄河泥沙普遍淤高，清口枢纽工程效益渐减，致使淮河最终改道入长江，京杭大运河蜕变为地区性运河。运河线路发生了较大改变，公元1885年，黄河在兰考铜瓦厢决口，致使京杭大运河南北断流。1901年，漕运停止，终止了大运河的辉煌。

现代运河河道主要有五种情况：一是运河河道有些段仍在发挥作用，新中国成立后开挖了一些新运河，古运河和新运河并存使用。例如，扬州城内的古运河仍可通航，1956年又开挖一条新运河，从扬州古城东南门码头乘船出发，沿古运河向东，可达到古运河与1956年京杭大运河交汇处，然后沿原路返回，又沿古运河南行，可直达京杭大运河与长江相交的瓜洲古渡。一路河道不仅宽而且深，偶尔可见几只停泊于河内的货船。目前，这条河道已被开发成扬州水上旅游线路；二是运河的某些河段虽然存在，但不再通航，原来主航道地位消失。如杭州城内的古运河原在龙山闸与钱塘江交汇。该闸建于五代时期，用以沟通江南运河与钱塘江之间的航道，后屡废屡修。至民国23年，其下尚有细流相通，闸址犹存。今日的龙山闸已不再是京杭运河与钱塘江的交汇点，承袭了龙山闸昔日的辉煌，闸门高大，河宽深，众多货船穿行其中。三是运河有些河段虽然存在，但已离京杭大运河主航道。如浙江海宁段古运河，在历史上，海宁长安闸一度是京杭大运河的必经之地，据研究，元代以前，古运河在浙江过崇德后，东北沿海而行，过海宁长安闸和上塘河、临平。长安闸修建于北宋时期，北宋熙宁五年，日本僧人成寻就是自绍兴而来经长安闸北上的。现在的京杭大运河由塘栖直达杭州，不再经过长安镇，该段古运河遂被边缘化；四是运河某些河段相对地理位置发生变化，随着城市化步伐的加快，一些流经城市的运河段在相对地理位置上发生变化，如沧州段运河，过去在城西经过，今则穿城而过；五是运河有些河段基本未变，邗沟是世上最古老的运河，公元前486年，吴王夫差为北伐中原，开凿邗沟，南自扬州，北至淮安，沟通了长江和淮河两大水系，此后，以邗沟为源起，京杭大运河不断南产延伸，形成沟通五大水系（海河、黄河、淮河、长江、钱塘江）的人类伟大水利工程。历史时期，邗沟一直处于变化状态，经历过多次改道，不过，扬州市内自蜀冈至古运河交汇处一段变化不大。

京杭大运河开凿繁荣于我国封建王朝统治时期,也没落于封建社会的瓦解,这是它的时间跨度,从空间范围划分,京杭大运河全程共分七段,从北到南依次为:

①通惠河——北京至通县,由温榆河、白浮泉、昆明湖和白河挖接而成,长220公里。

②北运河——通县至天津,利用潮白河下游开挖而成,长186公里。

③南运河——天津到临清,利用卫河下游的一段天然河道开挖而成,长约509公里。

④鲁运河——临清到台儿庄,利用汶水和泗水的水源,沿途经南阳、独山、昭阳、微山湖等水面,长约450公里。

⑤中运河——台儿庄到淮安,利用泗水下游的一段天然河道,开挖而成,长186公里。

⑥里运河——淮安到扬州,即是邗沟,也称淮扬运河,长约197公里。

⑦江南运河——镇江到杭州,长约337公里。

目前,京杭大运河现状河道宽度各不相同,江南运河仍在使用之中,中段运河部分地段也发挥航运功能,因此河道较宽。但河北、山东等地运河由于废弃时间太久,现在的南运河、北运河河道较窄,有的河段甚至常年干涸被开垦为农田。

本小节就是要对京杭大运河从北到南的通惠河、北运河、南运河、鲁运河、中运河、里运河、江南运河各段从开凿到形成时空演变过程进行梳理总结,并配以京杭大运河时空演变示意图。

1. 通惠河的时空演变

(1)通惠河时空演变概述

通惠河指北京到通州的大运河段,由温榆河、白浮泉、昆明湖和白河挖接而成,长220公里。通惠河是京杭大运河的最北段,也是开凿时间最晚的一段漕河,它的完成不仅结束了通州至大都的艰难陆运,而且完成了京杭大运河的全线通航,南来的漕船可以直接抵达京城内的积水潭。

元初,在山东境内相继开凿了济州河和会通河,实现了裁弯取直和全程水运的宏愿,从而可以使江南财粮物资直接运到北京通州,然后再从通州解往大都。但是,从通州解往大都,却存在许多问题,若依水路,唯有坝河水道可以通漕,但因坝河运输能力过小,无法满足大都对物资增长的需求,如遇坝河水浅,则困难更大;若依陆运,一方面费用很高,另一方面难以实现。

首议开通惠河是在至元二十八年(公元1291年),由郭守敬提出。郭守敬根据历史经验,意识到要疏浚通惠河,关键在于水源,以往的漕河是以今北京玉泉山的泉水为源,引水东南注入高粱河,但因水源有限,加上工程粗糙,水易漏泄,漕船时常胶涩不行。郭守敬于至元二十九年(公元1292年)开凿通惠河,从大都西北的昌平县白浮村引神山泉,向西折又南转,过双塔、榆河、玉泉诸水,入瓮山泊(今昆明湖),再经长河入古高粱河,至大都西水门入都城,南汇于积水潭(今积水潭和什刹海),

东流再折出文明门（今崇文门北），循金闸河（即旧运粮河）东至通诈高丽庄入白河，长165里，其中闸坝10处，共20座，节水以通漕运。这项工程于1293年8月竣工并启用，并赐名通惠河。整个工程用工285万，用钞152万锭，粮38700石，前后只用了一年多时间即告完成。

通惠河岸多有堤，白浮瓮山段沿山坡开凿先东向西，后多自北而南。自北而南段大多傍山坡开凿，河道东岸必筑较坚固堤防，中下游段也有堤防，此外尚有堰坝及多数控制闸等。北京至通州处落差将近30米，元朝郭守敬规划通惠河"南出南水门合入旧运粮河，每十里一置闸，比至通州为闸七"。70余里设立了7处船闸。落差太大，只能以逐级的船闸以维持通航。自大都和义门西7里，河上始置闸节水、平水。下游共置闸11处，每处设二三闸，共设闸24座。

元代把北京昌平白浮至积水潭引水工程及积水潭到通县南李二寺段运河称之为通惠河。这段运河按当时功能作用可划分为两段：自源头北京昌平白浮山至积水潭河长92.6里是运河引水河道；自积水潭到李二寺，河道长71.4里，是漕运河道。积水潭是元代京杭大运河最北的码头，因此，实际上元代京杭大运河的北边起点为北京的积水潭，则元代的京杭大运河起讫具体地点为：北京积水潭——杭州拱辰桥。

京杭大运河在元代期间，并没有充分发挥其漕运作用。从南方运至大都的漕粮大部分是由海运运到直沽（今天津市），再从直沽循北运河和通惠河进入大都。这主要是由于元初在山东境内开凿的济州、会通两河水源不足，时常又受到黄河侵淤的影响。故终元之世，海运一直占据主要地位。通惠河开凿之后，从江南而来的海运，运河船只都经过这里，每年仅漕粮的运量就很大，使用率相当高。这一段运河由上游而下，地势坡度大，河水落差大，流速快。只有靠启闭闸门调整水位，以利船只上行或下行。即：船只逆水而上，需用闸门堵水，水位达到一定高度时，方可向上行驶，如此一节一节地运行。从上游下行，则需慢慢提闸放水，当水位趋平时方能行驶，也是一节一节地运行。

通惠河虽然开凿于元代，但在其之前，京津地区已有运河存在。通惠河也借用了部分老运河河段。在元代之前，京津地区先后就有三国时期的泉州渠、新河、车箱渠，隋唐时期的永济渠、东南河、玉河为主要运渠。北京地区河道演变大致可以分为如下几个历史时期：

隋代以前：曹操开凿的泉州渠、新河及曹魏政权开凿的车箱渠是京津段最早的人工运河。

隋代：隋代开凿了"南北大运河"，北京段运河属于隋代南北大运河中"永济渠"的一部分。

唐代：后唐明宗时期开凿了东南河。

五代以前：玉河（今长河）。

辽代：萧太的运粮河。

金国：通州到中都的金口运河和闸河。

元代：元代实现了京杭大运河的全线贯通，其中北京—通州运河称为通惠河。至此，北京段运河基本定型。

元代北京地区开凿了通惠河,从而实现了京杭大运河的全线贯通。

(2)隋代之前北京地区的古运河

隋代之前北京地区的运河主要是三国时期由魏势力所开。三国时期,泉州渠、新河、车厢渠的开凿,是京津段运河的早期雏形。建安十一年(公元206年),曹操开泉渠,南接平虏渠,北经天津市、泉州县(今武清县城上村)、庸奴县之东,至七里海,黄庄北入鲍丘(入鲍丘水的入水口称泉州口),沟通了沽河、鲍丘水等水道,是京津间最早见于记载的运河。

自鲍丘水向东通濡水(今滦河)还有一条运河,《水经注》称为新河,曹操是与泉州渠同时(公元206年)开凿的,其出盐口(今天津宝坻林亭口一带),穿过今州河、还乡河、徒河、沙河等,达濡水,使曹魏势力直达辽西地区,不过郦道元时已无水。

三国时代,蓟城(今北京)属魏,为解决农田用水,在蓟城近郊建设了戾陵堰与车厢渠,开创了北京地区人工运河的先声。车厢渠在今北京西北,曹魏嘉平二年(公元250年),征北将军刘靖登梁山(今北京市石景山区),观察水道源流,就在永定河设戾陵堰,引梁水开车箱渠,改高粱河新道,穿今北京市区,东至通县附近,注于鲍丘水,与以后的北运河、通惠河相接,成为灌溉渠,它是北京至通议处县境最古老的人工渠道。

(3)隋唐宋时期北京地区运河的演变

隋唐宋时期北京地区先后开凿了永济渠、东南河、玉河、金口河等运河,使该地区河道状况发生了显著变化。

隋代开凿了南北大运河,京津段运河属于隋代南北大运河中永济渠的一部分,永济渠南接黄河,北达涿郡,长1 000公里,利用自然水道开凿而成,构成了我国古代北方运河系统的干渠。隋代开凿的永济渠北端重点为涿郡(今北京)。这样,舟楫就可以由通济渠至洛口,从洛口过黄河北行入永济渠,循永济渠即可抵达北方军事重镇蓟城(涿郡治,今北京城区西南隅),便于东北用兵,控制北方局势。

唐代对永济渠的疏浚与治理主要是集中在天津以南地区,北京地区仍采用隋代的永济渠,部分利用天然河道。

后唐明宗长兴元年(公元930年),由于河流改道,永济渠北至今天津地区后难以北行,幽州(今北京市)赵德钧从征战与经济需要出发,在蓟城东南方向开东南河,使漕船沿永济渠至今天津独流镇后可以向西溯拒马河至信安(即古淤口),再沿所开凿的东南河北至王玛村(即古王马口)西入永定河(即古桑干水、瀍水),直至蓟城和淤口,这条运渠因位于幽州东南,故名东南河,它西接桑干河,东入潞水与鲍丘水,因能舟胜千石,从而大大方便了幽州一带的水上交通,加强了幽州之地的战略地位,此条新河实是沟通北陲和中原的运道。

辽朝曾在北京地区开过一条运粮河,它的路线是从今北塘起,循今潮白新河南段,向西北行,接今青龙湾河,过香河境至潞河,溯潞河至今通县以南的张家湾镇,再向西北,到辽南京(即北京)城下接护城河。这就是流经现在北京市通州区和朝阳区的萧太后运粮河,明代出版的北京著名史料《帝京景物略》中曾清清楚楚记载着:白云观"西南五六里,为萧太后运粮河"。萧太后河位于北京市东南郊,主流源于东面护城河,上游支流源于朝阳区老虎洞,自西北向东南流,在通县汇入凉水河。

玉河(今长河)的开凿可能在五代以前,玉河沟通了高粱河和瓮山泊。今长河又称御河,历史悠久,可追溯到金代的闸河,又称皂河,至元代称高粱河,明代高粱河改名玉河,取玉泉山水之意,御河之称由来于清乾隆年间,这条河道经过整治被改为皇家专用河道,因而称御河,成为乾隆去往万寿寺祈福及皇室去往颐和园的专用河道。

金代贞元元年(1153年)迁都燕京,名中都。金代的统治者要想把漕河引到都城,就必须解决上游的水源问题,于是相继开凿了金口河和闸河(通济河)。

金大定五年(1165年)开始修浚旧渠道,其后5年,为了漕运可以顺利地直达中都,提议引卢沟水开凿新渠,次年施工,在金口以西的孟家山(今麻峪村)附近的卢沟河上开凿引水口并建闸,再从引水口开渠至金口,引卢沟河水入渠道而成运河,金口引水开河东引,名为金口河。

金大定二十七年(公元1187年),金口运河被弃。金中都西面的莲花河水量较小,不足以解决漕运的需求。所以金代统治者大兴水工,凿开了今日海淀镇以南的一片隆起地,通过今日的昆明湖,引来了玉泉山水,使之与高粱河汇合,直至通州。这条人工河称为闸河,也称运粮河,钦赐为通济河之名,大大缓解了金代漕运高粱河水水源过少的问题。

金中都漕河自章宗泰和四年(1204年)开凿,其路线自通州至中都的通济河。通济河上自东向西设若干级船闸。泰和八年(1208年)改定通州至中都漕运期限,通济河成后,规定由通州入闸,五日至中都。由于高粱河及白莲潭水源有限,航行困难,往往要十几天,这包括船闸蓄水时间,所以改定为十几天。

这条运渠引玉泉水入瓮山泊从元代开始。至元代中统三年(1262年)始引玉泉水扩大水源,并于通州天通河段裁弯取直。通州到大都这一段,金代所开闸河,水量不大,金由燕京迁往开封之后,此河废置不用,早已湮没。元朝郭守敬为都水监,将西山的玉泉、昌平的白浮泉等50多处泉水汇集瓮山泊,又从这里经永定河(古称㶟水、治水、浑河、无定河)故道引水到元大都的护城河及北海、什刹海等。至明代高粱河改名玉河,取玉泉山水之意,玉河沟通了高粱河和瓮山泊。

(4)元明清通惠河的演变

元代开凿的通惠河,实现了京杭大运河的全线贯通。此后,北京地区即以通惠河为主要的漕运通道。从元朝至清代,通惠河经历了几次河道变迁。

1)元代通惠河的河道演变

通惠河开凿后,有大量的船只通过这里,闸门启闭相当频繁,因此安全设施和加强维护就十分必要。成宗元贞元年(公元1295年),派1500名军人对运河闸进行守护巡防,上下照料。成宗大德七年(公元1303年)六月大雨,山洪暴发,冲决河口,都水监派军夫修整通惠河上游的山河堤。此后半个世纪中，元朝对通惠河的疏浚整治一直未断。

成宗大德十一年，白浮山河堤崩缺15多公里，修筑荆笆口十一处，以泄水势。武宗至大四年，中书省大臣提出："通州至大都运粮河闸，始务速成，故皆用木，岁久木朽，……为永固计，宜用砖石，以次修治"。这项改造工程，一直到泰定四年才竣工，前后用了十五六年的时间。

仁宗皇庆元年，修治白浮瓮山河堤，总长18.5公里，仁宗延祐元年，差军1000人，疏治自白浮山下广源闸堤堰。延祐二年正月，发卒浚漖州漕河。延祐六年，疏浚通惠河。英宗至至元年，小直沽河口，淤积壅积70多处，影响漕运，发军人和3 000民夫进行疏浚，同年十二月，疏玉泉河。泰定四年四月，发军人5000，改造成河西务河堤。文宗天历二年四月，疏浚漖州漕运河，同年八月，发诸卫军浚通惠河。顺帝至正十一年六月，疏浚从直沽至通州河道。

综上所述，从元初至元末，元朝廷对运河北段水道几乎无一岁不用工、不修浚，以巨大的人力和物力维持着这一段运河的水上运输。这一运河除通运管粮之外，每年大都百姓食用的粮食，一半多是客人从迤南御河来，搬到这里来卖，可见京师百姓的粮食也主要是通过运河商船运来的。

2）明代通惠河的河道演变

明代时的通惠河是通州到京师的重要渠道，而在洪武年间逐渐淤废。永乐十四年（1416年）改建北京城，把通惠河原元代皇城东墙外的一段，圈入皇城内，通惠河截一为二。明朝时所称的通惠河常指东便门外大通桥至通州的一段，疏浚修治也常在这一段。上游段除明初曾有人提及，几乎没有人再提过。后因自大通桥起，遂称为大通河。河上旧闸虽多存在，间或修浚，长时间近于废弃状态。至成化、正德时曾兴工大修，效果甚微。嘉靖年间虽大力重开仍不能正规通漕。以后只造坝、修闸、蓄水，设驳船盘坝转运部分漕粮，大部漕粮自通州坝起驳，仍靠陆运或入通州各仓。

永乐早年建都北京时，还时常修治通惠河，想利用运河通航。明永乐四年，将修治通惠河提上议事日程，当年八月，北京行部方，宛平、昌平、西湖景、牛栏庄及青龙、华家、瓮山三闸，水冲决岸，即命发军民修治。西湖景即瓮山泊，牛栏庄在今北京市西北部，海淀以南，后讹为六郎庄。青龙闸在当今北京西北青龙桥附近或桥下闸。清圆明园村名为后华家屯，其南有前华家屯，今讹为桂家屯。按此，华家闸或在圆明园一带。北京行部所言这些地方都在北京城西原通惠河一带。

永乐五年，疏浚自西湖景东至通州通流等7闸间河道，又自北京文明门至通州5闸各设船20艘，闸户20，水脚夫460人，以维持北京以东至通州的通惠河运输。同年秋天修筑了西湖景堤379丈。永乐六年，又在北京以东至通州的通惠河上文明、惠河、庆丰、平津、普济、通流等6闸置官管理。

据记载，永乐十年曾浚挖了通流等四闸河道十万余丈。永乐以后，河道、堤、闸修缮记载不多，规模大的更少。宣德六年至七年（公元1431~1432年）修治了北京城内澄清及北京以东通惠河上平津、羊营等闸桥和通流闸河道，羊营闸即普济闸。九年水灾决坏诸闸。十年因永乐中所征各省闸夫逃亡，不再追捕，只保留现存壮健者。同年并废文明、惠和两闸官吏。

正统中北京一带常苦水涝，元年浑河水溢，西湖东笆及高粱闸附近堤岸决口，发工匠1500人、民工2万人修治。后三年浑河水又决溢，当时浑河有一支自北京西南看丹口至高里庄入白河。正统三年修大通桥闸，正统四年浑河水决。一支自北京西南看丹口至通州高丽庄入白河，大通河以东自通州至直沽31处堤闸被冲坏，发丁夫个修治。正统八年（1443年）修普济闸（在今通州西南普济闸村）。十一年（公元1446年）又修天津大、中、小3闸（在今北京东南25里银王庄一带）。

成化中大修通惠河，成化七年（公元1471年），经户部尚书杨鼎、工部侍郎乔毅全面勘察后，他们提出：不大修通惠河，只局部修浚；引玉泉等西山泉水汇于西湖，闭青龙闸截断流入清河的一股；从玉河、高粱河引入城，一半入金水河，余水经城壕，合三里河水入大通桥；闸河水小则闭闸蓄水，用小船驳运，水大则开闸泄水行大船，分段施工。

成化八年（1472年）拨官军4万人先疏浚北京城壕。延至十一年漕运总兵陈锐等率漕卒自下游向上疏浚、修闸、造船，至十月设管理兼管西山等闸泉。至次年五至六月通惠河闸及河道修浚完工。自大通桥至张家湾浑河口60里，用兵工7000人，城砖2万块，石灰150万斤，闸板、桩木4万余根，麻、铁、桐油各数万。结果仅稍通漕舟，不到两年恢复原状，不再通航。

弘治十三年，命漕运都督同知郭鋐浚通州河道20余里，修建水坝，设浅船驳运。正德元年始命户部、工部及漕运官吏浚河修闸。次年九月完工，总计复修大通桥月河道61里，桥闸12座，堤岸、土坝41处，但收效不大。正德六年，工部奏河道淤积妨碍驳运，就撤消了庆丰、通浚等闸的新设闸夫及驳船。

从明嘉靖以后恢复水运有所成就，是由于它只引玉泉水为源，只修大通桥以下河道，恢复各闸作用，经常维修挑浚，加强管理。嘉靖早期修通惠河，取得一定效果，经户、工两部及漕运官吏同吴仲查勘，议定挑浚小河并多用桩木砖石重建旧坝为溢水堰，加高加宽。坝内蓄水行船，洪水可漫溢过堰入白河，由坝可直航至普济闸。这样较过通流闸至普济闸，可以少过4道闸、2道水关。这就使后来常用的通州城北关外的石坝，为运粮至京仓的最重要码头。嘉靖六年冬准备工料，于次年二月初兴工，至五月末完成。这次工程计修大通桥及庆丰6闸，浚河21里，筑新堤650丈，开泊船潭及河道3处。经过这次修建，通惠河格局已定，至清代不变。

嘉靖十一年（公元1532年）又有人请求挑浚及增建闸座，多造漕船。二十八年增设河西务至石、土二坝则测水深浅。三十三年秋水涝河溢，修闸坝堤岸。

隆庆元年（公元1567年）四月北京城河闸坝工程定三年一修制度，还包括通惠河上下游各闸坝。五月以河水冲溢修普济闸。次年春大修大通桥及庆丰、平津上、平津下、普济、通流等五闸，浚河、修堤岸，至四月中旬完工。

3）清代通惠河的河道演变

大通河至晚明及清朝，以今北京昆明湖西北玉泉山之玉泉为源头，下为裂帛湖，接瓮山泊（后扩为昆明湖），东南流经广源、白石、高梁诸闸，至京城西北分为两支：一支南下为城壕，环城东而北流，历九桥、九闸，从内城东南隅流入大通桥，一支经城北德胜门入西水关，汇入积水潭，而入皇城为太液池，环绕紫禁城，经金水桥，出玉河桥，至正阳门东水关，又至东便门东水关，与城壕水合流，又流大通桥汇入大通河。

康熙二十二年，为了控制玉泉山水，遂在青龙闸之上兴建了玉泉新闸。康熙中还在城东东直门角楼一带修回龙闸。康熙三十五年进行了疏浚京城大通桥以东大通河，并建滚水坝以泄水。康熙汇中还对明代旧有的大通桥、庆丰、平津、溥济、通流、广利等闸进行了整修，在庆丰上流修建了新建闸。

康熙三十六年（1697年）又浚治了京城护城河。大通桥一带运舟直通朗阳门、东直门等城门。其时，朝阳门有水关与大通河相通，新建回龙闸则用于控水行舟。

康熙四十六年（1707年）还在大通河下开通了一条支渠即会清河，沟通大通河与温榆河。温榆河又名榆河，上游即北京昌平县南的北沙河，下游即北京温榆河。元朝即有双塔漕渠，利用榆河由通州运输军粮至京城以北昌平附近。明朝沿用其旧。康熙四十六年开会清河，自水磨闸，经砂子营至通州石坝建7闸，输运通州漕粮由通流河（北运河一段）溯榆河至砂子营入清河，供清河镇一带诸旗驻军。其时，清河镇东南的本裕仓，为北京十五仓之一。

乾隆十五年（1750年），拓广浚深了瓮山泊，并引导卧佛室、香山等处泉水以补充水源，拓广浚深后的昆明湖为旧湖的二三倍，又兴建了闸、坝、涵洞等设施以控制蓄泄。乾隆二十六年（1761年），直隶总督方观承浚修了大通河及其坝堤。乾隆三十六年疏浚通惠河修堤。五十四年议浚通惠及榆河及朝阳门至大通桥河道。次年施工，以河土培堤，通惠河挑浚7940丈，改建清滚水坝2处。

嘉庆二年七月，中上游涨水，平下闸南岸漫口八丈。因通州、北京间为转运要道，漕运已浚而铜、铅、豆、石尚需运送，令速堵筑。嘉庆六年冬勘浚大通桥至通州运道，嘉庆九年四月勘浚北京积水潭到大通桥淤浅处。

道光三年冬挑浚通惠河淤浅700丈，修堤500丈，修排桩59丈。

通惠河接北运河处，自张家湾改行康家沟，嘉庆六年九月，张家湾沙淤，议改行康沟。十二年九月末，因溜直走康沟，多急溜、坎租，挑修张家湾正河，堵筑康家沟。经批准务于当年内赶完。次年五月，因堵筑工程质量差，改建。六月大水，大坝坍塌漫溢，新旧河道连成一片。七月船行康沟，后以康家沟为正河通运。

咸丰九年五月，挑挖通惠河及修涵洞、土坝完工。同治五年通州修闸坝，计三滚水坝：一葫芦头，一西门外，一普济闸；又一葫芦头减水坝，六年完工。

光绪十七年正月，通惠河五闸均提板放水，雇夫挑浚河道，航道较畅。当年四月高碑店平津上闸闸板损坏，十二里河水干涸，米船搁浅，撤闸官职。至五月，放昆明湖水下注河塘。光绪二十年二月，仓场衙门奏请挑修通惠河并培筑堤岸，又请筑各闸码头，均得批准。

通惠河民国初年，河道犹存，因缺水断航，船舶早已绝迹。

(5) 现代通惠河

今天的通惠河河道基本上还是沿以前的运河故道，但其功能发生了很大的变化，通惠河目前是北京市区主要的排污干道，高碑店污水处理厂每日排入通惠河未经处理和经过一级处理的污水约30万立方米，河水呈褐色。自高碑店到通县，为重污染河段，航运废弃多年，从白浮泉引水到积水潭的河道已经部分废弃，基河道部分段被从密云水库流下来的京密引水道占用作为排水河。

2. 北运河的时空演变

（1）北运河时空演变概述

北运河是指通州至天津直沽段运河，同京杭大运河其他河段为人工开凿有所不同，北运河实为天然河道，利用潮白河下游开挖而长，长186公里，北运河线路定型于元代京杭大运河全线贯通之时，此后历经三代的疏浚和修治，河道走向发生了局部细微变化，总体上未发生大的变动。

北运河所处的天津地区运河的开凿，大致可以分为隋代之前，隋代—宋代、元代—清代几个主要历史时期。

1）隋代之前

建安十一年（公元206年），曹操开泉州渠，南接平虏渠，北经天津市、泉州县（今武清县城上村）、庸奴县之东，至七里海、黄庄北入鲍丘（入鲍丘水的入水口称泉州口），沟通了沽河、鲍丘水等水道，是天津地区最早见于记载的运河，不过泉州渠在郦道元时已无水。

2）隋代—宋代

隋代开凿的永济渠使漳水、滹沱水、滱水、拒马河、桑干河、潞河等一齐涌至天津附近的漳水（今海河）入海。

3）元代—清代

我们今天所说的北运河，其主体部分是开凿于元代。元代北运河自通州北起，南经通州境内，东南至香河县界，又入武清县以至静海县界。明正统元至二年，开通济河分引河水。康熙四十三年十月，于杨村北二三十里之筐儿港建坝，开减河，此处三十八年曾决口，石坝长20丈，引河64里至塌河淀，由贾家沽泄流入海。减河北岸堤长31里，南岸堤长71里。康熙五十年，于北运河上河西务东开新引河，次年夏开直河。雍正中期在河务上流建青龙湾减坝，开引河。

（2）元代北运河的演变

元代北运河自通州北起，南经通州境内，东南至香河县界，又入武清县以至静海县界。在元代,无论自海道或内河,南来的漕船,都需经过北运河,所以北运河极其重要。而北运河在伏秋时常患水溢决堤,冬春常虑水宽浅、租滞。航道迂曲亦有时需裁弯取直或出现天然裁弯。有时为了减缓水面比降,有意保留弯道,后来运河上有三弯抵一闸之说。白河、卫河宽而浅,不便修控制闸,故无跨河闸门。因此,北运河在元代修堤、疏浚也是相当频繁。

元代对北运河的改道裁弯疏浚在开通惠河前已有记录,如《元史郭守敬传》记载:"至元十三年(公元1276年)七月,由于杨村至浮鸡泊漕渠迂远,改走孙家务"。杨村(今为武清县,旧武清城载县西北50里)为运河所经,当时为北运河重要地点之一,于前一坼秋设置卫州(治今河南汲县,在卫河上)至杨村水驿5处。杨村之北运道多弯曲。浮鸡泊地已不易考,应当在杨村之北。同年八月又穿武清县蒙村运渠(蒙村北距河西务22里许)。又过了9年,在元至元二十三年(公元1286年)正月,元又发五卫军及新附军浚县蒙村漕渠。

据《元史河渠志》的记载,至元十六年(公元1279年)六月,通州水路浅涩,令枢密院发军五千,并令食禄诸官雇夫前人开浚。五十日后竣工,这是一次较大的工程。第二年二月又发侍卫军三千浚通州运河。二十二年二月,发原疏浚蒙村草裙,应放还的五卫军穿河西务河,后二年以南军三千又浚河西务漕渠。二十六年五月,发五卫亲军千人浚河西务至通州漕渠。

大德二年(公元1298年)五月自杨村至河西务运河堤35处需修补,都水监派员至杨村查勘修理,以霖雨水溢,自杨村北寺泡口向北历蔡村(在旧武清城东30里,北距河西务60里,南距杨村43余里)、孙家务至河西务,至九月完工。唯杨村堤岸需来春修治。大德中,罗壁任都水监,通州复多水患,开二渠以分水势,又浚宽阜通河,大德六年曾修阜通各坝。

延祐二年(公元1315年)正月,发军卒浚漷州(今漷县镇)漕河。十月浚直沽运道,遣都水监官吏以时巡视修治。至治元年(公元1321年)正月,增置漷州都漕运司同知、通判各一名。小直沽叉河潮汐往来,泥淤70余处,应疏浚,令都水监及漕司管理督修。招发民夫一共三千人四月兴工,五月竣工。

泰定四年(公元1327年)正月发丁夫三万人浚会通河及筑漷州护仓堤。三月中至六月中的三个月,发军士五千、募夫五千改河西务近仓河道。又次年六月又以河岸崩坍,修旧堤并展宽新河口东岸。至天历二年(公元1329年),又因河西务所开新河迂远,所以重开旧道。天历二年四月浚漷州运河。

至顺元年(公元1330年)六月,白河水骤涨冲坏护仓堤防。七月调诸卫卒筑漷州柳林海子堤堰。至正十年(公元1350年)九月,发军士五百人修筑白河堤。次年六月,发军士千人疏浚直沽至通州河道。同年同知大都路总管府事崔敬浚治久淤之直沽河,募工万人,不到三月告成。

(3)明代北运河的演变

明代北运河整修不外乎修守堤防、疏浚河道、裁弯取直或别开支河。明代北运河决溢及修堤记载也是较多的。决溢最多的是河西务以南10里许之耍儿渡，自永乐至成化初决口堵筑，就有八次，以正统元至二年的一次灾害最大，发兵五万及民夫一万修筑。同时开通济河分引河水。明代北运河因而也叫通济河，后来这里仍然经常决溢。

北运河疏浚也是要经常进行的，且常辅以裁弯取直别开新道，始自元初，多在通州及河西务段，后期渐少。明代疏浚更勤，以开通济河工程最大。明代疏浚，实以岁修为重。专门大工不多，因难在于河系浮沙，随浚随淤，虽兴大工亦不能持久。具河道宽浅，各处深浅通塞时有变化，只能遇浅即浚。总之，这段运道，明代无根治办法，只能局部掏浚筑堤。

（4）清代北运河的演变

北运河是通往京都的咽喉要道，清廷更为关注。因此，北运河运道坐粮厅直接负责管理内设通判一员，专司运河疏浚，并设把总2员、外委4员，听由通判调遣。遇有河道浅阻报明通判，在坐粮厅衙门领取钱粮督率挑挖。康熙到乾隆时期对北运河的治理最多。

康熙十九年（公元1680年）遣官挑浚通州至天津河道。康熙三十三年（公元1694年）筑通州运堤827丈，香河县堤官修416丈，民修堤319丈。北运河杨村下多险工。康熙四十三年十月，令官吏勘查杨村附近旧河形，视可否于此建减水石坝，开减河。决定于杨村北二三十里之筐儿港建坝，开减河，此处三十八年曾决口。石坝长20丈，引河64里至塌河淀，由贾家沽泄流入海。减河北岸堤长31里，南岸堤长71里，雍正六年拓长坝身至60丈，之后也经常维修。康熙五十年，于北运河上河西务东开新引河，交年夏开直河。雍正中于河西务上游建青龙湾减肥坝，开引河。乾隆二年移青龙湾坝于王家务，引河又名王家务引河。

北运河流沙通塞无定，难于疏治，从雍正时期就派人昼夜沿河巡查，雇募近长夫逐日探量水势，淤浅之处插有柳标示航，并随时刨挖。每年枯水季节，还集中人力清除河道中的各种碍航物。后来，针对杨村至通州之间淤浅甚多，经常发生边挖边淤的情况，乾隆三年（公元1738年），在原设"岱船"（用于运泥的船）的同时，增设"刮板"40副。每副刮板配浅夫25人。重运漕船至浅涩地段，即由浅夫分列两岸用刮板拖拉河床，借助水流冲刷淤沙，保证运船无滞。

清廷为了保证漕运，不惜以巨大的人力财力为代价，而运河状况并未得到根本的治理，漕船进入北运河有时不得不采取艳情六存四等减载行驶的措施。清代中叶以后，大运河的航道状况每况愈下。借黄济运措施又导致大量泥沙沉积，由此又加速了大运河的恶化。道光时试办海上商船漕运。海上之路虽能暂济内河漕运的衰落，但北运河一段水程同样难以疏缓。

嘉庆八年，北运河杨村厅北汛的火烧屯村南月堤头新添护崖草坝两段，各长20丈，宽1丈7千，高2尺2寸。道光六年六月，经勘估，认为宝坻县青龙港引河南岸堤堰年久残缺，应与北岸同修，工长五千余丈，应加倍堵筑。道光七年，捞浚南北运河浅阻处及建草坝，逼抬水位并备驳船驳运。八年二月，浚北运淤滩两段。

同治十二年夏，潮白河决口多处，大溜入箭杆河，北运上游淤塞。拟派人员察看修筑挑浚。是年拟改挑筐、港减河新道塌河淀入海，次年接修完成。十三年七月，开浚天津陈家沟河道二千七百丈，以东接开减河至蓟运河一段万余丈，由北塘归海，是年完工。可疏泄北运、大清、永定、滹沱河各河大水。是年夏，潮白河于通州北的东岸平家瞳漫决二百余丈，大溜又入箭杆河。于八月末兴工堵筑。挑引河24里，使南归故道。十月初竣工，用银五万四千余两。

光绪元年十月，直督李鸿章奏道："北运王家务、筐儿港两减河，道光二十八年湮废。前经查勘，另挑新河四十余里，仍由塌河淀归海。今年又加倍南北两堤"。又奏近年顺直工费，内有：筐儿港新减河三万余两，又坝台工程三千余两；挖陈家沟河道，接开减河至蓟运河；堵筑通州潮白河漫口，用银五万余两。同治十一、十二年通省工费银近六十八万两。四年，通州北潮白河泛溢，逼夺温榆河道，正流淤垫，筑大坝束水。批准执行，修筑堤坝，补筑缺口，挑挖淤垫。七年六月李鸿章报修浚北运河减河等完工。宝抵县境有王家务减河，开浚31里并修堤；武清境为筐儿港新减河，开浚17里余并修有关堤防。十年奏准南运河岁修费不得过一万五千两，北运河不得过一万九千两。十二年七月大水灾，潮白、北运河决口多处，通州平家瞳漫口百余丈，直灌通州等各州县，入箭杆河。十三年夏大雨又决口，至十月时开始堵闭。

北运河从漕船停运以后，因航道荒于治理，航运量有所减少，在天津至通州150公里航段，丰水期尚能通行载重25吨到35吨的木帆船，枯水期仅能由天津通至杨村或河西务，北运河的航行期也比其他各河短，每年仅6个月左右。

根据《天津志》统计，1905年通过北运河进出天津的民船有16 288艘，运进、运出货物42.44万吨，仅次于南运河和西河。到民国初年，京津间铁路运输发展，北运河遭到冷落，航道状况恶化，内河民船运量显著减少。在1925年至1926年间，由于军阀战争，北宁铁路运输常常遭到破坏，北运河的民船运输再次呈现增长的趋势。与清末比较，民船运输量虽然大大减少了，但仍不失为河北内河民船运输的一条通道。

（5）现代北运河

今天的北运河主要流经河北省廊坊地区及天津市武清等地，并在武清屈家店会永定河，至天津入海，全长120公里。

北运河由于上游密云、怀柔等水库修建，加之连续多年干旱影响，河道水量稀少，除屈家店至天津可季节性通航小船外，其余各段均不能通航。

从静海出发，一路北上，途经杨柳青镇、天津市区、杨村镇、河西务镇。途中所见的河道、桥梁众多，运河水量明显已不足。河道基本沿历史河道原来的走，没有太大的变化。

3. 南运河的时空演变

（1）南运河时空演变概述

南运河是指从天津到临清段的运河，其中河北段的运河属于其中的主体部分，其始凿可以追溯到公元204年，由于东汉末年战争频繁，处于军事战争或是争霸的需要，华北平原上陆续出现了一系列人工运渠，如白沟运渠、平虏渠、泉州渠、利漕渠、白马渠、鲁口渠等局部的沟渠，是为南运河的早期雏形。

南运河的基础部分形成于隋唐时期的永济渠，元代京杭大运河正式形成，临清以北永济渠北段的河道没有多大的改变。按照时间的先后顺序，南运河的开凿史包括以下三部分：

①白沟渠，约淇水至今馆陶南。

②平虏渠，约河北青县至独流镇，全长50多公里。

③永济渠，武陟至蓟县（今北京西南郊），全长1 000余公里。

各历史时期河北地区运河的河道演变状况大致经历了如下七个历史阶段：

①隋代以前：曹魏开"白沟渠"和"平虏渠"，这是河北段最早开凿的人工运河。

②隋代：隋代贯通了南北大运河，这时主要开凿了永济渠和通济渠，其中河北段运河占据了永济渠的主体部分。

③唐代：唐代河北段运河的变化不大，唐朝主要对运河进行了疏浚和整治，主要开了西渠、长丰渠、通利渠、清池渠及张家河、新河等支流河渠用以丰富永济渠的水源。

④五代十国时期：对永济渠河北段进行了较为系统的疏浚治理，主要包括修堤和疏浚河道。

⑤宋代：宋代对御河进行了整治，主要包括自深州新砦镇开挖一条新河，另外卫河水源不足，宋代实施"引黄济卫"工程。

⑥金代：金国大力发展河北漕运，疏通旧黄河到通州的河道。

⑦元代：元代弃弓走弦，"京杭大运河"全线贯通，其中天津至临清的河段被称为南运河。

元代打通运河全线之后，天津—临清的南运河段初步形成。元代南运河道自直沽向西会卢沟河、拒马河、滱水等河，自静海县境南折，南过清州、滹沱河、漳水合流相会，再南过沧州、陵州至临清，通称南运河，是卫河的下游河段，卫河发源于辉州之清河，东北过汲县、魏县、馆陶至临清。

（2）隋代以前河北地区的古运河

三国时期，曹魏开白沟渠和平虏渠，这是河北段最早开凿的人工运河，也是此后至隋代之前该地区水路运输利用的主要运渠，东汉末年，曹操开凿的白沟运渠及白沟水系的形成，是河北境内运河可溯的最早历史。

据资料显示，董卓之乱后，东汉政权土崩瓦解，各名豪大侠、富室强族割据一方，互相为并，生产力遭到破坏，百姓受尽苦难，渴望统一、安定、和平。曹操正是顺应这一历史潮流而登上政治舞台的人物。他在消灭袁绍，北征乌桓的过程中，为了沟通水运交通，保证军需运输；同时，为了稳固冀、幽二州，为国家统一创造条件。从东汉建安九年起，曹操疏浚治理了白沟，人工开凿了平房渠、泉州渠、新河渠、利漕渠以及曹彪开通的白马渠等运渠。这些渠的地点在华北平原上，沟通的河属于海河水系中的东西各河。其中的新河渠跨海河与滦河两大水系。白沟运渠是河北段运河最悠久的一段运河，它和平房渠、泉州渠的连接使河北地区第一次形成了纵贯南北的水路运输路线，同是白沟也是隋唐南北大运河不可缺少的重要一段。曹操修建的一系列河渠工程，使海河水系在中国历史上宣告形成。郦道元在《水经注》中叙述："清、淇、漳、洹、滱、易、涞、濡、沽、滹沱同归于海"。这既是海河水系形成的写照，也是华北平原运河依赖海河水系连缀而成的基本条件，这一系列河渠工程的挖掘为隋朝永济渠的形成奠定了基础，从而丰富了漕运。

（3）隋代—宋代河北地区运河的演变

隋代贯通了南北大运河，开凿了永济渠，其中河北段运河占据了永济渠的主体部分。

1）永济渠的形成

南运河的前身是永济渠，隋朝开凿的永济渠途经今河南、山东、河北、天津、北京等省市，后来元代开济州河、会通河京杭大运河正式形成，永济渠从北到临清后不在走原来的路线而是直接接会通河，这样从天津到临清的永济渠河段被称为南运河。

永济渠完成于隋大业四年（公元608年），南起河南的武陟，北至涿郡蓟城，全长约1 000多公里，宽170尺，深24尺。永济渠形成了京杭大运河河北段运河的主体部分，同时也是南运河的基础部分。

永济渠南接黄河，北达涿郡，大部分是利用自然河道开凿而成。河南武陟至汲县一段，利用了沁水、清水（卫河）凿成；汲县至馆陶一段，则基本上利用了曹操遏淇水入白沟的一段；在馆陶至沧州一段则部分地利用了汉代的屯氏河和西汉大河故渎；沧州到天津一段则部分地利用漳水；河北青县至今静海一段，则是利用了曹操所开的平房渠的故道；天津至涿郡蓟城的一段，则用沽水上接桑干水，即今武清以下的白河与武清以上至北京市西南郊区的永定河故道。

2）永济渠的河道演变

A. 唐代永济渠的河道演变

唐代的永济渠，仍然是流经河北地区、通达北部边防的主要运道。运道走向与隋代基本相同，只是上游与沁水分开，主要引清、淇二水，由淇水便可入黄河，经洛水能达洛阳，沿渭水可到长安。

唐朝除致力于东南系统运河的开凿、疏浚和治理外，对走向东北的永济渠一线，也进行了多次的治理。因为卫河和河北省境内的运河段水道偏东，太行山下流河道都可以与永济渠相接，所以唐朝在治理过程中多致力于此。

另外，根据《新唐书》卷39《地理志》记载：唐朝在永济渠附近开的沟渠还有：贝州（今河北威县）的张甲河；冀州南宫的通利渠；堂阳（河北新河）的堂阳渠；赵州昭庆（今河北隆尧）的沣水江渠；沧州清池的清池渠、无棣沟；德州平昌的新河等。这些沟渠都是直接或间接地与永济渠相连，丰富了永济渠的水源。

B. 五代十国时期永济渠的河道改变

唐末社会不安，运河大部分河段淤塞。但五代十国的统治者为巩固自己的统治也在不断地疏浚整理运河，漕运也时断时续的继续着。后唐明宗长兴三年（932年），幽州赵德钧开凿了东南河。周显德四年（957年），疏通了永济渠南端的五丈河，周显德六年（959年），周世宗北征契丹，水陆军自大梁北上到沧州，由沧州水道入契丹境，至乾宁军修堤防，开游口三十六。水道向北通独流口，转西可通瀛州、莫州（今雄县南）。

C. 宋代永济渠的河道演变

宋代永济渠多被称为御河。宋朝御河源出卫州共城县的百门泉（今河南省辉县境内），其小游为清水，途经汲县、黎阳、洹水镇、大名、清河、将陵（今山东省德州）、永静军（今河北省东光县），在乾宁军流入界河（宋辽分界的河北诸塘泊）。乾宁军以北可通潮河（约今海河），由此西溯易水、拒马河、滹沱河，可至沿边州军，其走向与唐朝基本相同。

在唐代基础上，宋代又在永济渠附近开凿了一系列运渠，以满足经济军事等方面的需要，这一系的沟渠，大多与塘泺相通，隋朝这些沟渠多作军事，但这对河北水运的进一步发展非常重要。宋代的水上交通以东京开封为中心，东京开封紧靠运河，水上通道有四条，分别为汴河（隋代通济渠）、黄河、惠民河和广济河。其中，汴河的漕运量最大。

（4）元代—清代南运河的演变

1）南运河的形成

元代打通运河全线之后，天津—临清的南运河段初步形成。元代南运河道自直沽向西会卢沟河、拒马河、滱水等河，自静海县境南折，南过清州、滹沱河、漳水合流相汇，再南过沧州、陵州至临清，通称南运河，是卫河的下游河段，卫河发源于辉州之清河，东北过汲县、魏县、馆陶至临清。

元代河北至临清段运河已经成为真正意义上的南运河，它继承了原永济渠、御河的中北段。元代河北段的南运河已不同于隋唐时期的永济渠，它从天津到临清后直接接上会通河，而不再绕到洛阳。南运河只是隋唐永济渠即卫河的下游部分，临清以南到武陟段的永济渠已不再通航，只是作为对南运河水源的补给。南运河所经的地区由北向南主要有：海津镇、清州、静海县、沧州、南皮县、景州、东光县、吴桥县、陵州。

2) 南运河的河道演变

A. 元代南运河的河道演变

元代的卫河担负着今河南及河北南部的水上运输。至元元年（公元1264年）四月，因漳德、洺、磁、诸路引漳、洹水灌田，致御河浅涩，盐运不通，塞分引水渠以复水势，即因引水济运堵塞灌溉渠道，由于御河常常决堤岸，元代开减河。延祐三年（公元1316年）七月，沧州上奏：吴桥诸处御河水溢，冲决堤岸，因吴桥东岸30余步被屯田军堵塞郎儿口（今狼儿口），泰定元年（公元1324年）九月，发定夫5898人兴工4个月竣工。

郎儿口问题历年颇久，在今河北南皮县东北至沧州东有古浮河大堤，金元以来用以防御御河东决。堤在郎儿口有一缺口向东北排水，排水河道称盘河。泰定元年开浚后由古沧州城北北泄，后名石碑河。金代郎儿口下游设军屯，元代继之。屯田和堤西民田有矛盾，屯军常常堵郎儿口防决水东淹。口堵则堤西积水，淹民田。元代这个问题仍然很严重，延祐中堤西积水淹民甚多，经都水监查勘，于泰定初开掘，后至元五年（公元1339年）又堵塞，再次开掘排水。

B. 明代南运河的河道演变

明永乐初年南粮北运，曾由淮入黄转陆运经卫河北上。永乐五年（1407年）春，修筑卫河堤岸。明代在元代的基础上对运河进行了治理。由北到南各段为：白漕（白河）、卫漕（卫河）、闸漕（会通河）、河漕、湖漕、江漕、浙漕。运河南起杭州，北迄北京，因此历史上亦称京杭大运河。

卫漕因利用卫河进行漕运而得名，卫河源出河南北部辉县西北苏门的百门泉，而流与源出太行山东麓清水合，折而东流，经新乡，又折东北流，至浚县西南淇门镇和淇水合。又东北流，至山东馆陶西和漳水合，又东北流，至临清和会通河汇合，再向东北，经德州、沧州，至青县南和滹沱河，北达天津，会白河入海，其中天津至临清为卫漕，也称南运河。

C. 清代南运河的河道演变

卫河时常干涸，清朝顺治九年，漳河于山东丘县分为新漳河、老漳河两支；新漳河向西北流至冀州汇滹沱河；老漳河向北至青县鲍家嘴入运河，当时青县在南运河北端。

康熙三十六年（1697年），漳河分支又至馆陶入卫河。四十七年（1708年），漳河的分丘县境内段淤塞，全部漳水全都流入卫河，漳入卫后，造成卫河常患决溢之苦，所以减坝、减河及堤岸闸坝工程屡兴。

雍正二年（1724年）卫河决溢，改明嘉靖时期的四水寺减闸为四女寺滚水坝，并疏浚减河，东北经吴桥、宁津、陈陵、庆云、海丰（今山东无棣），泄卫河洪水入海。雍正十一年（1733年）建哨马营滚水坝。哨马营在德州西北12里，因全漳入卫，造成卫河泛滥。建滚水坝后，又在德州城西南运河之上挑开引河，直通哨马营，又开凿哨马营减河，下入四女寺减河，以泄卫河洪水。

南运河上还有明代在沧州以南开的捷地减河（又名砖河）及青县以南的兴济减河等泄洪工程，雍正三年（1725年）、四年（1726年）先后加以疏通，以加强泄洪能力。乾隆五年（1740年）于吴桥境内开宣惠减河，自西南而北东北，至沧州接王莽河，下接石碑河，作为南运河泄洪入海的干流。

道光二年五月，修浚捷地减河闸坝、挑浚、筑堤。三年疏浚吴桥老黄河7770丈。六月南运河东光县连镇汛西岸决口，三月余始堵合。四年四月挑浚四女寺支河，展宽加深。四年又修南运河，修直隶二河、捷地修浚，兴济修浚，次年又挑挖捷地河。同治七年掘开捷地减河，十一年五月发兵工修南运河堤。

（5）现代南运河

南运河自元代正式形成以后基本没有变化，另外对于南运河长度历史文献中没有明确的记载，据汪胡桢的量算南运河自天津到临清全长1 040里，又有说法认为南运河南起山东四女寺枢纽，北至天津静海县十一堡，长309公里。还有人认为山东德州第三店村北进入河北沧州，经吴桥、东光、南皮和泊头、沧县、沧州市区、青县、在青县流经李右屯浪涌入天津，共长221公里，约占京杭大运河总长的八分之一。

20世纪50年代南运河整治不大，通航顺畅，百吨级船舶组成的拖驳船队，可从天津至临清接卫河抵达新乡，使海河流域内的海河干线，由交通部所属的卫运河航运局经营运输，通航能力大，航程长，发挥了良好的航运与社会效益作用。60年代初期以前，除了枯水期、汛期及冰冻期外，全年通航的时间仍有210~290天。后来由于农业灌溉用水，运河水源不足，航运停顿。1966年，卫河上游修水库后，南运河水源被进一步拦截，河床便经常处于干涸状态。不过当利用南运河输水灌溉时，支流又可以通行小型船只。

20世纪五六十年代对南运河的治理工程主要有：结合水利工程，先后修建了杨柳青与四女寺通航百吨级船舶的两座船闸；并在独流镇、北陈屯、安陵、祝官屯修建了通航百吨级船舶的四座船闸，形成了全线渠化通航百吨级船舶的航道，后来因为上游修建水库，引走了水源，加上农业灌溉用水，致使航运衰退，到1967年时，全线断航。南运河虽水源不旺，经常处于干涸状态，不过，河道存在，岸堤存在。

1981年，南运河河道首次被用作引黄济津的输水通道，当的七八月份，天津一带少雨。工业生产和人民生活用水，异常紧张。国务院作出决定，引千里之外的黄河水，通过南运河接济天津。引黄入运的输水路线有三条，都是在黄河下游河南和山东省的北部。自西向东依次是：人民胜利渠，渠首在郑州铁路桥以上，黄河北岸武陟县秦厂，下口在新乡饮马口，全长52.7公里。由新乡入卫河，经临清入南运河；位山输水渠，渠首在东阿县境内的位山闸，全长95公里。为了引黄济津，增开了新河道16公里，接上原位山三干渠，在临清附近导入卫运河。还修建了沉沙池及水闸等；潘庄输水渠，渠首在齐河县境内的潘庄闸。为了引黄济运，进行了扩挖、扒堤和堵口等工程措施，经潘庄总干渠、马颊河、沙扬河、减河、岔河，在德州附近入卫运河，全长141公里，三条运渠引黄入运后，在静海九宣闸附近进入天津境内，第一条全长850公里，第二条全长600公里，第三条全长480公里。为了使黄河顺利地、无流失地进入海河，又整修了海河，堵塞了两岸引水、排水的河渠、涵洞等闸门。由于南运河长期干涸，河道淤塞，还进行了全线清淤和开挖工作。

1983年结合引黄济津输水，对河道47座旁侧引水闸及308处险工段进行了全面治理，同时对南运河进行了系统的整治，防洪标准逐步提高。

4. 鲁运河的时空演变

（1）鲁运河的时空演变概述

山东段运河通称鲁运河，其始凿可追溯到公元前482年。当时春秋战国时代诸侯战乱频仍，处于军事战争或争霸一方的经济发展需要，齐鲁大地上陆续出现了菏水、桓公沟、汴水、淄济运河等局部沟渠，是为鲁运河的早期雏形。

鲁运河的主体部分是指形成于元代，疏浚治理并扩建于明代，于明晚期基本定型。按照开凿先后的历史顺序，鲁运河主要由北至南如下四段组成：

①济州河段：临清至安山，全长150里。

②会通河段：安山至济宁，全长250里。

③南阳新河段：济宁南阳镇至留城，全长140余里。

④泇河段：韩庄至台儿庄，全长260余里。

元代之前鲁运河的开凿集中于春秋战国时代至东晋时期，公元前482年，为了同晋人会盟的军事需要，吴王夫差在今鱼台、定陶之间开凿了沟通济水和泗水的人工运河，即从今定陶县东北的古菏泽引济水东流，至湖陵（今鱼台县北）注入泗水。

战国中期，魏惠王十年（公元前360年）开凿了鸿沟，从今原阳县北引河水或荥泽南行，穿过济水，注入圃田泽（今河南中牟县西），再由圃田泽开大沟引水至大梁（今河南开封）。鸿沟的主要支流之一汳水，山东境内流经山东省西南部，尽管作为鸿沟的支流，它早于鸿沟开凿以前就存在，是一条自然水道。鸿沟主干道开凿之后，又对它进行了疏浚、开挖和整理，则成为鸿沟的支流。

大概与鸿沟开凿同时期，在山东境内的淄水和济水之间开凿了一条淄济运河。为了发展同中原地区的水运交通，齐国在淄、济之间开挖一条运河。运道由临淄附近开渠北上，运至博昌（今博兴县东南），再引渠入济。

东晋时，出于攻打前燕的战争需要，荀羡和桓温先后在汶、泗之间开凿了洸水和桓公沟。东晋永和十二年（公元356年），出于北征前燕慕容兰的需要，东晋大将荀羡开洸水，洸水引汶入泗，水运自泗入洸，可由汶水通济水，直达东阿县境。

与洸水的开凿动因颇为相似，桓公沟的开凿也是处于东晋攻打前燕的战争需要。东晋太和四年（公元369年），晋大将桓温伐前燕，在泗水西面凿桓公沟。桓公沟由菏水过巨野泽，北通汶水、济水，总长300多里。当时桓温的水军由泗入菏，经桓公沟通济水入菏。

元代之前，运河不走山东，绕道通济渠和永济渠，长度2 700多公里。具体行经路线是，沿邗沟经淮水入淮阴，经泗水入徐州，利用隋代的通济渠到达河南的中滦镇卸船，陆运180里至达淇门镇，利用御河北上，漕运至北京，路途迂回曲折，技术低，风险高。

元代是山东段运河形成的关键时期。元政府定都大都之后，于至元二十年（公元1283年）和至元二十六年（公元1289年）先后开凿了济州河和会通河。济州河建设成于元至元二十年（公元1283年），南起济宁，北至东平县安山西侧入大清河，全长150里。会通河建成于至元二十六年（公元1289年），南起安山西南，北至临清，与御河相接通，全长250里。河成后，与南段济州河统称为会通河，济州河名废弃不用。会通河的建成和通航，开山东运河漕运先声。不仅结束了东阿到临清间200余里的艰难陆运，而且沟通了举世闻名的京杭大运河，从而实现了南自杭州、北达大都的全程漕运。

这样，山东境内的漕运，以济宁为界，形成南北界限分明的两支：济宁以北至临清，是人工开凿的济州河和会通河；济宁以南，则以利用天然水道为主，其中，济宁至鲁桥，利用疏浚之后的洸水运道（东晋荀羡所开），鲁桥以南，借用古泗水运道，即由鲁桥，经南阳，鱼台谷亭，湖陵城，沛县，留城，南达江苏境内的茶城，到达徐州，沿泗水东南流，入淮河，与江苏境内的邗沟相接。这样南方运来的物资可以经邗沟入淮水，借泗水，到达鲁桥，利用济州河、会通河漕运至临清接御河。

山东段运河通称鲁运河，是指河北与山东两省边境的临清到山东和江苏交界的台儿庄一段的运河，全长483公里，因其纵贯山东省境内，所以又称为鲁运河。

鲁运河的主体部分形成于元代，疏浚治理并扩建于明代，于明代晚期基本定型。由此可将山东段运河的开凿过程分为元代之前、元、明、清四个历史阶段。鲁运河河道演变主要经历了如下四个发展时期：

元代之前：春秋战国的菏水，鸿沟、淄济运河，东晋时的桓公沟，是鲁运河的雏形。

元代：元代相继开凿了济州河段（临清至安山）与会通河段（安山至济宁），后统称会通河，是为鲁运河的主体部分，明代对此进行了疏浚整治。

明代：先后开凿了南阳新河（济宁南阳镇—留城）、李家口河（夏镇南吕公堂—留城）和泇河，从而将会通河扩展至鲁苏交界的台儿庄。

清代：在沿袭前代线路基础上，又开凿了伊家河（微山湖口，与今韩庄运河平行）和通惠河新河。

（2）元代之前山东地区的古运河

自公元前482年首开菏水开始，山东地区先后陆续开凿了一批早期运渠，如春秋战国时代的菏水、鸿沟、淄济运河，东晋的桓公沟和洸水等，隋朝的薛公丰兖渠，唐武则天开凿的湛渠，以及从后周的五丈河演变扩大为宋朝的广济河，它们构成该时期山东地区的河道格局。

1）春秋战国时代

以公元前82年菏水的开凿为起点，该时期山东境内先后开凿了菏水、鸿沟、淄济运河等早期运渠。

A. 菏水

菏水是有明确历史记载的山东境内最早开凿的人工运河，是适应春秋战国时期诸侯争霸的军事需要而产生的。

公元前486年，为攻打齐国，吴王夫差开通由大江直通淮水的运河，即邗沟。战国齐国之后，吴国打算继续起师北征，攻打晋国。而当时的地理形势是：晋国位于黄河的支津济水北岸，吴国只能借道邗沟进入淮水，沿淮水支流泗水北上，但由于当时泗水和济水并不直接相通的缘故，仍然不能直接抵达济水北岸。

为了同晋人会盟的军事需要，公元前482年，吴王夫差借鉴开凿邗沟的方法，在现在的鱼台和定陶之间开挖了沟通济水和泗水的人工运河，从定陶县东北的古菏泽引济水东流，至湖陵（鱼台县北）注入泗水，这就是"阙为深沟，通于商、鲁之野"的菏水。因其水源自菏泽而来，所以称菏水。开菏水的目的在于率水军由菏泽溯济，与晋人会盟。

菏水运河的沟通，是山东境内最早的人工运河，在中国大地上第一次出现淮河流域与中原流域沟通的局面，沿江南运河前行，过长江到邗沟，越过淮水与泗水、菏水、济水相通，可以到达黄河。

B. 鸿沟

鸿沟开凿于战国中期，魏国是战国七雄之一，占据今河南大部和山西南部，为进攻宋、卫、韩、赵等国控制中原，魏惠王九年从安邑（今山西夏邑）迁都到大梁（今河南开封），第二年起开凿鸿沟。大约从今原阳县北引河水或荥泽南行，穿过济水，注入圃田泽（今河南中牟县西），再由圃田泽开大沟引水至大梁。惠王三十一年再于大梁城北继续东开，折而面行，循沙水河至于陈（今河南淮阳县）北，注于颖水，达到"以通宋、郑、陈、蔡、曹、卫，与济、汝、淮、泗相会"的鸿沟，在黄淮之间形成了一个以鸿沟为主干，以天然河道为支流的水运交通网，史称鸿沟系统运河。

鸿沟引黄河水，分别与济、汝、淮、泗几条主要河流沟通，范围包括荥阳之东、泗水之西、淮水之北、济水之南，作为水道体系网格，鸿沟在的主要支流之一汳水，山东境内流经山东省西南部，尽管作为鸿沟的支流，它早于鸿沟开凿以前就存在，是一条自然水道。鸿沟主干道开凿之后，又对它进行了疏浚，开挖和整理，成了鸿沟的支流。

鸿沟又名沙河水道，西汉时称为浪汤渠，鸿沟的开浚是继菏水之后，第二次沟通黄、淮水系的人工运渠。以鸿沟为基干的运河系统的形成，已将钱塘江、太湖、长江、淮河、黄河水道由水运紧密地联系在一起。这对战国时期魏国的政治、军事、经济的稳定作出了不小贡献，对黄淮流域社会经济发展起着举足轻重的作用。

但是鸿沟水系距黄河很近，西汉时起，黄河下游的河患日趋严重，这就必然要受到黄河的威胁。大约在两汉之际，鸿沟已被淤塞，鸿沟水系也因此解体，之后也常有疏浚加工，但都只是小规模的局部恢复。

C. 淄济运河

淄济运河的开凿也是在春秋战国时期，齐国是当时著名的强大国家，首都临淄名震一时，是当时有名的东方都城，淄水自城下流过，淄水与济水相距较近，为了发展中原地区的水运交通，齐国在淄、济之间开挖一条运河。运道由临淄附近开渠北上，运至博昌，再引渠入济。运河开通之后，齐国船只既可入济，又可通往中原各地，使其逐渐发展成为东方一大都会。《汉书》卷二十八上《地理志》第八上载："莱芜，原山，甾水所出，东至博昌入泲，幽州浸"。泲水即济水，博昌（今山东博兴东南）位于淄水支流时水近旁。其运道当由临淄附近开渠北上，借时水运道至博昌，再引渠入济。淄、济二水沟通以后，齐国的船只由淄入济，也就可以直接通往中原各地。运河的开凿，使临淄经济更加繁荣，成为东方一大都会。

2）东晋时期

东晋时期主要开凿了洸水和桓公沟，下面分别加以介绍。

A. 洸水

洸水开凿于东晋南北朝时期，当时，南朝政权北向用兵常要溯泗水北上通济水，入黄河。泗水行至济宁一带，已向东转折，更北只有支流沂水、洙水等，较狭小，因此，开凿向北通航的人工渠，以通汶水，汶水及巨野泽就成为当时军事战争的迫切需要。洸水的开凿就是为满足这一需要应运而生的。

东晋永和十二年（公元356年），出于北征前燕慕容兰的需要，东晋大将荀羡开洸水，洸水引汶入泗，水运自泗入洸，可由汶水通济水，直达东阿县境。

B. 桓公沟

与洸水的开凿动因颇为相似，桓公沟的开凿也是处于东晋攻打前燕的战争需要，东晋太和四年（公元369年），晋大将桓温伐前燕，在泗水西面凿桓公沟，桓公沟由菏水过巨野泽，北通汶水、济水，总长300多里，当时桓温的水军由泗入菏，经桓公沟通济水入河。

南宋理宗宝佑五年（公元1257年），为自东平向南运粮饷，济州掾吏毕辅国重开洸河，并于堽城西北之汶河南岸修建分水斗门，于斗门以西修建临时草土堰挂截汶水入洸。洸水自堽城西南流至济宁任城通泗水旧道。一方面沟通汶泗运道，可向南运输，由东平至任城再南下；另一方面增加泗水运道的水源，后来开济州河和会通河都是以堽城引汶为主要水源。

3）隋代—元代之前

隋文帝时期，薛胄在山东境内开凿了一条用于灌溉的运河，人们称为薛公丰兖渠，它连接兖州和济宁，实现了两地的水上交通，并成为后来京杭大运河的山东河段组成部分。

唐朝时期流经山东境内的运河是武则天开凿的运河之一的湛渠，它从河南开封起向东流入山东境内，经山东曹州（今山东菏泽）和兖州，初唐时期这两地作为北方东部的粮食主产区是京师长安粮米的主要供应地，有了湛渠，这两地便可以直接与中原、洛阳交通。

湛渠到晚唐、五代时期已经淤塞，后周世宗显德四年（公元957年）开通五丈河，恢复了开封通向山东境内的曹、郓、济、青等地的运河。到了北宋时期，朝廷对这条运河十分重视，这条运河经过北宋的疏浚、开凿扩大演变成为东京四条金带之一的广济渠，是齐鲁地区通向东京的漕运要道，北宋时期多次疏浚治理，广济渠的漕运维持到金国时期。

（3）元代鲁运河的演变

元代之前，山东境内没有可转达京城的运河。元朝初期漕运粮船自南方循江南运河，淮扬运河（邗沟）至淮安，溯黄河（夺泗水运道）至徐州，西行至中滦镇，历180里至御河南岸的淇门，转水运由御河到通州，终达京城。元代是山东地区运河形成和定型的关键时期，山东境内先后开凿了济州河和会通河，元代京杭大运河全线贯通，山东地区的运道就是指临清—济宁段的会通河。以安山为界，元代的会通河分为两段：安山—济宁，为元代开凿的济州河，长约150里；临清—安山，元代开凿的会通河，长约250里。

1）济州河

济州河建成于元至元二十年（1283年），南起济宁，北至东平县安山西侧入大清河，全长150里，是山东境内开凿最早的京杭运河河段。

元代初年，运河年久失修，不能全线贯通，漕船只能沿江南运河，江淮运河旧道入于淮河，溯黄河而上，过开封转陆路，至淇门镇入御河，经临清、德州到达北京城，迂回曲折运输成本高，但海运风险又大，为解决京城粮物供应的困难局面，元政府决定对运河进行改造和疏浚。

至元十九年十二月，朝廷正式开工修浚济州漕渠，由奥鲁赤、刘都水主持开河工作。至元二十年，"济州新开河成"，以济州任城为中心，向南至鲁桥镇与泗水沟通。向北经过南旺，袁家口至须城安民山入济水（大清河），全长150里。济州河的开通，沟通了泗水和大清河，南宋漕船可以直接进入济水，而后由利津入海。

济州河开通之后，南来的粮船到达徐州之后不再西行绕道河南，而是借古泗水运道西北溯流而上，经徐、铜山、茶城、留城、沛县、湖陵城、鱼台谷亭，再东北至南阳、北达鲁桥镇，由济州河经济宽至安山西北的张秋镇入大清河涉海，到达直沽（天津），总计150里。

2）会通河

A. 会通河的开凿

济州河开通之后，只通行3年，就因济水入海处发生淤塞难以出海，只能改从东阿陆运至临清入御河北上。为了解决这段运河艰难状况，元朝又开挖了东平到临清的会通河。会通河建成于元至元二十六年（公元1289年），南起安山西南，北至临清，与御河接通，全长250里。

元至元二十六年，元政府派断事官忙速儿、礼部尚书张孔孙、兵部尚书李处巽主持工程，是年六月竣工，赐名会通河。河道起安山西南，由寿张西北到东昌，又西北至临清，接通御河，全长250里。河成后，与南段济州河统称会通河，济州河名不用。会通河开通之后，济宁以北依靠近会通河漕运，济宁以南至徐州则利用古泗水运道。

会通河的建成和通航，不仅结束了东阿到临清间200余里的艰难陆运，而且沟通了京杭大运河，实现了从杭州直达大都，从北到南的全程漕运。至此，南北两端与隋唐以来的旧运河及天然河衔接起来，京杭之间水道贯通，全长约近3 600里，沟通了海河、黄河、长江、淮河、钱塘江五大水系，经北京、天津、河北、山东、江苏、浙江六省（市）的京杭大运河全线畅通。

B. 元代会通河的河道演变

会通河在1289年开通之后，打通了安山到临清的运道。这样，漕船由安山西南经过寿张西北至东昌（今聊城）又西北至临清接御河，全长250里，1293年又开通了北京至通州的通惠河，由济州河南来的粮船不再由大清河涉海，而由会通河至临清，接御河至通州，由通惠河直达大都。

会通河的通航，虽然实现了南北大运河的全线贯通，但就运道本身而言，水源问题和黄河浸淤问题仍未得到根本解决，水源的补给便成为运河开发与沟通全线的关键所在。元代为补给水源，在济宁兴建济宁分水枢纽工程，在济宁兖州东兴建金口坝，引泗水西南流会源闸，又于宁阳东北汶河之上兴建堽城坝，截汶河水东南秣入洸水，引到济宁天井闸，再南北分水济运。元朝统治者采取一系列措施，以保证运道的顺畅，归纳起来主要有如下两点：

首先，引水济运。山东运河的水源以汶、泗两水为主。会通河开通之后，为解决整条山东运河水源问题，仍"沦汶注洸，决引泗源西入兖，南入于济，达于任城，合于新河"，接济新开河的水源。同时，在兖东和兖北修筑金口堰和堽城堰，以扩大汶、泗二水济运的水量，使山东运河舟楫往来无阻。

其次，实行阶梯开发，使用闸化运道。山东运河虽有汶、泗两水源，但"分流地峻，散不负舟"，因此，元人根据山东运河流经地工的地势起伏与坡度大的特点，置闸分流，"度高低，分远迩，以节蓄泄"。先后在山东运河上修建船闸31座，北起临清，南至沽头。其中临清至东平建闸14座，济州河上建闸4座，古泗水运道上建闸13座，此外还在泗水、汶水、洸河、府河、盐河等天然河道上也修建了济运闸坝13座。建闸时间始于至元二十六年（公元1289年），止于至正元年（公元1341年），前后共用52年时间，初步解决了山东运河水源问题。

（4）明代鲁运河的演变

明代山东段运河的河道变化，主要体现在对会通河的疏浚和改道方面。该时期是会通河成型和发展的重要时期,在整个明代的漕运史上,会通河占据着举足轻重的地位,这与会通河的地理位置和优势是密不可分的,明代对会通河疏浚、修缮之功更是不可小觑。自明代,自疏浚济宁以北的会通河起,相继完成了疏浚修治京杭大运河的许多工程。主要有三个较大的工程:一是兴修了筑戴村坝引汶的南旺分水枢纽工程;二是开挖南阳新河以避黄淤;三是开泇河以避险滩。经以上诸种措施和工程使山东运河线路基本定型,京杭大运河全线贯通,漕运事业从此走向繁荣。

1) 会通河的重浚

明太祖洪武元年(公元1368年),黄河决口曹州,从双河口入鱼台,大将军徐达开塌场口入泗以通运。明洪武二十四年(公元1391年),黄河决原武漫安山湖而东,会通河尽淤。因当时明都在南京,四方舟运皆十分方便,对北段运河废止不用,直至明永乐元年(公元1403年)迁都北京之后,会通河对于漕运的重要性才日益凸显,会通河的疏浚才逐渐提上日程。

明政府采纳济宁同知潘叔正的建议,经过实地察勘之后,命宋礼、周长及侍郎金纯,于永乐九年(公元1411年)二月,征集山东等地民丁十六多万,并力浚之,当年六月份竣工,会通河以汶、泗为水源,二水汇于济宁,至天井闸分流南北、南流通淮,北流即会通河。由济宁到临清长385里,加浚之后,运道深一丈,宽三丈二尺。同时修建水闸调节水量,在济宁至临清之间,共增置水闸15座,并建立相应的管理机构和严格的管理制度。

在重浚会通河的同时,又进行袁口改线,经开河闸口至袁口,改开新道自安山之西,东徙约20里,长50里,至寿张县的沙湾接旧河。

2) 南旺分水枢纽工程

经疏浚和改线之后的会通河虽然实现了全线贯通,但是水源不足,分配不合理的情况,仍未改观。为了更好地解决水源问题,宋礼采纳了汶上老人白英的建议,修建了南旺分水枢纽工程。

A. 筑戴村坝,引汶水入运

宋礼在东平州东60里的汶水之上修建戴村坝,同时在戴村附近开汶渠90里至南旺,引汶水注入运河。汶水经堽城坝拦截后一部分由洸河至济宁入运,一部分继续北流,复经戴村坝拦截之后由汶渠到南旺入运。汶水则全由戴村坝经汶渠沿途汇集诸泉水流至南旺注入运河。南旺在济宁北90里,地势较济宁高出3丈,由此地分水,可以合理安排运河水南北流量,避免会通河南旺以北段水量不足影响通行。

B. 建南旺分水工程

由于起初南旺分水比例受地形、水量、流速等多因素影响,难以控制,明代成化年间,修建南旺南北水闸。南闸在分水口南5里,称为柳林闸,又叫南旺上闸;北闸在分水口北5里,称为十里闸,又叫南旺北闸。定时启闭闸门控制南北分水量。"闭北闸则南流,闭南闸则北流",且有了"七分朝天天子,三分下江南之说",意思是说汶渠注入运河的流量,七分流向北方,三分流向南方,这就解决了南旺以北至临清段运河水量不足的问题。

C. 设置四大水柜

解决会通河水源问题的另一个重要办法是在运河沿线设置调节运河水量的水柜。永乐年间疏浚会通河之后,设置东平安山湖、汶上南旺湖、济宁马场湖、沛县昭阳湖四个水柜,河与湖之间建立水闸,漕河水涨则入湖,水涸则放水入河,利用水柜将运河水量控制在最适合航运的水平。在这四个水柜之中,南旺水柜最为重要。处于南旺分水口以北的运河两岸,西岸有南旺东湖,东岸有马踏湖和蜀山湖,直接承受汶河济运之水。运河成为南北之间最重要的往来运输通道。

南旺分水工程是运河工程中科技含量最高的工程,是明代治运史上的一颗明珠。南旺分水后,运河畅通了500多年。

3) 济宁分水枢纽的疏浚

南旺分水工程之前,山东段运河一直使用元代始建的济宁分水济南北运(元代建堽城坝分汶入洸,下合泗水至济宁分济南北运)。明永乐九年重开会通河之后,对原济宁分水工程也作了必要的疏浚。

A. 重修堽城坝

永乐九年,修复堽城坝堰闸引水至济宁分水,为主要引汶枢纽,成化九年秋(公元1473年),工部员外郎张盛改修堽城土坝为石坝,次年冬天完工,新坝在旧坝址西南八里的青川驿。以木板闸启闭,调节水量,闸南开新河九里接旧河,当时仍以此为主要的引水枢纽。

B. 整修金口坝

济宁兖州府东南的进口堰为济宁分水的枢纽。明正统十四年(公元1449年)正月大修金口堰,改为石坝。泗水自城西60里至济宁城东,转从城南门合洸水入运,通济宁天井闸,成为府河。

4) 南阳新河时期的河道变迁

历代运河变迁总是与黄河息息相关,山东段运也是如此。金明昌五年(公元1194年)之前,黄河由河南阳武,向东南流,经徐州,入淮水。金明昌五年时,黄河在河南省阳武故堤决口,洪水东流由封丘夺汴水至徐州,夺泗水至淮阴注淮河入海。这是黄河夺占泗水和淮水的开始,分为南北两支,南支仍沿故道,北支东北流至张秋,入大清河。明弘治八年(公元1495年)刘大夏治河,堵塞黄陵岗、荆隆口等处北流河并筑黄河北岸太行堤,迫使黄河全流入泗。此后,黄河在山东省曹县、单县、江苏省丰县、沛县一带决溢频繁,自公元1508年到公元1528年的20年内,大决口就有8次严重淤塞了泗水运道。

元代开通会通河，南阳至留城一段运道时常决溢淤积，运河必须东移，才能贯通，南阳新河就是在这样的情况下产生的。

明嘉靖六年（公元1527年），在胡世宁的倡议下，盛应期主持开凿了南阳新河。"自南阳经三河口过夏村至留城计141里"。自1527年始凿，历经四十年时间，至1567年建成完工。至此，南阳以南至留城一带的漕运，改走南阳新河。南阳新河开通后，沿河又修建若干闸坝，其中，制水闸8座：利建、珠梅、杨庄、夏镇、满家、西柳庄、马家桥、留城，接旧河。后自留城，南至镇口又有闸5座：黄家、梁境、内华、古洪、镇口。又建减水闸20座，开月河于闸旁者6堤（在闸北），于戴家山筑堤（在古洪闸北）。

南阳新河完成了会通河南阳以南至留城一带运道的东移，但留城以南仍然借用泗水运道，李家口河应运而生，明万历九年，总河潘季驯主持开挖的微山夏镇南到境山的李家口河。万历《滕云志》载："自夏镇吕公堂（夏镇南3公里老坝村）迤西转东南近微山（今微山岛）又西南经龙塘至内华闸，接新开镇口河（今不牢河）共一百余里。"

至明朝中期为止，南阳以南至境山段河道，不再采用元代借用泗水的天然河道，而是采用东移之后的南阳新河和李家口河。

南阳新河开通之后至李家口河开通之前的河道路线是：南阳以南，沿昭阳湖东，经南阳、建闸、满口、常口、三河口、夏镇、至留城。南阳以北，沿原来的会通河，济州河路线北上于临清接御河。李家口河开通之后，留城以南的运道发生了局部变化，微山县以南由吕公堂经种口（彭口）、西转东南近微山岛又西南经龙塘至内华闸，接不牢河。

5）泇运河的开凿

泇运河又称韩庄运可，北自微山夏镇，南至江苏直河口，全长260余里，南阳新河的凿成，解决了夏镇以北运道受黄河浸淤的威胁，但问题并未根本解决，夏镇以南至徐州、邳州一带仍采用旧运道，淤塞现象时有出现。徐州至邳州间仍借黄运行，艰难万状，途中又经徐州江和吕梁洪二处险滩，给航运带来了极大地威胁。

明隆庆三年（公元1569年）七月黄河决口沛县，当时河总翁大立主张开泇河以避徐州上下黄河之险，遭到反对。之后，又有总河都御史傅希挚提议，也未能实现。明神宗万历二十一年（公元1593年），总河尚书舒应龙在微山湖东开韩庄支渠，长约40多里，下接泇河，是为泇河开凿之始，但未能通漕。明神宗万历二十八年（公元1600年），总河尚书刘东星主持开泇河，因工艰未成。明神宗万历二十九年，总河尚书刘东星继续主持开泇河，完成微山湖东岸的支渠，上通西柳庄，下接韩庄。明神宗万历三十年，总河李化龙力主大力开泇河。1604年，李化龙主持开辟泇河。八月，全线基本竣工。由沛县夏镇东家口引水东南会合彭河，经韩庄湖口（微山湖东），过泇口镇（邳县西北）汇合泇、沂诸水，南下汇入黄河，全长260里，避开徐州附近黄河之险，水源充足，行程缩短，三分之二漕船改行泇河。

迦运河的开凿，是山东运河的一项重要工程，前后历经30多年时间，耗费了不少人力物力，才使山东运河最终定型。迦运河的开通，成功之处有二：一是避开了黄河的干扰，再也不因黄河的决口泛滥束手无策；二是大大缩短了航运路线，航程缩短了近百里。

明万历三十二年（1604年），迦河开通之后，微山南至台庄改走迦河，即由微山县南三公里吕公堂经种口（彭口闸）、韩庄，东接韩庄运河，至台儿庄，经江苏境内宿迁，入淮阴，汇入旧黄河。

（5）清代鲁运河的演变

清代山东地区运河仍延明制，担负着繁重的运输任务。在运道的建设上，基本未做过多的变动，只是进行了一些补缀和维修工作，主要集中在如下三方面：

1）运道的疏浚

清代运河河道淤浅现象时有发生，挑挖疏浚，定期修治成为主要任务。重视会通河，建立会通河疏浚维护制度。顺治十年（1653年）规定"令南旺临清岁一小浚，间岁一大浚。"严格控制南旺附近的分水口和龙王庙二闸，调节南北水流，实行三七分流。如果东南水浅，则关闭南闸，并引导鲁西南山地泉水，汇集南北诸湖，以济运河。清代顺治——嘉庆各代为保证通航用水，积极疏浚，成就了山东运河畅通的鼎盛时期。

2）闸坝的兴建与整修

元明两代在京杭大运河上修建了许闸坝以供调节水量，形成一套完整的系统。清时期为确保漕运的顺利进行，对原有闸坝进行修复，并在关键河段兴建新的闸坝，如康熙年间，在山东运河段上重修主姬庄西岸闸，张阿南岸闸；南旺湖十字河斗门及台庄、得胜、戴村等闸坝，新建滕县修永闸，开杨家坝减水闸。雍正年间，建六里桥石闸和沙湾大闸等，重修戴村，坎河三坝。乾隆年间，增建张秋平水三闸、彭口闸、湖口新闸，再次重修戴村坝及戴庙、七级、师庄、枣林各闸等等，几乎年年修复，基本保证运河畅通。

3）伊家河和通惠新河

清代山东段运河的河道状况未发生较大的变化，主要有两个原因：一是微山湖口伊家河的开凿；二是通惠新河的开凿。

首先是伊家河的开凿，清代为泄微山湖水开凿了伊家河（韩庄运河之南，二河平行），伊家河在峄县西南，系微山湖引河。微山湖上承南旺，蜀山湖之水，下游经两条引河排出。一由湖闸入运，另一为旧道，由张谷口出荆山桥南流。清乾隆二十一年（1756年）荆山桥淤塞，湖水涨溢，决定开伊家河泄水。二十二年（1757年）开挑，上起韩庄迤西微山湖，下至邳州黄林庄入运河，长69里，口宽8丈，底宽4丈，深1尺3寸，分湖水济运。自韩庄到台儿庄，开伊家河，改扬坝减水为双槽石闸。伊家河并非是山东境内运河主要河道，其主要功能是泄微山湖水，并非漕运。

嘉庆年间，河道淤塞日甚，洪水排泄不畅，河患愈演愈烈，山东运河屡受决溢之害。道光六年，南方漕粮改由上海海上北运天津，再换船运至通州，而后转运北京。漕粮改由海运，漕粮不经河运，京杭运河的全线整治，逐渐废驰。咸丰五年（1855年），黄河改道北徙，于张秋镇决口，山东运河被分成两段，航运受阻，腐败无能的清朝统治者无力整治，遂于光绪二十七年（1901年）废河运。会通河淤浅，仅临清到东昌一段通行小船。成元年初，盛于明清的京杭运河因此终告结束。此后直到解放前，会通河因年久失修和无人管理，航道严重积淤，基本上变成了一条废河和害河。

通惠新河开凿于漕运废止之后，泇河的开凿，使山东境内运道整体东移，黄河浸淤的影响不似以往频繁。但由于济宁东南部天然泉源众多，这些天然水源在给运河补给了丰富水源，保障了漕运数百年畅通的同时，也不可避免地产生了一些负面影响，如部分泉河的携沙西北流入运河，造成了运河的"肠梗塞"。

泇河在种口村处有薛沙河（南明河，薛城大沙河）垂直穿过。薛沙河携沙量巨大，淤塞了泇河运道，由于逐年挑沙，疏浚，在附近形成了12座沙山。至清末，挑积的淤沙已无处堆置。由此造成了该段运道的阻塞。为避沙淤，清宣统元年（1909年）开挖通惠新河。民国《沛县志》载："夏镇水火庙（昭阳三孔桥）东，向南穿庄折而东至郗山入旧漕，并建惠上下闸，上闸跨河口，下闸在南庄下，中距五里"。通惠新河的开凿，使该段运道西移，避开了淤沙之处，一定程度上缓解了运道淤塞的问题。然而，此后不久，漕运就停止了。

（6）现代鲁运河

清末漕运废止之后，内河航运逐渐停止，对运河维修和管理也相应停止，运河失去了航运功能，残留的运河现在被称为老运河。

部分区段河水已经干涸，仅留有故河槽。如被南四湖东堤分割的元代借用泗水的一段在仲浅、师庄、鲁桥、枣林、挑新河以及湖的南阳村内仍有明显的河槽。鲁桥、枣林、南阳等旧闸尚有不齐全的闸墙。南四湖内从南阳经建闸至城郭河入湖口的明代南阳新河的仍有浅槽和旧堤。利建旧闸仍然有湖东岸闸墙。新薛河东岸经种口，郗山至韩庄的明代泇河，仍有深浅不同的河槽和浅堤。

1949年后至今，山东省有关部门于1953年对省内所辖的鲁运河建立管理机构，对山东段运河进行了初步整治。

黄河以北至梁山段，由于1956年卫河上游修建了水库，水源问题未能解决，也未能进行整治。临清到黄河北岸位山之间，只开挖了用于灌溉的位山及潘庄两条灌溉渠道，引入黄河之水灌溉沿线农田。在1981年下半年，这两条灌溉渠道已被整治延伸，作为引黄济津的输水渠道，还谈不上通航。

黄河以南至台儿庄段，该段由梁济河段、南湖河段及伊家河段组成。1958年以前，黄河南岸到济宁的一段运河，还在通行木船。1958年到1960年间，另开新的河道，原计划由黄河北岸起，沿南四湖西岸，至徐州转而向东，至邳县。到1960年，只完成了自黄河北岸至南四湖二级坝段，这一段新河道开成之后，旧河道也就逐渐淤废，成为农田。

饱经历史沧桑的会通河，解放之后历经几代人的修理整治，其河段现状和通航状况也发生了一些变化。今天的会通河，正式通航的河段，济宁以南是自赵王河口经南四湖至台儿庄，长约178公里的一段，济宁以北到黄河南岸梁山入黄闸，长约65公里的梁济运河，也已经开成通航。黄河以北段，尚待疏浚开凿。现在山东运河各段的情况是这样的。

1）梁济运河段

位山对岸是梁山县的一座入黄船闸，梁济运河由此沿东平湖西岸经安山镇、南旺镇，约90公里到济宁。如今，北五湖只有东平湖常年有水，其余四个湖，或已成为季节性湖泊，或已淤为平地。黄闸到梁山任庄，20公里的距离，一堤隔东平湖，黄河倒灌，淤积；任庄到赵王河口段，长45公里；赵王河口到济宁龙公河口，长26公里，可以通行200吨的驳船、木船和轮船。这条河道开挖之后，航船就不再经过南旺旧运道了，戴村坝现在犹存，发挥着引水灌溉的作用。

2）南四湖段

济宁以南，自南四湖北端的梁济运河河口，在湖内东南行117.6公里至韩庄出湖泊，出湖后3.9公里入韩庄运河，该段是利用明清两代的洳运河河道，经过山东省政府的多次修治改造，现在是内河航运的三级航道，同时也是南水北调东线工程南四湖段的输水路线，和湖内行洪的通道之一。龙公河口到微山船闸，长68公里，通行100吨驳船，微山船闸到十字河段，长240公里，通行百吨驳船，十字河到韩庄船闸，长27公里，也能航运。

3）伊家河段

伊家河段从韩庄到台儿庄，过韩庄船闸，进入伊家河，伊家河是鲁运河最南的一段河道，西起韩庄船闸，东止苏鲁交界处的台儿庄，长34公里，由于有微山湖水量调节，通行载重百吨上下船只。

鲁运河黄河北岸一段，河道还没有全部开掘成功，黄河以南梁梁济运河，水量不大，只能季节性通航，南四湖段及伊家河段，可以全年通航。该河段枣庄产煤，就是经过伊家河，过台儿庄，入中运河南运。这段河道是山东西部和江苏省的一条重要通航河道，在平水期和枯水期，150吨级船期畅行无阻。每年货运量150万吨，客运量达到18万人次，黄河以北一段修复通航以后，鲁运河在航运上的重要性就更加显示出来了。

南水北调东线工程对京杭大运河山东段的复航意义重大，济宁—位山—东平段的改造基本上沿会通河故道，据专家预测，南水北调东线方案的实施，济宁—东平（会通河原线）可以实现全线复航，复航里程约707公里，可以该地区增加一条通过能达3 000万吨以上的运输大通道，这也将进一步带动运河沿岸商业、贸易和旅游业的发展，古老的会通河必将再次迎来崭新的春天，重新焕发勃勃生机和魅力。

5. 中运河的时空演变

（1）中运河时空演变概述

中运河是指运河从台儿庄到淮阴的一段，全长186公里，中运河是北接鲁运河，南接江淮平原的淮扬运河（里运河）的中间纽带。

中运河的形成时间较晚，从明朝开始的明、清两朝对中运河的治理，都为今天中运河的发展形成做出了贡献。在元代，京杭大运河由徐州到淮阴段利用的是黄河的自然河道。然而，黄河既是我们中华民族的摇篮，也是一个巨大的隐患，运河常常由于黄河的侵扰而中断漕运，所以黄河成为历朝历代治理的重点。中运河的形成正反映了处理黄河与运河关系的改变，即"变借黄行运"为"避黄行运"。到清代时，黄河与京杭大运河已分开。

中运河起自台儿庄，东南行经江苏北部沂沭丘陵平原区，在运河镇（邳县）穿过陇海铁路，过窑湾，沿骆马湖西岸至皂河镇，进入徐淮黄泛平原区，再沿废黄河东以抵清江市，长186公里。中运河是联结鲁运河与江淮平原中的里运河的中间纽带。该段的开凿主要经历了以下4个阶段：

元代以前中运河的河道演变：大运河主要是借黄行运，与现代运河线路相差很大。

明代以前中运河的河道演变："南阳新河"及"迦河运河"的开凿，拉开了运河与黄河分离的序幕。

清代中运河的河道演变：清代中期，开凿了中河、皂河、新中河等，使运河与黄河最终分道而行。该路线最终形成于康熙三十八年（公元1699年）。

现代中运河的变化：解放后又开凿了新河道接徐州，这是中运河的现代流经线路。

（2）元代以前中运河地区的古运河

在元代以前，中运河地区尚未正式形成，在现在中运河流经的地区，隋代开凿了通济渠，通济渠的东段就是该流经地区当时的主要运渠了。

通济渠开凿于隋大业元年（公元605年）。隋炀帝命皇甫议去河南、淮北诸郡男女百余万，"开通济渠，自西苑引谷、洛水达于河，自板渚引河通于淮"。

通济渠分两段，从洛阳到黄河，从黄河到淮阴。通济渠自西苑引谷水、洛水入黄河，是沿东汉张纯开的阳渠故道，渠穿洛阳城南，东经偃师县到巩县洛口入黄河。阳渠是东汉为解决洛阳供水及联系黄河、洛水的水源问题于建武二十四年（公元48年）在洛阳城西开凿的运渠。《后汉书·王梁传》："王梁为河南尹，穿渠引谷水至洛阳城北，渠水东接巩川"。这条运渠引谷水一支绕城向东流，中途纳谷、瀍二水，到偃师后又进入洛水以通漕运，当时称阳渠。使山东漕船可以由黄河进入济水，经阳渠直接到达都城，这是通济渠的西段。通济渠西段的作用，是解决从黄河到洛阳的水上运输。通济渠的东段，自板渚（今河南荥阳县西北）引黄河水进入汴渠，接着从大梁起，沿汴水故道，进入泗水只盱眙县北流入淮水，全长约1 000公里，这一段大致等同于今天中运河河段流经地区。

（3）明代中运河的演变

元代时期京杭大运河途经这一段时主要的想法是"借黄行运"。直到明代万历三十二年（1604年）时，京杭大运河从鲁运河向南路线还是由济宁南旺水脊向南行，经泗水在徐州入黄河，后东行到淮阴入淮河，东南行入扬州运河。明代时期对中运河的治理主要围绕着如何解决黄河与运河的矛盾展开。黄河迁徙，屡屡溃决，侵犯运河，运道随通随塞，给运河带来极大的威胁。而运河又是朝廷之命脉，它的通塞左右着国家的盈缩。因此，如何控制黄河，保证运可漕运畅通，关系着国家的根本利益。

1）南阳新河的开凿

明嘉靖四十四年（公元1565年），徐州和沛县之间的河道淤断，朱衡在昭阳湖东测的江家口、经夏镇至留县（现已没入微山湖）开凿了一条新的运河，这就是南阳新河，全长140多里，在留城与盛应期开凿的新河相接后，沿着运河河道南下徐州入黄河。

2）泇河运道的开凿

泇河来自鲁中南山地流入苏北平原，泇河有东西二源，东源出山东费县东南箕山，称为东泇河；西源出费县西南抱犊崮，称为西泇。治理淮河后，东西二泇河南流相会于邳县北部林子村东北，又西南流至滩上镇北，入中运河。明代以前，东西泇河相会于滩上西北的泇口镇，然后又循今中运河线路东南流，经滩上、运河镇至今骆马湖的西北岸窑湾，会沂河南下至直河口（今骆马湖西岸的皂河集西），后入黄河。南来漕船自直河口溯黄河而上，三百余里到徐州。

明代万历三十二年（1604年），河督李化龙治理泇河。李化龙治理泇河，是自微山湖东岸的夏镇（今微山县治）李家口，开运东南行，合彭河、承河至泇口入泇河，南至直河口，长260里。自从这条东运河开通后，南来漕船由淮阴入黄河北上，不过几里就在直河口入东运河，北上经泇口至夏镇，穿微山湖以抵济宁。这样一来，就避开了从直河口逆黄河西北行至徐州三百里的风涛之险。

泇河运道完成后，邳县直河口以北的运河与黄河分离，但直河口以南至清口的二百多里的运道仍需要借黄行运。此时，黄河河道虽由潘季驯全面筑堤回归贾鲁故道仍不时决口泛溢成灾，加之泇河入黄河的直河受骆马湖洪枯水位变化影响，漕运受阻情况时有发生。

为了解决黄河、运河、骆马湖三者之间的水量平衡，天启三年（1623年）漕储参政朱国盛在骆马湖中开凿通济新河，与直河口北的马颊河口疏淤沙330丈，接泇河，河长57里，筑堤8747丈。用了两年的时间完成这项工程。第二年（公元1624年）总河侍郎李从心由骆马湖湖口开河十里至陈口入黄。

（4）清代中运河的演变

虽然南阳运河和泇河避开了直河口以北的借黄以行漕运，但宿迁以南至淮阴西，却仍然借用黄河作为运道，时常因黄河的影响而中断漕运。因此，清代前期为了避开黄河，继续在宿迁以南施工。康熙十九年（公元1680年）总河靳辅开创皂河40里，他是在原皂河向东开支河40里到张庄，上接泇河，下达黄河，解决了就皂河口时常被黄河倒灌的问题。但张庄到清口一段，仍走黄河。因此靳辅又于康熙二十五年（公元1686年）开凿中河。这次工程是清代所有运河改线工程中规模最大的一次，它自张庄运口起，经骆马湖，历宿迁、桃源（今江苏泗阳县），北达清河仲家庄出口，又避开黄河运道180里。这样，北上的船只经里运河出仲家庄运口对岸的清口（今清江市西）后，仅行黄河数里即入中河，循中河直趋张庄入皂河北上与泇河相接。至此，历尽艰辛，苦心经营的京杭运河终于与黄河完全分离而自成体系。

顺治十五年（公元1658年），董口被淤，总河朱之锡又开一口接黄解决漕运之燃眉之急。康熙十九年（公元1680年），通济新河淤浅。总河靳辅又开皂河口向北偏西通泇运道40里，两岸筑堤防骆马湖与山水的干扰。此段运河史称皂河。康熙二十七年（公元1688年）皂河口又淤，靳辅又开皂河向东开支河至张庄，使泇河来水至张庄入黄，初步解决了黄河、骆马湖、老河的矛盾。

张庄运口建成后，自张庄至清口还有180里要经黄河行运。康熙二十五年（公元1686年），靳辅上书皇帝提出避黄开中运河的方案，中运河河身在黄河北岸缕堤（缕堤依河势修筑，离河道主槽较近，用以约束水流，防御一般大水）、遥堤（遥堤为防御洪水，稳定河道的主堤，堤距较宽，堤防段面较大）两堤之间。起自宿迁以西张庄运口，经骆马湖口，又经桃源县（今泗阳县），至清河县（今淮阴市西南废黄河北岸）西仲家庄，并于此建石闸沟通黄河以为运口；又自仲家闸分中河东流，经安东县（今涟水县），转东北由潮河入海，用以分泄黄河之水，名曰下中河，因其兼具盐运之利，所以也称盐河。得到批准后立即兴工，并于康熙二十七年竣工。京杭大运河至此全部脱离黄河，仅在清口这里存在黄运交汇关系。

再后来，中运河略有改动，康熙三十八年（公元1699年），总河于成龙以中河南逼黄河，难筑堤坝，遂放弃中河桃源县盛家道口至清河段，以北堤为南堤，另筑北堤，称新中河。第二年（1700年），总河张鹏翮对新中河运道进行调整，于三义庙以下用新河道之半，以上仍用旧中河之半，合为一河重加疏浚，这就是最后成型的中运河。

（5）现代中运河

民国时期，台儿庄至淮阴的中运河，长186公里，因为有沂水、泗水、泇诸水汇集鲁南沂蒙山区的水流，水量较大，可通行民船。但夏秋之际，如遇洪水暴涨，冲毁堤岸，则航行受阻。

解放后，为了使徐州东北面的贾汪、夏桥及东面的大黄山等地所产的煤经中运河南运便利，又开挖了一条新河道，在徐州市西北微山湖西南端的内华镇南，筑蔺家坝节制闸，引微山湖水东南流经徐州市北洞山，转而东流穿地津浦铁路，入铜山县境，过解台船闸，向东北流入邳县境内，在刘山子北过刘山船闸，经大王庙后转向东南，在运河镇西北的滩上镇，接上中运河。

今天的中运河现在已经成为我国南煤北运的重要通道，每年有2400万吨的北方煤炭沿河南下，为沿河企业送去了宝贵的"粮食"，有力地促进了沿河经济带的开发，支持了长江三角洲经济的崛起。

6. 淮扬运河（里运河）的时空演变

（1）淮扬运河（里运河）时空演变概述

淮扬运河是指淮安至扬州的江苏省内运河的南段，也称为里运河。里运河北起清江市，南止邗江瓜洲入长江，长197公里，在淮安以下一段，也就是古邗沟，是京杭大运河中最早开凿的一段。

淮扬运河最早开凿追溯到战国时吴王夫差的邗沟。春秋时期，吴王夫差开凿邗沟，这是中国历史上记载的最早的运河。鲁哀公九年（公元前486年）为了北上攻齐，吴王开凿邗沟，它的线路是自古邗城西南角至东南角（今铁佛寺稍向南折），经螺丝湾黄金坝北上，流入博支、射阳二湖（今江苏省宝应县东），出湖西北至末口（今江苏省淮安县北五里的北神堰），以入淮河，便可以由淮河进入山东境内的泗水、沂水和济水了。汉代开凿了茱萸沟和中渎水，东晋时期开凿的仪扬运河，隋代隋文帝开凿山阳渎，至此，淮扬运河基本成型。

隋代淮扬运河走向基本定下之后，其后的历代相继也都对古邗沟的南端和北段进行治理。唐代，开凿了"伊娄河"，从扬子桥向南直达江边瓜洲渡口。唐代之后淮扬运河河段没有再开凿新的运河，此后各代对这段运河名称的命名也不同，元代时称为扬楚运河，明清时期称为淮扬运河，近代称为里运河。

从古邗沟运河开始，历朝历代都对其南端和北端进行了治理，该段运河主要经历了以下七个阶段：

①春秋时期：吴王夫差开凿的邗沟，为中国历史上有记载的最早的运河。
②东汉时期：开凿的中渎水。
③东晋时期：开凿仪扬运河。
④隋代：隋文帝在古邗沟的基础上开凿了山阳渎，其后隋炀帝重修山阳渎。
⑤唐代：唐代开凿了伊娄河。
⑥元代：元代时期，这段运河称为扬楚运河。
⑦明清时期：在明朝和清朝这个时期，这段运河被称为淮扬运河。

（2）隋代之前淮扬运河的演变

在隋代以前，淮扬运河前身分别经历了邗沟、茱萸沟、仪扬运河等运河的演变，下面逐一总结介绍。

1) 春秋战国时代古邗沟的开凿

邗沟是因军事需要而产生的，它是我国历史上第一条有明确记载的人工运河。

鲁哀公九年（公元前486年），吴王夫差为了北上攻齐，于是组织人力，在长江北岸吴国的属地，古邗国所在地筑了一座军事桥头堡——邗城（今天江苏省邗江县境）。这座邗城滨临长江，它的位置大致相当于今扬州市北效蜀岗上的唐朝故城西南（到了宋朝时期，由于江岸崩塌，邗城便被江水吞没），吴王夫差又自汉城起向北，开了一条用于军事运输的河道,这就是京杭大运河最早开掘成的一段河道——著名的邗沟。邗沟的线路是自古邗城西南角至东南角,经螺丝湾黄金坝北上,流入博支湖、射阳湖(今江苏省宝应县东)出湖西北至末口(今江苏省淮安县北五里的北神堰),以入淮河,进入淮河后,便可以由淮河进入山东境内的泗水、沂水和济水了。《左传·哀公九年》中记载:"吴城邗,沟通江淮",这便是连结长江、淮河两大水系的第一条人工河道,具有划时代的意义。

邗沟是沟通长江与淮河的运河,也是京杭大运河中历史最悠久的一段运河。邗沟可以说是这段运河的乳名,这个乳名从春秋末期一直沿用到汉代。此后到新中国成立前,邗沟这一段总体走势基本稳定,在具体的线路上发生了细微的变化,与之相对应,各个历史时期的命名也有所差异,隋唐时期称为山阳渎,宋代时叫楚州运河,元、明、清时期称为扬楚运河或淮扬运河,清朝末年和民国年间称为里运河,新中国成立以来仍叫里运河,也称京杭大运河淮安至扬州段运河。

2)西汉时代茱萸沟的开凿

西汉茱萸沟的开凿是对春秋时代邗沟的发展和延伸,吴王刘濞是汉高祖刘邦的侄子,设都城于广陵城,刘濞利用这里丰富的自然资源,开矿铸钱,煮海水为盐,使该地富足起来。刘濞曾对运河做出过巨大的贡献,他开凿了这条著名的"茱萸沟"运道,该运河西起扬州东北茱萸湾的邗沟,东通海陵仓(今泰州)及如皋,使江淮水道与东边的产盐区连接,在运盐和物资运输方面发挥了重要的作用。宋《太平御览》记载:"吴王濞开茱萸沟,通运至海陵仓",茱萸沟也可以称为邗沟,也有唤作运盐河,是后通扬运河的前身,是现在老通扬运河的西部河段。

西汉末年这段运河被称为渠水,是东南地区的重要运道。东汉形成从扬州经白马湖至黄浦,由黄浦溪入射阳湖至淮安末口(今楚州区古末口)的运河河道。

3)东晋仪扬运河的开凿

到东晋时,江都(今扬州)城南沙洲淤涨,长江南移,造成邗沟至长江的出水口被淤堵,要使邗沟与长江保持连通,只能从上游开凿支河。于是,东晋永和年间(公元345～346年)改修邗沟南段,自今仪征境内的欧阳棣引长江水,向东行至今三叉河、扬子桥、北上广陵,长约60里,是仪扬运河的前身,这是邗沟南端的第一次重大改道,后来隋代曾两次重开北河,成为南北大运河中重要的一段。

晋代对邗沟南段航道的维护和改造,主要是建造多处堰埭,控制水位,保持航运的畅通。不过,淮安以南一段,还是得绕道射阳湖。直至北魏,邗沟虽然时有淤塞,但是经过不断的疏浚、维修和改造,依然航运畅通。

(3)隋代—宋代淮扬运河的演变

隋唐宋时期淮扬运河(里运河)河道状况发生了较大的变化,新开凿了几条新运渠,主要有隋代的山阳渎、唐代的伊娄河以及宋代的扬楚运河。

1)隋代的山阳渎

隋开皇七年（公元587年），隋文帝为了兴兵伐陈，统一南北，首先要解决的问题就是运兵运粮、南渡黄河的问题。这时，春秋时期开凿的邗沟已经湮塞，所以隋文帝开了这条山阳渎。关于山阳渎的线路，也有不同的看法。一般认为，山阳渎的行经路线是：自扬州茱萸湾东北向东经宜陵折向北，经樊川、高邮三垛到宝应之东的射阳湖，北经山阳而到达末口。这种说法始自清人刘文淇的《扬州水道记》，他的依据是《嘉庆扬州府志》，认为山阳渎就是运河东道，并有山阳河应即古射阳湖音转之说。也有人说，隋文帝实阳是对旧道的疏浚、截弯取直和取消不必要的堰埭，认为刘文淇指的山阳渎南段，实质上就是刘濞所开的茱萸湾西段，而今天的射阳湖即古射阳湖的遗迹，当初湖阔30丈，萦回三百里，南北狭长像一条河，不是隋文帝所开的山阳渎。开凿山阳渎后，运河南端又从扬子（今扬州城南扬子桥附近）入长江，仪征的欧阳埭同时还是另一个入江口。山阳渎即在江都（今江苏扬州）到山阳（今淮安市楚州区）间，原来邗沟入淮河的水口为末口，这时已淤塞，隋文帝只好由末口移到山阳，故名山阳渎，其余部分大体上还是沿着吴王夫差所开的邗沟故道。

大业元年（公元605年），隋炀帝为了对江南地区加强政治控制和经济上的掠夺，为了东游经济繁荣、风光旖旎的江都扬州，又征发淮南10万余人，重修山阳渎。隋文帝开皇年间治理山阳渎时，主要是疏浚了邗沟入淮的水口，即由末口移到山阳，邗沟与长江连接的南口，因为长江江岸不断南移，东晋时改建的欧阳埭引水口（水口距广陵60里），江水不易引入，舟行不便宜。炀帝重修山阳渎，改由扬子（今江苏省仪征东南，古扬子津）入江，并把山阳渎再次拓宽改直。重修后的山阳渎，北起山阳（今江苏省淮安市），南至扬子（今江苏省仪征县东南），全长150余里，宽四十余步，两岸筑有御道，柳树成排。

2）唐代的伊娄河

今天淮扬运河的南段扬子桥以南，在秦汉时代还是大江。江中沙洲（瓜洲）淤积。到了唐初，扬子桥南江中沙洲不断长大，已于北岸相连。但是还无水道通达扬子桥，以入山阳渎（古邗沟）。江南来船，自润州（今江苏省镇江市）入长江，逆流西行60里，由仪征欧阳埭入山阳渎。江中航行，常为风涛颠覆。开元二十二年（公元734年），在齐瀚的建议和支持下，开掘了一条长25里的伊娄河，从扬子桥向南直达江边瓜洲渡口。从此，航船渡江进出山阳渎和江南河，便不必绕道欧阳埭了，缩短了航程，也保证了安全。伊娄河上建有桥梁，两岸栽了树木，还设了斗门，调节水位，便利航运。

唐德宗兴元初年（784年），在淮南节度使杜亚的主持下，又在江都城北蜀岗开渠，贯穿城中，以通大船，称作合渎渠，路线大致由今天扬州市瘦西湖，经观音山，绕蜀岗而过，接上运河，这是运河贯扬州城内的开始。

唐代扬州境内运河航道如下：瓜洲—伊娄河—扬子桥—蜀岗下（子城南壕）—邗沟故道—罗城中东北角—禅智寺南—湾头—（北上入今）里运河。

此后，由于江岸淤积，潮流入运不畅，山阳渎在扬州城内河道水浅，航运受阻。宝历二年（公元826年）在盐铁转运使王播的支持下，自城南（今城西南）阊门西德七里巷起，东河东北行，屈曲经禅智寺桥，同山阳渎，由七里港引江水济运。南来漕船不再经过扬州城内，这也说明，唐朝进期江淮之间的地势依然是南高北低。

3) 宋代对扬楚运河的治理

到宋代，江淮之间运河被称为扬楚运河，扬楚运河与唐代一致，北起楚州末口，经宝应、高邮、扬州，由扬子分别到瓜洲和真州（今仪征）两处入长江，因为真州仍为运河入江口之一，故两宋时扬楚运河又有"真楚运河"之称。

宋代对里运河进行了一些整治，最重要的工程主要有两项。一是大中祥符二年（1009年），在江淮发运使李溥的主持下，在高邮附近的新开湖（高邮湖）穿湖航道的东面，修筑长为35公里左右的石堤，以捍御湖中险恶的风涛。这是里运河中段有长堤之始。后来又自高邮向北到淮阴，沿运河修筑了长达100公里的大堤，在高邮、宝应堤段上建设十座水闸，宣泄洪水。二是在熙宁十年（1077年），黄河在曹村（今河南省濮阳县境内）决口，会南清河（泗水）抵徐州入淮河。漕船及龟山岛等地区，先后开掘了新河道（洪泽渠、龟山运河），避免了由龟山到淮阴一段常受黄河泛滥的影响。直到南宋初期，江淮之间运河的航道是由瓜洲北上，经扬州都被茱萸湾，循邵伯、新开、樊良、津湖、氾光、白马及射阳诸湖渠至淮阴后，经龟山、盱眙，再渡过淮河至泗州入汴河。

(4) 元代—清代里运河的演变

元代到清代这个时期，里运河的河道演变主要体现在元、明、清三代对扬楚运河的治理上。

1) 元代扬楚运河的河道演变

1194年，黄河下游在阳武（今河南省原阳）决口，做了一次由北到南的大摆动。这一摆动后的85年，元代才开通穿过山东西部的运河航道（济州河及会通河），从此奠定了明、清以至今天京杭大运河的这一段路。

黄河这一次长达600多年的南流夺淮，给里运河带来了两方面的巨大影响：一方面是黄河量大、水势强，阻滞流量小、水势弱的淮河东流，使淮河下游汇诸为洪泽、高宝诸湖，只得筑堤挡水，保卫湖群以东的里运河下游地区。经过长期的培修，完成南起扬州，北至淮阴，长有360里的运河大堤。另一方面，黄河夺淮，淮水溢入运河，淮河及运河皆受到黄河带来的泥沙淤塞，河床皆日益增高，迫使淮河取道南下入江。而由桃源（今泗阳）西，东经清河北（汇沂、泗二水）、安东，至云梯关六泓口的淮南河道，便成了黄河入海河道。淮阴境内只有黄河而无淮河，改变了过去江淮之间南高北低的地势，变为北高南低的形势。在此以前，江淮之间的运河水患很少，在此之后，由于黄河干扰，水患变得频繁了。里运河北端（清口）成了黄河、淮河、运河三河交汇之点，水情多变。里运河的整治主要就是疏滩河床和筑堤置闸两方面。

2) 明代淮扬运河的河道演变

明代以前，淮扬运河北端本不直接通黄河，只是由淮安过坝入淮。永乐十三年

（1415年），漕运总督陈瑄开清江浦，起自淮安，西北至清口对岸（黄河南岸）的鸭池口，使里运河与黄河直接沟通。陈瑄还于宣德年间（1426~1435年）开凿了两条新的入江水道。一条是白塔河，在江都（今扬州）以东，北通邵伯，南接长江，与江南常州孟渎河斜对。另一条是北新河，北至泰州，南接长江，与常州德胜新河相对。这两条河都是漕船过江的辅助航道。后来由于镇江里运河在成化四年（1468年）开成，漕船可以径直渡过瓜洲，白塔河因江路险远而被舍弃。十三年曾重新开通白塔河，但不久又渐淤浅，漕河还是从瓜洲走。

在陈瑄以后，对淮扬运河的整治未曾间断。如正统三年（1438年）改高邮湖土堤为石堤，长425丈，景泰五年（1454年）休高邮湖堤岸30余里，成化元年（1465年）又修高邮湖堤岸30余里，弘治三年（1490年）刑部侍郎白昂开凿康济河，自高邮北杭家嘴至张家沟，长40里，两端与运河连通。

明朝万历二十五年（1597年），知府郭光开挖城南宝带河。新河自城南门二里桥河口起，折弯向西，在折向东，迂回六七里，形成著名的"运河三湾"，即宝塔湾、新河湾和三湾子。

黄河夺泗、淮后，由于泥沙淤积，筑堤束水，河床抬高，堤也抬高。到了明代，徐州一带，黄河河堤与徐州城墙高度相等。洪泽湖、高邮湖、宝应诸湖湖底以及运河河床亦随之淤高，水面高出高邮、宝应城墙数尺。黄河成为"悬河"，里运河也成了"悬河"。万历元年（1573年），修复和增筑里运河沿线的山阳（淮安）、宝应、高邮、仪征等地的平水闸。遇洪水时放水入里下河区。此外，还设捞浅夫多人和捞浅船多只，经常进行疏浚，以维系漕运。

3）清代淮扬运河的河道演变

清代改称淮阴（今淮安市）、扬州间运河，淮扬运河改称为里运河。清朝统治者为了解决黄河淤积和里运河水源问题，康熙二十三年（1684年）采取了"蓄清刷黄济运"策略。这就是在洪泽湖东岸，里运河之西，加筑高坝，广蓄淮河来水，增加水量，抬高水位，因为淮水含沙量小，所以叫做"蓄清"，一方面利用所蓄清水注入黄淮合流河道，冲刷河床中淤积的泥沙；另一方面又利用所蓄清水以济运河。

乾隆时期，苏北境内里运河，由北而南，经宝应、界首、高邮至邵伯镇后，分为二支，一支南行，经仙女庙又分支西行经湾头闸至扬州；一支西行南下，纳雷塘水经湾头闸至扬州。两支在湾头汇合后，经扬州城东南至扬子桥，又分为二支，一支行至仪征城东，南下入江；一支南下至瓜洲入江。

嘉庆时，扬州运河路线由南到北为，自瓜洲北行三十里到扬子桥，东北行六十里到邵伯湖，北行六十里抵高邮，再北行四十里至界首入宝应湖，又北经黄浦，由清江浦入淮。

（5）现代里运河

我国抗战胜利后，在伟大的治理淮河工程中，里运河也同时得到初步整治，后来又进一步治理，主要是改建洪湖大堤和运河东堤。现代里运河的主要功能是航运、灌溉和区域排涝。

洪泽大堤建于洪泽湖东南岸，北起武墩，南止蒋坝，长55公里，这条湖堤高于历史上是高洪水位3米，又在洪泽湖东南方入江水道的山河上端筑三河闸，控制洪泽湖水位。

里运河方面，从淮阴到邵伯一段建成运西大堤，与高邮、宝应湖隔开，淮河运河交叉在六闸附近，南北利用船闸交通。邵伯以南一段，仍和高邮、宝应湖相通。

里运河与苏北灌溉总渠在淮安城南相交，这里建了一系列的闸坝。在里运河东的灌溉总渠上，建有运东分水闸和船闸。分水闸除了控制淮安以东的放水量外，还控制放入里运河的水量，里运河除了通航外，还具有输水灌溉的作用。淮河以南的里运河上，也建有分水闸和船闸。

里运河北端清江市西的杨庄是里运河、盐河与淮沭河的交汇点，建有水利枢纽，包括清江大闸和清江船闸等建筑物。里运河的南端瓜洲古渡口，也建有新式船闸。里运河沿线其他河港如宝应、高邮也建有船闸。在江都还建有规模宏大的江都水利枢纽。

现在，里运河南段，从邵伯镇南，扬州市东北的湾头起，分两支入江：一支自湾头镇西行，至城北镇南下，穿扬州市区，西南经扬子桥梁、三汊河南下，至瓜洲渡口入江，这是古运河河道；一支自湾头镇南下，经施桥镇至六圩渡口入江。这是新开的河道，由三汊河往西，又有仪征扬州运河经仪征入江。

7. 江南运河的时空演变

（1）江南运河时空演变概述

江南运河是指从苏南到浙江段运河，主要包括长江以南、钱塘江以北的区段，即是现在的杭州—镇江段运河，从北到南途经镇江市、常州市、无锡市、苏州市、嘉兴市和杭州市6市，主线全长337公里。

江南运河的历史最早可以追溯到公元前11世纪，大致在春秋后期吴越控制时代开始，在当时的吴、越国之间，长江太湖流域开挖了太伯渎、胥溪、胥浦、百尺渎、吴故水道等早期区间运渠，秦始皇时期开凿的江南运河形成了江南运河的雏形，到东汉末年基本框架初步形成。六朝时期，在秦代江南运河的基础上，又开有荻塘、破岗渎、上容渎等运河；隋代时，隋炀帝对江南运河疏浚扩大，使京口（今镇江）—余杭（今杭州）的江南运河基本定型，南北大运河也因此贯通。江南运河总体水平岸阔，航道稳定，较之其他河段维护相对容易些，因此在唐宋元明清时期对江南运河的原有河道只是进行局部更易，运河疏浚整治，其基本路线和走向未发生大的改变。

归纳起来江南运河主要经历了三个发展时期：
①春秋时代：春秋时的太伯渎、胥溪、胥浦、百尺渎、吴故水道。
②秦代—隋代之前：秦台皇开凿江南运河，六朝时期又有荻塘、破岗渎、上容渎的开凿。
③隋代：隋炀帝对江南运河的开凿，至此京杭大运河江南段基本定型，在唐宋元明清又进行了局部改变、更易和疏浚整治。

（2）江南地区的古运河

江南地区自然河道纵多，水资源丰富，早在春秋时代甚至更早些时候，这里便已出现利用并加以改造自然河道形成人工运河，江南地区的古运河较多。早在公元486年，吴王夫差开邗沟之前，江南地区人们就开始了人工运河的伟大尝试，该地区产生了最早的运河，主要集中在长江以南钱塘江以北的江南局部地区，如太伯渎的开凿可以上溯到公元前11世纪。

1）太伯渎

公元前1122年由周国前来太湖平原创建吴国的太伯开凿太伯渎，是3100年前江南开挖的最早的河道。

"太伯渎"一名"伯渎港"，简称"伯渎"，它是沟通今苏州和无锡之间的河道，目的是为泄洪与灌溉，"备民之旱涝"，太伯渎是我国历史上第一条人工开凿的运河。宋代《江苏水利全书》记载："征诸历史，最古为太伯渎。西起无锡清明桥，东至吴县蠡湖，全长87里，广20丈，梅村居其中。"太伯渎东起今无锡羊腰湾运河，向东经今坊前、梅村、鸿声、荡口等地，入无锡和吴地（苏州）交界处的鹅肌荡与蠡湖，全长87里，宽2丈，是现在运河的一条重要支流。

2）堰渎

堰渎又称胥溪，公元前506年开凿，东连太湖，西入长江，清朝《四库全书》卷六禹贡锥指："胥阜春秋时，吴王阖庐伐楚，用伍员计，开渠以运粮。今尚名胥溪及傍有伍牙山"。清朝《四库全书》卷二三吴水考记载："胥溪，固城湖在丹阳湖东，广四十里，界高淳。当涂宣城三县银林河在高淳县东三十里，西通固城湖，东通溧阳之升平湖，长五十余里。即伍子胥所开运河以通伐楚饷道者，又名胥溪。"

当时，吴王阖闾伐楚，使伍子胥开堰渎运粮。因为楚都在江北，吴都在江南伐楚要过长江，作为长江支流的水阳江，在江苏省高淳县与东坝之间有一高埠，所以水阳江与荆溪不通。要想使江溪相通，就必须凿开这个高埠，用一条人工河道东连太湖，西入水阳江，从水阳江直接进入长江，过江河可经江北濡须口入淮，这样吴国兵师便可以从姑苏沿堰渎到长江，过江伐楚。

3）胥浦

吴王夫差于周敬王二十五年（公元前495年）命伍子胥开凿了胥浦，目的是对付越国，这条运河西起太湖，东通大海，利用太湖泄水道疏浚而成，从而沟通了吴国的海运通道。

胥浦自太湖长泖，接界泾，向东开挖，纳惠高、彭港、处士、沥渎等主要河流，约在今上海金山与浙江嘉善间，经过淀山湖、泖湖东流入海，它是利用天然河流的基础上开挖而成的，是一条斜向的主要河道。

4）百尺渎

百尺渎又称百尺浦，是一条沟通吴、越之间的渠道。在《越绝书》卷二《越绝外传记·吴地传》记载:"百尺渎,奏江,吴以达粮",在今浙江杭州萧山东北河庄山侧(原钱塘江北岸。宋元以后钱塘江渐徙而北,其山遂隔在江南)。由吴城(苏州)通向古钱塘江北岸,达于今浙江海宁县境内。大约开凿于吴越争霸前期,公元前495年越王勾践伐吴,吴师败于檇李(在今浙江嘉兴南江南运河侧畔)。次年(公元前494年)反为吴王夫差所败于夫椒(在今绍兴西北,钱塘江南岸)。此次越王勾践北伐吴国所循路线当由百尺渎北上至今崇德,然后循江南运可一线北上,入于松江、太湖。

5) 吴古故水道

《越绝书》卷二《越绝外传记·吴地传》记载:"吴古故水道,出平门,上郭池,入渎,出巢湖,上历地,过梅亭,入杨湖,出渔浦,入大江,奏广陵。"吴国国都在今江苏苏州。平门为吴都北门。郭池当为吴都护城河之类,渎即太伯渎。巢湖即漕湖。历当是指历山山麓,《汉书》卷二八《地理志》写:"无锡,有历山",《咸淳毗陵志》卷十五云:无锡"历山,俗名舜山",在今无锡西南。梅亭在无锡。杨湖即无锡、常州间阳湖。渔浦即今江阴以西利浦。大江指长江,广陵即长江以北扬州。按此,吴古故水道应自今苏州西北行,穿过漕湖,逆太伯渎与江南运河而北,再经阳湖,于江阴利浦出长江,以达扬州,大约邗沟以前或者同期开凿。

6) 常州府运河

常州府运河应该也是春秋时期所开掘,它从吴都(今苏州)出发,流向西北,经过现在的浒墅关、望亭,绕无锡城东,再经今常州西北,经奔牛,至孟河入江,共长170里。可能是由于奔牛以西已属宁镇丘陵地带,阜高岗耸,不易再开挖,故从孟河入长江。现在一般认为,这条运河的若干段落是大运河在江南段的始基。

(3) 秦代江南运河的形成与演变

秦始皇统一天下之后,在加强对江南地区控制的过程中,在春秋吴古故水道和百尺渎的基础上,进一步开浚了江南运河,先由镇江开运河,东经丹阳与原来的吴国故水道沟通,直到苏州。又将苏州至钱塘江的百尺渎改在杭州附近入江,使江南运河初步形成。

公元前210年,秦始皇在丞相李斯、中车府令赵高的陪同下做最后一次出游。在镇江使赭衣(囚徒)三千人凿"丹徒曲阿",也就是开凿云阳(今丹阳)以西至京口的大小夹岗,以通河道,因云阳至京口水位落差太大,便把直道改成曲渠以便通行,并把云阳改成曲阿县。又因是命令赭衣囚徒开凿此河,故把春秋的朱方邑叫做"丹徒"。至此,春秋战国尚未开通的徒阳河段初步开通,这是江南运河镇江段的滥觞,使江南运河的通江口西移至京口。

秦代运河,北起镇江西北京口港与长江相接,东南经丹徒、丹阳、吕城、奔牛、常州、无锡、望亭、苏州、吴江、平望、嘉兴诸城镇,折向西南,再经崇德、长安、临平,循今上塘河至杭州城南通于钱塘江,江南运河至此贯通。

秦代江南运河形成以后,六朝时期又有进一步的发展,其中以荻塘、破岗渎、上容渎最为重要。

1）荻塘运河

荻塘运河是东晋永和年间345年到356年开通的，它是江南运河向浙西山区的伸展，西起浙江湖州南，东至江苏平望。《太平寰宇记》卷九四"湖州乌程县荻塘"条曰："荻塘，在州南一里一百步。"《吴兴记》云："晋太守殷康所开，傍溉田千顷。"又曰："其塘西引雪溪，东达平望，南望官河，北入松江。"殷康以后，太守沈嘉又重开之。荻塘南望官河，北入松江，是江南运河交通湖州的重要航道。

2）破冈渎

破岗渎东起今江苏丹阳西南延陵镇西，西至句容东南，沟通句容东南赤山湖与秦淮河，是江南运河间建康（今江苏南京）的延伸。赤乌八年（公元245年），吴大帝孙权令陈勋开。晋代张勃《吴录》云："句容县，大帝时，使陈勋凿开水道，立十二埭，以通吴会诸郡，故舸行不复由京口。"唐代许嵩《建康实录》卷五记载更为详细：赤乌八年，吴大帝"使陈勋作屯田，发屯卒三万，凿句容中道，至云阳西城，以通吴会船舰，号岗渎，上下一十四埭，通会市，作邸阁。……其渎在句容县东二十四里，上七埭入延陵界，下七埭入江宁界。于是东郡船舰不复行京江矣。"京江即长江，因流过京口而得名，它从今丹徒县宝埝镇出发，东注香草河，与江南运河相接，经今南唐庄、吕坊寺、鼉龙庙、毕墟村、何庄庙、小其，西入句容南河，再接秦淮河，经运渎至太内，这条运河是破山冈而建，故名破冈渎。

3）上容渎

南朝萧梁时，破冈渎废，在句容县东北句容河、洛阳河之间另开上容渎。"上容渎，在句容县东五里，顶上分流：一源东南，流三十里十六埭入延陵界；一源西南，流二十六里五埭注句容界。上容渎西流入江宁秦淮"，也是江南运河向建康的延伸。由于破冈渎在山梁上凿出，水流受到限制，不能满足当时都城建康物资供应的需要，为缓解运输的紧张，梁武帝在破冈渎的北边开了一条上容渎，此渎从行午，经太平庄至句容声码东。由句容声码东至五里岗，分成两道：一道向东南流20里，与句容河相接；一道向西南接洛阳河，长25里。上容渎由句容河接秦淮，全河长50余里。由于冈高坡陡，整条河上筑有21个埭堰，平均2.6里就有一座埭堰，其密度在当时堪称第一。上容渎的修建减轻了破岗渎的压力，缓解了太湖流域与建康间的交通紧张。南朝陈时上容渎又废，再修破冈渎。隋朝建立以后，建康（今江苏南京）不再作为国都，江南运河恢复由京口入长江，破冈渎最终被废。

4）浙江运河

浙东运河是江南运河向浙东地区的延伸，自西兴至宁波，长400多里。春秋越王勾践时期似乎已有局部旧道，西晋永康元年左右，会稽内史贺循主持疏凿了一条由西兴钱塘边向东，经萧山、钱清、柯桥至会稽郡城的漕渠。漕渠东出郡城都赐堰，又可循鉴湖直至曹娥江边。曹娥江东至余姚江通明坝有四十里河，据说也是贺循主持开凿，沟通余姚江，从而形成沟通钱塘江、曹娥江及浙东地区的运河。

浙江运河指钱塘江与余姚江之间几段互相连接的运河，因地处浙东，故得浙东运河一名。它北起钱塘江南，经西兴镇到萧山县城，又向东南至钱清镇与钱清江交会，又东南经绍兴城，东折至曹娥镇与曹娥江交会，曹娥江以东起自梁湖堰，东经上虞县（丰惠镇），至通明连接姚江，并经姚江经余姚、慈溪（慈城）、宁波、会奉化江后称甬江，又北至镇海入海。由于钱清江、曹娥江等潮汐河流切穿于浙东运河之间，历史上整条运河设有西兴、钱清北、钱清南、都泗、曹娥、梁湖、通明等七堰。船舶小者，可候潮牵挽而过；大者必须盘舟，航运极费周折。《嘉泰会稽志》卷10正所谓"三江重复，百怪垂涎，七堰相望，万牛回首"。

通明以东的一段，即姚江和甬江，乃天然河流，不能算作浙东运河河道，真正算得上浙东运河的应该是从钱塘江到通明一段，这一段约为250里。

（4）隋代—宋代江南运河的演变

隋朝的江南河，唐朝时称为官司河，宋朝称为浙西运河。隋朝灭亡以后，唐朝依然建都关中，以长安为国郡，洛阳为东都。唐宋对江南运河的治理，主要表现在设置堰闸节水济运、改变入江口以及导水进河等方面。北宋虽东迁开封，但也在华北大平原的西部边缘。所以对南北大运河极为重视，屡加整治，充分发挥发隋朝南北大运河的功效。

1) 隋代江南运河的开凿

隋代江南运河开凿于炀帝大业六年（公元610年）。在《资治通鉴》卷一八一记载：大业六年，"敕穿江南河，自京口至余杭，八百余里，广十余丈，使可通龙舟，并置驿宫、草顿"。京口即今江苏镇江，余杭即今浙江杭州。隋开皇九年（公元589年）置杭州，治余杭县（今浙江杭州区余杭镇），次年移治钱唐县（即今杭州），又一年，依凤凰山筑州城，然杭州州名始终未变。隋炀帝改州为郡，杭州改名为余杭郡，郡治仍在钱塘，故《资治通鉴》称为"自京口至余杭"。

根据唐代李翱《来南录》和南宋陆游《入蜀记》、周必大《南归录》与《奏事录》等记载，其时江南运河的行经路线为，北起镇江西北京口港而与长江相接，东南经丹徒、丹阳、吕城、奔牛、常州、无锡、望亭、苏州、吴江、平望、嘉兴诸城镇，折而西南，再经崇德、长安、临平、循今上塘河至杭州城南通于钱塘江。基本因循秦始皇时代形成的江南运河，但是规模已大为改观。按《资治通鉴》记载，江南运河"广十余丈，使可通龙舟，并置驿宫、草顿"。以隋制估算，"广十余丈"则河宽自然在20米以上。河深虽没有说，但既然要求"使可通龙舟"可见深度应该也不一般。

2) 唐代江南河的河道演变

江南运河在唐代称为官河，江南运河南段杭州城内部分相当今中河、龙山河，沟通钱塘江的口子在杭州城南、钱塘江北岸闸口一带，水源取给于钱塘江。钱塘江为潮汐性河流，唐宋时期，由于长江流域开发加速，进入杭州湾的泥沙也随之增加，并在潮汐作用之下，大量淤积于杭州城下，影响了运河水源。唐长庆二年，杭州刺史白居易治理钱塘湖（即西湖），"修筑湖堤，高加数尺"，湖水经石函、下湖进入上塘河，即运河，解决了运河航运与农田灌溉的水资源之争。五代吴越国天宝三年，吴越王钱镠于运河入钱塘江口"置龙山、浙江两闸,以遏江潮入河"。所谓"遏江潮入河"即阻遏钱塘江泥沙随潮进入运河。同时于上塘河南口接挖了茅山河直通钱塘江。

江南运河南段杭州以北今浙江省境内部分,为了保持上塘运河河水不致走失,唐朝在今海宁西南长安镇创设了长安闸。除了上塘河主航道外,武则天天授三年(公元692年)下诏钱塘、於潜、余杭、临安四县"租税纲运"径取东苕溪北运,开辟了东苕溪航线。由湖州至平望的荻塘,唐开元中期乌程令严谋道、广德中刺史卢幼平、元和中刺史孙储等先后进行了浚修,以保持航运畅通。

江南运河中段水源取给于太湖,太湖原由古三江东流入海,由于长期以来太湖平原处于沉降状态,而沉降中心就在太湖及其周围一带,使得太湖及其周围一带地势低洼。同时由于海岸线的不断向东扩展,三江系统相继淤塞,太湖因此排水不畅,湖面日益扩大,还在唐初,苏州至平望一带即被太湖水体所占据,运河已无河形。为了便于舟行牵挽和避免太湖风涛之险,元和五年堤松江为路,筑成了运河西堤。

江南运河北段所处地势高昂,自西北向东南倾斜,河床坡度较大,河水易泄难蓄,其河口段水源给于长江江潮,长江江岸的变迁直接影响运河。长江原由镇江、扬州之间入海,江面辽阔,北抵蜀岗脚下,南抵北固山麓,呈喇叭形向外展开,潮水原本足以由京口灌入运河。隋时,北岸已南移至扬州城南扬子桥,潮水逐渐减弱,但由于当时运河经过重新浚治,已较原来深阔,潮水仍可由京口进入运河。到唐代中叶,长江口下移至今南通、常熟之间,扬子桥以南的瓜洲迅速扩大并与北岸连接,江面由原来的40余里缩减为18里,潮位也越益低落,运河京口水源遂感缺乏。为了节制水流,防止走泄,唐开元二十二年,创立了京口埭,至德年间兴建了望京堰,永泰元年又重新浚治了练湖,"湖水放一寸,河水长一寸",以蓄水济运,元和八年对常州以西的孟渎故道进行了疏浚,引江水南注通漕。

3)宋代江南运河的河道演变

隋代的江南运河历经唐代官河的演变,到北宋时杭城已形成盐桥河(今中河)、茅山河(中河以东)两条运河。

元祐四年(公元1059年),杭州太守苏东坡继白居易之后又一次大规模治理了西湖,由涌金门引湖水入城中盐桥河,同时又疏浚了盐桥河、茅山河,并在钤辖司前(约今城南过军桥一带)即两河的南端连接处创置一闸,每遇潮上,则暂闭此闸,令龙山浙江潮水径从茅山河出天宗门。候一两时辰,潮平水清,然后开闸,放江水进入盐桥河,以减少盐桥河淤塞并保持畅通。而当时茅山河一带入户稀少,即便清淤,不为人患。南宋时,龙山河因邻近皇城而禁通船只,浙江闸(今杭州江干三郎庙一带)遂成为运河与钱塘江之间唯一的船只出入口,江上船只"南自浙江跨浦桥北,自浑水闸、萧公桥、清水闸、众惠桥、锣木桥、朱家桥,转西由保安闸至保安北门入城"。茅山河已经埋塞,菜市河(今东河)代之以起,与中河同为主要运河。同时又有市河(俗呼小河)、清湖河等河道,构建成运河交通网。

南宋淳祐七年(公元1247年)大旱,上塘河不通,杭州府尹赵与筦凿渠引东苕溪自余杭塘河入注入西湖,又开奉口河自奉口(今杭州余杭奉口)引东苕溪东南达北新桥，漕舟改走奉口河与下塘河（南起古板桥，西北过祥符镇入余杭境，称西塘河，又经勾庄、良渚、北至安溪上纤埠接东苕溪，又名宦塘河）。

北宋庆历二年（公元1042年）在唐代塘堤的基础上，又重筑长堤八十里于塘堤之东，"为渠，益潜运"，运河遂与太湖相隔而成为河。

在堰闸设置方面，宋代改唐代的京口埭为京口闸，为了进一步丰富水源，于京口闸东开凿了新河、鳝鱼港、海鲜河、甘露港，又于京口闸西开凿了蒜山漕河，作为京口辅渠，引江水济运。

（5）元代—清代江南运河的演变

元代形成了贯通南北的京杭大运河，京杭大运河全线贯通，它的路线也基本定型，江南段运河也是如此。

1）元代江南运河的河道演变

元代江南运河的定型。同前朝的运河线路相比，元代江南运河未发生大的变化，只是对原先的江南运河、浙东运河等河段进行局部整治。

元代江南运河的河道演变。江南运河自南宋禁止龙山河通航以后，龙山河河道渐淤，"自浙江亭南至龙山插约十五里，粪圵填塞，两岸居民间有侵占"。元朝，经江浙行省令史裴坚建议，行省丞相脱脱主持疏浚了龙山河，延祐三年（1316年）三月动工，四月工毕，浚河9里326步，造石桥8座，立上下两闸，"公私大便"。至正六年（1346年），脱脱之子达识帖木儿任行省平章，又进行疏浚，"舟揖虽通，而未达于江也"。延祐三年，脱脱同时也主持浚治了跨浦桥（今江干三郎庙）入江口段运河。其时，大致主要以跨浦桥河段通舟楫，而龙山河为运河引钱塘江水源之引河。

江南运河北段也称为镇江运河，它的水源练湖，在延祐、至治年间，先后进行了浚治。

2）明清江南运河的河道演变

元朝末年张士诚疏浚了江南运河自余杭塘栖武林港至杭州北新桥、江涨桥的新运河，河广20余丈，开辟了江南运河进入杭州的又一条径直、宽广的新航道。明洪武二十五年（公元1392年）朱元璋还下令崇山侯李新全线疏浚镇江、常州、苏州、松江、嘉兴、湖州、杭州等地运河，修建闸、坝。

到了清朝，在《清史稿》卷127《河渠志》这样记载清朝时的江南运河："京口以南，运河惟（丹）徒、（丹）阳、阳（湖）、武（进）等邑时劳疏浚，无锡而下直抵苏州，与嘉、杭之运河，固皆清流顺轨，不烦人力。"运河河况一直较好，当然，所谓"不烦人力"只是相对而言，为了维持无锡至杭州运河的通航，地方政府也屡兴工役。

江南运河杭州城南入江（钱塘江）口仍为跨浦桥、龙山河两处。跨浦桥河段，洪武五年（公元1372年）行省参政徐本等"开河增闸"，进行了治理。龙山河，"洪武七年，参政徐本、都指挥使徐司马以河通窄隘，军舰高大，难于出江，拓广一十丈，浚深二尺，仍置闸限潮，舟楫出江为始便"，其后又"以河高江低，改闸为坝"，清朝康熙、雍正及其后来统治者都对江南运河进行了整治。

（6）现代江南运河

新中国成立以后，党和人民政府十分重视运河的综合整治，把保护和利用千年运河当作了一项重要国策。1958年成立大运河建设委员会，由交通部长、建设部长及苏、浙、鲁、冀4省副省长任委员，交通部长任主任委员，拟定了整治运河的方针和计划，有关省市成立大运河工程管理局及大运河工程指挥部，开始进行全面整治。

首先是江河沟通，京杭运河与钱塘江沟通，一是船舶通航，一是济运水源。历史上以五代两宋效益显著，此后渐衰，明代后期以来，运河已不通钱塘江。党和政府十分重视江河沟通工程，20世纪50年代即行勘查规划，70年代完成设计，80年代竣工。从此，结束了江河阻碍的历史。

沟通工程于1983年11月正式开工到1988年12月竣工，共历时5年，开挖土方300万平方米，拆迁民房千余户，拆迁单位70家，共计7万多立方米，1989年1月首次试航成功。赵朴初为工程题书"双流奇汇"，刻碑竖立于江河交汇处，从此实现了京杭大运河与钱塘江两大水系的直接通航，运河全长增至1801公里，扩展水运直达距离400公里，形成了以杭州为中心的水运网，京杭运河、长江、钱塘江、浙东运河、曹娥江、甬江几大水系连通起来，完成了江、河、海运的衔接，有利于转运货物、节约能源、降低成本、促进杭州、浙江乃至华东地区经济的发展。

不仅是江河沟通，还有疏浚拓宽运河，元末以来的京杭运河浙江航行，即由江苏平望至杭州段，形成了东、中、西3条干线航道，其中东线经嘉兴、石门、崇福、塘栖、武林头至杭州，长108.6公里，西线经震泽、湖州、菱湖、德清，至武林头与东线合，长130.2公里。20世纪50年代初为航运畅通，对运河浙江段全线疏浚，其中武林头至塘栖段，疏浚多次，60年代，运河杭州段实行机械疏浚。余杭对堤塘工地段实行抛石护岸工程。投资62万元，再次疏浚乌镇市河，挖土55万立方米，拆桥8座，建桥5座。70年代，对德胜坝至良山港5公里河段进行疏浚拓宽。80年代，建成运河与钱塘江沟通工程，新开航道5.56公里。经过疏浚拓宽、裁弯取直、清除河障，一般河宽45米到70米，最宽处达90米，河底高程—0.9米至—0.5米，河底宽10米到20米，水深2.0米到2.5米，全年可通60吨级到100吨级船只，部分河段已提高到300吨级。

近年来，随着城市建设的发展和深入，江浙地区各级政府高度重视江南运河的整治，采取了一系列切实有效的政策措施，并初步取得可喜成绩，主要表现为以下两方面。

一是整治内河，城市建设的发展、陆路交通的畅通、环境污染的严重，逐渐淡化了杭州城内原有河道运输、泄水、饮用功能，不少河道业已淤塞、埋没，但尚存的河道仍起涝时泄、涸时蓄的作用，因此，依然需要及时浚治城内河道。

二是编定计划，采取沟通钱江、两岸驳坎，疏通清淤，截污处理、引水配水、绿化美化，拆违迁厂等综合整治措施，运河水质和两岸景色有很大改观。从景观设与历史遗存保护开发相结合的高度出发，杭州市有关部门编制了2005年到2010年，运河综合整治与保护开发总体计划,该计划将围绕运河八大工程:水体治理、路网建设、绿化景观、文化旅游、商业贸易、夜景灯光、居住休闲、河岸整治等工程展开。

8. 京杭大运河的时空演变

元代京杭大运河在隋唐南北大运河的基础上在山东境内先后开凿了先后挖通了东平到济宁的济州河、山东临清到东平的会通河、北京到通县的通惠河,与原隋南北大运河河段相连接,形成元代京杭大运河,将南北大运河"裁弯取直",不再绕道洛阳,由杭州直达北京,大幅度缩短了隋代南北大运河长度。

明清两代以及近现代大致上还是沿用元代时的京杭大运河,只是在部分河段上有了一些改动,例如明代时开凿了南阳新河,清代时开凿了中河,而近现代,更多的是对尚存运河的疏浚与维护。

前面已分段介绍运河时空演变之后,本节附上"京杭大运河时空演变示意图"(见附图一),包括与隋南北大运河重叠部分(北京至临清段和淮安至杭州段)在时间和空间上的变化。示意图分索引图与详图。索引图是对后面详图的整体说明,包括大运河形状、图例以及旋转部分划分的情况。详图分为上下两部分,上半部分展示的是大运河流经的路线,以及周边河流、湖泊等水系情况,还包含重要铁路等信息,并且将大运河沿线的部分文化遗产点分级表达,以形状区分类别,以颜色区分等级;下半部分以遥感影像作为底图,表述京杭大运河的整体走向并分为七段依次通惠河、北运河、南运河、会通河(鲁河)、中河、淮扬运河、江南运河,京杭大运河河段保存较好,虽然它在山东济宁以北的河段在已经不能通航,只有济宁以南河段还在通航,但是现在基本都还在地表,遥感图上用实线表示,遥感图上标有运河沿线省市等,整体更加直观、清楚。

10.2　隋代京杭大运河(南北大运河)时空演变

隋代京杭大运河史称南北大运河。公元605年至公元610年期间,隋炀帝先后完成了4条大运河,分别是从海河到黄河的永济渠,1000余公里;沟通黄河与淮河之间的通济渠,全长约600多公里;沟通淮河与长江之间的邗沟(山阳渎),全长约300里;连接京口至余杭之间的运河形成江南运河,全长340多公里。隋炀帝开的永济渠、通济渠、邗沟(山阳渎)、和江南河4条运河,大致首尾相连,航道标准基本一致,从南到北一路畅通,全长约2700多公里,构成南北大运河,它改变了隋朝以前,春秋、战国以至秦汉、魏晋等朝地区性运河为主的局面。

永济渠、通济渠、邗沟(山阳渎)和江南河4条运河开通成功后,便形成了一个以洛阳为中心,西通关中盆地,北达河北平原,南至太湖流域,流经今京、津、陕、豫、冀、鲁、皖、苏、浙9个省市,全长2 700多公里的运河系统,史称南北大运河,它标志着我国运河工程进入了新的历史时期。

南北大运河沟通了钱塘江、长江、淮河、黄河和海河五大水系,把中原地区、江淮地区和河北地区紧密地联系起来,它是历史上一项伟大的水利工程,利在千秋万代。南北大运河带来了唐宋两朝的繁荣发展。

后经元代的截弯取直,将隋朝开通的南北大运河从北京→洛阳→杭州这个形于"弓箭之弓"的线路,变成线路由北京→杭州形于"弓箭之弦",形成京杭大运河。南北大运河与京杭大运河路线重叠的空间范围为北京至山东临清段和江苏淮安至杭州段,10.1.8小节对京杭大运河全线的时空演变都已做了详细介绍,所以重复河段在此不再赘述。本节将主要详细介绍南北大运河中由京杭大运河舍弃的河段,这些河段恰为原南北大运河永济渠南段部分以及通济渠的部分河段,本节将阐述它们的时空演变。

1. 永济渠的时空演变

永济渠完成于隋大业七年(公元611年),南起河南的武陟,北至涿郡蓟城,全长1000多公里,宽170尺,深24尺。永济渠是京杭大运河在中原地区以北的主体部分,同时也是南运河的基础部分。永济渠经过隋朝的开凿,唐宋繁荣时期的治理修浚及逐步的淤没。

隋炀帝大业四年(公元608年)在黄河以北开凿永济渠,它成为南北大运河的北翼部分。《资治通鉴》卷一八一载:"大业四年正月,诏发河北诸军百余万开永济渠,引沁水南达于河,北通涿郡。"大业四年(公元608年)正月,正值中国北方天气寒冷,隋炀帝为了向高丽发兵,通东北漕运,迫不及待地诏发河北诸郡男女百余万人开凿永济渠,引沁水南入黄河,北通涿郡(隋代涿郡治蓟,在今北京西南郊外)。沁水源出于山西省沁源县北绵山东谷,向东流到河南省武修县境入于黄河。这项工程就是凿通沁水下游,使它在南入黄河的地方与通济渠相接通,即黄河的西岸,此岸为沁水入河口,对岸为通济渠入河口。所谓"引沁水入河",凿通沁水下游只是沁水入河的一项内容,它还包括通过人工凿渠,引沁水流到今河南武陟县境内,使沁水与淇水沟通,再疏导和利用三国时期曹操所开凿的白沟,经河南内黄、山东馆陶(现属于河北邯郸)、临清(今河北省临西)、清河、德州、东光,再经过青县以北,到达独流镇,又利用和进一步开凿了曹操所开凿的平虏渠故道,使之畅通,再折向西北,过河北廊坊永清县与桑干水(隋以前称为漯水)相接直达涿郡治所蓟县(今北京)。永济渠是隋代南北大运河系统中的北部干渠,足足用了3年时间才竣工,全长1 000多公里,它开通之后,便可以从长江直达涿郡,沟通长江、淮河、黄河和海河。

隋朝完成了永济渠的开凿,唐朝时主要对永济渠进行了渠首改源、防治洪涝和扩建,永济渠的路线并未有明显改变。

隋炀帝开凿的永济渠以沁水为渠首水源,而沁水泥沙含量大,极易淤塞,这样会影响永济渠的通航。为了解决这个问题,唐朝将永济渠改为以清水和淇水作为渠首的水源,将渠首从沁口东移到淇口。

永济渠流经河北平原时,每遇汛期经常会受到该地区河水泛滥的影响,以致通航困难。自唐高宗到玄宗的近百年时间里,唐朝采取了很多防洪措施,包括修筑堤防和蓄水滞洪,为了排泄超量洪水,还开挖了多条人工支渠,是为减河。唐高宗永徽元年(公元650年),重开无棣沟,它西起南皮县以西的永济渠,流向东南,饶安县城南，到无棣城东南，再流向西北入海；武后久视元年（公元700年），为防止黄河下游洪水对永济渠构成威胁，重新开凿马颊河，取名新河，用来泄洪入海；另有浮水，原为汉时从黄河下游分流出来的一条派，从东光县南向东北流至浮阳县（即沧州）以东入海，唐朝时将它的西端与永济渠相通，用以泄洪；《新唐书》卷三十九《地理志》景州·南皮县下记载："古毛河自临津县经本县入清池县，开元十年开"。唐开元十年（公元722年）开凿了毛河，将流入永济渠的洪水泄入渤海；开元十六年（公元728年）开通了通阳河，一头通永济渠，一头通毛河；开元中期开通了靳河，它自安陵进入浮水以泄洪。

唐朝还在永济渠的渠东西两侧平原地区增开了一些大小支渠以用来通漕或者灌溉。比较重要的支渠有6条：

①魏州西渠：唐高宗永徽年间（公元650～655年），魏州刺史李灵龟在魏州城西开通了一条运河，原来魏州与永济渠只是相临，并不相通，水运仍不方便，这条运河开通后，县城与永济渠之间紧密相连，这样永济渠南来北往的漕船、商舶也给魏州带来了商机和繁荣。到了唐玄宗开元二十八年（公元740年），魏州刺史卢晖对这段运河进行了重开，将永济渠自石灰窠引流至城西注魏桥，称为西渠。魏州西渠极大地促进了该地区的经济发展，在唐开元、天宝年间，魏州舳舻辐辏，物资荟萃，已经发展成为南北水运交通的枢纽和商品、粮食的集散地。

②张甲河：张甲河原是西汉黄河分支屯氏河的一个派流，逐渐演变为漳水的一条派流，河身淤浅加上含泥沙量较大，不能通航，每当洪汛期还会泛滥成灾。神龙三年（公元707年），姜师度（河北道监察支度营田使）发动民众对它进行疏浚加深，改造后的张甲河南起洺州县南的漳水，沿永济渠西侧向东北方延伸至景州东光县境内注入永济渠，成为永济渠的辅助航道。

③长丰渠：在今河北省河间市，唐时为河间县，先后现两条长丰渠：一条位于城北，贞观二十一年（公元647年）由刺史朱潭开；另一条是开元二十五年（公元737年）刺史卢晖所开，西起滹沱水，向东北流，经河间县、束城县、平舒县后到今静海县一带注入永济渠，这条长丰渠用于灌溉和通漕。

④沣水渠：昭庆县即象城县（今河北省北隆尧县东）的东南处有一大面积的大陆泽，有漳水流过。唐高宗仪凤三年（公元678年），李玄开凿了沣水渠，通过漳水通向大陆泽，改善象城县对外的交通运输条件。

⑤通科渠：开元四年（公元716年）鱼思贤开凿了通科渠，从任丘县向西，穿越滹沱水和淀泊之间，往西通向滱水，宣泄淀泊群的洪水，同时又沟通滹沱水与滱水，便于漕运。

⑥平虏渠：唐初为防御生活在北方边境地区的少数民族的侵扰边境，朝廷在幽州和营州等地派重兵把守，因此需要不断地从南方运输军用物资和粮食。而当时永济渠以北的鲁城到现在的天津一段并不通航，海上运输，风险较大。神龙初年（公元705年），姜师度大致按曹操当年远征乌桓开凿的平虏渠方位也开凿了一条平虏渠，与永济渠北段相通，用以漕运。这条新开的平虏渠的位置确切是在沧州北部的鲁城县境内，今河北黄骅市境的西北部。

永济渠经过唐朝的治理，两侧增开的运河以永济渠为骨干，河北地区水运四通八达，漕运更加便捷，通向粮食产区和产盐基地。

自唐安史之乱后直到唐末，永济渠所在地区被藩镇割据，有关运河的通航状况鲜有记载。后周时，世宗亲率水陆大军伐契丹，是循永济渠直入河北沧州，可以看出沧州以南的永济渠还是通畅的。后周世宗在治理黄河决口的基础上，也对永济渠进行了一定规模的治理，显德四年（公元957年），他下令疏浚永济渠南段的五丈渠运河，五丈渠也称五丈河，因河宽五丈得名，它西起开封，东止梁山泊。周世宗主要治理了五丈渠的下游，涉及曹州、济州和梁山泊，其中梁山泊是由曾经水域辽阔的巨野泽演变而来，曹、郓、济三州濒于梁山泊。五丈河疏通后，舟船就可以通过梁山泊进入济水，到郓州，再经一段陆运到达青州。

永济渠北段堤防局部受到破坏，周世宗为了利用永济渠北征契丹，在显德六年（公元959年）对它进行了整治，《资治通鉴》卷二百九十四《后周纪五》记载："夏四月庚寅，韩通奏：自沧州治水道入契丹境，栅于乾宁军南，补坏防，开游口三十六，遂通瀛、莫"。当时韩通从沧州到乾宁军（今河北青县）以南这段进行了修补，还开凿了三十六游口。游口是用来渲泄汛期洪水的泄水口。瀛州治所在今河北河间县，莫州治所在今河北任丘县，韩通修治沧州以北的永济渠便可顺流而下，转入白沟河，通到瀛州和莫州。周世宗的水军正是按此路线，在攻打契丹中取得了胜利，占领了契丹的莫州和瀛州。

北宋时，永济渠称为御河，此时它的上源已与沁水隔绝，而以卫河为源，自卫州（今河南省汲县）以下可以通航三四百石重量的船只，下游与漳河、滹沱河汇合，水量增加，但常受黄河决溢的干扰。金代仍然利用它漕运。

元代开济州河、会通河京杭大运河正式形成，永济渠到临清后不在走原来的路线而是直接接会通河，而不再绕到洛阳。这样从天津到临清的永济渠河段被称为南运河，也称为卫河，而从天津向北到北京一段则有北运河和通惠河。而临清以南到武陟段的永济渠已不再通航，只是作为对南运河水源的补给。

各朝代治理永济渠的目的都是为了发展漕运，直到清光绪年间，依靠卫河水运可直达天津海河。明清时期，凡漕粮进入天津、芦盐入汴，都经由此道。卫河上下，船桅如林，航运繁忙，北京城内所需的物资，除江南海运或运河漕运之外，多由黄河漕运转淇门入卫河抵京，卫河对中国北方地区的经济发展发挥过重要作用。

现在除卫河占压的原御河（永济渠）地段外，地表已很难发现永济渠的踪迹，现在卫河北段仍为地上河，内黄至临清之间有大片沙岗和淤地，这是北宋以来黄河洪流泛滥留下的，也是永济渠淤没的主要原因。

2. 通济渠的时空演变

通济渠是沟通黄河与淮河的一条运河，是隋炀帝所开运河中最早的一条，全长约1300里。通济渠也一样，隋朝利用先人们的区间运河开凿而成，经过唐朝的治理维护，到元朝之间淤塞。历经隋、唐、五代、宋、辽、西夏、金、元8个朝代，通航了720年。

公元605年，隋炀帝登上帝位，将都城从长安迁至洛阳，史称东都。隋炀帝从即位时起，他就大力推进以东都洛阳为中心、贯穿南北的大运河工程。大业元年（公元605年），隋炀帝发河南、淮北诸郡男女百余万，开凿通济渠，该渠自西苑引谷水和洛水到黄河，再从板渚引黄河通于淮河。通济渠分东西两段，西段从洛阳到黄河；东段从黄河到淮河。

通济渠西段从东都洛阳西苑开始，西苑在洛阳西郊（今洛阳市涧西一带），由此引谷水和洛水，沿东汉张纯开的阳渠故道，渠穿洛阳城南，东经偃师县到巩义市洛口入黄河。阳渠是东汉为解决洛阳供水及联系黄河、洛水的水源问题于建武二十四年（公元48年）在洛阳城西开凿的运渠。《后汉书·王梁传》："王梁为河南尹，穿渠引榖水至洛阳城北，渠水东接巩川。"这条运渠引洛水一支绕城向东流，中途纳谷、瀍二水，到偃师后又进入洛水以通漕运，当时称阳渠。使山东漕船可以由黄河进入济水，经阳渠直接到达都城。阳渠的故道线路成为通济渠的西段，通济渠西段作用，是解决从黄河到洛阳的水上运输。

通济渠的东段，是自板渚（今河南省荥阳县西北）引黄河水进入汴渠故道，接着从浚仪（今河南开封）起别出，与古汴渠分道，折向东南，经今杞县、睢县、宁陵到商丘县东南，在商丘以下经路线部分利用睢水、蕲水，经今夏邑、永城、宿州、灵璧、泗洪，到今盱眙县境内的古泗州城入淮河，由淮河东行近200里，即到达邗沟北端末口，盘坝以入邗沟。通济渠段大致等同于今天中运河河段流经地区。在元代以前，中运河地区还没有正式形成，在现在中运河流经的地区，隋代开凿了通济渠，通济渠的东段就是该流经地区当时的主要运渠了。

隋朝开凿的通济渠在唐朝时习惯称为汴渠或者汴河。唐朝很重视汴渠，视它为生命线，虽然流经线路未有大的改动，但是唐朝朝廷竭尽全力地对它进行整治、改建和扩建，在渠首引水口和渠尾入淮处更是下大了力气。

汴渠渠首引水口处原以黄河作为水源，由于黄河含沙量较大，导致汴渠极易淤积泥沙，尤其是在渠首引水口处，泥沙淤泥速度快，如果清理不及时，直接影响到汴渠的水位和航运，因此疏浚渠首引水口是唐朝运河工程的一个重要任务。汴渠的引水口在汜水县黄河南岸的板渚附近，称为板渚汴口，如果要疏浚它，必须中断漕船，暂停漕运，损失巨大。面对这个问题，时任河南尹的李杰想到了一个好办法，他借用古汴渠的引水口，原来古汴渠（即汴水）和汴渠在汴州（今河南开封市）以西是在同一渠道合流。古汴渠的引水口在板渚汴口的东面，因东汉时在该引水口筑有石堰，因此称为石门汴口，年久失修，堰体破坏。开元二年（公元714年），李杰精心组织规划下，修竣了梁公堰，古汴渠引水功能恢复，可以代替板渚汴口进行引水。之后，唐朝采用板渚汴口和石门汴口交替使用的方法，轮流疏浚，作为汴渠的引水口，保证唐朝漕运畅通无阻。

汴渠渠尾入淮水在泗州临淮县（今江苏省盱眙县北），与邗沟的入淮水处不相接，所以往来船只需要借助一段淮河，而这段淮河，风大水急，给行船带来不少的困难和危险。唐朝时期，对汴渠的尾闾和终点采取了一些措施，较有成效的是汴州刺史齐澣对汴渠尾闾的两次改建。

唐开元十二年（公元724年），汴州刺史齐澣第一次对汴渠尾闾实施改建工程，《新唐书》卷一百二十八《齐澣传》记载："澣以淮至徐城险急，凿渠十八里，入青水，人便其漕。""澣"说的是当时的汴州刺史齐澣，"徐城"在临淮县的西北，今江苏泗洪县以南，青水应该是入淮口的小支流，十八里渠道就是连接汴渠和青水。本次改建工程规模不大，但很有意义，它改变了汴渠尾闾的路线走向，改变了汴渠入淮口的位置。

第二次改建是在唐开元二十七年（公元739年），汴渠到达虹县（今安徽泗县）以下时，坡降加大，水位落差大，行船很困难，齐澣希望采取一定的措施可以解决这个问题。《旧唐书》卷一百九十中《齐澣传》记载了他当时的施工情况，书中说："自虹县以下，开河三十余里，入清于河，百余里出清水，又开河至淮县北岸入淮，免淮流湍险之害"，这次工程的规模要比第一次大得多，开凿两段运河，并且利用了当地的一些自然河流，将汴渠的入淮口与邗沟的入口距离拉近，减少了在淮河上航行的路程，降低了风险。但是，当时地形水文情况复杂，事先的考察不够细致深入，这次改建工程并没有完全达到预期效果，新开一段时间后，水流又趋于湍急，只能再使用旧道。

五代时期，后周世宗对汴河进行了治理。这里所说的汴河即是指隋的通济渠（唐的汴渠），五代战争频繁，汴河常处于淤塞状态，周世宗对汴河进行大规模的整治。显德二年（公元955年），为了征伐南唐，满足运兵运粮的需要，后周世宗命武宁节度使武行德带人疏浚运河，东到泗州，整治埇桥一带的汴河下游河段。后周世宗又陆续整治了汴河口和汴河上游河段。在《资治通鉴》中有记载："显德五年三月，浚汴口，导河流达于淮，于是江淮舟楫始通。……显德六年二月丙子朔，命王朴如河阴，按行河堤。立斗门于汴口。"后面两次的整治、疏浚汴河，除了军事目的的需要，还为了使汴河全线畅通，便于对京师的漕运。后周世宗还在开封周围新开了几条运河，使得开封的水运四通八达，为后来北宋汴京（开封）的交通奠定了基础。

汴河北起黄河，南通淮河，流经北宋都城开封，在北宋占有极其重要的地位。宋太祖曾将汴河、惠民河和五丈河比作为他的三条宝带。淳化二年（公元991年），汴河在京师附近的浚仪县决口，宋太宗亲自前往决口现场监督，足见宋朝对汴河的重视。北宋朝廷的一切开支和京城居民的衣食生活消费几乎都要靠东南地区供给，而汴河便是物资流入的要道，汴河是北宋赖于生存的水运交通要道，北宋对汴河的治理力度也是相当大的。

汴渠以黄河为水源淤积是不可避免的，唐朝实行岁浚制度，后周对汴河进行数次疏浚，北宋真宗大中祥符以前，汴河航运保持着畅通。这时，为节约开支，对汴渠疏浚减少，原定三五年一浚，后来竟达20年不浚，导致汴河河床淤积抬高，真宗末天禧年间，汴河成为地上河，只能依靠两岸的堤防维持其存在。汴渠淤塞的问题一直困扰着宋朝，人们提出的多是一些"治标不治本"的办法。

在宋仁宗时期有人提出导洛通汴取代黄河为水源的方法，就可以一劳永逸。神宗熙宁十年（公元1077年）黄河主要河道北移，在广武山的北麓留下宽约7里的滩地，这为开挖导洛渠道，实现以洛水取代黄河为汴河水源提供了难得的机遇。

元丰二年（公元1079年），实行引洛通汴工程。第一，在广武山北麓的河滩上，开挖一条起汜水县境内的任村沙谷口，向东北方向延伸，长51里的引水渠道，一直到汴口，以接通洛水和汴河。第二，新开的引水渠道上，每隔20里设置一个束水刍楗，用以缓和洛水在洪汛期间湍急的水势。第三，将引水渠道水挖深到一丈，以通行各种漕船。第四，将原有的汴口堵闭，防止黄河水进入引水渠和汴河中。第五，在流经荥阳县境内的索水上游建设水库，引索水注入其中，当洛水不足时，可以作为备用水源。同时，还将位于新开引水渠道两侧的沟洫小河集水成陂塘，这样在干旱缺水时也可以放水接济引水渠道。第六，在洛水口设置滚水坝，拦阻洛水使它进入新开的引水渠道，成为汴河的水源，要是遇到洪汛，暴涨的洛水（包括伊水在内）越过滚水坝流入到黄河中，避免洪水进入引水渠道。第七，由于引水渠道在半途横截了黄河小支流汜水，于是在汜水横截口的下方河段上，设置上下二闸，由河入汴或由汴入河的船只先进入二闸，然后按其去向放船入汴或入河。在关闭闸门的情况下，汜水成为引水渠道的水源。第八，在引水渠道的南北两岸，修筑了长为103里的堤防，防止引水渠道的水流溢出流失。同时，在巩县神尾山至土家堤之间的黄河南岸，修筑一道坚固的大堤，长47里，防止黄河的洪水侵犯引水渠道。这项工程也称为清汴工程，从此汴河航运畅通无阻，航运条件大大改善。

通济渠到元代时湮没，据《开封府志》卷五《汴河》记载："隋大业元年，开通济渠，自板渚引河，历荥泽入汴，又自大梁之东，引汴水入泗，达于淮。渠广四十步，渠旁皆筑御道，树以柳，名曰隋堤，一曰汴堤。宋定都汴梁，汴水穿都中，有上水门、下水门，岁漕江、淮、浙、湖之粟六百万石达京师。常至决溢，设官司之。元至元二十七年（公元1290年），黄河决，始淤塞。旧府治南有汴梁故迹，即其地也"，可见通济渠在元代时已经湮没，原来通济渠的东段地区由中运河取代。

3. 隋代京杭大运河演变示意图

隋代京杭大运河俗称南北大运河，是隋代在区间运河的基础上加以疏浚并连通的，通过10.2.1和10.2.2小节可知，此后唐宋时期也对运河经过一些整治和疏浚，但大体上还是沿用了隋代时期的运河。隋代京杭大运河（南北大运河）时空演变示意图是在遥感影像的基础上对隋代、唐代和宋代三个时期的大运河永济渠段和通济渠段情况做了一个较全面的展示，[①]让大家能够更直观地了解从隋代至宋代的六七百年间运河的演变。为了使这两段运河示意图全线连为一体，将整个大运河分段进行不同角度的偏转，方便读者翻阅。

示意图同样分为索引图与详图，索引图是对后面详图的整体说明，包括这部分大运河形状、图例以及旋转部分划分的情况。详图分为上下两部分，上半部分展示这部分运河河段流经的路线，以及周边河流、湖泊等水系情况，还包含重要铁路等信息，同时将大运河沿线的部分文化遗产点分级表达，以形状区分类别，以颜色区分等

---
① 其中与元京杭大运河重叠地域段（北京至临清、淮安至杭州）在这里不再重复展示，所以图上展示的为南北大运河临清至淮安河段，即永济渠的临清至武陟和通济渠。

级；下半部分以遥感影像作为底图，表述隋代开通的南北大运河临清到淮安这部分的走向、沿线省市等，更加直观、清楚。由于黄河在历史上有若干次大的水患和河道迁移，大运河故道被黄沙淤泥埋在地下，大体在河南和安徽境内，在地表上南北大运河部分河道已很少，故此部分河道示意图是参考文字可考资料，按照其流经路线大致画出，在途中以虚线表示。

详见南北大运河临清到淮安段时空演变示意图（附图二）。

10.3　浙东运河时空演变

京杭大运河从北到南一气贯通，由北京直达杭州，运河流到杭州，其实这里并不是尽头，在浙江境内自杭州起向东，还有一条千百年来不曾消失的浙东运河，浙东运河是京杭大运河的延伸。浙东运河的开凿可以追溯到春秋时期，形成于东晋初期，后经历代的疏浚治理，通航状况较好，并连接着"海上丝绸之路"。

1. 浙东运河的雏形

浙东运河历史悠久，它的前身可以追溯到春秋时期越国开凿的"山阴古水道"，这条古运河从当时越国都城会稽城（今绍兴东郊）一直延伸到曹娥江旁，全长20多公里，承担着越国境内东西水上运输。同时这条水道沿途与南北向溪流相交连接，使越国境内的水运交通大为改善，对越国的发展，国力的增强起到了积极作用。后来，越国迁都，这条河道湮没。

春秋越国山阴古水道湮废后，到东汉顺帝永和五年（公元140年），会稽太守马臻在会稽（今浙江省绍兴市）境内主持修建了鉴湖　鉴湖是我国历史上著名的水利工程　位于会稽山北麓，虽然会稽山不高也不险，但是山间溪涧非常多，从曹娥江到浦阳江尽管只有130里的间距，然而来自于会稽山北坡就有二三十条溪涧，它们到山麓处或因地形阻碍或因潮水倒灌，聚积成许多小湖泊，每有洪汛来临，山洪流入各个小湖泊继而溢至平原，淹没农田，人畜受损；若遇干旱年份，湖泊干涸，平原的农田则苦受旱灾。早从春秋战国时代开始，人们就采取各种防洪抗旱的措施，但都不能有效地摆脱这一困扰，直到马臻修缮了鉴湖。

马臻是会稽郡山阴县人，他经过深入实地勘察，决定将会稽山北麓的小湖泊群改造成一个可以容纳更多水的大湖泊，再加以必要的工程设施，达到蓄洪储水的作用。马臻利用地形之利，在湖泊群下方修筑一道约120里的长堤，这样通过长堤和山坡转成一周长310里的大圈，即是鉴湖的范围，并在每条溪涧与长堤交处设置了阀门，关闭阀门时，接纳溪涧来水，使原有的许多小湖泊和山麓土地淹在其中，形成鉴湖。它不仅能容纳大量的山洪，而且有灌溉和泄洪设施。

鉴湖是一项很先进的水利工程，具有多方面积极的作用，不仅解除了会稽山平原一带的水旱之灾，农田得到有效灌溉，而且它促进了这一地区的水上交通运输的发展。它形状狭长，东通曹娥江，西通浦阳江，可以看作是沟通曹娥、浦阳两江的运河，成为东西方向的水运要道。

2. 浙东运河的形成

浙东运河的全线开凿是在东、西晋时期,作为农田灌溉和漕运之用,现称杭甬运河;西起杭州三堡,经钱塘江航行27公里后,又经萧山、绍兴、上虞、余姚、宁波至镇海流入东海,全长252公里,沟通了钱塘江与甬江之间的宁绍平原东西向水系,浙东运河给千年古运河提供了一条便捷的出海通道。

浙东运河由人工河道和自然河道两部分组成。人工河道最早就是春秋越国开凿的山阴古水道。西晋末东晋初,自会稽城西至钱塘江畔的西陵(今萧山县西兴镇)之间的一段运河开通,浙东运河基本成形,这段运河实际上仅是浙东运河中会稽以西的一段,亦称为西兴运河,为东晋贺循任会稽郡内史所开,运河东起会稽城西,向西延伸,经柯桥、钱清、越过钱清江,止于钱塘江南岸的西陵,全长75公里。贺循开凿西兴运河的最初想法是灌溉,后来主要用于航运,它为浙东运河的西段。浙东运河的东段再以通明堰为界分为东、西两段,东段便是借助自然河道余姚江,经过后人整治改造后用于通航,成为浙东运河的组成部分。浙江运河东段的西段是通明堰以西至曹娥江一段,也是由人工开挖而成,长约20公里。浙东运河在东晋初时已全线通航,自西向东,从西兴镇到会稽城西,再由会稽城东至曹娥江,再到通明堰至余姚县境,东到宁波入大海。

3. 浙东运河的维护与发展

千百年来,浙东运河走向基本一致,历代都对它进行过治理,不曾遗忘。隋炀帝在开凿南北大运河时,也曾对浙东运河作了整治,使它与南北大运运河的沟通更加畅通。浙东运河是江南运河在浙江境内的延伸,浙东运河航运经江南运河向中原腹地伸展,宁波、绍兴的漕粮运输直达京师洛阳、长安、涿郡。唐代曾多次对浙东运河进行疏通、深挖和修筑,并对两岸平原沟渠进行整治,为调节运河水量,修建运道堤塘,便利灌溉和航运。浙东运河的通航能力一直不错,运河内能行二百石船,个别运河区段如余姚段、曹娥段能行五百石船,上虞段能行二百至五百石船。两宋时期对浙江运河更加重视,疏浚和维护多一些。

北宋时,杭州—越州—明州(今浙江宁波)的浙东运河航线全面开通,而且还具备了承载外来海船和提供"易舟"的条件,这也使得明州在北宋具有重的交通枢纽地位,另外由于杭州湾和长江口的浅滩及潮汐的影响,南来北往船只很少走从钱塘江入海口航线,而是集中由宁波港入海。北宋对浙东运河的疏浚维护自然也很重视。北宋仁宗天圣元年大规模疏浚过浙江运河,徽宗宣和五年,河道淤浅,调夫疏浚。后来为躲避金军追击途中,也曾调民夫委上虞县令佐监督浚治,随后,又开浚余姚境内运河河道。北宋时浙东运河上已有7座堰埭,分别为西陵堰、钱清北堰、钱清南堰、都泗堰、曹娥堰、梁湖堰、通明堰。

浙东运河是中国大运河的重要组成部分,它不仅是内河沟通京杭大运河,它还为大运河提供接轨对外贸易和海洋经济的通道。南宋时期浙东运河的南端宁波已与海上丝绸之路相连,承载了对外交往的重任。南宋定都临安(今杭州),对杭州周围水运治理力度甚大，南宋历时近一个世纪对浙东运河全线进行了一系列大规模的疏浚，通航状况大为改善。浙东运河在南宋时也称"两浙运河"，南宋时还在绍兴府城东南15里，自城东7里的董家堰至宝山开凿另一条人工运河，叫御河，成为浙东运河的一个组成部分。南宋还开凿了西兴运河，并开浚了其他浅涩河段，开通通明州（今浙江宁波）、定海入海通道。至孝宗乾道三年，江沙淤积，船只不得航，于是招募夫役，自西兴至大江，疏沙河20里，疏浚闸里运河13里，并设立开西兴沙河的专门机构来管理河道，保证运河的通畅。南宋时还增建了一些堰坝、斗门、水闸和水门。嘉定十四年（公元1221年），钱塘口不断北移，运河大量淤沙，疏浚西兴至钱清段运河，然后又开新河，在钱塘口建新闸阻挡泥沙入运河。南宋时的修建使浙东运河通航能力大大增强，直到元明时仍保持的较好。

明朝时浙东运河（宁波段）是宁波西达杭州、绍兴以及北上江淮的主航道，运河沿岸多有堰坝，调节水量，控制水位差，航运较好。明永乐年间开挖了从余姚云楼乡窑头至下坝（也称下新坝）的十八里河。清朝康熙年间，在浙东运河上大规模修筑了河道和河堤，方便了运河沿线的水路交通。近代，轮船驶入中国，宁波港由帆船港时代逐步进入了轮船港时代，而浙东运河作为宁波港的重要内河航道，仍然发挥着沟通江南经济腹地的重要作用，并一直延续到当代。

新中国成立后，我国水利、交通部门疏浚运河不绝。1983年完成萧甬铁路以南钱清—湖塘—鉴湖—皋埠—泾口段拓竣、护岸工程后，运河西段开辟萧山临浦至曹娥南线航道，通航能力达40吨级，原西兴—柯桥—绍兴段水运量渐减。2002年实施改建浙江运河工程，浙东运河以四级航道（通行500吨级货轮）为标准，西起钱塘江西岸的三堡船闸，依次流经钱塘江、浦阳江、西小江、曹娥江、四十里河、姚江、甬江，在甬江口注入东海。在中华人民共和国交通运输部2007年颁布的《全国内河航道与港口布局规划》中，浙东运河-京杭运河成为长三角航道网络中的骨干线。

4. 浙东运河时空示意图

浙东运河现称杭甬运河，在历史发展过程中，浙东运河逐渐与京杭大运河融合，成为中国大运河的重要组成部分，浙东运河不仅是京杭大运河的延伸段还是大运河与海上丝绸之路相连的通道。

浙东运河自开通以来，所在地区河流众多，水资源丰富，千百年来，在历朝历代的疏浚、维护下，路线也是基本一致，不曾有大的变动。浙东运河西起杭州市滨江区西兴街道，在经过西兴之后进入萧山区境内，随后进入绍兴钱清镇，与钱清江（也称西小江）故道相交。运河向东南进入越城区境内，与曹娥江相交。过曹娥江后，运河进入上虞市境内，分为两支：北侧运河又名"虞姚运河"，从曹娥江东岸上虞百官的上堰头至余姚市曹墅桥连接姚江；南侧运河又名"四十里河"，自曹娥江至通明坝汇入姚江，另有后新河、十八里河并行。此后主河道进入自然河道，在宁波市鄞州区高桥镇大西坝分出支流称"西塘河"，干流经姚江与奉化江在宁波三江口汇合成甬江，最后在镇海东面汇入东海。浙东运河（杭甬运河）时空示意图如附图三所示。

主要参考文献

安作璋. 等. 2006. 中国运河文化史（上、中、下）. 济南：山东教育出版社.
蔡桂森. 2009. 运河传. 保定：河北大学出版社.
陈璧显. 2001. 中国大运河史. 北京：中华书局.
陈述. 2006. 杭州运河历史研究. 杭州：杭州出版社.
董文虎. 2008. 京杭大运河的历史与未来. 北京：社会科学文献出版社.
傅崇兰. 2005. 中国运河传. 太原：山西人民出版社.
公木，赵雨. 2006. 诗经全解. 长春：长春出版社.
黄河水利委员会《黄河志》总编辑室. 2001. 黄河大事记. 郑州：黄河水利水出版社.
嵇果煌. 2008. 中国三千年运河史. 北京：中国大百科全书出版社.
鞠继武，潘凤英. 1985. 京杭大运河巡礼. 上海：上海教育出版社.
《淮河志》编纂委员会. 1997. 淮河大事记. 北京：科学出版社.
司马迁. 2009. 史记. 北京：中华书局.
史念海. 1944. 中国的运河史. 重庆：重庆史学书局；1988. 西安：陕西人民出版社（再版）.
毛锋，聂跃平，陈述彭. 2008. 伟大的生态文明工程——对中国大运河遗址的再认识. 地球信息科学，10（4）.
谭徐明. 2009. 都江堰史. 北京：中国水利水电出版社.
王树才. 1998. 河北省航运史. 北京：人民交通出版社.
汪胡桢. 1935. 整理运河工程计划. 北京. 中国水利工程学会
姚汉源. 1998. 京杭运河史. 北京：中国水利水电出版社.
卓凯，胡慧春. 2007. 论运河文化的历史功绩. 中国水运，7（5）.
邹宝山等. 1989. 京杭大运河治理与开发. 北京：水利电力出版社.